femme lune

Journaliste, astrologue, voyageur, Didier BLAU est l'auteur de plusieurs ouvrages sur les arts divinatoires. Chaque semaine, il écrit le Numéroscope et l'Horoscope du magazine *Elle*.

Imprimé en Espagne
par Mateu Cromo
ISBN : 2501041100
dépôt légal : 41932 - janvier 2004
40.0550.0/01

DIDIER BLAU

femme lune

•MARABOUT•

La femme est nuit. Intimité, tendresse, amour, fertilité, la femme est la Lune. Elle apparaît, grossit, s'épanouit, puis décroît, disparaît et renaît à nouveau.

Nouvelle ou pleine, haute ou basse sur l'horizon, soumise au changement de forme, d'aspect et d'humeur, la Lune et les femmes sont liées par le cycle de la maturité, rythme primordial de fécondité qui revient tous les 28 jours.

Base de votre personnalité, la Lune exprime vos besoins primordiaux, vos envies profondes, vos tendances amoureuses, affectives et maternelles.

Quelle femme êtes-vous ?

Pour quoi êtes-vous faite ?

Pour qui êtes-vous faite ?

La Lune vous répond.

Votre signe lunaire

Le signe du zodiaque dans lequel se trouvait la Lune lors de votre naissance, votre signe lunaire, exprime votre personnalité de base, parle de votre vie intime, vous dépeint en tant que femme, en tant que mère.

Dans quel signe se trouvait la Lune lorsque vous êtes née ?

A priori, vous ne le savez pas. Ce n'est pas celui de l'horoscope, le signe solaire, qui change tous les mois autour du 20. La Lune, elle, change de signe tous les deux jours environ, des tableaux sont donc nécessaires pour connaître sa position.

Allez maintenant page 249 et découvrez dans quel signe la Lune se trouvait lors de votre naissance.

Lisez ensuite le chapitre qui vous concerne, ce signe lunaire qui vous dévoile.

LUNE ET SOLEIL, votre dualité

Vous êtes une femme, la Lune, mais vous n'êtes pas que la Lune ! Vous êtes faite aussi de Soleil, l'autre face de votre personnalité, la face qui brille et agit, celle que vous vivez au travail, en société, cette part réalisatrice, masculine, qui trace la voie, gagne son autonomie, exprime ses ambitions.

Avec votre signe lunaire et votre signe solaire, vous connaîtrez la dualité qui est en vous, ce mélange particulier de Lune et de Soleil dont vous êtes faite.

LUNE ET SOLEILS, les hommes et vous

Vous êtes femme, vous êtes la Lune et les hommes sont vos Soleils.

Quels sont ceux qui brillent pour vous ? Qui vous correspond ? Quel est votre complémentaire ?

En comparant votre signe lunaire au signe solaire des hommes, vous saurez ce qui vous sépare, ce qui vous unit, ce qui vous fait briller, ensemble, jours après nuits.

Femme Lune en Bélier

Premier signe du zodiaque, le Bélier annonce le printemps, réveille la nature. C'est le renouveau, le feu de l'action, le droit au but !

Qui êtes-vous ?

Une aventurière. Vous partez dans la vie bille en tête, droit devant, sans penser au passé, au futur, seulement à court terme, dans l'instant, intensément. Oui, vous êtes une femme impulsive, spontanée. Il vous faut de l'action, du mouvement. Vous vous rebellez contre l'ordre établi, les diktats. On ne vous imposera rien, vous ne serez esclave de personne. Vous refusez de vous soumettre, d'être domestiquée, dépendante de qui que ce soit. Vous êtes vous-même et devez le démontrer. D'abord à vous, ensuite aux autres.

Que désirez-vous ?

Suivre votre route, vivre votre vie. Rien ne vous énerve plus que d'attendre. Impatiente chronique, il vous faut avancer, vous battre, conquérir, vous donner à fond, pour une cause, pour une personne, pour un projet. Vous vous projetez en avant, tête baissée, un feu vous dévore, celui de la passion, du combat, de la victoire sur vous-même, sur l'autre et les autres. Au fond, vous êtes seule, indépendante, entière, tout à fait autonome et n'avez besoin de personne pour vous compléter.

Votre rythme naturel

Rapide, par à-coups. Vous ne savez pas vous arrêter, prendre le temps, encore moins vous reposer. Il vous faut de l'exercice tous les jours, faire du sport, vous dépenser physiquement. Sujette aux accidents et blessures, vous ne faites pas attention à vous, un peu casse-cou, garçonne, vous aimez les jeux violents. Il y a un côté bagarreur en vous, surtout si l'on vous prend pour « une fille »... Attention à l'agressivité, verbale ou physique, à ne pas vous épuiser pour tenir la distance. Vous êtes faite pour les courses de vitesse, pas pour celles d'endurance.

D'où venez-vous ?

Peu importe. Vous tournez le dos au passé. Vous ne vous encombrez pas de souvenirs, d'illusions, de vague à l'âme ou de regrets. Vous êtes délivrée du passé et de ses poids, capable de tout oublier pour tout recommencer. Oui, c'est commencer, débuter qui vous galvanise, c'est l'expérience à tenter, la chance à saisir, la vie à fond, les situations et les personnes, parfois même jusqu'à l'excès ! Arrivée en trombe dans la vie, vous la traversez de part en part.

De quoi avez-vous peur ?

De pas grand-chose. Sachant très bien vous défendre et attaquer, vivant au quotidien dans le dynamisme, l'inactivité vous pèse terriblement. Ne pas vivre libre, par vous-même, pour vous-même, être enchaînée à quelqu'un ou à sa charge, soumise à ses lois… non, vous ne supportez pas une vie qui ne serait pas la vôtre. Un peu frustre, simple et franc, votre ego est puissant, déterminé, fait d'un bloc, sans nuance. C'est en vous que vous cherchez un sens à votre vie.

Vous ne savez pas…

… attendre, vous reposer, calmer votre enthousiasme, profiter sereinement de ce que vous possédez, être une femme entretenue, un pion dans la société, vous marier, mener une vie de famille traditionnelle, vous faire bouffer par les autres, vivre comme tout le monde, ne pas lutter, baisser les bras, courber l'échine, prendre du recul, rester longtemps avec quelqu'un…

Mais vous savez…

… vivre libre, par vos propres moyens, vous engager complètement pour une cause, défendre la veuve et l'orphelin, aimer passionnément, vivre le coup de foudre, avoir des amants, des aventures, changer de partenaire si le cœur vous en dit, prendre la vie au premier degré, à bras-le-corps, bousculer les habitudes, la routine, galvaniser les autres, motiver votre partenaire…

Vos besoins

Immédiats. Vous ne vous embarrassez pas, vous ne portez pas la responsabilité d'autrui. Un sac vous suffit à emporter le strict nécessaire et votre vie avec vous. Toujours sur le qui-vive, ok pour l'aventure, pour l'action, vous n'êtes pas une Barbie. Il y aurait même du Ken en vous, un petit côté militaire ou militante. Au lieu de choses matérielles à acquérir, vous avez surtout besoin de motiver un partenaire, de poursuivre un idéal, de défendre une grande idée, de mener un combat vers la lumière ! C'est ça, vous avez envie de faire et vous vous lancez dans les projets sans réfléchir au pour et au contre. Vous, a priori, vous êtes pour ! L'action est votre moteur. Le monde concret, matériel, la richesse, le luxe... vous laissez ça aux autres. Vous, vous foncez, que l'on vous suive ou pas, parfaitement autonome, capable de vivre partout à partir du moment où vous allez où vous voulez, avec qui vous voulez, quand vous le voulez. Le problème, c'est que l'autre et les autres existent, ils ont des besoins eux aussi, besoin de vous par exemple. Mais « les autres » vous sont inconnus, vous êtes incapable de vous mettre à leur place...

Le foyer

Pas votre priorité. Vous êtes une femme d'extérieur, pas d'intérieur, peut-être la maîtresse d'un homme mais pas celle d'une maison ! Vous avez besoin de travailler, de faire des projets, de sortir, de rencontrer, de bouger, d'avancer, de progresser... pas de rester. Encore moins chez vous ! Qu'on ne compte pas sur vous pour les petits plats mijotés, le nid douillet, le cocon chaud, moelleux. Vous ne voulez pas vous endormir dans la vie ! Au contraire, vous êtes bien réveillée et comme les scouts, toujours prête. Non, décidément, le foyer et ses obligations ne sont pas faits pour vous. Qu'on ne vous confonde pas avec un animal domestique, vous êtes un animal sauvage qu'on n'enferme pas dans une cage. Sinon, il casse ses barreaux, s'enfuit ou alors... dépérit. N'étant pas attachée aux choses, aux souvenirs ni à votre maison, vous pouvez facilement déménager, changer de lieu, de cadre de vie. Par rapport au foyer, vous vous comportez un peu comme un homme : vous faites confiance à l'autre pour s'en débrouiller.

Vos dépenses

Flambantes ! Et la plupart du temps, flambées ! Non, vous n'êtes pas faite pour acquérir, amasser, accumuler mais pour vous débarrasser de l'argent comme il est venu. Ce n'est pas en achetant un appartement ou une maison, en décorant votre intérieur, dans les fourrures ou les bijoux que vous passez votre argent, c'est au coup de cœur, au coup de foudre. Vous n'avez pas pour habitude de calculer, de préserver, d'économiser, encore moins d'épargner. Tout part et tout vient, c'est le mouvement perpétuel dans votre porte-monnaie et votre banquier peut voir rouge ! C'est ainsi, vous n'êtes pas une femme d'argent mais une femme d'action, une wonder-woman qui doit, mais ne sait pas, jongler avec les factures et, en tout état de cause, tient à se débrouiller seule. Vous ne comptez pas sur les autres pour vous aider, ce qui vous réussit d'ailleurs, et préférez vous en sortir par vous-même plutôt que demander de l'aide. C'est de l'énergie que vous avez à vendre, pas autre chose. Vous êtes une batterie, un démarreur, une dynamo ou de la dynamite !

L'amour

Chaud devant ! Il vous en faut, vite et beaucoup mais pour cela, vous ne ferez jamais de concessions à un homme. On ne vous drague pas, ce serait plutôt le contraire. Vous choisissez, décidez, faites le premier pas, prenez l'autre par la main. Vous savez donner des recommandations, sinon des ordres car, au fond, vous êtes une femme autoritaire, passionnée, amateur de sexe et d'ébats physiques, le moteur du couple qui entraîne l'autre, un partenaire qui, lui, ne sait pas bien où il va... Vivre avec vous exige des efforts. N'étant pas du genre à vous adapter à l'autre, à suivre ses goûts, sa manière de vivre, vous, vous en avez une, la vôtre, qui ne correspond qu'à vous et ne comptez pas en changer. Bien sûr, vous êtes une femme, vous avez besoin de l'autre mais, dans une certaine mesure, vous vous suffisez à vous-même. Vous n'êtes donc pas à la recherche de votre moitié, vous êtes déjà entière, d'un bloc, carrée, sans ronds de jambes. Le mariage n'est pas votre état naturel, le célibat, oui. Le couple peut exister à condition que vous vous sentiez complètement libre, ou presque.

Les enfants

Oui, mais... Vous êtes une femme et, comme toutes les femmes, faite pour enfanter. Pourtant, le désir d'avoir des enfants ne vous envahit pas, ne vous submerge pas. Être mère demande du temps, de la présence, des responsabilités. Cette vie que vous tracez en zigzag, montées et descentes, ne convient pas tout à fait à une vie de famille, à des horaires, à un quotidien bien huilé, bien réglé. Un peu rude, parfois brusque, sans ménagement et sans diplomatie, vous n'êtes pas une mère poule, couvant ses petits, les étouffant d'attentions et de recommandations. Soit vous avez des enfants jeune, sur un coup de tête, soit, avant d'être mère, il vous faut vivre votre vie de femme, d'amante, de baroudeuse car vous êtes une aventurière de l'amour. Vous passez dans la vie des autres à cheval sur la vôtre et emportez tout sur votre passage. Si, un peu plus loin, vous foncez dans une autre direction, si le chargement ne suit pas, les autres choisiront une voie différente tandis que vous suivrez la vôtre. Au risque, peut-être, de vous tromper mais jamais de vous embourber.

LUNE ET SOLEIL, votre dualité

La Lune vous a parlé de l'aspect féminin, réceptif de votre personnalité, de vos liens sentimentaux, affectifs et familiaux.

Le Soleil quant à lui représente vos tendances conscientes, masculines. Il donne vos objectifs professionnels, s'intéresse au matériel et à l'expression de votre ambition. Il dit où vous allez.

Lisez, ci-dessous, votre mélange original de Lune et de Soleil, la dualité qui est en vous.

LUNE EN BÉLIER - SOLEIL EN BÉLIER

(née entre le 21 mars et le 20 avril)

Vous êtes faite... pour vous, rien que pour vous ! Vous avez tendance à confondre les valeurs masculines et féminines, le rôle du père et celui de la mère. Très autonome, capable de vivre en autarcie, votre chemin de vie vous propose de grimper au sommet, de réaliser un exploit, de vous donner généreusement pour une cause, de défendre la veuve et l'orphelin plutôt que vos possessions. D'ailleurs, vous ne possédez rien. Vous débutez, vous ne construisez pas.

Votre défi : vous associer.

LUNE EN BÉLIER - SOLEIL EN TAUREAU

(née entre le 21 avril et le 21 mai)

Si, au fond, vous êtes franche et spontanée, en fait, vous êtes réfléchie et matérialiste. Vous devez vous y mettre, travailler durement, construire patiemment, stabiliser, voir à long terme. Votre imagination enflammée et votre spontanéité doivent être mises au service d'un art, d'une entreprise, d'un projet qui débouche sur plus de confort, de plaisir, de joie et de santé car vous avez un bel appétit de vivre.

Votre défi : transformer vos actions en réalisations concrètes, palpables, sonnantes et trébuchantes.

LUNE EN BÉLIER - SOLEIL EN GÉMEAUX

(née entre 22 mai et le 21 juin)

Tout feu tout flamme, vous devez impérativement vous exprimer. Il faut que ça bouge, que ça swingue et même que ça se disperse un peu. Mouvements, expériences, découvertes, renouvellements, éparpillements... n'espérez pas construire une vie classique, familiale, d'épouse modèle mais une vie professionnelle passionnante. Les métiers de l'information, de la communication sont faits pour vous. Allez vers les autres, même si vous restez en surface.

Votre défi : connaître, aussi, la lenteur et la profondeur.

LUNE EN BÉLIER - SOLEIL EN CANCER

(née entre le 22 juin et le 22 juillet)

Écartelée entre le présent à vivre et le passé toujours présent, entre égoïsme et générosité, besoin d'en découdre et peur d'avancer, vous devez concilier une vie d'insoumise et une vie amoureuse, l'indépendance et l'esprit de famille. La solitude vous est indispensable mais elle vous effraie aussi. Il vous faut aimer, partager, rassembler autour de vous, fonder une famille, former un clan, évoluer dans un environnement connu où ce sont les liens affectifs qui comptent.

Votre défi : prendre des risques, et les bons.

LUNE EN BÉLIER - SOLEIL EN LION

(née entre le 23 juillet et le 23 août)

Vous devez vivre pour vous mais aussi pour les autres, montrer la voie, briller, être connue et reconnue. Il vous faut un certain standing, vous avez des goûts de luxe mais pas forcement de quoi l'acheter. Si, au fond, vous êtes une sauvage, en fait, vous tenez à vous civiliser, à entrer dans le monde social, à y faire votre place, une place au soleil. Vous devez alors construire une carrière, démontrer votre ambition professionnelle, votre sens de la compétition, de l'organisation et du commandement.

Votre défi : vous calmer.

LUNE EN BÉLIER - SOLEIL EN VIERGE

(née entre le 24 août et le 23 septembre)

Il va falloir vous discipliner, vous donner des limites, structurer un peu tout ça pour que ça ne fasse pas désordre ! Votre tempérament naturel porté aux excès doit être conduit vers un résultat pratique, concret, à moyen terme. Impulsive et vous retenant, spontanée et réfléchissant toujours, vous êtes tiraillée entre l'aventure à vivre et la prudence, entre la passion et la raison. Une vie stable vous est nécessaire, vous devez y travailler, construire un amour, un foyer, une famille.

Votre défi : vous canaliser.

LUNE EN BÉLIER - SOLEIL EN BALANCE

(née entre le 24 septembre et le 23 octobre)

Pas si indépendante que ça ! Vous avez besoin d'isolement et d'autonomie, certes, mais vous êtes portée vers les autres, vers l'autre en particulier, ne pouvant vivre seule... Voilà le paradoxe ! Si, au fond vous êtes libre, révoltée, en fait, il vous faut suivre la voie des civilisés, des civilités, celle des rapports professionnels, intellectuels, des liens d'amitié et de séduction et trouver un juste milieu entre simplicité et sophistication, énergie et diplomatie, rudesse et élégance.

Votre défi : mettre votre énergie au service d'autrui.

LUNE EN BÉLIER - SOLEIL EN SCORPION

(née entre le 24 octobre et le 22 novembre)

C'est la passion qui vous guide ! Pas de demi-mesure avec vous, ça passe ou ça casse ! Vous voilà partie pour une vie de défis, de hauts et de bas, de lumières et d'ornières. Vous menez votre barque, sans savoir où vous allez, mais vous y allez, de la façon la plus forte, la plus prenante qui soit. Il vous faut vivre dans l'orage des sentiments, le tonnerre de l'amour, les grondements de cœur. Vous n'êtes pas faite pour construire durablement, pour vous contenter de ce que vous avez mais pour vivre intensément.

Votre défi : ne pas toujours lutter.

LUNE EN BÉLIER - SOLEIL EN SAGITTAIRE

(née entre le 23 novembre et le 21 décembre)

Quel feu, quel élan, quelle fougue, quel enthousiasme ! Pas de mystère, dans cette vie vous devez caracoler en tête ! Vous êtes une femme idéaliste, aux idées généreuses, spontanée, dynamique et que l'on n'attrape pas comme ça, une combattante, une amazone, une femme émancipée, portée à vivre à l'extérieur du foyer, non à l'intérieur. La maison, les enfants, la cuisine, ça ne vous dit rien, le travail et ses aventures, oui !

Votre défi : avoir un destin professionnel, être portée par une idée ou par une cause à défendre.

LUNE EN BÉLIER - SOLEIL EN CAPRICORNE

(née entre le 22 décembre et le 20 janvier)

Vous, vous savez ce que vous voulez ! Certes, au fond, vous êtes impulsive mais en fait, vous cherchez à construire en dur, pour longtemps. Il vous faut impérativement un but à atteindre et pour cela, vous maîtriser, vous discipliner. Volontaire, déterminée, dominatrice, égoïste aussi, vous allez vers la construction d'un amour, d'un foyer, mais aussi d'une carrière. Ambitieuse, efficace, solide, vous êtes faite pour prendre le commandement, détenir une autorité, un pouvoir.

Votre défi : enrichir vos sentiments.

LUNE EN BÉLIER - SOLEIL EN VERSEAU

(née entre le 21 janvier et le 18 février)

Une vie originale, en marge, hors des sentiers battus, pour vous et pour les autres, vos frères humains... voilà ce qu'il vous faut. Oui, vous êtes partie à leur rencontre et ce qui les touche vous touche aussi. Il vous faut un idéal élevé, une mission à remplir, un débat à élever. Femme de feu et d'esprit, le mariage, la maison, les enfants, cela ne vous excite guère. Alors, voyagez, par le corps ou par l'esprit, découvrez par vous-même, montrez votre engagement, mettez vos forces dans un projet unique, comme vous.

Votre défi : communiquer vos passions, les partager.

LUNE EN BÉLIER - SOLEIL EN POISSONS

(née entre le 19 février et le 20 mars)

L'ego puissant qui est en vous doit impérativement éclater et se dissoudre dans les autres, dans tous les autres. La grande énergie qui vous habite doit être mise au service d'un groupe, d'une équipe, d'une communauté. Vous ne calculez pas, ne prévoyez rien, vous vous laissez aller. Certes, vous avez besoin de solitude et d'autonomie mais en même temps, il vous faut aimer immensément et partager cet amour, vous donner à un homme, à des enfants, à vos amis et vous oublier en eux.

Votre défi : rester les pieds sur terre.

LUNE ET SOLEILS, les hommes et vous

Comment vous accordez-vous avec un...

HOMME SOLEIL EN BÉLIER

(né entre le 21 mars et le 20 avril)

Tout de suite, vous vous tapez dans l'œil, c'est le coup de foudre ! Vos rapports sont passionnés, ni l'un ni l'autre n'a le temps d'en perdre et le plaisir sexuel sera pris dans la foulée. Cet homme aussi a besoin de vivre fort, d'agir, d'être dans la course. Il ne cherchera pas à vous enfermer, vous non plus. Vous vivrez alors une histoire d'amour folle, et sans suite, ou une complicité à plus longue échéance, côte à côte mais sans jamais marcher sur les plates-bandes de l'autre. Avec lui, attendez-vous à une existence d'aventures et d'action plutôt qu'à la vie de famille.

HOMME SOLEIL EN TAUREAU

(né entre le 21 avril et le 21 mai)

A priori, cet homme un peu lent, lourd, voire terre à terre, ne vous dit rien. Vous êtes impatiente de vivre, lui prend son temps, vous avancez, lui reste sur ses positions. Bien sûr, il est sensuel mais sentimental aussi, ce que vous n'êtes pas profondément. Il va chercher à vous garder, à vous étouffer dans un rôle de maîtresse de maison ou de mère de famille. Il veut des enfants, plusieurs, un foyer, un seul, et une famille pour se rassurer, donner et recevoir de l'amour. Il a besoin de confort, de stabilité, de routine...

HOMME SOLEIL EN GÉMEAUX

(né entre 22 mai et le 21 juin)

Il vous convient plutôt bien celui-là, il a l'air amusant, léger. Adolescent effronté, amoureux de flirts, de rencontres multiples, il ne vous prendra ni la tête, ni le cœur, ni votre vie, ne s'impliquant jamais à fond dans une relation. La liberté réciproque sera de rigueur. Ne comptez pas sur lui pour construire un foyer, vous stabiliser, vous canaliser car lui-même ne sait pas où il va, choisit plusieurs routes en même temps, batifole ou mène une double vie. Il pensera pour deux, vous agirez pour deux mais qui prendra les responsabilités ?

HOMME SOLEIL EN CANCER

(né entre le 22 juin et le 22 juillet)

Il a besoin d'être protégé et rassuré, de laisser parler son imagination, sa fantaisie, de se retrouver bien au chaud au creux de sa famille, de son foyer, de son proche entourage. Sur le plan professionnel, il est un peu démuni, ça lui coûte de faire des efforts, de se discipliner, d'assumer des responsabilités, de s'élever dans la société. Oui, c'est un enfant qui a besoin d'être chouchouté, materné par une femme... Ce n'est pas pour vous ! Il risque de freiner vos ardeurs et vous, de le bousculer. L'alliance est possible si les tâches sont partagées, vous à l'extérieur du foyer, lui à l'intérieur.

HOMME SOLEIL EN LION
(né entre le 23 juillet et le 23 août)

Il vous rassure cet homme-là, se place sur la scène sociale et vous propose de l'y rejoindre. Personnalité active, courageuse, déterminée, comme vous, il a le sens de l'organisation, une forte ambition, la volonté de jouer un rôle professionnel de premier plan. Il veut construire aussi, vivre dans le confort sinon le luxe, gagner de l'argent, avoir un bon train de vie, un foyer, des enfants, bref... il vous civilisera. En retour, vous lui donnerez votre enthousiasme et votre flamme amoureuse.

HOMME SOLEIL EN VIERGE
(né entre le 24 août et le 23 septembre)

A priori, il n'a l'air de rien et vous pouvez passer devant lui sans le remarquer. Honnête homme, probe et sérieux, infatigable travailleur qui dédie sa vie à l'efficacité, au boulot bien fait, il lui manque un peu de carrure ou de caractère mais vous pouvez compter sur lui pour gagner de l'argent, construire une vie simple, avec amour, foyer et enfants, une existence un peu traditionnelle, certes, mais stabilisante. Sur le plan amoureux, il est réservé, parfois complexé ou mal à l'aise et vous, passionnée... Un mélange pas évident mais toujours possible.

HOMME SOLEIL EN BALANCE
(né entre le 24 septembre et le 23 octobre)

Voilà l'homme qu'il vous faut, qui possède ce que vous n'avez pas et réciproquement... Élégant, esthète, amateur de belles choses et de belles personnes, adepte de la nuance, des rapports paisibles, il vous fera entrer dans la société, y connaître des relations équilibrées, enrichissantes. Vous êtes une femme physique, spontanée, directe qui éprouve des difficultés à vivre en couple, lui un intellectuel, réfléchi, diplomate qui ne peut vivre seul... Voilà une alliance de complémentaires, plus axée sur le couple lui-même que sur la famille.

HOMME SOLEIL EN SCORPION
(né entre le 24 octobre et le 22 novembre)

Vous avez des points communs : la passion d'exister et d'aimer, le besoin de vivre fort, sans tabou, sans restriction et un manque d'intérêt pour ce qui est concret, matériel. Justement, attention, cet homme qui détruit plutôt qu'il ne construit est beaucoup plus possessif que vous, cherche la profondeur des sentiments, l'attachement affectif et sexuel alors que pour vous, la liberté prime. C'est une lutte pour le pouvoir. Qui décidera, qui prendra les commandes ? À moins que vous ne vous aimiez sans pour autant partager votre vie.

HOMME SOLEIL EN SAGITTAIRE
(né entre le 23 novembre et le 21 décembre)

Vous êtes de la même trempe : aventuriers dans l'âme, prêts à bondir, à vous élancer, à découvrir autre chose, autre part… Ne cherchez pas ici celui qui vous stabilisera, qui construira pas à pas sa maison, sa famille mais un homme au cœur noble, qui ne s'embarrasse pas de sentiments et de souvenirs. Ensemble, vous irez au bout du monde, vous partirez à la conquête ou à l'assaut, vous ferez des projets… sans avoir besoin de les réaliser vraiment. Cette alliance ne manque pas de motivation, d'énergie, sexuelle et autre, mais de temps pour concrétiser.

HOMME SOLEIL EN CAPRICORNE
(né entre le 22 décembre et le 20 janvier)

Ça coince un peu dans cette combinaison de deux tempéraments très différents. Rigoureux, carré, un peu obtus ou calculateur, c'est un terrien, un vrai, qui ne croit que ce qu'il voit, que ce qu'il fait. On ne s'amuse pas avec lui, on construit, on utilise, on fabrique, on est efficace. Vous pouvez donc compter sur lui pour prendre les responsabilités, même les vôtres, gagner de l'argent et détenir un poste élevé dans la société mais attention, il voudra prendre le pouvoir, imposer sa volonté et ça, vous ne l'accepterez jamais.

HOMME SOLEIL EN VERSEAU

(né entre le 21 janvier et le 18 février)

Avec lui, n'attendez pas les grands ébats amoureux, c'est un intellectuel à 100 %, un ange qui plane au-dessus des contingences matérielles, un homme intelligent qui s'intéresse à vous, bien sûr, et à l'espèce humaine en général. Ensemble, c'est le feu de l'action et des idées, les projets, les voyages, les découvertes. Il vous donne sa philosophie de vie, son sens de l'humour, son décalage et vous, vous lui offrez votre élan, votre motivation et vos désirs physiques. Une bonne combinaison à vivre à l'extérieur plutôt qu'à l'intérieur du foyer.

HOMME SOLEIL EN POISSONS

(né entre le 19 février et le 20 mars)

Un autre monde que celui-là ! Celui de l'imprécis, de l'immensité, de l'illimité, des rêves et des mirages. Autant vous avez besoin d'être vous-même, autant il cherche à se diluer dans les autres. Ce peut être complémentaire. Il donnera alors une plus grande dimension à votre personnage, une existence poétique, envoûtante, voire mystique tandis que vous le ferez descendre sur terre, là où il faut agir. Sachez enfin qu'il peut vous coincer : il faudra lui donner des enfants, un foyer, une maison, des bases sentimentales solides...

Femme Lune en Taureau

Un taureau ? Plutôt une vache, qui transforme l'herbe en nourriture, enfante, produit. Elle est la mamelle, la douce chaleur de l'étable, le repos... du taureau.

Qui êtes-vous ?

Une femme sensuelle, sensible et sentimentale, c'est le cœur qui vous mène. Oui, vous êtes une femme chaleureuse, amoureuse. Amoureuse de la nature, des animaux, des hommes, des bonnes et belles choses que la vie peut offrir. Vous voulez jouir de tout cela, en profiter, vous épanouir parmi les vôtres. Pas de révolte en vous, pas de remise en cause, le moins possible. Au fond, vous êtes une femme stable, rassurante, enracinée dans la terre, dans vos habitudes et vos repères. Et vous n'en bougez pas comme ça.

Que désirez-vous ?

Aimer. Le reste a beaucoup moins d'importance. Les rapports que vous entretenez avec le monde doivent être dénués de tension, d'agressivité. Vous ne vous torturez pas, vous n'aimez pas avoir mal, ni faire mal. Placide, tranquille, un peu naïve, vous désirez une vie douce, confortable, avec de l'argent, des possessions et les moyens de construire quelque chose de tangible, de possible. Vos rêves ne sont pas fous mais classiques, très réalistes, voire terre à terre. Ce que vous possédez vous appartient et vous aimeriez arrêter le temps et le garder, pour toujours.

Votre rythme naturel

Lent, puissant, régulier. Résistante à l'effort, capable d'abattre le travail de longue haleine, vous êtes faite pour la course d'endurance, pas pour le sprint. Il vous faut du temps pour vivre, vous préparer, être belle et séduire. Car vous avez besoin de séduire, que l'on vous apprécie, que l'on vous aime. Il faut autour de vous et en vous, l'harmonie, l'accord, l'union des cœurs et des corps. Le domaine artistique est le vôtre, vous êtes une artiste, une âme sensible vibrant au son de la musique, capable de fabriquer de vos mains, de réaliser, de créer.

D'où venez-vous ?

De loin. Les liens qui vous rattachent au passé, à vos parents, à votre famille sont très puissants. Vous savez vivre au présent, profiter de l'instant mais le passé exerce sur vous une grande influence. Vous vous nourrissez de souvenirs, de romantisme, parfois de nostalgie. Vous êtes un maillon dans la chaîne, maillon fertile qui part d'un point et se dirige, à son rythme, vers un autre point, son but. Vous voyez à long terme, pouvez établir des plans, prévoir, fixer les étapes pour y parvenir. N'étant pas perdue dans le quotidien, vous tenez les rames d'une main ferme.

De quoi avez-vous peur ?

D'être abandonnée, de vivre seule, loin de votre foyer, de votre amour, de vos enfants, de perdre une personne chère, de devoir rayer quelque chose ou quelqu'un de votre vie, de laisser derrière vous des images de bonheur. Il vous est difficile de changer, de transformer les choses, de détruire. Vous, vous construisez, vous ne voulez rien casser et tout ce qui s'est passé reste fixé, sinon figé dans votre mémoire. Les séparations, les adieux vous angoissent. La perte de vos repères aussi, vous vous adaptez difficilement à la nouveauté.

Vous ne savez pas...

... vivre en solitaire, jouer le rôle de la chef, du leader, vous mettre en compétition, être impulsive, violente, agir dans l'urgence ou la précipitation, vivre sans repères, sans argent, sans amour, vous intéresser à tout et à rien, oublier ce que l'on vous a fait, relâcher l'étreinte que vous avez sur les gens que vous aimez, papillonner, flirter...

Mais vous savez...

... aimer et vous faire aimer, recevoir et prodiguer des caresses, de la tendresse, fonder un couple, une famille, un foyer, construire pour plus tard, avancer coûte que coûte, bâtir, dormir à heures fixes, partir en week-end, en vacances, avoir un contact régulier avec la nature...

Vos besoins

Importants sur le plan matériel et affectif. Matériel d'abord car la pauvreté, l'indigence, le manque d'argent vous angoissent vite. Il vous faut des bases sûres, un équilibre financier, une maison bien à vous – vous avez l'âme d'une propriétaire –, mais aussi de jolies toilettes, des parfums de choix, sinon de prix, des bijoux, des pierres, de belles étoffes, de beaux tissus, un confort de vie, une décoration choisie, un foyer accueillant, des amitiés sur lesquelles vous pouvez compter, un rythme de vie qui vous laisse le temps de vous occuper des vôtres. Sur le plan sentimental, vous ne vous contentez pas de rapports diffus, épisodiques. Vous avez besoin d'un homme prévenant, présent, attentif à vos attentes, avec une bonne situation, une certaine position sociale, qui vous donnera des enfants et sera capable d'en assurer l'éducation avec vous. Non, vous ne pouvez vivre dans le désordre, dans l'urgence, dans la précipitation, cela vous mine. Les situations doivent être claires, les relations simples, solides, durables. Ce qui est éphémère ou futile ne vous intéresse pas.

Le foyer

Pierre d'angle de l'édifice de votre vie, il représente le bien-être, le bonheur de se retrouver ensemble, sous le même toit, sous la même couette. Oui, vous êtes prédisposée à la vie domestique. La cuisine est un domaine qui ne vous est pas étranger, vous êtes gourmande et gourmet, appréciez la bonne chère, les bons vins, la belle vaisselle, le confort d'un matelas moelleux, la richesse d'un tissu, les meubles d'époque, les tapis épais, les livres d'art, les bons fauteuils. Votre goût est plutôt classique, de bon ton, sans originalité particulière mais sans faute de goût non plus. Vous cherchez à rendre votre intérieur chaleureux, agréable à l'œil et à vivre, vous aimez les jardins, les fleurs, la nature, les animaux, tout cela a sa place chez vous. Mais le foyer est surtout un havre de paix où vous vous réfugiez, loin du tumulte extérieur, un lieu d'amour. La présence de votre partenaire et de vos enfants suffit à ce bonheur simple que vous savez apprécier et qui vous est plus que nécessaire, indispensable.

Vos dépenses

Ni trop, ni trop peu. Oui, vous aimez et savez dépenser. Pas en n'importe quoi, en babioles, en superflu. Non, en choses solides, qui durent, qui servent, en particulier au confort, à la beauté et rien ne vous plaît plus que de joindre l'utile à l'agréable. Vous aimez être belle, plaire aux hommes et aux femmes, à votre entourage. Vous n'êtes pas sophistiquée, pas la peine, votre charme parle à votre place, un charme très naturel mais que vous savez rehausser par quelque bijou bien choisi, une robe qui vous va bien, ou l'accessoire qu'il faut. Et l'élégance d'une femme coûte cher ! Vous dépensez donc pour vous mais aussi pour les autres, pour les vôtres et comme vous marchez à l'affectif, faire un cadeau est toujours un vrai plaisir. Travailler, produire, gagner de l'argent, pour vous, c'est indispensable, ça vous rassure, le Taureau réagit mal face à un compte en rouge ! Donc vous investissez, vous tenez les cordons de la bourse, vous placez l'argent du ménage, épargnez et économisez en vue d'acheter, plus tard, un appartement, une maison, un lieu bien à vous.

L'amour

Omniprésent. C'est par amour que vous faites les choses et sans amour, vous n'êtes rien du tout. Femme passionnée, vous ne draguez pas, vous êtes réceptive, c'est tout. Et c'est suffisant car vous plaisez aux hommes. Pourtant, le coup de foudre vous atteint rarement. Il faut des sentiments vrais, authentiques de part et d'autre. Progressivement, votre cœur est pris et l'amour peut alors rimer avec toujours. Le sexe est important, régénérant mais ne peut vous suffire, il doit s'accompagner d'affection, de complicité, d'une grande confiance en l'autre et vous n'oubliez jamais une trahison. Très fidèle, vous vous donnez à fond pour que la vie commune soit sans heurt et apporte, à chacun, le maximum de satisfaction, en particulier des enfants car votre relation, pour être complète, doit être féconde. Votre immense besoin d'affection vous rend capable d'endurer beaucoup pour sauver votre couple. Mais vous êtes possessive, les êtres aimés vous appartiennent et vous ne supportez pas d'être frustrée dans vos sentiments. En cas de séparation, il vous est difficile de remonter la pente. Vous ne savez pas repartir à zéro.

Les enfants

Primordial. Vous êtes faite pour être maman et si vous n'en aviez pas, pour une raison ou pour une autre, cela vous frustrerait et vous placerait dans un état de manque qui rejaillirait sur les autres domaines de la vie. Travailler, oui, mais réussir votre vie de famille se trouve être votre priorité. En famille, vous assumez les responsabilités sans faiblir, vous donnez du temps à vos enfants, vous voulez qu'ils grandissent à l'abri du besoin, avec une bonne éducation. Vous êtes une vraie mère poule, entourée de ses poussins, nombreux de préférence. Vous les couvez et pouvez même les étouffer ! Très protectrice, trop, facilement inquiète quant à leur santé, à leur avenir, vous ne déléguez pas votre rôle de mère. Vos enfants sont vôtres, vous les maternez et les gâtez même lorsqu'ils sont grands. Attention, à l'adolescence, ils peuvent se rebeller et gare à l'affrontement si vous ne savez pas couper le cordon. Ils devront alors le faire eux-mêmes. Ne soyez dépendante de personne affectivement, apprenez à vos enfants, dès leur plus jeune âge, à conquérir cette part d'autonomie qui leur est nécessaire.

LUNE ET SOLEIL, votre dualité

La Lune vous a parlé de l'aspect féminin, réceptif de votre personnalité, de vos liens sentimentaux, affectifs et familiaux.

Le Soleil, quant à lui, représente vos tendances conscientes, masculines. Il donne vos objectifs professionnels, s'intéresse au matériel et à l'expression de votre ambition. Il dit où vous allez.

Lisez, ci-dessous, votre mélange original de Lune et de Soleil, la dualité qui est en vous.

LUNE EN TAUREAU - SOLEIL EN BÉLIER

(née entre le 21 mars et le 20 avril)

Vous savez ce que vous voulez et ferez tout pour y parvenir. Pourtant, que de contrastes ! À la fois rapide et lente, égoïste et généreuse, irréfléchie mais ne voulant rien changer, vous avancez, vous renversez les obstacles. Oui, vous avez un rôle de leader, de moteur, aussi bien sur le plan intime que social, qui vous entraîne et entraîne les autres. Qui est capable de vous suivre dans cette course de vitesse et d'endurance, dans cette course de championne ?

Votre défi : vivre entourée d'êtres chers tout en suivant votre propre voie.

LUNE EN TAUREAU - SOLEIL EN TAUREAU

(née entre le 21 avril et le 21 mai)

Peut-on faire plus fécond, nourrissant et sensuel ? Tout votre être va dans le même sens, celui de la marche en avant, lente et régulière, comme un sillon en terre, sans trop de cailloux pour ne pas casser le soc. Ça respire la nature, le bon air, les vertes prairies, l'amour sain et fidèle. Le domaine des arts est le vôtre, vous êtes capable de donner forme de vos mains, de créer et de procréer. Persévérante jusqu'à l'obstination, il vous est très difficile de changer de route ou d'habitudes.

Votre défi : ne pas vous encroûter.

LUNE EN TAUREAU - SOLEIL EN GÉMEAUX

(née entre 22 mai et le 21 juin)

Il faut vous bouger, passer de la lenteur à la rapidité ! Vous qui avez besoin d'un foyer, d'une famille et d'amour, c'est vers le monde social et ses expériences que vous allez, c'est communiquer, servir de lien, échanger des idées, de l'argent ou autre chose qui vous intéresse. Aimez-vous vraiment ou faites-vous semblant ? Êtes-vous fidèle ou ne l'êtes-vous pas ? Vous raisonnez avec la tête et aimez avec le cœur.

Votre défi : trouver le juste milieu entre votre besoin de sécurité affective et votre recherche de nouveautés.

LUNE EN TAUREAU – SOLEIL EN CANCER

(née entre le 22 juin et le 22 juillet)

Tout pour la famille ! C'est votre truc, votre créneau ! Vos proches, la cellule familiale, le clan, le foyer... là, vous êtes protégée des atteintes du monde extérieur, froid et impersonnel. Femme sensuelle et sensible, amoureuse et fertile, que ce soient des talents créatifs, des œuvres artistiques ou des enfants, vous êtes faite pour aimer, partager, vivre en paix, en harmonie dans un environnement connu, où vous avez pleine confiance en ceux qui vous entourent.

Votre défi : enfanter, beaucoup.

LUNE EN TAUREAU – SOLEIL EN LION

(née entre le 23 juillet et le 23 août)

Vous êtes axée, non seulement sur le concret mais vous visez aussi ce qui brille ! Matérialiste ? Peut-être. Artiste ? Sûrement. Mais profiter simplement de la vie ne vous suffit pas, il vous faut aussi détenir un pouvoir sur les choses et les êtres, mener votre barque où vous le voulez. Femme de tête, d'argent, d'autorité et de possessions, vous êtes une amoureuse qui cherche à nouer des relations sociales valorisantes, à connaître le succès professionnel.

Votre défi : tout réussir à la fois, le plan social, amoureux et familial.

LUNE EN TAUREAU- SOLEIL EN VIERGE

(née entre le 24 août et le 23 septembre)

C'est bien réaliste tout ça, bien concret. Ça travaille, ça fonctionne, tous les jours. Ça ne coûte pas cher, c'est rentable, c'est parfait ! Vous êtes une femme fertile et féconde, responsable, efficace, qui aime la vie domestique et ne peut s'empêcher de travailler, de se rendre utile. Oui, vous aimez rendre service, produire, construire et calculer. Une vie tranquille, routinière vous correspond, un amour fidèle aussi, ainsi que des enfants à materner, à éduquer, à mettre sur le bon chemin.

Votre défi : dépasser les limites que vous vous imposez.

LUNE EN TAUREAU - SOLEIL EN BALANCE

(née entre le 24 septembre et le 23 octobre)

Que de charme et d'élégance ! Tout ce qui touche à la beauté, à l'esthétique et aux arts vous frôle, vous touche. Vous êtes une séductrice, une vraie, à la fois légère et sensuelle, et l'amour pour un partenaire guide votre vie. Partagée entre votre volonté propre et celle de l'autre, dépendante affectivement, vous êtes faite pour arrondir les angles, harmoniser le monde qui vous entoure. À l'aise au foyer, vous l'êtes aussi en société. Les relations, les liens, les échanges et le plaisir doivent être de la partie.

Votre défi : vous passionner.

LUNE EN TAUREAU - SOLEIL EN SCORPION
(née entre le 24 octobre et le 22 novembre)

Il y a de l'amour là-dessous, une sensualité torride, de la volupté... Oh oh, cette combinaison ne manque pas de charmes, de magnétisme sexuel. Vous êtes faite pour aimer passionnément, pour désirer et vous faire désirer, jusqu'au bout ! Très possessive, on ne sort pas indemne d'une relation avec vous. L'argent, lui, vous intéresse par son pouvoir. Vous l'aimez et le détestez à la fois. Faite pour créer et déformer, pour construire et détruire, vous êtes une artiste.

Votre défi : ne pas vous enchaîner aux autres, à l'autre.

LUNE EN TAUREAU - SOLEIL EN SAGITTAIRE
(née entre le 23 novembre et le 21 décembre)

Le foyer, la famille... cela ne peut vous suffire. Vous vous élancez, vous tendez vers un but, vous visez haut et loin. Il vous faut partir en chasse, à la conquête d'un idéal, voyager, découvrir autre chose, autre part. Portée par une foi, par des convictions, vous êtes motivée, enthousiaste, prête à parcourir le monde, à aimer les gens. Le foyer vous importe mais vous avez besoin d'une vie professionnelle haletante, de projets à lancer, de rencontres à faire, d'argent à gagner.

Votre défi : ne pas vous embourgeoiser.

LUNE EN TAUREAU - SOLEIL EN CAPRICORNE

(née entre le 22 décembre et le 20 janvier)

C'est du vrai, du solide, de l'inoxydable, de l'éternel qu'il vous faut ! Que ce soit un métier, un amour ou une famille, vous structurez votre vie, vous la mettez sur des rails et ça ne doit pas en bouger. Vous savez où vous allez, un peu trop même, c'est de la persévérance, parfois de l'obstination. Vous êtes faite pour construire, utiliser, fabriquer, assumer des responsabilités, les vôtres et celles des autres. Femme efficace, sérieuse, fidèle, on ne doit pas vous tromper.

Votre défi : être un peu moins matérialiste.

LUNE EN TAUREAU - SOLEIL EN VERSEAU

(née entre le 21 janvier et le 18 février)

L'amour, les enfants... d'accord, mais pas seulement. L'intérieur de la famille ne vous suffit pas. Vous allez vers la liberté, l'indépendance ! Vous aimez l'extérieur, sortir, découvrir, connaître, voyager, faire des rencontres, avoir des amies, des amis. Certes, vous avez besoin d'amour mais tout autant de liens humains, fraternels avec les autres, sans histoires sexuelles.

Votre défi : vous individualiser, sortir de votre condition première et tracer votre route, même si elle est originale, hors des sentiers battus.

LUNE EN TAUREAU - SOLEIL EN POISSONS

(née entre le 19 février et le 20 mars)

Perméable aux ambiances, sensible et vulnérable, sensuelle, ondoyante et féconde, tous vos sens en éveil, vous êtes une artiste, embarquée sur l'océan de la vie, entourée de votre famille, faisant partie d'un groupe ou d'une communauté. Vous êtes faite pour exprimer vos talents créatifs, peinture, musique, pour aimer un partenaire, des enfants, des amis mais aussi les autres, tous les autres, l'humanité. Généreuse et dévouée, vous êtes même capable de vous sacrifier, pour la bonne cause s'entend.

Votre défi : ne pas être naïve.

LUNE ET SOLEILS, les hommes et vous

Comment vous accordez-vous avec un...

HOMME SOLEIL EN BÉLIER

(né entre le 21 mars et le 20 avril)

Attirant, certes, un peu macho aussi mais ce n'est pas pour vous déplaire... Enthousiaste, déterminé et parfaitement autonome, il vous complète par ses vives décisions, son élan et sa fougue amoureuse. Il peut même vous impressionner. Pas longtemps car il n'est pas stable, il ne sait pas s'arrêter de travailler, d'agir et ce n'est pas un sentimental. Fonder un foyer, avoir une famille représente des liens et les liens, il les brise. Saura-t-il vous rassurer ? Peut-être pas, il recherche la conquête plutôt que la jouissance.

HOMME SOLEIL EN TAUREAU

(né entre le 21 avril et le 21 mai)

Voilà l'homme qu'il vous faut, ou à peu de choses près. Il saura vous rassurer affectivement et financièrement, vous faire la vie douce, l'amour et des enfants. Il sera le papa, vous la maman. Voilà un couple fait pour durer, solide et fécond, attaché aux choses matérielles, gagnant de l'argent, l'amassant peut-être et l'investissant dans du solide. Le foyer, la famille vous rapprochent mais le travail accapare aussi une grande partie de votre temps. Le labeur, vous aimez ça et ensemble, vous construisez.

HOMME SOLEIL EN GÉMEAUX

(né entre 22 mai et le 21 juin)

Il est rigolo celui-là, sympathique, enjôleur mais… ce n'est pas tout à fait celui qu'il vous faut. Certes, avec lui, on ne s'ennuie pas mais c'est un homme volage qui vit deux existences parallèles, capable de jouer avec les sentiments, les vôtres et les siens. Ne comptez pas sur lui pour vous stabiliser, construire un foyer, vous faire des enfants et rester près de vous. Il vient, il repart, il aime le changement, le mouvement et vous, vos repères, vos habitudes. Demandez-lui de sortir, de bouger ou de vous donner un rendez-vous mais pas de s'impliquer à fond.

HOMME SOLEIL EN CANCER

(né entre le 22 juin et le 22 juillet)

Belle alliance d'une femme sensuelle et d'un homme sensible. Il vous comprend, il vous protège et vous aussi, vous le protégez, vous le maternez, le chouchoutez… il adore. C'est un enfant, un homme plein de fantaisie, d'émotions et de talents créatifs mais qui a besoin qu'on lui prenne la main, d'être guidé. Et vous ferez ça très bien, responsable et bonne comme vous êtes. Avec lui, vous aurez un foyer, des enfants, il fera mille projets, vous en réaliserez quelques-uns. Il vous aimera tendrement et, après l'amour, vous le bercerez pour qu'il s'endorme.

HOMME SOLEIL EN LION

(né entre le 23 juillet et le 23 août)

Il est impressionnant celui-là, il brille, rayonne mais... serait-ce de la poudre aux yeux ? Attention, vous n'aimez pas le clinquant, la parade, la frime. Il vous faut de l'authentique, pas de l'authentoc ! Certes, il vous rassure par sa carte de visite, ses airs de grand seigneur, son goût de la réussite et son ambition sociale. Vous pouvez apprécier mais il ne faut pas qu'il aille jouer les dons Juans, vous ne le permettrez pas. Il a la carrure d'un mari, d'un amant, d'un père mais aura-t-il la tendresse que vous attendez ?

HOMME SOLEIL EN VIERGE

(né entre le 24 août et le 23 septembre)

Avec lui, ça colle ! Tellement fort qu'on ne pourra plus vous séparer ! Honnête, prudent, méthodique et grand travailleur, cet homme vous sécurise et, ensemble, vous résolvez problèmes pratiques et domestiques. Le foyer, la maison, les enfants, voilà qui résonne à ses oreilles. Lui aussi cherche à vivre une existence tranquille, utile et féconde. Axés tous deux sur les choses pratiques et matérielles, vous lui permettez de jouir de la vie et, en retour, il ordonne le monde autour de vous, se dévoue pour vous.

HOMME SOLEIL EN BALANCE

(né entre le 24 septembre et le 23 octobre)

Vous avez en commun l'envie de vivre sans heurts ni tensions, d'établir des rapports de couple harmonieux. Mais vous ne placez pas l'amour sur le même plan. Cet homme est un intellectuel, un mental qui raisonne son amour tandis que vous êtes une sensuelle, une sentimentale dont le cœur déborde d'affection. Il ne peut vivre seul, vous non plus mais vous ne vous accordez pas pour autant. Séducteur, sa fidélité n'est pas légendaire et son but n'est pas de fonder une famille, un foyer. Il aime davantage le monde extérieur, les relations sociales.

HOMME SOLEIL EN SCORPION

(né entre le 24 octobre et le 22 novembre)

Voilà votre complémentaire, celui qui vous fait décoller, connaître le grand frisson ! Il veut vivre intensément, à tout prix. L'amour, bien sûr, sous toutes ses formes. Le sexe, la sensualité et la passion l'animent. Magnétique, torturé, créatif, il ne se contente jamais de ce qu'il a, il en veut davantage, toujours plus et vous demande d'évoluer, de vous transformer, de vous dépasser. Il est capable de détruire, vous de construire et ensemble, vous formerez un couple productif, fécond, avec foyer et amour à tous les étages. Si jalousie et possessivité ne prennent pas le dessus.

HOMME SOLEIL EN SAGITTAIRE

(né entre le 23 novembre et le 21 décembre)

Ne tenant pas en place, toujours porté vers l'avant, vers l'aventure, il vous fera bouger celui-là, il faudra le suivre ! Pas évident pour vous qui avez besoin de sécurité affective et financière. Lui n'est pas sentimental, il ne connaît ni le repos ni même l'arrêt et s'il s'implique dans la relation, il a besoin de s'en éloigner aussi, de suivre sa route et, le cas échéant, de revenir vers vous. N'attendez pas de lui, dans sa jeunesse, qu'il fonde un foyer ou quoi que ce soit : il voyage. Avec la maturité, il se calme. Alors, vous pourrez le tenir, le retenir.

HOMME SOLEIL EN CAPRICORNE

(né entre le 22 décembre et le 20 janvier)

C'est un roc, c'est un pic, c'est une péninsule… cet homme est la rigueur même. Solide, parfois dur ou tranchant, il sait ce qu'il veut, où il va et sans doute, vous irez ensemble. Vous lui donnez la douceur, les caresses et la joie de vivre dont il manque. En retour, il vous protège, vous sécurise, vous permet de construire un couple inébranlable, un foyer modèle, vous fera des enfants, assumera toutes les responsabilités, même les vôtres, bref, vous aurez une vie calme et féconde comme vous l'aimez. À moins qu'il ne travaille trop. Ce qui est probable.

HOMME SOLEIL EN VERSEAU

(né entre le 21 janvier et le 18 février)

Celui-là n'est pas sur la même longueur d'onde. La stabilité l'ennuie, le foyer l'angoisse, l'amour l'effraie ! Cet homme est fait pour bouger dans sa tête, voyager, connaître, découvrir et vivre de multiples expériences humaines. Il préfère l'amitié à l'amour, les rapports intellectuels aux ébats sensuels et ne pense qu'à sa liberté, son indépendance, son travail. Vous pouvez le calmer, lui donner le goût des plaisirs et des choses matérielles, il peut vous apporter beaucoup sur le plan intellectuel, spirituel mais ne comptez pas sur lui pour construire un foyer.

HOMME SOLEIL EN POISSONS

(né entre le 19 février et le 20 mars)

Cet homme ravit votre cœur, vous fait connaître des sensations sensuelles, sexuelles et sentimentales inconnues ! C'est un artiste aux mille talents, un homme qui ne connaît pas les limites, en particulier celles de l'amour. Tendre et vulnérable, perméable à ce qui existe autour de lui, il a besoin d'être protégé, guidé, canalisé et pour cela, il peut compter sur vous. Il fera entrer la magie dans votre vie, acceptera tout de vous, en particulier de fonder une famille, d'avoir des enfants. Ne le laissez pas seul, faites-le baigner dans une communauté d'amour.

Femme Lune en Gémeaux

Tout dans le Gémeaux est double, sinon multiple. Jeunesse, fraîcheur et nouveautés, changements, mouvements et jeux, c'est le temps de l'adolescence.

Qui êtes-vous ?

Une femme vive, agile intellectuellement, capable de s'adapter à toutes les situations. Il y a, en vous, un moteur rapide, mais instable, mieux adapté aux courses de vitesse et aux petites distances qu'à la course d'endurance ou aux longs voyages. Vous avez besoin de nouveautés, de variété plutôt que de profondeur et de durée. Jeune d'esprit, et cela toute votre vie, vous vivez au jour le jour, sans rien planifier, sans voir à long terme. La vie doit être amusante, intéressante, pétillante sinon, vous vous ennuyez.

Que désirez-vous ?

Beaucoup de choses mais de façon superficielle. Vous vous intéressez à tout, à tous, vous faites la liaison entre les personnes, vous vous éparpillez. Vous pensez à plusieurs choses, à plusieurs personnes en même temps, vous multipliez les expériences, les relations, les contacts mais sans vous investir à fond dans vos relations qui doivent rester épisodiques, en constant renouvellement. C'est aussi le signe d'un esprit immature. Oui, vous êtes une adolescente, une éternelle étudiante qui refuse de prendre les choses, et les gens, au sérieux.

Votre rythme naturel

Allegro ! Plus intellectuelle que physique, plus nerveuse que placide, votre esprit alerte est toujours sur le qui-vive : vous avez la bougeotte. Vous vous nourrissez d'idées et de projets intellectuels avec lesquels vous aimez jouer, jongler. À l'aise pour régler les problèmes pratiques et quotidiens, vous avez le contact facile et vous aimez parler, lire, écrire, vous informer, savoir, communiquer, servir de lien, transmettre, traduire et c'est dans une activité mentale incessante que vous vous sentez bien, dans votre élément.

D'où venez-vous ?

De nulle part en particulier. Et vous n'allez nulle part non plus. Vous n'avez pas de grands principes à défendre, de convictions profondes, de foi à partager. Pas de complexes non plus. Vous n'êtes pas une femme révoltée mais vous refusez de suivre le même chemin que les autres, celui de vos parents en particulier, que l'on vous guide, que l'on restreigne votre liberté de pensée et d'action, que l'on vous mette sur des rails. Vous n'avez pas de destination particulière, de voie définie. Vous êtes un papillon qui virevolte, butine et ne se pose nulle part.

De quoi avez-vous peur ?

De vous retrouver coincée dans un seul rôle, de ne faire qu'une chose, de n'aimer qu'un homme. Soumise aux conditions du moment, jouant avec les idées et les sentiments, ne prenant rien au sérieux, surtout pas vous-même, il vous faut de la variété dans tous les domaines. La solitude vous effraie, vous ne vous imaginez pas isolée, coupée des autres, du monde social qui bouge et dont vous voulez faire partie. Seulement, quand des responsabilités doivent être prises, quand il faut choisir, décider, vous préférez bifurquer.

Vous ne savez pas...

... vous discipliner, accepter de lourdes responsabilités, vous maîtriser, ne suivre qu'une route à la fois, vous engager pour quelqu'un, avoir la vocation, foi en un idéal, faire battre votre cœur follement, vous investir à fond dans ce que vous faites, construire durablement, bâtir un nid, n'aimer qu'un homme...

Mais vous savez...

... comprendre très vite, travailler efficacement, poursuivre des études, vous intéresser à tout, vous informer, vous documenter, vous adapter, filtrer vos sentiments par la raison, vous éparpiller, prendre les choses et les autres par-dessus la jambe, être critique, vous faire caméléon, jouer la comédie et les fausses ingénues...

Vos besoins

Multiples et variés : vivre de l'air du temps, suivre l'idée du moment, dialoguer avec ceux et celles qui sont autour de vous en ce moment. Comme vous vous agitez beaucoup, comme votre esprit est survolté, continuellement en train de penser, vous devez faire, de temps à autre, un break pour ne pas disjoncter. C'est une vie légère, pleine d'imprévus et de nouveautés qu'il vous faut, où vos intérêts intellectuels sont nourris, où les relations jouent un rôle important. La routine vous pèse, les horaires aussi, la possessivité des hommes encore plus. Les personnes et les situations ne doivent pas vous retenir prisonnière, tout doit être différent, à chaque instant. Femme moderne, émancipée, qui ne doit rien à personne, vous trouvez dans le changement, le mouvement, votre raison de vivre. Les autres vous intéressent, moins de manière affective qu'intellectuelle. Vous savez raisonner, compter, calculer, acheter et vendre, prendre contact, négocier, faire des transactions. Tout cela reste un peu prosaïque, matériel, commerçant, même avec ceux qui partagent des liens avec vous.

Le foyer

Non, vous n'êtes pas prédisposée à la vie au foyer, à la domesticité. Vous ne vous réfugiez pas chez vous, ce serait plutôt un lieu de passage car vous êtes faite davantage pour une vie urbaine et trépidante que pour la campagne ou le douillet cocon tissé main. Les tâches domestiques vous ennuient plutôt. Bien sûr, vous êtes capable de les accomplir vite et bien, car vous êtes habile, jamais à court d'idées, mais vous estimez avoir autre chose de plus intéressant à faire. C'est la vie à l'extérieur qui vous attire, celle du travail, des rencontres, professionnelles et autres, celle des relations sociales. Assez tôt, vous avez eu envie de quitter le nid familial, de voler de vos propres ailes et plus tard, vous ne rêvez pas d'en fonder un. D'ailleurs, vous n'êtes pas faite pour fonder quoi que ce soit, construire en dur, vous immobiliser dans une situation ou avec une personne. Le foyer, vous n'y êtes pas vraiment attachée. Déménager, emménager vous plaît davantage, cela vous donne la possibilité de découvrir une autre vie, une autre ville, d'autres personnes.

Vos dépenses

Nombreuses, car tout vous intéresse. Que ce soit de la lingerie ou de la culture, un film, des disques, des fringues ou des magazines, l'argent permet d'acheter ce que l'on veut, quand on le veut. Il entre là, il ressort ici ? Tant que vous pouvez continuer comme ça, tout va bien. À l'aise quand il s'agit de dépenser de l'argent, vous êtes très débrouillarde aussi et savez toujours comment en gagner. Si parler d'argent, négocier au plus près, louvoyer avec les emprunts ou compter celui des autres ne vous effraie pas, en revanche, vous ne savez pas maîtriser le vôtre, l'investir, l'économiser. Désolé mais, a priori, vous ne deviendrez jamais riche, ce n'est pas que ce vous recherchez. Vous n'êtes pas faite pour le monde matériel, concret, les grandes entreprises, les responsabilités et ses exigences mais pour jouer avec les choses et avec le reste. Oui, le jeu vous amuse, le jeu d'argent par exemple mais pas le déposer sur un compte, l'amasser dans un coffre ou le placer à long terme. C'est au jour le jour que l'argent se vit, se gagne et se dépense.

L'amour

À mettre un peu de côté. Si votre corps est celui d'une femme, votre esprit, lui, est asexué et vous ne recherchez pas spécialement la compagnie d'un homme. Pour vous, la séduction passe par votre humour, votre jeunesse de caractère et votre facilité de contact. Avec les autres, avec l'autre en particulier, vous préférez l'amitié à l'amour, une complicité de bons copains plutôt que des relations exclusives et surtout, il vous faut des occasions de bouger souvent, de varier le menu ! Vous n'êtes pas une femme possessive ou jalouse, on ne vous attrape pas en vous faisant miroiter de l'argent ou des ébats torrides mais en vous laissant libre. Le mariage, l'union... vous vous en méfiez. Rapidement, vous vous sentez coincée dans le rôle de l'épouse, confinée au foyer, dépendante affectivement ou financièrement d'un homme. Les sentiments puissants, la passion, tout cela vous paraît excessif et vous vous en éloignez promptement. C'est sur le terrain intellectuel que vous faites votre présélection et vous préférez le flirt aux fiançailles, les aventures à l'aventure, le divorce à la prison.

Les enfants

Point trop n'en faut. Les liens familiaux restent des liens et vous préférez l'environnement social et amical à la cellule familiale. Vous n'éprouvez pas l'envie irrépressible d'avoir de nombreux enfants. Prodiguer des soins quotidiens, répétitifs, vous imposer des habitudes, entraver votre liberté, penser à l'avenir... tout cela n'est pas pour vous. Avant d'avoir des enfants, vous devez vivre pour vous-même, par vous-même, découvrir le monde, expérimenter plusieurs relations. Peut-être aurez-vous des enfants très jeune et recommencerez-vous à vivre libre lorsqu'ils seront plus grands. Peut-être n'aurez-vous pas d'enfants et, dans ce cas, vous resterez femme sans vous sentir complexée, frustrée ou coupable de ne pas être mère. Votre rapport à l'enfant est plus celui d'une grande sœur que celui d'une mère poule. Vous ne le couvez pas, ne l'étouffez pas. Vous le traitez d'égal à égal mais vous n'avez pas une grande autorité sur eux, de principes d'éducation. Vous vous laisseriez plutôt guider par eux que le contraire.

LUNE ET SOLEIL, votre dualité

La Lune vous a parlé de l'aspect féminin, réceptif de votre personnalité, de vos liens sentimentaux, affectifs et familiaux.

Le Soleil, quant à lui, représente vos tendances conscientes, masculines. Il donne vos objectifs professionnels, s'intéresse au matériel et à l'expression de votre ambition. Il dit où vous allez.

Lisez, ci-dessous, votre mélange original de Lune et de Soleil, la dualité qui est en vous.

LUNE EN GÉMEAUX - SOLEIL EN BÉLIER

(née entre le 21 mars et le 20 avril)

Chez vous, l'intellect bouge mais le corps aussi ! Vous ne pouvez pas vous contenter de batifoler, de penser à plusieurs choses à la fois. Non, vous devez vous battre, foncer, vous investir entièrement dans ce que vous faites, exprimer, sans détour, votre personnalité, vos ambitions, votre volonté. N'ayant pas du tout le sens du long terme, vous vivez au jour le jour, en agissant et en réagissant instinctivement. Vous réfléchissez vite, vous agissez encore plus vite.

Votre défi : ne pas foncer dans le mur ou changer de cap sans cesse.

LUNE EN GÉMEAUX - SOLEIL EN TAUREAU

(née entre le 21 avril et le 21 mai)

Vous ne pouvez pas vous permettre d'être distraite, évaporée ou légère. La vie vous demande de construire solidement, durablement. Que ce soit une profession, un amour ou une famille, vous allez vers ce qui est concret, réel, matériel, vers une accumulation de richesse, le développement de vos sentiments amoureux. Peut-être vous obligez-vous à prendre des responsabilités, à les assumer, à assurer sur tous les plans ?

Votre défi : vous promener dans la vie mais, aussi, vous arrêter pour en jouir.

LUNE EN GÉMEAUX - SOLEIL EN GÉMEAUX

(née entre 22 mai et le 21 juin)

Vous êtes double, vous êtes quadruple, une femme aux multiples facettes qui ne connaît pas sa destination, vit sans but précis, insouciante, légère, effrontée comme une ado. Capable de faire plusieurs choses, de penser à plusieurs hommes, de suivre plusieurs voies en même temps, votre univers est celui des parallèles, de la double vie, du touche-à-tout. Vous ne restez pas en place, vous ne vous abandonnez pas, vous considérez toujours les deux faces d'un problème ou d'une personne.

Votre défi : vous investir, pas seulement dans un travail, mais dans l'amour.

LUNE EN GÉMEAUX - SOLEIL EN CANCER

(née entre le 22 juin et le 22 juillet)

Cette vie amusante, pétillante, sans souci ni relation durable à laquelle vous rêvez ne peut vous suffire. Vous devez trouver l'amour. Et le garder. Et pas seulement. Il vous faut un nid douillet, partager des sentiments avec un partenaire en qui vous avez toute confiance, bâtir un foyer qui vous protège, mettre au monde des projets, des espoirs et des enfants. Au travail, vous n'êtes pas faite pour travailler seule ou assumer des responsabilités : votre carrière n'est pas primordiale.

Votre défi : ne pas vivre seulement au fil du temps, au fil de l'eau.

LUNE EN GÉMEAUX - SOLEIL EN LION

(née entre le 23 juillet et le 23 août)

Le monde social vous attire et, comme le papillon de nuit, vous allez droit vers sa lumière au risque de vous brûler les ailes ! Oui, vous aimez ce qui brille, ce qui se voit, ce qui se remarque. Vous appréciez les fêtes et les réjouissances, les personnes connues et reconnues, la célébrité. Vous devez faire carrière, détenir un certain pouvoir, montrer une belle carte de visite. À la fois insouciante et organisée, légère et forte, il vous faut construire votre vie, réussir en même temps le travail et l'amour.

Votre défi : passer de l'ado à l'adulte.

LUNE EN GÉMEAUX - SOLEIL EN VIERGE

(née entre le 24 août et le 23 septembre)

Pour vous, c'est dans l'intellect que ça se passe. Ce que vous ressentez, vous le filtrez par la raison et les émotions ne doivent pas vous dépasser. Encore moins la passion. Vous êtes une femme de tête qui sait calculer, organiser, préparer, faire en sorte que les choses se passent mais vous préférez rester dans la coulisse. Efficace, précise, littéraire, scientifique ou maniaque, vous aimez travailler, remplir une tâche, vous rendre utile sinon indispensable.

Votre défi : mettre du sentiment, un grain de folie, quelques excès dans votre vie.

LUNE EN GÉMEAUX - SOLEIL EN BALANCE

(née entre le 24 septembre et le 23 octobre)

Vous êtes une femme aérienne, un coup de vent qui avance au gré de l'air du temps. La séduction est votre terrain de prédilection. Vous aimez plaire, vous devez plaire, que ce soit aux hommes, à vos collaborateurs, à votre entourage immédiat ou professionnel. Pour vous, vivre seule est inconcevable, il vous faut un partenaire, des relations sociales, des contacts en nombre. Mais vous n'avez pas de voie définie, une volonté forte qui serait votre guide.

Votre défi : ne pas fluctuer, changer, hésiter ou bifurquer sans cesse.

LUNE EN GÉMEAUX - SOLEIL EN SCORPION
(née entre le 24 octobre et le 22 novembre)

Vous êtes une femme aux multiples facettes. D'une part, vous êtes légère, insouciante et vous vous éloignez de la passion mais, d'autre part, vous recherchez la passion, l'intensité de la vie. Vous êtes faite pour les drames et les orages de l'amour, pour aimer follement un homme et plusieurs, transformer les choses et les gens. À la fois laxiste et très exigeante, éparpillée et très déterminée, deux mondes coexistent en vous : la tête et le cœur, l'esprit et les tripes.

Votre défi : construire un amour, un foyer, une famille que vous ne remettrez pas en cause.

LUNE EN GÉMEAUX - SOLEIL EN SAGITTAIRE
(née entre le 23 novembre et le 21 décembre)

Le monde proche, le travail quotidien, la vie au jour le jour... cela ne peut vous suffire. À la fois adolescente et adulte, irresponsable et mature, enthousiaste et blasée, il vous faut suivre une voie, la vôtre, vous impliquer dans des projets, trouver un idéal, partir à la découverte. Sans cesse en mouvement, douée pour les langues, attirée par l'étranger, vous devez faire voyager votre esprit et votre corps.

Votre défi : construire, vous investir dans quelque chose, ou dans quelqu'un, sans craindre d'y perdre votre autonomie.

LUNE EN GÉMEAUX - SOLEIL EN CAPRICORNE

(née entre le 22 décembre et le 20 janvier)

Si, au fond, vous êtes un peu éparpillée, vous devez démontrer dans l'existence une détermination sans faille, une volonté à toute épreuve. Sachant calculer, compter, classer, votre esprit est lucide, pratique, scientifique et le monde des responsabilités, qui est le vôtre, demande de construire un amour qui dure, un foyer solide, une famille qui tienne debout mais aussi une carrière professionnelle par laquelle vous détiendrez un pouvoir sur les choses et sur les êtres qui vous entourent.

Votre défi : aimer profondément.

LUNE EN GÉMEAUX - SOLEIL EN VERSEAU

(née entre le 21 janvier et le 18 février)

Vivre le monde extérieur et y multiplier les expériences vous attire davantage que fonder une union, un foyer, une famille. Vous êtes plus une femme d'idées que d'émotions, mentale que sentimentale, qui craint d'être coincée dans une relation étroite, qui se méfie de la passion et de ses emportements et qui s'échappe dès qu'elle se sent prisonnière. Ce sont les rencontres, les contacts et les amitiés qui vous régénèrent, vous cultiver, découvrir et connaître qui vous motivent.

Votre défi : mettre de la chaleur dans vos relations et construire durablement.

LUNE EN GÉMEAUX - SOLEIL EN POISSONS

(née entre le 19 février et le 20 mars)

Vous êtes partagée entre votre égoïsme et votre générosité, entre vivre pour vous seule et vivre pour les autres. Si, au fond, vous êtes une femme de tête qui préfère raisonner plutôt que se donner, il vous faut impérativement de l'amour autour de vous, un compagnon proche, un foyer agréable et des enfants à qui vous offrirez tout. Vous voilà tiraillée entre votre famille et votre métier, entre butiner et vous investir à fond jusqu'à oublier votre propre personne.

Votre défi : ne pas vouloir tout réussir en même temps mais vous donner des priorités.

LUNE ET SOLEILS, les hommes et vous

Comment vous accordez-vous avec un...

HOMME SOLEIL EN BÉLIER

(né entre le 21 mars et le 20 avril)

Il suit sa voie, vous la vôtre, il n'est pas fidèle, vous non plus, il a besoin d'indépendance, vous aussi, bref, vous vous laissez mutuellement libres de penser et d'agir. Il vous donne sa flamme amoureuse tandis que vous lui offrez en retour vos contacts et vos découvertes professionnelles. Mais ne comptez pas sur lui pour vous fixer, vous stabiliser ou fonder un foyer, une famille. C'est un homme impulsif, spontané, ambitieux qui doit prouver, d'abord à lui-même, qu'il est capable de s'en sortir seul...

HOMME SOLEIL EN TAUREAU

(né entre le 21 avril et le 21 mai)

Très différent de vous, il veut une vie tranquille, un foyer paisible, une épouse présente, dévouée, fidèle qui lui donnera des enfants. Un peu trop classique pour vous, plan-plan, routinier. Certes, cet homme sensuel, jouisseur calme vos doutes, vous sécurise, vous entoure d'amour et de confort mais avec lui, vous risquez de vous ennuyer, de ne plus pétiller comme vous aimez le faire. Lui peut se lasser de vos va-et-vient, être jaloux de votre réussite professionnelle, de votre liberté. Son rythme lent peut vous énerver ; le vôtre, rapide, peut le déstabiliser.

HOMME SOLEIL EN GÉMEAUX

(né entre 22 mai et le 21 juin)

Branchés sur la même longueur d'onde, vous êtes faits pour partager votre jeunesse d'esprit, votre envie de vous amuser, de bouger, de connaître le mouvement perpétuel. Voilà deux adolescents, deux éternels étudiants, sans projets à long terme, sans buts précis autres que travailler, multiplier contacts et connaissances. Il n'est pas forcement question d'amour passionné entre vous, de liens puissants, éternels, ni même de construire une vie de couple ou de famille mais de suivre plusieurs chemins, voire une double vie, qui arrangera les deux partenaires.

HOMME SOLEIL EN CANCER

(né entre le 22 juin et le 22 juillet)

Si vous cherchez un homme tendre, un homme-enfant un peu dépendant de vous, c'est le bon. Mais il se peut aussi que vous le trouviez trop peu sûr de lui, manquant d'ambition sur le terrain professionnel ou que son besoin d'être protégé, materné vous fatigue. C'est un être agréable, plein de rêves, de fantaisie et d'imagination mais qui a besoin d'une femme proche de lui, d'une muse, d'une égérie qui le pousse, le motive, le canalise. Il veut aussi un couple uni, un foyer, des enfants... Si vous n'êtes pas patiente, dévouée ou autoritaire, passez votre chemin !

HOMME SOLEIL EN LION

(né entre le 23 juillet et le 23 août)

Il vous impressionne celui-là ! Ambitieux, déterminé, volontaire, il veut briller dans le monde social, y tenir un rôle de premier plan. Capable de prendre des décisions, des directions, un certain pouvoir, il vous guide, canalise votre esprit, vous propose de prendre des responsabilités pour construire, avec lui, une union, un foyer, une famille. Certes, il est très classique et votre originalité foncière, votre besoin de liberté et d'indépendance peuvent en souffrir. Vous êtes une femme émancipée, rester sous la coupe de quelqu'un vous est difficile. Mais si vous l'admirez, alors là...

HOMME SOLEIL EN VIERGE

(né entre le 24 août et le 23 septembre)

D'un côté, vous vous ressemblez car, tous deux, vous faites passer la raison avant la passion, la logique avant les sentiments. Mais d'un autre côté, il vous parait bien terre à terre, sans beaucoup d'envergure, cet homme qui s'intéresse beaucoup, sinon trop à son métier, dissèque le monde en petits bouts, ne se met pas au premier plan sur la scène sociale et peut donc manquer d'ambition. Certes, il est fidèle, attentionné et l'on peut compter sur lui pour fonder une famille, un foyer. Cela vous motivera-t-il suffisamment ?

HOMME SOLEIL EN BALANCE

(né entre le 24 septembre et le 23 octobre)

Cet homme vous plaît tout de suite. Il plaît à tout le monde d'ailleurs, aux femmes en particulier. Séducteur dans l'âme, ne pouvant vivre seul ou éloigné du monde social, ensemble, vous partez à sa conquête, vous vous nourrissez de rencontres, de contacts, de relations valorisantes. Il vous offre son goût d'artiste, d'esthète pour l'harmonie des esprits et des cœurs. Si l'union avec lui est probable, ne comptez pas fonder un foyer ou une famille nombreuse mais vous satisfaire de travail, de luxe, de calme, de beauté et d'amitiés.

HOMME SOLEIL EN SCORPION

(né entre le 24 octobre et le 22 novembre)

Il en veut beaucoup, peut-être trop à votre goût. Cet homme est un être exclusif, passionné qui vit intensément tous les aspects de l'existence, en particulier ce qui touche à l'amour et au sexe. Avec lui, il faut se donner entièrement, franchir ses propres limites, aller toujours plus loin. Si vous en êtes capable, vous découvrirez des facettes inconnues de votre personnalité, vous serez plongée à la fois dans les drames et les plaisirs de la vie, vous perdrez la tête, bref, vous ne vous ennuierez pas. Mais il est exigeant, possessif, il construit puis détruit... Sachez-le.

HOMME SOLEIL EN SAGITTAIRE
(né entre le 23 novembre et le 21 décembre)

Le voilà, votre complémentaire, l'homme qui va vous faire décoller, prendre de la vitesse, de l'altitude ! Plein d'élan et de fougue, porté vers l'inconnu, le lointain, ayant des objectifs haut placés, il vous propose une vie d'aventure où l'étranger, la spiritualité, la foi, la connaissance jouent un rôle important. Il vous emmène, vous entraîne, motive votre couple et vous lui donnez votre sens pratique, votre vivacité d'esprit. Il sera davantage question de découvrir le monde ensemble plutôt que de bâtir une vie de famille et de s'y enfermer. Tant mieux !

HOMME SOLEIL EN CAPRICORNE
(né entre le 22 décembre et le 20 janvier)

Il va vous faire tenir droite, structurer votre existence, vous donner des bases solides pour fonder un foyer, une famille, un couple à l'épreuve du temps. Cet homme-là est sérieux, dur, parfois inflexible, mais on peut compter sur lui pour travailler beaucoup, tenir les rênes, assumer ses responsabilités et les vôtres. Humour à froid et sentiments brûlants, c'est un mari et un amant qui a besoin d'une femme un peu dépendante de lui affectivement ou financièrement. Si vous pouvez l'être, tant mieux. Sinon, tant pis, vous reprendrez votre liberté !

HOMME SOLEIL EN VERSEAU

(né entre le 21 janvier et le 18 février)

Il vous fait planer, rêver et même triper... Cet homme qui n'a pas les pieds sur terre veut, avant tout, être libre, débarrassé des responsabilités et de tout ce qui peut alourdir sa marche. Appartenant plus au ciel qu'à la terre, il recherche davantage l'amitié que l'amour, les échanges intellectuels qu'affectifs. Il s'éloigne de la passion, des sentiments exclusifs qui le retiennent prisonnier. Voilà beaucoup de points communs avec vous. Vous lui donnez votre vision pratique de la vie et lui, spirituelle, philosophique, profondément humaine.

HOMME SOLEIL EN POISSONS

(né entre le 19 février et le 20 mars)

Peu de points communs entre vous. Cet homme au tempérament d'artiste, un peu diffus, un peu confus, ressent le besoin de partager, avec tous, les nombreuses émotions qui le traversent sans cesse. Perméable aux ambiances, vulnérable aussi, il ne sait pas où il va mais nage, ou surnage, dans un monde de musiques, de rêves, d'espoirs et d'illusions. Il n'est pas là pour vous stabiliser, vous rassurer mais pour vous demander d'être présente, de tenir un foyer et de lui faire de nombreux enfants. Avez-vous les mêmes buts ? Rien n'est moins sûr.

Femme Lune en Cancer

Le Cancer exprime la douceur, la tendresse, la chaleur du ventre maternel, le cocon familial où l'on aime se retrouver blottis, ensemble, à l'abri des atteintes du monde extérieur.

Qui êtes-vous ?

Une femme-enfant, capricieuse et pleine de fantaisie, naïve, douce et ingénue. Bercée de songes, vous avancez dans la vie à reculons, tentant de retrouver dans un passé rêvé ou vécu, les émotions de la petite fille que vous étiez, l'enfant qui ne demandait qu'à jouer, qu'à se faire cajoler, materner et... gâter. Vous êtes une « femme d'intérieur », qui s'intéresse à l'intérieur des choses et des gens, à son foyer, à ses enfants, à son proche entourage, à la cellule familiale, à son clan amical. Le monde extérieur, celui des rapports sociaux, n'est pas le vôtre.

Que désirez-vous ?

Vivre ensemble. Être aimée d'un homme, d'amis, d'enfants. Baigner dans un monde d'affection, de douceur, d'attentions quotidiennes, de bonheur partagé. Monter dans un même bateau, avec parents et enfants et vous laisser aller au gré du vent et des courants, sans destination particulière mais avec le même port d'attache. Oui, c'est l'attachement aux vôtres, à ceux qui appartiennent à votre famille, à votre clan, qui vous tient, vous retient, vous maintient. Alors, mise en confiance, dans votre nid, vous enfantez, mettez au monde.

Votre rythme naturel

Au naturel. Il y a une grande douceur en vous qui, à l'excès, peut aller jusqu'à la langueur, la mollesse, l'oisiveté ou le désœuvrement. Votre inconscient vous contrôle, vous avez peu de prise sur lui. D'ailleurs, vous avez peu de prise sur les événements en général. Ce n'est pas la volonté qui vous dirige mais l'intuition. Pas la tête mais le cœur. Il parle en vous, par vous, bat au rythme des rêves que vous faites la nuit, des espoirs que vous nourrissez le jour. Oui, vous vivez au jour le jour, n'étant pas faite pour les plans à long terme, analyser, structurer, utiliser les choses ou les personnes.

D'où venez-vous ?

De loin, de très loin ! Vos origines, vos racines, vos parents, votre famille pèsent d'un poids certain sur votre vie. Certes, vous avancez dans l'existence ou plutôt, vous devez avancer et cela ne vous plaît pas beaucoup, vous préféreriez arrêter le temps. Mais c'est impossible alors, vous marchez en regardant vers le passé, ce passé qui vous a marquée profondément, ces souvenirs qui vous intriguent encore ou vous fascinent. C'est par rapport à votre mère que vous réagissez, c'est en devenant, vous-même, maman que vous vous accomplissez. Avoir des enfants est l'œuvre de votre vie.

De quoi avez-vous peur ?

D'être exclue, délaissée, privée d'amour et de soins, loin de vos enfants, de vos parents, de ceux qui vous aiment et que vous aimez : les « vôtres ». À l'extérieur, il y a les « autres », le monde des rapports professionnels qui vous paraît gris, froid, impersonnel. Non, ce n'est pas dans le monde social que vous vous reconnaissez mais dans le monde intime. Alors, vous vous réfugiez dans votre cocon-maison-atelier d'artiste, vous vous préservez de la méchanceté et de l'agressivité qui vous blessent, vous vous protégez et protégez ceux dont vous avez la charge.

Vous ne savez pas...

... exploiter vos talents, avoir confiance en vous, voir à long terme, vous donner un but précis, concret, réaliste, prendre des paris sur l'avenir, vous maîtriser, vous obliger, être indépendante, autonome, affranchie, sortir du cadre parental, des habitudes maternelles, de la routine familiale, affronter les difficultés...

Mais vous savez...

... **bercer,** aimer, répondre à ceux qui ont besoin de vous, imaginer, donner la vie, créer des œuvres, peindre, écrire des poèmes, vous dévouer pour votre famille, être nostalgique, mélancolique, romantique, nonchalante ou indolente, harmoniser l'ambiance, errer de-ci, de-là, d'amours en amitiés, ressentir le monde intuitivement...

Vos besoins

Innombrables et toujours en relation avec votre entourage, avec les émotions que vous ressentez, les impressions et les souvenirs qui s'attachent à vous. Ces « vibrations » diffuses, fugitives vous touchent malgré vous, en profondeur. Elles s'impriment, laissent des traces, résonnent longtemps. Votre réceptivité est forte, votre émotivité à fleur de peau. Hypersensible, fragile, artiste, vous êtes une femme inspirée, prolifique, fertile en projets, en possibilités, une créatrice. En vous, ça foisonne, ça bourgeonne, ça éclôt, le tout étant d'exprimer ce potentiel, d'en faire quelque chose de réel, de tangible, de l'exposer aux yeux de tous, ceux que vous ne connaissez pas et qui vous effraient un peu. En vous réfugiant chez vous ou près des vôtres, vous avez du mal à sortir de l'enfance, à prendre vos responsabilités d'adulte, à apprendre à vivre par vous-même, pour vous-même, sans dépendre des autres, surtout, si vous les aimez. Ce besoin d'attaches, de liens, d'une continuité avec le passé ne doit pas vous empêcher de prendre confiance en vous, de vous donner des défis, d'accepter de faire des paris sur l'avenir.

Le foyer

Le nid. Étant davantage une femme d'intérieur que d'extérieur, le foyer est un lieu particulier, port d'attache, point de ralliement, et vivre sous le même toit signifie vraiment quelque chose pour vous. Vous êtes attachée à votre maison, à vos murs mais plus encore à l'atmosphère particulière et tamisée que vous avez vous-même créée. Les tâches ménagères, domestiques ne vous rebutent pas à partir du moment où elles concourent à une vie agréable, dans une atmosphère chaude, confortable où personne ne se sent étranger. Voilà pourquoi le plan professionnel n'est pas le vôtre. Y participer demande une maîtrise de soi-même, une discipline et des efforts, en particulier le matin pour se lever... Vous n'essayez pas d'aller à sa rencontre, de vous ouvrir à lui. Vous vous en méfiez car vous savez qu'il peut être dangereux, qu'il peut vous atteindre, vous blesser. Pour pouvoir travailler correctement, il vous faut baigner un minimum dans une ambiance basée sur la confiance, la complicité, l'amitié ou l'amour. Sinon ? Laissez tomber.

Vos dépenses

Nécessaires si elles permettent de faire plaisir aux gens que vous aimez et, par conséquent, à vous-même. Vous n'êtes pas une femme égoïste, ambitieuse, fascinée par le pouvoir, l'argent, la renommée ou les cartes de visite. Vous n'êtes pas matérialiste, ni même vraiment réaliste. L'argent représente surtout pour vous une assurance contre les imprévus de la vie, une sécurité, la garantie de vous tenir à l'écart des difficultés et des mauvais coups de l'existence. En outre, cela donne la possibilité de laisser à vos enfants quelque chose en héritage, de pouvoir bien les éduquer, les faire vivre confortablement, à l'abri du besoin. Manquer d'argent, c'est être « à découvert », vulnérable, à la merci des autres. Ceux que vous aimez risquent donc d'en souffrir… ce que vous ne permettez pas ! Sur le plan financier – domaine que vous préférez mettre dans les mains d'une personne de confiance plutôt que de vous en occuper vous-même –, vous êtes plutôt économe et lorsqu'il s'agit de placer votre argent, vous choisissez les valeurs sûres : une maison ou un terrain que vous léguerez, ensuite, à votre descendance.

L'amour

Indispensable à votre survie et, au fond de vous, vous ressentez le besoin immense d'aimer et d'être aimée. Ce n'est ni la passion, ni l'intellect, ni le sexe qui vous mène. L'amour est pour vous un don, une offrande, parfois même un sacrifice car vous pouvez aimer l'autre davantage que vous-même. L'amour ne doit pas être brutal, violent. A priori, vous avez peur d'être repoussée, blessée ou que l'on se méprenne sur votre compte. Car vous séduisez les hommes, naturellement. Ils trouvent en vous une femme sensuelle et sentimentale, candide et romantique mais aussi, et surtout, une maman qui va les chouchouter… Les hommes sont tous de grands enfants. Si vous aimez un homme, vous pouvez vous donner à lui pour la vie et lorsque vous avez éprouvé des sentiments pour quelqu'un, il est vous difficile, sinon impossible, de rompre totalement, vos « ex » jouent toujours un rôle en tant qu'amis ou parce qu'ils restent gravés dans votre cœur. L'homme qui vous rend heureuse n'est pas un amant, un frère ou un copain. Ce serait plutôt un père. Il doit être mûr, adulte, responsable, vous prendre par la main et vous rassurer.

Les enfants

Déterminants. Vous ne concevez pas la vie sans mettre au monde. Vous êtes fertile, votre nature même est maternelle et tout ce qui concerne l'enfance vous concerne. La vôtre, parce qu'elle est toujours présente et parfois, vous retourneriez bien à l'état primordial de fœtus, flottant, bienheureux, entièrement dépendant de votre maman. Justement, votre relation avec votre mère témoigne d'un très fort attachement et, par conséquent, un détachement doit s'opérer. Que cette relation ait été étouffante ou non, vous ne réussissez pas à couper le cordon, votre mère faisant partie intégrante de votre vie, qu'elle soit physiquement là ou pas. Avec le temps, vous passez de l'enfant que l'on protège à la maman qui protège à son tour. Sur vous, la famille exerce son empreinte, les liens forment un réseau de relations puissantes. Féconde, vous ne vous contentez pas d'un seul enfant, vous êtes faite pour être mère de famille nombreuse et si, pour une raison ou une autre, vous n'aviez pas d'enfant, vous reporterez ce désir sur un autre plan, artistique, créatif ou caritatif en enfantant toutes sortes de projets afin d'aider et de protéger plus faibles que vous.

LUNE ET SOLEIL, votre dualité

La Lune vous a parlé de l'aspect féminin, réceptif de votre personnalité, de vos liens sentimentaux, affectifs et familiaux.

Le Soleil, quant à lui, représente vos tendances conscientes, masculines. Il donne vos objectifs professionnels, s'intéresse au matériel et à l'expression de votre ambition. Il dit où vous allez.

Lisez, ci-dessous, votre mélange original de Lune et de Soleil, la dualité qui est en vous.

LUNE EN CANCER - SOLEIL EN BÉLIER

(née entre le 21 mars et le 20 avril)

Il va falloir vous forcer ! Votre nature douce et rêveuse n'a pas d'autre choix pour s'exprimer que de prendre les armes, de se battre pour montrer aux autres, et démontrer à vous-même, votre valeur, vos capacités. Votre voie est celle d'une certaine solitude, en tout cas, d'un isolement voulu pour vous préserver et continuer votre propre route. Il vous faut un fort attachement aux autres sur le plan intime, amical et familial et une pleine et entière autonomie sur le plan social.

Votre défi : faire coexister en vous la mère et l'épouse avec la combattante, décidée, ambitieuse.

LUNE EN CANCER - SOLEIL EN TAUREAU

(née entre le 21 avril et le 21 mai)

Vous êtes faite pour enfanter, produire, nourrir, alimenter un couple de votre amour, une famille de vos dons. Il est question pour vous d'augmenter, de croître, de vous épanouir et de faire en sorte que les vôtres puissent s'épanouir. Il vous faut tracer une route réaliste, concrète, basée sur la sécurité financière et sentimentale, le confort d'un foyer, le suivi des traditions, le rôle des souvenirs et la pose de jalons, de repères pour construire tout cela.

Votre défi : vous tourner vers le matériel, l'argent et exprimer votre habilité manuelle, votre créativité plastique, artistique.

LUNE EN CANCER - SOLEIL EN GÉMEAUX

(née entre 22 mai et le 21 juin)

L'amour, d'accord, la famille, ok... mais point trop n'en faut ! Vous êtes aussi une femme qui veut expérimenter, découvrir le monde, travailler, communiquer, s'exprimer, être autonome sur le plan social, professionnel et financier. Vive d'esprit, curieuse de tout et de tous, vous êtes une intellectuelle qui cherche à vivre de façon insouciante, un peu comme une enfant ou une adolescente, sans prendre de vraies responsabilités et sans vous engager à fond dans une relation.

Votre défi : vivre, en même temps, indépendante et attachée à votre entourage.

LUNE EN CANCER - SOLEIL EN CANCER

(née entre le 22 juin et le 22 juillet)

Tout concourt ici à la fertilité, à la maternité. Vous êtes faite pour vivre au foyer, tisser votre cocon, construire votre nid. Mais aussi pour nourrir, alimenter, par le flot de votre amour, les moulins de votre cœur et de ceux qui vous entourent. Au travail, il faut vous sentir « comme à la maison ». Là, vous rendez l'atmosphère intime, vous imprimez une douce empreinte sur les autres, vous harmonisez les choses, les gens en donnant une note agréable, fantaisiste.

Votre défi : ne pas vous focaliser sur les enfants mais structurer votre existence.

LUNE EN CANCER - SOLEIL EN LION

(née entre le 23 juillet et le 23 août)

Vous ne pouvez pas vous contenter d'un foyer, ni même d'enfants. Il vous faut mener une carrière, exprimer vos talents, faire vos preuves, détenir un certain pouvoir, fréquenter certaines personnes... réussir. L'intime ne vous suffit pas, vous avez besoin du monde social qui vit, bouge, brille : vous êtes ambitieuse. Ralentie par votre nature indolente, nonchalante, vous êtes aussi nourrie par elle, par les émotions, les sensations, les intuitions qui vous traversent, qui vous habitent.

Votre défi : dépasser vos peurs pour atteindre le succès.

LUNE EN CANCER - SOLEIL EN VIERGE

(née entre le 24 août et le 23 septembre)

Le monde du foyer, le monde domestique est le vôtre. À la fois imaginative et douée de sens pratique, fantaisiste et ordonnée, vous tentez de concilier le cœur et l'esprit, la raison et l'intuition. Votre voie mène aux responsabilités. Familiales d'abord mais professionnelles aussi car il vous faut absolument travailler, vous montrer efficace, utile. Capable de vous dévouer pour une cause, de servir ceux que vous aimez, de rendre service aux autres, vous allez tout droit vers une construction ; celle d'un foyer, d'une famille.

Votre défi : voir au-delà de la maison.

LUNE EN CANCER - SOLEIL EN BALANCE

(née entre le 24 septembre et le 23 octobre)

D'un côté le monde intime, de l'autre, le monde social. Séductrice dans l'âme, vous avez besoin d'entretenir des relations, de fréquenter des gens, d'échanger des idées et plus si affinités. Votre existence se joue à travers l'autre et les autres. Incapable de vivre seule, loin de vos bases, l'union avec un partenaire vous est plus que nécessaire. Cela vous rassure, vous affermit. Tant mieux car, en vous, il y a de l'indolence, du caprice, de l'anxiété, des hésitations. Vous n'avez pas de but particulier ni de route à suivre.

Votre défi : aimer à la fois les vôtres et les autres.

LUNE EN CANCER - SOLEIL EN SCORPION

(née entre le 24 octobre et le 22 novembre)

Votre personnalité est partagée entre les forces de vie qui vous demandent de faire confiance à l'existence et celles de mort qui vous poussent à détruire pour transformer et recomposer. Très sensible, réactive à l'excès, émotive à fleur d'âme et de peau, vous êtes à la fois faible et forte, soumise et révoltée, dépendante des autres et manipulatrice. Les émotions vous submergent, la passion vous anime... il vous faut vivre intensément l'amour, de tout votre être.

Votre défi : lutter contre vos démons pour faire triompher les forces de vie.

LUNE EN CANCER - SOLEIL EN SAGITTAIRE

(née entre le 23 novembre et le 21 décembre)

Un mari, un foyer, des enfants... cela ne vous suffit pas. Vous devez sortir de chez vous, aller physiquement à la conquête, à la découverte, à l'aventure ! Si, au fond, vous êtes une femme fragile, dépendante des êtres chers, il faut vous pousser, galoper, suivre votre élan, votre enthousiasme là où il vous mène, quitte à prendre des risques, à vous éloigner de votre foyer. De multiples projets sont dans l'air mais, pour les réussir, vous devez conquérir votre indépendance.

Votre défi : vivre l'amour et l'aventure, concilier le proche et le lointain.

LUNE EN CANCER- SOLEIL EN CAPRICORNE

(née entre le 22 décembre et le 20 janvier)

D'un côté, vous êtes une femme-enfant, fragile, vivant pour les siens. De l'autre, vous êtes une femme solide, déterminée, efficace, ambitieuse et responsable qui désire s'élever dans la société. De l'intime à l'impersonnel, du foyer à la société, du rêve à la réalité… Voilà vos deux facettes. Votre grande diversité intérieure doit se structurer, s'articuler autour d'une carrière professionnelle où un certain pouvoir sur les autres n'est pas exclu.

Votre défi : passer de la dépendance à vos proches à la maîtrise de vous-même, une voie plus solitaire.

LUNE EN CANCER - SOLEIL EN VERSEAU

(née entre le 21 janvier et le 18 février)

Un œil sur le passé, un autre sur l'avenir, vous êtes une femme à la fois traditionaliste et excentrique, qui s'attache aux siens et cherche à s'en affranchir. Ce n'est pas dans le monde familial que vous exprimez le mieux vos talents, une voie plus solitaire, plus personnelle, plus indépendante vous attend. L'amour, la famille… d'accord, mais il faut aussi l'amitié, des relations humaines qui ne vous retiennent pas prisonnière.

Votre défi : ne pouvant vivre seule, ni dépendante des vôtres, votre défi est de concilier les deux aspects opposés de votre personnalité.

LUNE EN CANCER - SOLEIL EN POISSONS

(née entre le 19 février et le 20 mars)

Ondoyante comme la sirène, appelant par ses chants les marins, votre générosité, votre don de vous-même, votre charme naturel et vos multiples talents artistiques et créatifs séduisent. Incapable de vivre seule, ayant besoin d'être entourée, de faire partie d'un groupe, d'un clan, d'une communauté, vous êtes faite pour fonder un foyer, être mère de nombreux enfants, aimer les hommes, un en particulier, mais aussi les autres... l'humanité entière.

Votre défi : aider les autres. En adhérant à un courant, vous trouvez un sens à votre vie.

LUNE ET SOLEILS, les hommes et vous

Comment vous accordez-vous avec un...

HOMME SOLEIL EN BÉLIER
(né entre le 21 mars et le 20 avril)

Vous ne voyez pas la vie de la même manière. Lui, l'égoïste dans toute sa splendeur, trace sa route à coups de machette et se soucie peu qu'on le suive ou pas. Certes, il est exalté, spontané et peut vous motiver, vous faire sortir de vos habitudes, de votre cocon mais ne comptez pas sur lui pour construire un nid douillet, désirer des enfants ou rester à vos côtés, à la maison. Votre douceur naturelle peut être malmenée par son impulsivité, son infidélité et ses coups de tête.

HOMME SOLEIL EN TAUREAU
(né entre le 21 avril et le 21 mai)

Voilà ce qu'il vous faut, un homme qui cherche la stabilité, la fidélité, la sensualité, tout comme vous, qui désire avoir des enfants, fonder un foyer, le rendre agréable, confortable. De plus, c'est un jouisseur, un artiste, un gourmand, un gourmet qui se délectera de bons petits plats, de tendresse et d'ébats amoureux. Il vous mettra les pieds sur terre, assumera les responsabilités, travaillera à votre bonheur commun sans rechigner, sans impatience. Voilà une alliance productive, féconde, faite pour durer.

HOMME SOLEIL EN GÉMEAUX

(né entre 22 mai et le 21 juin)

Cet homme-là aime flirter, s'amuser, changer de vie, d'horizons, de fréquentations. Il connaît une crise d'adolescence prolongée, refuse d'être enfermé dans une relation, de prendre des responsabilités familiales, de s'investir à fond dans une union et se laisse toujours une porte de sortie. N'étant pas stable lui-même, il éprouvera des difficultés à vous rassurer. Quelque peu infidèle, adepte de la double vie, plus intellectuel que sentimental, vous pouvez vous rejoindre sur le plan amical mais au foyer, c'est plus délicat.

HOMME SOLEIL EN CANCER

(né entre le 22 juin et le 22 juillet)

Vous vous comprenez à demi-mots, vos antennes sont branchées dans la même direction : complicité, amour partagé, intuitions communes... vous êtes faits l'un pour l'autre ! Voilà une union simple et fidèle, axée sur la famille, le foyer, les enfants, dans laquelle vous nourrissez, ensemble, les mêmes aspirations : une vie calme et tranquille, faite d'amour et de confiance, de tendresse, de douceur et de fantaisie. Vous aurez du mal à sortir de chez vous pour vous mesurer au monde extérieur mais qu'importe, puisque l'amour vous réunit !

HOMME SOLEIL EN LION
(né entre le 23 juillet et le 23 août)

Lui, l'homme, le chef, le décideur, l'adulte responsable. Vous, la femme, son inspiratrice, sa muse. Dans ce couple, les rôles sont distribués. Il va vous protéger, vous réchauffer, vous faire grandir, peut-être même vous combler sentimentalement, sexuellement. Vous, en retour, vous allez tisser un cocon, lui faire de beaux enfants, tenir son foyer et rester dépendante de lui affectivement et financièrement. Attention, ne travaillez pas trop à l'extérieur, ne gagnez pas plus que lui, ne marchez pas sur ses plates-bandes, ça le vexerait !

HOMME SOLEIL EN VIERGE
(né entre le 24 août et le 23 septembre)

Vous avez la même vision de la vie, en particulier en ce qui concerne le foyer, la famille, la maison, partageant amour et tâches domestiques. Réservé, prude et prudent, il vous fera la vie douce, résoudra les problèmes matériels, s'occupera du côté pratique de la vie commune. En retour, vous lui donnerez des caresses, de la tendresse et des enfants. Vous pouvez avoir confiance en lui, lui en vous, vous avancez au même pas, tranquille, sans à-coups ni violence. Gare aux habitudes, à la routine qui peut vous endormir tous deux.

HOMME SOLEIL EN BALANCE
(né entre le 24 septembre et le 23 octobre)

A priori, cet homme a tout ce qu'il faut pour vous plaire. Charmant et charmeur, de commerce agréable, il vous séduit... et séduit tout le monde, c'est bien là le problème ! Certes, il ne peut vivre seul, vous non plus, mais ses objectifs ne sont pas les vôtres. Il ne cherche pas à fonder une famille, à rester au nid toute la journée, blotti contre vous. Il a besoin de sortir, de rencontrer du monde, de parler aux uns, de se relier aux autres. Hésitant à prendre des décisions, dépendant de sa partenaire, il aura du mal à vous rassurer. Et vous aussi.

HOMME SOLEIL EN SCORPION
(né entre le 24 octobre et le 22 novembre)

Celui-là est mystérieux, magnétique, dangereux peut-être mais passionnant. Et passionné ! C'est l'homme de l'amour qui transporte et qui fait mal, des sentiments exclusifs, possessifs. Bien sûr, il aimerait construire un foyer, avoir des enfants mais ne se contente jamais de ce qu'il a. Tant mieux, il vous demandera de vous dépasser, de vous donner à fond pour lui. Et vous le ferez ! Il ne saura pas vous rassurer, lui-même est un angoissé chronique, mais il vous donnera une vie excitante, créatrice où l'amour est sans cesse en renouvellement, en transformation.

HOMME SOLEIL EN SAGITTAIRE

(né entre le 23 novembre et le 21 décembre)

Qu'il est fougueux celui-ci ! Enthousiaste, optimiste, plein d'élan, c'est un homme très physique qui s'élance sur les chemins de la vie, confiant en lui et en sa bonne étoile. Certes, il ne tient pas en place, il lui faut du mouvement, des voyages, des découvertes. Idéaliste, animé d'une foi qui le transporte, le fait viser des objectifs élevés, il n'est pas très sentimental. Il vous motivera, vous fera sortir de votre bulle mais n'attendez pas de lui la stabilité, la vie pépère au foyer. Il ne supporte pas d'être enfermé, encore moins materné.

HOMME SOLEIL EN CAPRICORNE

(né entre le 22 décembre et le 20 janvier)

Pour vous, c'est le bon ! Il sait faire ce que vous ne savez pas comme, par exemple, prendre des responsabilités, les assumer complètement, travailler d'arrache-pied, structurer sa vie, bâtir une carrière, construire à long terme. Stable, fidèle, bien ancré en terre, dans la réalité, il va vous rassurer, vous sécuriser, fonder un foyer, une famille et s'occupera des choses matérielles, financières et sociales à votre place. En retour, vous serez sa muse, son inspiratrice, vous lui ferez une vie douce, le maternerez un peu... Il aime ça.

HOMME SOLEIL EN VERSEAU

(né entre le 21 janvier et le 18 février)

Vous êtes axée sur le passé, lui sur l'avenir. Vous ne demandez qu'à être protégée, cocoonée, lui cherche à connaître et à comprendre le monde. Vous avez besoin d'habitudes, de repères, d'une vie familiale féconde, lui cherche à sortir de la routine, à éviter les responsabilités et les problèmes matériels. Vous pouvez vous accorder sur le plan spirituel, amical, un peu moins sur le plan sentimental. C'est un homme original pour qui le foyer et les liens familiaux restent des liens... qui l'enchaînent. Laissez-lui sa liberté, son indépendance et il fera des efforts. Ou pas.

HOMME SOLEIL EN POISSONS

(né entre le 19 février et le 20 mars)

Qui se ressemble s'assemble... Vous vous comprenez sans mot dire, vous ressentez les mêmes intuitions, les mêmes émotions, vous avez les mêmes rêves. Voilà une belle alliance, un couple amoureux et complice qui rassemble autour de lui parents, enfants, amis, voisins... Votre foyer est un lieu de ralliement, un doux cocon dans lequel tendresse et sensualité s'expriment au quotidien. Lui aussi veut une maison, une famille pour laquelle il se donnera sans compter. Dans ce couple bohème, artiste, imaginatif, vous vous sentirez à votre aise.

Femme Lune en Lion

Dans le signe du soleil rayonnant, de l'été brûlant, la Lune exprime des sentiments puissants, irradie force et beauté, pouvoir et ambition.

Qui êtes-vous ?

Une battante. En vous brûlent une flamme maîtrisée et disponible, le besoin et le goût d'agir qui s'oriente toujours vers un but et sert de grandes, de nobles ambitions. Femme de tête et de cœur, vous avez besoin de vivre intensément, passionnément. N'étant pas faite pour jouer le rôle de l'éminence grise mais celui du soleil radieux qui éclaire les autres, illumine la scène, il faut vous intégrer à un milieu valorisant, vous impliquer dans la société, ce monde qui vit, bouge, s'amuse et bat comme un cœur. Sur la scène de votre vie, vous devez faire vos preuves, tenir un rôle principal.

Que désirez-vous ?

Être appréciée, admirée, applaudie... aimée. La considération que l'on vous porte détermine votre façon d'être et d'agir et l'image que vous projetez se reflète dans le regard d'autrui avant de vous revenir. Vous avez besoin de montrer aux autres que vous êtes sûre de vous. Alors, vous le devenez effectivement car vous avez moins d'aplomb que vous ne le laissez croire. La faiblesse, le remords, la solitude et l'échec ne sont pas pour vous. Il vous faut accéder à un bon train de vie, à une certaine réussite sociale, connaître le succès pour vous sentir bien dans ce monde civilisé qui est le vôtre.

Votre rythme naturel

Pulsant et propulsant ! Vous ne restez pas cloîtrée, vous ne vous lamentez pas sur votre sort. Vous n'espérez pas, ne rêvez pas, n'attendez pas : vous agissez. Courageuse, impulsive, déterminée, vous avancez dans la vie avec constance, prestance, panache. Vous avez des conquêtes à faire, des entreprises à mener, de l'argent à gagner, des relations à nouer. Il faut vous exprimer, dépenser la grande énergie qui est en vous, la faire rayonner, fructifier, s'étendre. Sur le plan physique, intellectuel ou amoureux, on doit vous remarquer.

D'où venez-vous ?

Vous n'en savez rien mais, en revanche, vous savez où vous allez : vous allez vers quelque chose de plus grand, de plus beau, de meilleur que ce qui a été vécu par vos parents, une vraie liberté d'action et de mouvement, des décisions que vous aurez prises vous-même, dont vous aurez l'entière responsabilité. Vous ne voulez être à la charge de personne, affectivement ou financièrement, subir l'ascendant d'un partenaire ou être confinée au foyer. Il vous faut être indépendante, maîtresse de votre vie, connue, ou tout au moins, reconnue professionnellement.

De quoi avez-vous peur ?

D'échouer, de mener une vie sans valeureuses actions à accomplir et surtout, sans amour... Vous ne voulez pas d'une vie marginale, excentrée ou excentrique qui vous éloignerait de la société et vous empêcherait d'y faire votre place, une place au soleil, bien entendu ! Vous ne vous contentez pas de peu, d'une existence sans éclats, sans passion. Oui, vous êtes une femme passionnée, exigeante, pour vous et pour les autres, qui a de grands desseins, des défis à relever, un espoir à accomplir, un grand amour à vivre.

Vous ne savez pas...

... prendre du recul, vous considérer avec humour et prendre la vie au second degré, vous mettre en retrait du monde ou à la place des autres, avoir de la psychologie, rester chez vous, être indulgente, tolérante ou même logique, abandonner la lutte, travailler dans l'ombre, vous contenter de peu...

Mais vous savez...

... aimer avec passion, séduire et être séduite, vous investir dans quelque chose, vous enflammer pour quelqu'un, fréquenter les gens connus, les personnalités, le gratin, nouer des rapports qui vous aident à grimper à l'échelle sociale, mettre vos idées en pratique, lutter, combattre pour des idées, vous dépenser physiquement, organiser votre vie...

Vos besoins

Nombreux et impérieux. Impatiente de vivre, d'aimer et de réussir, il vous faut agir, il vous faut « faire » car « être » ne vous suffit pas. S'arrêter, se poser des questions, relâcher ses efforts, ses tensions... c'est se restreindre, se limiter, avoir du temps devant soi... ce que vous ne connaissez pas vraiment. Vous mordez dans la vie à pleines dents, vous la prenez au premier degré, à bras-le-corps, comme elle vient. Vous ne vous appesantissez pas sur le passé, vous n'anticipez pas non plus. La vie, ce n'est pas de la science-fiction, c'est la réalité dans laquelle vous voulez laisser, d'une manière ou d'une autre, votre empreinte. Les feux de la rampe s'allument, il vous faut du spectacle, des fêtes, du théâtre, celui, tout au moins, des opérations. Vous êtes sur le terrain, vous ne ménagez pas vos efforts, vous y allez, prenant au besoin le commandement : vous n'avez pas froid aux yeux. Une force sous protège, vous soulève, vous conduit. Cette vie, vous la menez en adulte responsable. Elle est la vôtre, c'est vous qui êtes aux commandes, qui en êtes le capitaine, seul maître à bord après Dieu.

Le foyer

Vous n'y êtes pas trop. Sortir vous intéresse davantage. Vous n'êtes pas une femme d'intérieur mais d'extérieur et votre vie sociale l'emporte souvent sur votre vie intime. Ce n'est pas que vous négligiez votre maison, elle doit être à votre image, une image flatteuse et comme vous êtes généreuse, que vous avez le sens de l'hospitalité, vous aimez y inviter des amis, des connaissances, des relations de travail. Car le travail déborde sur votre vie privée. Il la nourrit, il vous donne l'ouverture sur le monde, des possibilités de rencontre, les occasions d'agir. Vous ne serez donc pas au service d'un homme. Vous revendiquez votre statut d'être social et vous vous considérez au moins l'égale des hommes. Si vous savez organiser votre vie professionnelle, construire un plan d'attaque, élargir vos terrains de chasse, planifier une conquête, au foyer, vous êtes moins à l'aise. Ranger, mettre dans de petites boîtes, épousseter... vous n'avez pas la fibre domestique. En revanche, vous appréciez la beauté de l'art, la résonance d'une œuvre, la création et les créateurs.

Vos dépenses

Somptuaires. À quoi sert de gagner de l'argent sinon à le dépenser ? Pour soi et pour les autres, s'offrir ce que l'on veut, quand on le veut ! Gagner de l'argent vous fait fonctionner. Vous en avez besoin pour ne pas avoir à y penser. En revanche, amasser, garder, accumuler ne vous intéresse pas. Vous joueriez au Loto ou en bourse plus facilement qu'épargner. Vous êtes une idéaliste, pas une matérialiste. L'argent, c'est aussi, et surtout, ce qui se voit, le témoin de votre réussite sociale. Ça correspond à votre place, au rang que vous tenez, au milieu social d'où vous êtes issue. Vous avez des goûts de luxe, d'une part dans ce qui s'achète car vous êtes une consommatrice et, d'autre part, dans votre façon de penser et de vivre. Vous savez apprécier la beauté des choses et des personnes, vous êtes une esthète qui collectionnerait des œuvres et en ferait don à un musée, un musée qui porterait votre nom... Oui, il vous faut des ressources car l'argent permet de construire plus grand, de voir plus loin, de faire et d'être libre de faire.

L'amour

Bien sûr ! Vous êtes enthousiaste quand on vous parle d'amour. L'amour doit illuminer votre existence, mêler intensité, fougue et romance. Votre cœur est fait d'une pièce et quand l'amour se déclenche, vous vous impliquez à fond, vous y croyez. Mais attention, pas avec n'importe qui, non, votre prince charmant ou, plutôt le roi charmant doit avoir de l'assurance, manifester ses sentiments avec panache, avoir une certaine réputation, posséder quelques atouts sur le plan social... bref, il doit avoir de la valeur. Et vous mettre en valeur. Vous n'éprouvez pas le besoin d'être protégée. Ce serait plutôt le contraire. Vous formez votre partenaire, vous le façonnez, vous le poussez à réussir, vous devez en être fière et c'est dans la vie professionnelle que, souvent, vous le rencontrez. Fidèle, honnête et droite, vous êtes une femme fière et susceptible ayant horreur du mensonge, des non-dits, de la traîtrise. N'étant ni possessive, ni dépendante, ni soumise, dans le couple, c'est vous qui dominez l'autre, c'est vous qui tracez le chemin commun.

Les enfants

Votre œuvre. De facture plutôt classique, traditionnelle, votre tempérament ne vous incite pas à vous rebeller, à vous révolter. Vous avez du respect pour la famille, pour ces liens qui vous rattachent à travers les générations, mais vous vous en détachez assez tôt pour suivre votre route. Si vous envisagez de construire une vie de famille, c'est à condition qu'elle n'empiète pas sur vos activités hors du foyer. Votre instinct maternel, protecteur, est développé mais vous ne vous voyez pas pour autant mère de famille nombreuse. Le temps que vous passez à travailler, c'est du temps que vous ne donnerez pas à vos enfants. Avant d'en mettre au monde, il vous faut avoir atteint une stabilité sociale, une maturité sentimentale et vous ne vous décidez à fonder une famille qu'après avoir réussi, d'une manière ou d'une autre, après avoir connu un certain succès dans la sphère professionnelle et après avoir vécu intensément votre vie de femme et d'épouse. Avec vos enfants, vous n'êtes pas une mère poule, sacrifiant ses ambitions, mais une éducatrice sachant déléguer son pouvoir : votre partenaire doit s'en occuper au moins autant que vous.

LUNE ET SOLEIL, votre dualité

La Lune vous a parlé de l'aspect féminin, réceptif de votre personnalité, de vos liens sentimentaux, affectifs et familiaux.

Le Soleil, quant à lui, représente vos tendances conscientes, masculines. Il donne vos objectifs professionnels, s'intéresse au matériel et à l'expression de votre ambition. Il dit où vous allez.

Lisez, ci-dessous, votre mélange original de Lune et de Soleil, la dualité qui est en vous.

LUNE EN LION - SOLEIL EN BÉLIER

(née entre le 21 mars et le 20 avril)

Quelle fougue, quel éclat, quelle pêche ! Impulsive et déterminée, très active, toujours pleine de projets, d'envies et de passions, vous ne savez pas vous restreindre, vous calmer, vous arrêter de temps en temps. Il vous faut vous battre pour quelque chose, prouver votre valeur, réussir au travail, conquérir en amour et tracer votre propre chemin, que l'on vous suive, ou pas. Pour vous, il est question d'une voie en solitaire, d'un combat pour votre indépendance.

Votre défi : montrer, à vous et aux autres, de quoi vous êtes capable.

LUNE EN LION- SOLEIL EN TAUREAU

(née entre le 21 avril et le 21 mai)

Briller, éclairer les autres... soit, mais vous ne pouvez vous contenter de cela. Vous devez construire une vie sentimentale harmonieuse, fonder un foyer, bâtir une famille. Vous aimez les honneurs, l'argent, le confort, l'ordre et la beauté, le luxe, le calme et la volupté. Femme passionnée, amoureuse, vous avez les pieds sur terre, parfois trop. Stable et forte, vous êtes capable de gagner de l'argent, beaucoup, mais aussi de l'investir, de le faire fructifier.

Votre défi : ne pas vous encroûter dans une vie bourgeoise.

LUNE EN LION - SOLEIL EN GÉMEAUX

(née entre 22 mai et le 21 juin)

Virevoltante de corps, pétillante d'esprit, vous ne pouvez vous contenter d'une vie stable, rectiligne. Il vous faut sans cesse de la nouveauté, du mouvement, des rencontres. La vie sociale a votre préférence, vous êtes faite pour communiquer, vendre et acheter, présenter et représenter, jouer la comédie. À la fois adulte et ado, responsable et immature, en amour comme au travail, vous suivez plusieurs voies, vous menez une double vie ou encore, vos aventures sentimentales se succèdent.

Votre défi : ne pas jeter, ni vous jeter, de poudre aux yeux.

LUNE EN LION - SOLEIL EN CANCER

(née entre le 22 juin et le 22 juillet)

Si vous avez besoin de briller dans le monde social, cela ne doit en aucun cas vous frustrer du rôle de mère qui est le vôtre. Il vous faut construire votre nid, avoir un foyer, fonder une famille, vivre parmi les vôtres. À l'intérieur de vous bouillonnent des projets de grande envergure, une belle ambition mais vous ne vous donnez pas toujours les moyens de l'accomplir. À la fois déterminée et craintive, forte et vulnérable, vous avez besoin d'autonomie mais vous êtes dépendante de ceux que vous aimez.

Votre défi : exprimer et affirmer vos dons artistiques.

LUNE EN LION - SOLEIL EN LION

(née entre le 23 juillet et le 23 août)

En plein dans le mille ! Vous avez besoin de démontrer votre valeur, de mettre vos capacités au grand jour, de réussir quelque chose de grand et de tangible dans la vie, d'être connue, reconnue. Pour y parvenir, vous mettez toutes vos forces au service de vous-même et parfois, vous vous aveuglez. Vous ne savez pas prendre de recul, relativiser, vous prendre un peu moins au sérieux. Votre ego est puissant, surpuissant, il vous mène, vous entraîne et... vous vous laissez faire.

Votre défi : ne pas tout ramener à vous.

LUNE EN LION - SOLEIL EN VIERGE

(née entre le 24 août et le 23 septembre)

Vous devez ramener les grands projets, les entreprises d'envergure à une dimension, peut-être moindre, mais plus réaliste. La logique, l'efficacité, l'utilité vous mènent, votre chemin est celui du travail. En vous appliquant à la tâche, en vous maîtrisant, vous maîtrisez votre vie. Car il vous faut construire un métier, un foyer, une famille. En amour, vous contenez la passion qui bouillonne en vous, vous la disciplinez pour ne pas qu'elle vous submerge.

Votre défi : vous échapper, parfois, de la réalité prosaïque.

LUNE EN LION - SOLEIL EN BALANCE

(née entre le 24 septembre et le 23 octobre)

Pas de doute, vous êtes une séductrice, une femme qui veut aimer et se faire désirer. Charme, beauté, arts, esthétisme et bonnes manières... vous adorer briller en société, nouer des contacts valorisants, il y a en vous un côté mondain, un peu snob, le monde des personnalités, des « people » étant le vôtre. Vous ne pouvez vivre seule, éloignée de votre milieu social, il faut vous associer, vous unir, vous marier. Le couple, pièce maîtresse de votre existence, l'est davantage encore que la famille.

Votre défi : vivre votre propre vie.

LUNE EN LION - SOLEIL EN SCORPION

(née entre le 24 octobre et le 22 novembre)

Le monde de lumière et d'éclat qui est en vous doit laisser place au monde des ombres, du mystère... Car votre voie n'est pas que construire. Il vous faut aussi détruire, bousculer les tabous, changer ce qui est... en quelque chose d'autre. Si, au fond, vous êtes droite, franche et spontanée, votre chemin de vie est plus tortueux. Femme de pouvoir, très exigeante, dominatrice, vous devez vivre passionnément, intensément, à fond. Pour vous, l'amour est possession, plaisir et douleur, sexe et émotions.

Votre défi : faire en sorte que l'ambition ne vous dévore pas.

LUNE EN LION - SOLEIL EN SAGITTAIRE

(née entre le 23 novembre et le 21 décembre)

Toute en élan, en ferveur, vous êtes une femme au cœur noble et généreux, partant en exploratrice à la conquête d'un nouveau monde. Le foyer, la famille ne sont pas des priorités. D'abord, il vous faut parcourir le monde professionnel. Fière amazone, ne pouvant rester en place, recherchant une vocation, quelque chose de beau, de grand, qui vous dépasse, vous êtes portée par de puissantes aspirations, des objectifs élevés, soulevée vers un ailleurs : vous avez la foi, celle qui déplace les montagnes.

Votre défi : ne pas vous aveugler d'enthousiasme.

LUNE EN LION - SOLEIL EN CAPRICORNE

(née entre le 22 décembre et le 20 janvier)

Le monde de chaleur et de lumière qui est en vous doit laisser place à un univers plus strict, plus rigoureux ; celui du pouvoir ! Oui, vous êtes une femme de pouvoir qui veut se faire respecter, qui tient les rênes, les vôtres et celles des autres. En amour, vous êtes une passionnée à froid. Exigeante, organisée, rigoureuse, efficace, votre voie est professionnelle. Là, vous êtes faite pour prendre le commandement, mener les autres d'une main ferme, obtenir des résultats concrets et au bout, vous élever dans la société.

Votre défi : ne pas vouloir tout régir.

LUNE EN LION - SOLEIL EN VERSEAU

(née entre le 21 janvier et le 18 février)

Vous êtes une femme de contrastes, à la fois classique et marginale, partisane de l'ordre et révoltée, aimant l'argent, le pouvoir et... vous en désintéressant. Le foyer, le mariage, la famille, tout cela ne vous excite guère et si au fond de vous brûle la passion, vous vous en écartez pour suivre une route plus intellectuelle, plus originale, qui mène aux autres humains, pas seulement à vous-même, un chemin très personnel, un peu solitaire, détaché, indépendant.

Votre défi : ne pas vous croire plus que ce que vous n'êtes.

LUNE EN LION - SOLEIL EN POISSONS

(née entre le 19 février et le 20 mars)

Vos talents artistiques, votre goût du beau, du grand... tout cela, vous pouvez l'exprimer ! Oui, vous êtes faite pour une vie remplie de projets, d'envies, de plaisirs à partager et qui déborde même ! L'amour, le couple, le foyer, la famille résonnent en vous. Généreuse, désintéressée, la voie de la multitude, de l'immensité est la vôtre. Il vous faut être ensemble, entourée d'amis, d'enfants, de gens, connus ou anonymes, et vous donner à eux, totalement, vous dévouer pour une noble cause.

Votre défi : ne pas perdre votre identité dans les autres.

LUNE ET SOLEILS, les hommes et vous

Comment vous accordez-vous avec un...

HOMME SOLEIL EN BÉLIER

(né entre le 21 mars et le 20 avril)

Tout en puissance, en virilité, en action, cet homme fonce. Où ? Ne le lui demandez pas, il verra ça, après... Animés tous deux d'un enthousiasme débordant et d'une belle ambition, vous vous rejoignez sur le plan physique et professionnel. Un peu rude, frustre ou rustre, sur le plan affectif, il peut manquer de douceur, de prévenance, mais... vous ferez très bien avec. Dans cette alliance brillante et passionnée, vous le raffinez, le civilisez tandis qu'il vous fait revenir à un état plus sauvage, plus authentique.

HOMME SOLEIL EN TAUREAU

(né entre le 21 avril et le 21 mai)

Certes, il est charmant, sensuel et tout et tout mais un peu lourd, épais, terre à terre. Très matérialiste, c'est le monde concret, qui l'intéresse, celui des réalités prosaïques, de l'amour, du sexe, de la bonne chère, de la belle chair. Cela peut vous aller, un moment, car son rêve est de fonder une famille et il peut vous confondre alors avec une femme au foyer... ce que vous ne supportez pas. Si vous travaillez, chacun de votre côté, s'il accepte que vous soyez autonome financièrement, parfois sentimentalement, tout ira bien. Sinon, vous bifurquerez.

HOMME SOLEIL EN GÉMEAUX

(né entre 22 mai et le 21 juin)

Il va vous amuser, vous divertir, vous ne vous ennuierez pas ! Comédien, touche-à-tout, vif et léger, toujours en mouvement, c'est un être mental, pas un sentimental. Au travail, vous formez un duo très efficace, en amour, c'est plus difficile. Appréciant le renouvellement, adepte de la double vie et de la double pensée, il ne s'investit pas à fond dans une relation, se réserve toujours une porte de sortie. N'attendez pas de lui qu'il construise un foyer, une famille. C'est un adolescent avec lequel il faut jouer à l'adulte. Sinon ? Il fugue !

HOMME SOLEIL EN CANCER

(né entre le 22 juin et le 22 juillet)

Il change des machos celui-là ! Doux, tendre, artiste dans l'âme, c'est un enfant qui veut jouer, vivre dans l'insouciance, sans prendre de responsabilités autres que familiales. Il faut lui donner la main, l'épauler, le materner. Si vous en avez le temps, et l'envie, n'hésitez pas, il vous donnera le foyer et l'amour qui apaise mais ne lui demandez pas de grimper dans la hiérarchie ou de gagner beaucoup d'argent. Vous le protégez, lui donnez confiance en lui et, en retour, il vous offre son imagination, sa fantaisie, ses talents créatifs et sa fertilité : vos enfants.

HOMME SOLEIL EN LION

(né entre le 23 juillet et le 23 août)

Il est le jour, et vous aussi ! Il ne manque que la nuit et c'est là qu'il faut vous retrouver, chez vous, ensemble, dans l'intimité. Dans cette très belle alliance, le problème est de savoir qui prend le pouvoir. Férus de conquêtes et d'actions d'éclat, vous n'avez froid aux yeux ni l'un ni l'autre. Ensemble, vous êtes très efficaces socialement, ambitieux, aimant les soirées, le théâtre, les sorties. En amour, vous jouez le duo de choc, Roméo et Juliette, une aventure exaltante, une romance d'envergure, une belle épopée.

HOMME SOLEIL EN VIERGE

(né entre le 24 août et le 23 septembre)

Vous êtes efficace ? Ce n'est rien à côté de lui, le perfectionniste, l'homme sobre, probe, modeste qui ne laisse rien déborder en lui, se maîtrise et assure. On peut compter sur lui, il sait compter. On peut lui demander beaucoup, il peut le donner. Mais pas plus car il éprouve un petit complexe d'infériorité. Si vous arrivez à lui donner confiance en lui, c'est gagné. Il vous couvrira d'attentions, sera dévoué à votre cause, vous offrira des fleurs, une maison, une vie de famille. À moins que vous ne le trouviez un peu fade, trop limité ou trop intellectuel.

HOMME SOLEIL EN BALANCE

(né entre le 24 septembre et le 23 octobre)

Il vous plaît celui-là. Il plaît beaucoup d'ailleurs. Il vit pour ça, par ça, comme ça... c'est un séducteur-né, un macho qui n'en laisse rien paraître. Il partage avec vous le goût de la fête et du panache, des rencontres et des mondanités. Comme il ne peut vivre célibataire, il s'unit. Dans ce cas, il épouse le caractère de sa partenaire, devient sa moitié. Il a besoin d'une femme à la forte personnalité, ambitieuse pour deux, qui le mènera tandis que lui n'en fera qu'à sa tête ! Ne lui demandez pas de vous stabiliser, c'est vous qui l'équilibrez !

HOMME SOLEIL EN SCORPION

(né entre le 24 octobre et le 22 novembre)

Il est l'homme des ténèbres, de la mort et du sexe. Ça vous effraie ? Non ? C'est que vous ne le connaissez pas ! Il est dangereux, il peut piquer, il est le pendant à votre monde simple et lumineux. Lui est compliqué, tortueux, torturé, angoissé, passionné. En amour, il vous fait connaître d'autres sensations physiques, exerce sur vous une fascination, un pouvoir qu'il utilise. Serez-vous victime ou bourreau ? Dans ce couple riche de sentiments, mais dissemblable, la question est : qui prendra le pouvoir ?

HOMME SOLEIL EN SAGITTAIRE
(né entre le 23 novembre et le 21 décembre)

Il vous emmène loin, et longtemps, à travers la brousse, la jungle, jusqu'au temple perdu ! C'est un aventurier, un explorateur du monde. Actif et dynamique comme vous, cet idéaliste vous fait connaître les découvertes et les voyages, avec lui vous partagez de grands élans passionnés. Pour cet homme, il ne s'agit pas « d'avoir » mais « d'être », ses buts sont élevés, ils vous portent vers un idéalisme qui vous dépasse et vous motive. Vagabond dans l'âme, il se fixe pourtant un jour. Là, vous pourrez l'attraper, le domestiquer et fonder une famille.

HOMME SOLEIL EN CAPRICORNE
(né entre le 22 décembre et le 20 janvier)

Il sait où il va, avec qui et pourquoi. Cet homme ne laisse rien au hasard. Encore plus ambitieux que vous, il se donne tous les moyens pour arriver à ses fins : utiliser les choses, parfois les gens, pour se hisser dans la hiérarchie, prendre le pouvoir, mener les autres. Chef dans l'âme, il assume toutes les responsabilités, même les vôtres. D'ailleurs, c'est là le problème... Il peut vous paraître dur, froid, tranchant, autoritaire ou tristounet. Eh oui, c'est un solitaire, un ascète, un ermite et vous, vous aimez tellement la vie...

HOMME SOLEIL EN VERSEAU

(né entre le 21 janvier et le 18 février)

Voilà votre complémentaire ! Il possède ce que vous n'avez pas : le détachement vis-à-vis des choses et des gens, la capacité à relativiser les problèmes, à prendre de la distance, du recul, à avoir de l'humour sur soi. Il donne une dimension intellectuelle, philosophique à votre relation. Ne cherchez pas ici le confort matériel, le foyer, la famille, la passion, la sensualité ni même le sexe. C'est un être mental, spirituel, amical, fraternel, un original, un indépendant qui s'intéresse au genre humain en général. Et à vous en particulier.

HOMME SOLEIL EN POISSONS

(né entre le 19 février et le 20 mars)

Impressionnant et impressionnable, déroutant et dérouté, cet homme vous fascine par son potentiel créatif, artistique, les sentiments, les émotions, le riche chaos qui le compose. Ne pouvant vivre seul, loin de sa femme, de son foyer, de sa famille, de ses amis, il a besoin des autres, de se sentir entouré, de faire partie d'un groupe ou d'une communauté. Baignant dans le monde de l'à peu-près, du flou et du magique, il ne connaît pas les bornes, les limites et son amour est sans fin. Demandez-lui tout, il vous le donnera. Ou il fuira.

Femme Lune en Vierge

La Vierge est la moisson, la récolte, le travail qui exige patience, organisation, efforts et discipline. C'est l'esprit qui engrange, classe, trie, sépare le bon grain de l'ivraie.

Qui êtes-vous ?

Une femme prudente, probe et prude, qui ne se dévoile pas, ne s'exhibe pas. Vous tentez de comprendre, de mettre un nom sur les choses, sur les êtres, de vous y retrouver dans ce monde chaotique. Oui, au fond, vous avez grand besoin d'ordre, de raisonnement, de rangement et d'apprentissage. Plus mentale que sentimentale, plus intellectuelle que sensuelle, votre univers est celui de la logique. Pour exister, les choses doivent être démontrées, vérifiées, sensées. Vous êtes une femme réaliste.

Que désirez-vous ?

La pureté. Pureté des intentions, des sentiments, des actions. Vivre dans un monde simple, naturel, débarrassé de ses défauts, de ses taches, de ses excès, de sa violence. Il faut que ça soit net, sans bavures. Et sans illusions non plus. Vous ne vous bercez pas de rêves, vous avez besoin de tenants et d'aboutissants, d'une voie droite, rectiligne, sans détours, sans mensonge et sans perte de temps. Vous n'avez pas que ça à faire, il faut que la machine fonctionne, que les affaires marchent, que les enfants grandissent. Vous nourrissez le monde de votre travail, c'est vous qui le faites tourner, au quotidien.

Votre rythme naturel

Régulier. Les sautes d'humeur, les grandes passions, les folies d'un soir ou de plusieurs... non. Vous devez vous lever le matin, travailler, remplir votre tâche, tous les jours. Vous devez assurer, assumer et cela ne peut se faire dans la précipitation, le désordre, l'urgence ou l'affolement. Vous avez besoin d'efficacité, de mesure et de temps pour mûrir et vous épanouir. Au fond, vous êtes fragile et pour ne pas être blessée, vous vous protégez d'une carapace intellectuelle qui retient vos passions, maîtrise vos émotions, vous empêchant de vous livrer, de vous abandonner.

D'où venez-vous ?

D'une famille stricte, d'une mère abusive ou d'un milieu modeste, vous connaissez, au fond de vous, une certaine inhibition, un complexe ou un sentiment d'infériorité. Pour vous, a priori, rien n'arrive tout seul dans la vie, facilement, comme par enchantement. Le monde n'est pas magique, il est ce qu'il est. Et ce qu'on en fait. Alors, vous vous y mettez, vous vous accrochez sur ce chemin escarpé, ardu, qui oblige au courage, aux efforts, à la dépendance vis-à-vis d'autrui, qui demande de servir l'autre, les vôtres et les autres. Et vous, qui vous sert ? Vous ! On n'est jamais si bien servie que par soi-même...

De quoi avez-vous peur ?

Du flou, même artistique, de ne pas vous y retrouver, de ne pas y arriver, de ne pas être à la hauteur et de ne rien recevoir en retour à ce que vous donnez. Peur aussi de vous faire remarquer. Pas question de vous mettre en avant, sous les feux des projecteurs. Vous préférez rester dans la coulisse, servir d'éminence grise ou de bras droit. Vous pouvez aussi avoir peur de plaire, de faire naître l'envie chez les hommes et d'être obligée, ensuite, de vous expliquer pour mettre la situation au clair, pour ne pas vous retrouver dans des histoires.

Vous ne savez pas...

... vous relâcher, vous relaxer, vous laisser aller, resquiller, voler, vous faire sensuelle, lascive, vamper, ne rien faire, séduire, céder à vos envies, être négligente, bâcler le travail, frimer, prendre le commandement, être tolérante, laxiste, enthousiaste, feu follet, mondaine, hautaine, fière de vous, nouer des relations, communiquer, vous intéresser à tout et à rien...

Mais vous savez...

... être exacte aux rendez-vous, donner des précisions, parler, écrire, lire et compter, vous cultiver, engranger les connaissances, étudier un domaine, vous spécialiser, vous raisonner, planifier, vous faire du souci, construire de vos mains, jardiner, bricoler, cerner une situation, faire le gros dos, réfléchir et surtout... travailler.

Vos besoins

Limités. Vous n'êtes pas du genre à gâcher, à jeter, à perdre, à bâcler, à gaspiller, à envoyer promener. Les choses doivent être utiles, pratiques. Si elles ne servent à rien, il faut s'en débarrasser. Mais cela vous est difficile car vous avez tendance à amasser, à accumuler. Agile d'esprit et douée de vos mains, vous êtes capable de faire, de construire, d'assembler, de mettre en forme, de commencer... et de terminer. Un atout inestimable qui fait de vous la collaboratrice idéale, jamais à court d'idées, de système D pour que ça fonctionne et vous savez en faire un maximum avec un minimum. Mais qu'on ne vous demande pas de vous entoiletter, de vous emparfumer ou de taper à l'œil. Non, vous préférez passer inaperçue, simplement, naturellement, sans sophistication. Ce dont vous avez besoin n'est pas matériel mais mental. Oui, vous avez besoin d'intelligence, de profondeur, de recherche, d'études, d'apprentissage et de perfectionnement. L'argent, la gloire, la réputation, le sexe ou le pouvoir ne sont pas vos moteurs, c'est la nécessité d'œuvrer, de bâtir et de préserver l'acquis.

Le foyer

Une base sûre. Là, vous vous sentez protégée des atteintes du monde extérieur, de son tumulte et de son agressivité. À la maison, vous vous détendez. Enfin, pas longtemps car, ne supportant pas le bazar, la saleté, les affaires qui traînent et le manque d'hygiène, vous faites en sorte qu'il règne au moins un semblant d'ordre dans la maison. Vous pouvez même vous réfugier dans ces activités répétitives, dans ces tâches domestiques qui ne vous rebutent pas. Au contraire, vous avez besoin de vous rendre utile ou, mieux encore, indispensable. Il faut donc ranger, classer, nettoyer, laver, assainir. Vous pouvez même être scrupuleuse, pointilleuse, attentive à l'excès aux détails, bref, être maniaque. L'amour du travail bien fait allié à votre grande efficacité vous permet de résoudre bien des problèmes de la vie quotidienne et même si vous travaillez à l'extérieur – il vous faut absolument une occupation intellectuelle hors du foyer –, c'est tout de même vous, la maîtresse de maison, qui vous en occupez.

Vos dépenses

Point trop n'en faut. L'argent, vous avez assez de mal à le gagner pour vous amuser avec ou le jeter par les fenêtres ! Femme concrète, mais pas matérialiste, si vous avez besoin de confort, c'est surtout de confort mental, l'assurance d'être stabilisée socialement, rassurée sentimentalement, d'avoir des repères, des habitudes, des certitudes. L'argent, c'est terre à terre, prosaïque, voire un peu sale. Cela ne vous empêche pas de commercer mais l'argent, en tant qu'instrument de pouvoir, n'est pas une finalité. Il permet d'acheter le strict nécessaire, pas le superflu. Prévoyante, épargnante, vous ne dépensez pas plus que vous ne possédez. Vous n'avez pas de goûts de luxe et seriez plus économe que dispendieuse. Le seul domaine dont vous ne voulez pas vous priver est le domaine culturel, en particulier celui des livres. Ils font partie de votre paysage mental, de vos sources. Vous vous nourrissez de lettres qui alimentent votre quotidien, vous font vous évader de sa banalité.

L'amour

Parfait ou rien. Vous avez une très haute opinion de l'amour. Il doit rester pur et surtout, ne jamais verser dans le grossier, le vulgaire. A priori, vous vous méfiez des hommes, ces êtres qui s'intéressent plus à votre corps qu'à votre esprit. Vous ne tombez pas dans les panneaux, vous n'êtes pas sujette au vertige, au coup de foudre, aux emportements irraisonnés. Vous avez besoin d'amour, du grand amour et vous êtes très exigeante dans vos choix. Une fois que vous êtes rassurée sur les intentions de votre partenaire, que la confiance règne, alors vous vous dévouez totalement à cet homme qui devient votre conseil, votre soutien, qui représente alors tout pour vous. Responsable, fidèle, raisonnée et raisonnable, vous éprouvez des difficultés à exprimer votre amour, à le crier, à l'avouer et parfois, simplement à le dire. La passion, les étreintes, le sexe sont des domaines où, a priori, vous n'êtes pas à l'aise. La Vierge ne se dévoile pas, ne se déshabille pas comme ça et vous ne racontez jamais vos amours, même pas à votre proche entourage.

Les enfants

Telle est la question. A priori, vous ne ressentez pas l'envie irraisonnée d'être mère. Vous pensez peut-être même ne pas pouvoir avoir d'enfants. Ce qui n'est pas du domaine de l'intellect est, pour vous, difficile à concevoir, vous dépasse un peu. En découvrant vos émotions, en faisant l'expérience de l'amour pour et avec un partenaire, en vous laissant aller, une transformation s'opère ; vous comprenez l'utilité de votre corps, le cadeau qu'il vous fait en vous permettant d'enfanter, de donner la vie, comme les animaux, les plantes, fonction naturelle et merveilleuse. La magie fait alors irruption dans votre vie, l'intellectuel est submergé par l'amour maternel. Cela vous fait grandir, vous prenez de l'ampleur, vous êtes rassurée. Vous ne voulez pas forcement avoir de nombreux enfants, vous savez vous limiter, mais ils seront bien éduqués. Exigeante, attentive et prévenante, vous êtes responsable d'eux, vous entendez être un modèle et si vous les maternez, vous savez, au moment voulu, couper le cordon pour garantir leur autonomie.

LUNE ET SOLEIL, votre dualité

La Lune vous a parlé de l'aspect féminin, réceptif de votre personnalité, de vos liens sentimentaux, affectifs et familiaux.

Le Soleil, quant à lui, représente vos tendances conscientes, masculines. Il donne vos objectifs professionnels, s'intéresse au matériel et à l'expression de votre ambition. Il dit où vous allez.

Lisez, ci-dessous, votre mélange original de Lune et de Soleil, la dualité qui est en vous.

LUNE EN VIERGE - SOLEIL EN BÉLIER

(née entre le 21 mars et le 20 avril)

Dans ce mélange de prudence et de prise de risques, d'égoïsme et de modestie, vous devez impérativement vous faire violence pour définir la voie qu'il vous faut suivre, pour vous lancer à la conquête du monde, exprimer votre ambition, une détermination sans faille. Il faut dépasser vos complexes, quitte à vous bousculer pour trouver une véritable autonomie, vivre libre, de façon indépendante.

Votre défi : suivre votre propre chemin tout en préservant une existence paisible, avec mari, maison, enfants.

LUNE EN VIERGE - SOLEIL EN TAUREAU

(née entre le 21 avril et le 21 mai)

Très réaliste, douée de sens pratique, de talents manuels ou artistiques, vous êtes axée sur ce qui est concret, matériel, bien palpable : l'argent et les possessions. Il vous faut construire durablement, que ce soit une carrière, un couple ou une famille. Attachée à vos habitudes, à vos certitudes, à vos repères, à vos horaires, vous n'êtes rien sans le travail, il vous rassure, vous sécurise. Sensible, amoureuse, un peu dépendante affectivement, vous êtes partagée entre réagir avec l'esprit ou avec le cœur.

Votre défi : mettre de la passion dans ce que vous faites.

LUNE EN VIERGE - SOLEIL EN GÉMEAUX

(née entre 22 mai et le 21 juin)

Ce n'est pas le cœur qui vous mène mais l'esprit qui vous rend curieuse de tout, apte à bouger, à changer de voie, capable de vous adapter aux situations nouvelles. Vous êtes une femme plus mentale que sentimentale, qui évite la passion, refuse de se laisser submerger par les émotions et craint de s'impliquer à fond dans les situations. Votre voie est double, vos intérêts multiples et vos goûts intellectuels. Vous êtes faite pour parler, lire, écrire, transmettre, communiquer et servir d'intermédiaire.

Votre défi : laisser parler votre cœur à la place de votre esprit.

LUNE EN VIERGE - SOLEIL EN CANCER

(née entre le 22 juin et le 22 juillet)

Pour vous, la voie est toute trouvée, c'est le domaine amoureux et familial qui pourra, au mieux, vous permettre de vous exprimer, de vous épanouir. Oui, il vous faut un nid douillet, un entourage proche à aimer, un mari fidèle, travailleur, responsable à votre place, des enfants à cajoler, à protéger, une maison à tenir. Vous n'avez pas la fibre ambitieuse et le monde social vous effraie plutôt. Vous préférez votre monde intime, baigner dans une ambiance douce et paisible plutôt que de vous mesurer aux autres.

Votre défi : vous débarrasser d'un complexe d'infériorité.

LUNE EN VIERGE - SOLEIL EN LION

(née entre le 23 juillet et le 23 août)

Une vie familiale paisible, un métier ronronnant... cela ne peut vous suffire ! Il faut vous exprimer sur la scène sociale, vous mettre en avant, grimper dans la hiérarchie, prendre quelques risques et démontrer votre ambition. Oui, vous devez dépasser vos freins, vos complexes, les limites que vous vous imposez, en vouloir davantage. Prenez votre destin en main, une voie brillante, lumineuse s'ouvre à vous car vos atouts, au foyer comme au travail, sont nombreux, alliant le sens du devoir à celui de l'organisation.

Votre défi : vous faire confiance.

LUNE EN VIERGE - SOLEIL EN VIERGE

(née entre le 24 août et le 23 septembre)

Vous devez donner de la fertilité, de l'ampleur, de l'imagination à votre personnalité, ne pas rester dans des limites, confinée au foyer ou au travail et exprimer les talents qui sont en vous sous peine de les voir fermenter, s'étioler. Certes, vous avez besoin d'une vie réglée, paisible, sans à-coups ni excès, un mari prévenant, une famille unie, un métier prenant où vous vous rendez indispensable. Si vous vous dévouez corps et âme, ne sacrifiez pas pour autant vos propres buts.

Votre défi : donner votre amour généreusement, sans rien attendre en retour.

LUNE EN VIERGE - SOLEIL EN BALANCE

(née entre le 24 septembre et le 23 octobre)

À la fois brute de décoffrage et raffinée, vous êtes tiraillée entre le besoin de vivre chez vous, dans un environnement familier, et l'envie de sortir, de rencontrer, de vous lier d'amitié. Vous qui êtes au fond pudique, inhibée, peu sûre de vous, qui refusez la facilité, la séduction, les mondanités et les relations superficielles, vous êtes, en même temps, attirée comme un papillon vers les autres en général, vers l'autre en particulier, votre partenaire, car vous ne pouvez vivre seule.

Votre défi : vous exprimer dans votre monde intime mais aussi dans le monde social.

LUNE EN VIERGE - SOLEIL EN SCORPION

(née entre le 24 octobre et le 22 novembre)

Une vie bien réglée, bien proprette, ne peut satisfaire pleinement l'insatisfaite chronique que vous êtes. Les inhibitions, les complexes et les peurs que vous ressentez doivent impérativement trouver leur expression, une soupape pour ne pas exploser. Votre voie est de vivre intensément, de traverser des périodes d'exaltation et de tempêtes, bref... il vous faut de la passion ! Ne vous retenez pas, ne vous censurez pas, vous êtes faite pour aimer follement, travailler énormément et posséder jalousement.

Votre défi : vous relâcher et vous lâcher.

LUNE EN VIERGE - SOLEIL EN SAGITTAIRE

(née entre le 23 novembre et le 21 décembre)

Si, au fond, vous vous sentez limitée, vous devez couper vos attaches, vous libérer de responsabilités, vous arracher à ce que vous connaissez pour partir à l'aventure, vers l'inconnu ! Votre chemin vous mène à l'exploration du monde, à vous enflammer pour quelque chose ou pour quelqu'un. Ne faites pas parler que votre esprit, votre corps est votre véhicule, il vous emmènera loin, vous fera découvrir d'autres pays, d'autres visages. Soyez enthousiaste, donnez-vous des objectifs élevés.

Votre défi : remplacer la raison par la foi.

LUNE EN VIERGE - SOLEIL EN CAPRICORNE
(née entre le 22 décembre et le 20 janvier)

Femme stricte, rigoureuse, matérialiste, pleine de convictions, capable de prendre et d'assumer toutes les responsabilités, qu'elles soient professionnelles ou familiales, même à la place des autres, vous êtes une scientifique, une cartésienne, qui ne croit que ce qu'elle voit. Vous avez besoin d'un foyer, de repères, de fidélité conjugale mais aussi de détenir un pouvoir dans la société, de vous élever dans la hiérarchie, de devenir chef.

Votre défi : très efficace mais peu flexible, il s'agit d'enlever vos œillères qui vous font aller tout droit, seulement tout droit.

LUNE EN VIERGE - SOLEIL EN VERSEAU
(née entre le 21 janvier et le 18 février)

Non, vous ne pouvez pas vivre de façon unique, assumer de lourdes responsabilités sociales, familiales ou vous contenter de peu. Il faut conquérir votre liberté de pensée et de mouvement, vous affranchir sentimentalement et financièrement d'un homme, ne pas tout miser sur le foyer, les enfants. Votre route mène à l'indépendance, à l'originalité, à la spiritualité, à la philosophie. Intellectuelle et intelligente, c'est comprendre le monde, vous dévouer pour une cause humanitaire qui vous intéressent.

Votre défi : dépasser les limites que vous vous imposez.

LUNE EN VIERGE - SOLEIL EN POISSONS
(née entre le 19 février et le 20 mars)

Personnalité complexe, contrastée, tiraillée entre le monde logique, précis, concis de la raison et celui, immense, illogique, irraisonné des sentiments. Vous devez donc laisser derrière vous l'esprit qui dissèque, qui critique, qui ordonne pour offrir entièrement votre amour à un mari, à des enfants, à vos parents, à vos amis... à tous les autres. Vous aimez vous sentir entourée, accompagnée, adhérer à un mouvement, à un groupe, à une communauté. Vous avez le sens du don, peut-être même celui du sacrifice.

Votre défi : vous exprimer pleinement.

LUNE ET SOLEILS, les hommes et vous

Comment vous accordez-vous avec un...

HOMME SOLEIL EN BÉLIER

(né entre le 21 mars et le 20 avril)

Mélange de caractères opposés qui peuvent se révéler complémentaires. Il vous donne sa fougue, son élan, sa détermination. Il vous fait avancer, coûte que coûte, vous sort de votre immobilisme, vous fait dépasser vos peurs et franchir des étapes. En retour, vous résolvez les problèmes pratiques, vous lui préparez un nid douillet... où il viendra en coup de vent. Peu sentimental ou axé sur le foyer, la famille, les habitudes, il suit contre vents et marées sa propre route pendant que vous, vous construisez.

HOMME SOLEIL EN TAUREAU

(né entre le 21 avril et le 21 mai)

Il est celui qu'il vous faut ! Tendre, sensuel et sentimental, amateur des belles et bonnes choses, ce jouisseur vous fait découvrir les plaisirs de l'existence, vous donne confiance en vous, vous sécurise financièrement et affectivement. En retour, vous résolvez les problèmes quotidiens, les questions domestiques, vous le secondez efficacement, organisez un foyer paisible et donnez, à ce père en puissance, des enfants, chéris par vous deux. Vous êtes faits pour construire, ensemble, solidement, durablement.

HOMME SOLEIL EN GÉMEAUX

(né entre 22 mai et le 21 juin)

Celui-là ne vous correspond pas tellement. Vif d'esprit, rapide d'exécution, il est un peu trop diffus ou superficiel pour vous. Il adore la nouveauté, le changement, aime renouveler ses amitiés et ses amours. Adepte de la double voie, de la double vie et ne s'investissant jamais complètement dans une relation, vous pourriez avoir du mal à le contenir, à le limiter, à le contraindre de rester avec vous, au foyer, en famille. Cet éternel adolescent, un peu volage, veut s'amuser, multiplier les sorties, les rencontres et risque donc de vous déstabiliser.

HOMME SOLEIL EN CANCER

(né entre le 22 juin et le 22 juillet)

Bonne association de points communs. Vous aimez tous deux une existence paisible, dénué de tensions, de violence, faisant la part belle au foyer, à la famille, à la vie domestique. Ce couple est fertile, vous vous donnez des enfants et partagez douceur et tendresse. Certes, ni l'un ni l'autre n'a tellement confiance en lui pour prendre des risques, s'ouvrir à la société, démontrer une grande ambition professionnelle. Il faut vous épauler, vous aider, vous pousser à sortir de votre cocon pour vous exprimer à l'extérieur.

HOMME SOLEIL EN LION
(né entre le 23 juillet et le 23 août)

Il en impose, il en dispose et cela peut vous convenir. Généreux et déterminé, capable de s'exprimer sur le plan social, de mener des entreprises professionnelles à bonne fin, amateur d'une vie riche et bien remplie, cet homme a confiance en lui et en vous pour le seconder, lui servir de bras droit et assumer toutes les tâches et responsabilités qu'il vous délègue volontiers : le foyer, la famille, les enfants. Prenez garde à ce qu'il ne soit pas trop autoritaire ou qu'il ne vous fasse endosser le rôle de la femme au foyer, de la maîtresse de maison sans rien donner en retour, sinon sa protection.

HOMME SOLEIL EN VIERGE
(né entre le 24 août et le 23 septembre)

L'un pour l'autre, l'un par l'autre et vice versa... Oui, vous êtes faits pour vous entendre, vous comprendre à demi-mots. Entre vous, il y a de l'amour, de la complicité, des pensées et des buts communs. Vous endossez, ensemble et sans problème, responsabilités familiales et professionnelles, tout en respectant la frontière entre vie intime et vie sociale afin de trouver l'efficacité dans l'une et l'autre. Vous êtes faits pour construire, réaliser, fabriquer ensemble, que ce soit une maison, un métier ou des enfants.

HOMME SOLEIL EN BALANCE

(né entre le 24 septembre et le 23 octobre)

Sa finesse, son élégance et le besoin qu'il a de toujours séduire font que, a priori, vous vous en méfiez. Beau parleur, enjôleur, il promet beaucoup mais ne tient pas tout. Et vous avez besoin de tout ! D'être rassurée sur le plan sentimental et familial, d'aller travailler mais aussi de rester chez vous. Toujours à la recherche des autres, de l'autre, il vous ouvre à la société, partage ses relations, harmonise le monde, cherche à vivre agréablement, facilement. Et vous ?

HOMME SOLEIL EN SCORPION

(né entre le 24 octobre et le 22 novembre)

Il excite, il titille, pique aussi mais vous fascine par son ardeur, sa soif de vivre, ses excès qui font peur et attirent. Oui, cet homme est dangereux. Il veut vivre à fond, jusqu'au bout et même brûler la chandelle par les deux bouts ! Cet homme de pouvoir et de possession aime passionnément, connaît les plaisirs de la chair, l'érotisme, le mystère et tout ce qu'on lui cache... A priori, vous êtes sceptique mais comme vous possédez l'antidote, votre rigueur et votre fidélité, vous pouvez y aller : le foyer et la famille sont aussi ses domaines.

HOMME SOLEIL EN SAGITTAIRE
(né entre le 23 novembre et le 21 décembre)

Il vous fait perdre vos repères, vos habitudes et vos dessous ! Cet homme-là est un beau coursier, un vaillant chevalier qui part dans la vie comme dans une conquête, ne s'embarrasse pas de préjugés, de souvenirs, de limites, de routine. Il peut vous sortir de chez vous, vous faire prendre quelques risques mais attention, vous ne le suivrez peut-être pas là où il veut, c'est-à-dire au bout du monde ! Expansif, optimiste jusqu'à l'aveuglement, votre esprit logique et raisonnable et votre nature féconde interdisent les cavalcades.

HOMME SOLEIL EN CAPRICORNE
(né entre le 22 décembre et le 20 janvier)

C'est un roc, c'est un pic, en tout cas, ce couple est solide, en béton, fait pour durer. Vous vous retrouvez lorsqu'il s'agit d'assumer des responsabilités, de travailler bien et beaucoup, d'économiser, d'utiliser, de construire à long terme un couple, un foyer et une famille. C'est en privé, lorsque la confiance règne sans partage, que vous vous laissez aller aux sentiments qui bouillonnent en vous deux mais que vous n'exprimez pas toujours facilement. La facilité, d'ailleurs, vous ne connaissez pas. Ni l'un, ni l'autre.

HOMME SOLEIL EN VERSEAU

(né entre le 21 janvier et le 18 février)

Il est loin celui-là, loin du monde matériel, des habitudes et même de vous ! Il est fait pour vivre de façon originale, indépendante, voire marginale, pour être seul, penser, réfléchir, jouer avec les idées abstraites. Vous, la concrète, vous ne pouvez le suivre, il dépasse les limites que vous avez patiemment posées, il envoie promener vos certitudes. En phase intellectuellement, moins sur le plan sentimental ou sensuel, vous êtes d'excellents amis, de bons confrères mais ne lui demandez pas de se fixer, de fonder quoi que ce soit. Vous fonderez à sa place ou irez voir ailleurs.

HOMME SOLEIL EN POISSONS

(né entre le 19 février et le 20 mars)

Cet homme a tout ce que vous n'avez pas et réciproquement ! Il vous offre son amour immense, ses idées délirantes, ses amis nombreux, une vie riche et désordonnée, vibrante et fantasque. En retour, vous assurez le quotidien, faites tourner la machine. Oui, vous êtes complémentaires, il est perméable aux autres, vous imperméable, il a besoin de vivre en communauté, vous pour un seul homme, il croit en la magie de la vie, vous en la réalité. Dans ce couple fécond, fait pour s'entendre et s'épauler, le foyer et les enfants sont une priorité.

Femme Lune en Balance

À l'équinoxe d'automne, la Balance symbolise l'équilibre des jours et des nuits. Climat tempéré, lumière douce, c'est le monde de la mesure, de la nuance, des tons et des demi-tons.

Qui êtes-vous ?

Une séductrice. Vous ne le faites pas exprès, il se trouve que vous charmez, naturellement. Que ce soit un auditoire, une clientèle, un patron, une collègue ou un voisin, vous devez plaire, équilibrer les échanges, trouver des points communs, vous montrer sous votre meilleur jour. Le disgracieux, le violent, le vulgaire ne sont pas votre tasse de thé. Votre sensibilité est épidermique, vos goûts esthétiques certains, votre sens de la justice aigu. Là, tout ne doit être qu'ordre et beauté, luxe, calme et volupté...

Que désirez-vous ?

L'harmonie. Vous n'êtes pas volontaire, vous ne luttez pas, que ce soit pour ou contre. Vous aimez vivre en paix, en bonne intelligence, faire partie d'un milieu où des échanges agréables, culturels et civilisés sont possibles. Puisque vous êtes faite pour relier les êtres et associer les idées, il vous faut tisser des liens intellectuels, des rapports amicaux, participer à la société, y jouer un rôle. Ayant le goût du contact, de la communication, lorsqu'il est question d'échanges, de réunion, d'association, de coopération ou de mariage... vous n'êtes pas loin.

Votre rythme naturel

Indolent. Le travail, la routine, la difficulté, les excès, les efforts et les défis... très peu pour vous. Vous pourriez planer toute la journée, cela ne vous dérangerait pas. En fait, votre rythme dépend de « l'autre », l'autre plateau de la balance, l'homme qui partage votre vie, l'associé qui partage votre bureau, bref, vos partenaires dans la vie. Votre intégrité, vous la trouvez à travers le couple, le duo. Être seule est une torture, vous avez besoin de répondant, de dialogue, d'une personne qui vous complète et sans laquelle il vous manque votre moitié.

D'où venez-vous ?

Peu importe du moment que vous êtes bien ici, maintenant, avec lui, eux ou elles. Les autres renvoient l'image de votre existence, de votre présence. Votre rapport à la solitude, à l'indépendance est complexe. Incapable de vivre seule, dépendante de l'amour et de l'estime d'autrui, il vous faut aussi des moments d'isolement pour savoir ce que vous voulez, qui vous êtes, pour vous retrouver. Ni le passé ni le futur ne vous intéressent vraiment.

Vous vivez dans l'actuel, le contemporain, l'air du temps, appréciant la beauté, la subtilité, l'élégance, la mode et les arts.

De quoi avez-vous peur ?

De la brutalité et des rapports de force. Pour cela vous êtes prête à arrondir les angles, à faire des compromis, des concessions mais cela, sans effort particulier, c'est pour vous naturel. Votre autonomie peut donc en souffrir. Il vous est difficile de gouverner votre vie, de choisir un cap, de décider d'une priorité et de vous y tenir car vous êtes dépendante du regard que l'on vous porte. À la fois spontanée et réfléchie, enthousiaste et craintive, vous êtes partagée entre le chaud et le froid, une existence brillante et austère, celui-ci et celui-là...

Vous ne savez pas...

... compter uniquement sur vous, avancer au pas de charge, perdre la tête, céder à un emportement, dire les choses comme elles sont, prendre de la vitesse, avoir de l'impact, être toujours la même, foncer dans le tas, décider, prendre des paris, vous faire confiance, ne compter que sur vous, tracer votre route, aller jusqu'au bout, faire des impasses...

Mais vous savez...

... peser le pour et le contre, la chèvre et le chou, garder une certaine distance avec les autres, vous mettre au diapason, gagner les cœurs, dessiner, peindre, décorer, harmoniser, relier les êtres et les choses, leur trouver des points communs, apaiser les conflits, tenir des propos nuancés, comprendre les différences, vous éloigner des problèmes...

Vos besoins

La paix et l'équilibre qu'il vous faut maintenir en vous, et autour de vous, en préservant l'entente du couple, l'harmonie au travail, la sympathie avec tous. Vous vous nourrissez de beauté plastique, de plaisirs intellectuels, de relations humaines dans lesquelles rien ne doit être bousculé. Surtout ne pas choquer, ne pas déplaire ! La passion, les emportements, les fugues ou la révolte ne sont pas votre lot, vous n'êtes pas impulsive, ni même spontanée. Au-dedans, vous êtes une personnalité calme, pondérée, réfléchie, une femme plus à l'aise dans l'abstrait que le concret, plus intellectuelle que pratique, pour qui la forme est plus importante que le fond. Vous résolvez assez facilement les problèmes des autres, moins les vôtres. Vous attendez qu'ils se solutionnent tout seuls et pouvez ainsi laisser pourrir la situation. Vous ne cherchez pas à bâtir, à construire en dur, ni à détruire quoi que ce soit. Au contraire, vous aspirez à rester dans un état constant d'équilibre, à conserver cet accord, cette musique, ces ondes qui vous font résonner.

Le foyer

Oui et non. Vous n'êtes pas une femme d'intérieur mais d'extérieur. La société vous attire, elle vous permet de rencontrer, d'échanger, de tisser des liens, des réseaux et cela vous motive davantage que le travail à accomplir. Vous ne vous voyez pas confinée au foyer. Si vous y êtes, vous y êtes à deux. Dans ce cas, c'est autre chose, vous soignez votre lieu de vie commun, l'embellissez, en faites une pièce de collection, une gravure de mode car vous êtes douée pour assembler les choses, les tissus, les couleurs et les fleurs. En revanche, les tâches ménagères ne vous inspirent pas, vous n'êtes pas une folle du ménage et de l'astiquage. D'ailleurs, en général, vous préférez vous décharger des efforts pénibles et des tâches fastidieuses, vous faire aider ou seconder. Pour vous, le mieux serait de faire la navette entre le monde social et le monde intime, sans être obligée de choisir, sans devoir faire de priorités, d'impasses et sans, non plus, tout miser sur l'un ou l'autre. Vous préférez jouer sur plusieurs tableaux.

Vos dépenses

Mesurées. Si vous êtes attentive à l'équilibre de votre compte en banque, en vérité, ce qui relève du domaine matériel, concret, celui des comptes, de la précision ou de la logique, ne vous intéresse guère. Parler avec votre banquier, d'accord, parler d'argent, non. Vous êtes au-dessus de ça. Vous n'êtes pas avide d'amasser une fortune, de bâtir une entreprise, de vous emparer du pouvoir ou d'assumer de hautes responsabilités. Vous êtes faite pour « être », pour « paraître », pas pour « avoir ». Ni économe, ni prévoyante, ne prenant pas de risques spéculatifs, investissant collectivement ou en partenariat plutôt qu'en solitaire, la bourse peut vous amuser, mais pas longtemps. L'argent est important car il permet de vivre à l'aise, confortablement, de vous acheter de belles choses, qui font plaisir, à vous, à l'autre, ces petits luxes que vous vous offrez. Oui, vous aimez consommer. Mais si l'argent est tellement nécessaire, c'est qu'il est, surtout, un garde-fou qui évite de lutter au quotidien, de vivre de peu, mal, de basculer rapidement dans le manque, la difficulté, voire le sordide.

L'amour

Évidemment mais si l'amour signifie possession ou passion dévastatrice, vous préférez vous abstenir. Vous avez l'habitude de ressentir des émotions multiples, pas un sentiment unique. Vous prenez au vol ces sensations qui passent, vous touchent mais pas profondément. Le sexe et la sensualité ne doivent pas vous submerger, vous emporter, rompre votre équilibre interne. Vous vous donnez mais pas à fond, jamais complètement. Vos attaches ne sont pas fixes, vos liens immuables. Votre pendule intérieur oscille entre attraction et répulsion, confiance et doute, avances et dérobades. Ni féministe, ni révoltée, vous acceptez une certaine dépendance vis-à-vis d'un partenaire. Mais il doit respecter votre intégrité, votre identité, votre propre chemin qui passe... par lui ! Pour vous, l'amour est compliqué. Les amours au pluriel sont peut-être plus simples et dans ce cas, vous vous liez sans vous attacher mais comme vous ne pouvez pas vivre seule, livrée à vous-même... vous vous mariez ! Oui, vous restez classique, les choses doivent se faire dans les normes, contribuer au statut social et le mariage, en tant que contrat, vous rassure.

Les enfants

Pas seulement pour vous. C'est pour votre partenaire, pour votre couple que vous désirez avoir des enfants. Être mère fait partie de votre rôle de femme, d'épouse, les enfants sont les fruits de l'amour que vous éprouvez pour votre conjoint mais ne sont pas une finalité en soi. Être mère, c'est normal, naturel, ça fait partie de la fonction sociale que vous endossez car vous n'êtes pas marginale, adolescente ou femme-enfant mais une femme, une vraie, avec tout ce qu'il faut. Si votre instinct maternel est développé, vous n'êtes pas pour autant une maman poule, étouffante, envahissante ou jalouse. Il vous faut, aussi, des moments de liberté, des instants à vous pour pouvoir souffler, vous reposer, penser à autre chose, à votre métier et à vos projets communs. Au quotidien, vous cherchez à éviter les conflits, à trouver des terrains d'entente et, en cas de dissension, à sauvegarder votre couple. Dans l'impossibilité de le faire, vos enfants représentent alors la seule force qui vous permette de lutter, de tenir le choc et, au pire, de prendre la décision de rompre.

LUNE ET SOLEIL, votre dualité

La Lune vous a parlé de l'aspect féminin, réceptif de votre personnalité, de vos liens sentimentaux, affectifs et familiaux.

Le Soleil, quant à lui, représente vos tendances conscientes, masculines. Il donne vos objectifs professionnels, s'intéresse au matériel et à l'expression de votre ambition. Il dit où vous allez.

Lisez, ci-dessous, votre mélange original de Lune et de Soleil, la dualité qui est en vous.

LUNE EN BALANCE - SOLEIL EN BÉLIER

(née entre le 21 mars et le 20 avril)

Dépendante affectivement, mais désirant tracer votre propre route, craignant de casser des liens, de briser des cœurs mais n'hésitant pas à le faire... votre personnalité est tiraillée entre le besoin de vivre pour les autres et la volonté d'être seule, autonome, libre de liens et d'entraves. Vous êtes faite pour vous lancer dans une aventure, vous donner à fond, vous impliquer totalement dans ce que vous faites, pour lutter et conquérir, tenir le rôle de chef, de leader, de moteur du couple.

Votre défi : ne pas vous marier et divorcer, vous opposer et vous retrouver sans cesse.

LUNE EN BALANCE - SOLEIL EN TAUREAU

(née entre le 21 avril et le 21 mai)

Vous êtes douée pour les arts, l'esthétique, la beauté des choses et des gens, l'harmonie des cœurs et des esprits. Vous réagissez comme une intellectuelle mais agissez comme une femme matérialiste, réaliste, persévérante dont le but est de construire un métier, un foyer, une famille, de gagner de l'argent, de le faire fructifier. Il peut y avoir un peu de mollesse, d'abandon, de lascivité dans ce mélange, une envie de facilité ou le goût immodéré des plaisirs.

Votre défi : exprimer les talents créatifs qui sont en vous.

LUNE EN BALANCE - SOLEIL EN GÉMEAUX

(née entre 22 mai et le 21 juin)

Voilà une femme virevoltante, pleine d'à-propos, à l'esprit vif et à la langue bien pendue. C'est le désir de connaître, de découvrir, de communiquer, d'être toujours en mouvement, à l'affût de la nouveauté, de l'actualité, des médias, des arts ou de la mode qui vous motive. C'est dans le monde social que vous vous épanouissez, moins dans le monde intime. Vous n'êtes pas faite pour un seul homme, un seul métier, une seule voie. Vous bifurquez, vous vivez des vies parallèles, vous vous amusez.

Votre défi : devenir adulte, responsable de vous-même.

LUNE EN BALANCE - SOLEIL EN CANCER

(née entre le 22 juin et le 22 juillet)

Deux mondes s'affrontent en vous. L'un est le monde social où vous voulez faire vos preuves, l'autre, le monde sentimental et familial qui, en fait, est votre voie. Il est question pour vous de construire un nid douillet, de vivre à la maison, de vous protéger des atteintes extérieures et de protéger ceux qui vous entourent, votre famille, votre clan. Vous êtes faite pour fonder une famille mais aussi pour exprimer des talents artistiques certains, votre douceur, votre imagination, votre poésie.

Votre défi : vous pousser pour accéder au monde professionnel, aux responsabilités.

LUNE EN BALANCE - SOLEIL EN LION

(née entre le 23 juillet et le 23 août)

Il vous faut briller sur la scène sociale, vous mettre en avant, démontrer vos talents créatifs, de décoratrice ou de peintre ainsi que votre sens des relations. Vous êtes faite pour les mondanités, une carrière artistique, le spectacle, théâtre ou cinéma, pour présenter et représenter une marque, associer une image flatteuse à la vôtre, briller, être reconnue sur le plan social, dans la rue, bref... être connue. Vous avez besoin du regard des autres pour vous sentir vivre, pour exister.

Votre défi : ne pas vous contenter de paraître, il faut être !

LUNE EN BALANCE - SOLEIL EN VIERGE

(née entre le 24 août et le 23 septembre)

Plaire, séduire... certes mais attention, vous ne pouvez pas vous permettre de vivre une existence oisive, facile, en un mot : inutile. Vous êtes faite pour travailler, mener votre tâche à bien, gagner de l'argent, démontrer votre efficacité, votre rigueur, votre prudence. Excellent bras droit, collaboratrice hors pair, vous avez besoin de relations sociales mais aussi d'un foyer, d'enfants, d'une vie, peut-être moins pétillante que vous ne le rêvez, mais plus stable, plus solide, plus constructive.

Votre défi : réussir sur le plan intime et professionnel.

LUNE EN BALANCE - SOLEIL EN BALANCE

(née entre le 24 septembre et le 23 octobre)

Entre l'autre, les autres et vous-même, ça se confond... Vous ne savez plus très bien qui est qui, ce que vous voulez, quels sont vos buts, ce qui vous différencie de l'autre et vous risquez de perdre votre identité dans le couple, l'association, le partenariat. Vous êtes une femme mentale, pas sentimentale. La passion vous effraie, la violence aussi et vous avez tendance à adopter une attitude mi-chèvre mi-chou pour ne pas déplacer l'équilibre qui vous est nécessaire pour vivre.

Votre défi : vous emporter, vous dépasser.

LUNE EN BALANCE - SOLEIL EN SCORPION

(née entre le 24 octobre et le 22 novembre)

Les liens légers, superficiels, les attitudes moyennes, les sentiments nuancés... tout cela va directement à la poubelle ! Vous n'êtes pas faite pour la paix, celle des ménages en particulier, mais pour vivre intensément, connaître de grandes joies, de grandes peines et même brûler la chandelle par les deux bouts ! Vous êtes menée par vos pulsions, vos passions, votre instinct de vie et de survie, par le sexe qui vous donne pouvoir sur l'autre, la possibilité de vous l'approprier, de le dominer.

Votre défi : ne pas tout faire passer par la séduction.

LUNE EN BALANCE - SOLEIL EN SAGITTAIRE

(née entre le 23 novembre et le 21 décembre)

Femme plus idéaliste que matérialiste, vous avez besoin d'espace pour vous mouvoir, de liberté de pensée, de larges domaines d'exploration. Femme de tête, vous êtes aussi capable d'agir spontanément, avec enthousiasme, sans tenir compte de l'avis des autres. Si, au fond, vous raisonnez, vous balancez, vous équilibrez, vous devez aussi vous lâcher, vous relâcher, partir à la découverte du monde, voyager, vous impliquer physiquement dans une idée ou dans une personne.

Votre défi : parier sur votre relation de couple et sur vous-même.

LUNE EN BALANCE - SOLEIL EN CAPRICORNE
(née entre le 22 décembre et le 20 janvier)

L'impulsivité, le coup de tête, le pari fou... ce n'est pas pour vous. Femme raisonnée et raisonnable, il vous faut construire votre vie, solidement, fonder un foyer, une famille, assumer les responsabilités des uns, des autres. Vous êtes au four et au moulin, au foyer et au travail, rien ne doit être laissé en plan ou au hasard. Votre chemin est pentu, ardu, il passe de la facilité à la difficulté, de l'indolence à la rigueur, il mène à une carrière, au pouvoir, à votre autonomie financière.

Votre défi : perdre, parfois, un peu la tête.

LUNE EN BALANCE - SOLEIL EN VERSEAU
(née entre le 21 janvier et le 18 février)

Vous êtes faite pour échanger des idées, créer des rapports intellectuels, amicaux et spirituels. Votre voie mène à votre liberté. Liberté vis-à-vis des contraintes, dépassement des limites, intérêts variés, curiosité mentale, existence indépendante, en marge, en constant renouvellement, en courant d'air aussi, n'étant pas faite pour construire une vie tranquille, rangée, classique. Si, au fond, vous avez besoin d'être à deux, en fait, vous devez suivre votre route, mener votre vie comme vous l'entendez.

Votre défi : y parvenir.

LUNE EN BALANCE - SOLEIL EN POISSONS

(née entre le 19 février et le 20 mars)

Nuances et vagues, courants ascendants, marées descendantes, espoirs et flou artistique... où allez-vous ? Vous n'en savez rien mais vous y allez... ensemble, tous ensemble ! Il vous faut être entourée, aimée, adhérer à un groupe, à un mouvement, à une communauté, partager vos intentions, vos sensations, vos sentiments. Le foyer, le couple, la famille, les enfants alimentent le flot de votre amour qui doit impérativement se déverser sur les autres. Oui, vous êtes faite pour aimer.

Votre défi : ne pas vous perdre dans l'autre et les autres.

LUNE ET SOLEILS, les hommes et vous

Comment vous accordez-vous avec un...

HOMME SOLEIL EN BÉLIER

(né entre le 21 mars et le 20 avril)

Difficile de vous séparer, vous êtes tellement complémentaires ! Il vous donne la fougue, l'enthousiasme, le grain de folie qui vous manque. C'est un homme, un vrai, un macho, un cow-boy. Il fait démarrer le couple, la famille, la machine, il trace la route, sa route. Alors vous la suivez et il ne peut plus se passer de vous, vous êtes la femme, sa femme, sa moitié. Lui qui croyait être entier, il s'aperçoit qu'il n'est plus seul, il a trouvé en vous la paix, l'harmonie, la beauté et le repos du guerrier. Il est le moteur, vous la transmission, ensemble, vous allez loin !

HOMME SOLEIL EN TAUREAU

(né entre le 21 avril et le 21 mai)

Celui-là est charmant, gentil, aimable, c'est vrai, mais un peu balourd. C'est un être matérialiste, concret, sensitif, charnel, qui veut jouir des plaisirs de la vie. Vous aussi mais sur un plan plus élevé, plus intellectuel, moins terre à terre. Lui est un bosseur, il ne ménage ses efforts ni pour vous, ni pour son travail et voit à long terme. Fidèle, persévérant, il veut construire un foyer, avoir des enfants, vivre une vie tranquille... Sachez-le. Si vous avez autre chose à faire, réfléchissez avant de dire oui car il est possessif.

HOMME SOLEIL EN GÉMEAUX

(né entre 22 mai et le 21 juin)

Vous êtes tous deux branchés communication, médias, infos, ce qui se fait, ce qui se pense, ce qui se dit. Avec lui, comptez davantage sur l'amitié, la fraternité plutôt que sur l'amour-passion. Lui non plus ne s'engage pas complètement, se laisse une porte de sortie, ce qui peut arranger vos affaires. Il ne bâtit pas d'empire, ne rêve pas non plus, il travaille, beaucoup, tout le temps, dans sa tête en tout cas, et aime sortir et s'amuser. C'est un ado, un flirt, un copain qui vous donnera rendez-vous, des plaisirs, des voyages... Vous êtes sur la même longueur d'onde.

HOMME SOLEIL EN CANCER

(né entre le 22 juin et le 22 juillet)

Il risque d'être un peu crampon, celui-là. Quand il s'accroche, c'est pour longtemps. Et vous, le long terme, ce n'est pas votre truc. Il va vouloir fonder une famille, avoir un foyer qui l'accueille et le protège, le tout, sans prendre trop de responsabilités. C'est un enfant, un être plein de rêves et de fantaisie qu'il faut prendre par la main, vous n'allez donc pas le suivre les yeux fermés ! Mais qui sera responsable dans le couple ? Qui prendra la barre et les décisions ? Si vous pouvez naviguer à vue, au gré du courant, ça ira. Sinon, vous vous séparerez, en bons termes.

HOMME SOLEIL EN LION
(né entre le 23 juillet et le 23 août)

Il va vous impressionner, celui-là, vous conter fleurette et vous en mettre plein la vue. Tant mieux, vous appréciez, et lui aussi appréciera. Le charme, la beauté, l'élégance, la prestance... vous avez ça en commun. Tous deux aimez le beau, le luxe, le cher, l'indispensable et l'inutile, ce qui se voit, se remarque, les sorties, les spectacles, la vie qui bouge, rit et s'amuse, tous deux avez besoin d'être reconnus dans le monde social. Dans l'intimité, il vous rassure, vous le séduisez, il veut briller, vous alimentez sa flamme.

HOMME SOLEIL EN VIERGE
(né entre le 24 août et le 23 septembre)

Il a un train de retard sur vous, cet homme-là. Il vous semble un peu terne, un peu limité dans ses ambitions. Certes, on peut compter sur lui et sur son amour, faire avec lui des projets de foyer, de maison, de bricolage et d'enfants. Il sera honnête, fidèle, simple et carré, prendra les responsabilités au quotidien, deviendra indispensable, travaillera beaucoup... Bref, vous risquez de vous ennuyer avec cette perle, de vouloir sortir, vous amuser et séduire les autres, au moins un minimum. Vos domaines de vie sont différents.

HOMME SOLEIL EN BALANCE

(né entre le 24 septembre et le 23 octobre)

Voilà deux êtres qui ne peuvent vivre seuls, deux moitiés qui cherchent à faire un tout. Vous vous rencontrez et vous vous cooptez, c'est une osmose dans laquelle vous vous comprenez à demi-mots, aimant les mêmes choses, discutant des mêmes personnes, ayant le même avis. Le domaine des arts, de l'esthétique, de la décoration est le vôtre. Vous pouvez en faire un métier, en association, en partenariat. Le couple est le fondement de votre vie. Il vous apporte de l'air, vous ouvre sur les autres, sur la société entière ainsi que sur la vie familiale.

HOMME SOLEIL EN SCORPION

(né entre le 24 octobre et le 22 novembre)

Chaud devant ! Cet homme peut vous faire vivre des sensations uniques et insoupçonnées, exécuter pour vous la danse d'amour et de mort, vous faire plonger au fond et rejaillir ! Avec lui, l'amour est un plat qui se mange brûlant, piquant. Il vous veut entière, disponible, consentante mais il a besoin de se réfugier aussi, d'avoir un foyer, une famille, des bases... qu'il détruit pour en reconstruire de nouvelles. En transformation permanente, c'est un être possessif, exclusif, aux désirs passionnés, qui ne se contente jamais de ce qu'il a. Effrayant ? Peut-être...

HOMME SOLEIL EN SAGITTAIRE
(né entre le 23 novembre et le 21 décembre)

Il est fougueux, puissant, plein de feu et d'élan, galope dans la vie à bride abattue. Le voilà qui passe, vous fait monter en croupe et hop, c'est parti pour le voyage, l'aventure ! Ça vous plaît, vous suivez. Enfin, vous tentez de suivre car, lui, il s'enflamme pour une idée, un projet. Il a la foi, celle qui déplace les montagnes. Très physique, il a besoin de dépenser son énergie et si, dans un premier temps, il est tout fou, il s'assagit avec l'âge, s'installe dans ses meubles, devient maître de maison, époux et père de famille.

HOMME SOLEIL EN CAPRICORNE
(né entre le 22 décembre et le 20 janvier)

Un peu trop sérieux, austère, rigoureux même rigoriste à votre goût. Avec lui, on ne divague pas, on ne s'éparpille pas, on ne balance pas... On avance, lentement, sûrement, à long terme. Il assume toutes les responsabilités, les siennes, les vôtres, il travaille, beaucoup, énormément, il tient à fonder un foyer, une famille, mais quid de l'amusement, des sorties et des fêtes ? Solitaire, il cherche la maîtrise de lui-même, le pouvoir sur les autres. Si vous vous ennuyez avec lui, vous irez certainement voir ailleurs.

HOMME SOLEIL EN VERSEAU

(né entre le 21 janvier et le 18 février)

Un original, celui-là, qui ne cherche ni l'argent, ni la gloire, ni le pouvoir. Il peut vivre avec rien, n'importe où, du moment qu'il se sente libre, détaché des responsabilités quotidiennes. Vous saurez vous entendre sur le plan mental, intellectuel, vous serez copains, amis, vous échangerez des propos, vous ferez des projets mais ne comptez pas sur lui pour fonder un foyer, une famille ou rester attaché à vous. Vous formez un couple plus axé sur le spirituel que le matériel, l'abstrait que le concret, les idées que les résultats.

HOMME SOLEIL EN POISSONS

(né entre le 19 février et le 20 mars)

Il ne peut vivre seul et vous non plus... ça crée des liens. Il a besoin d'être entouré par d'autres mais vous, par lui seul. D'où le problème ! Imaginatif, sensible et vulnérable, plein de rêves, de musiques et d'envies diffuses, il a besoin d'un foyer, d'enfants, d'amis, de baigner dans une communauté, de faire partie d'un groupe, d'adhérer à un courant mais surtout, il a besoin d'amour, de tendresse, de se dévouer pour une cause. Dans tout cela, aura-t-il le temps de s'occuper de vous, rien que de vous ? Possible mais pas sûr.

Femme Lune en Scorpion

La pluie arrache les dernières feuilles des arbres, la terre devient boue, le Scorpion correspond, dans le cycle de la nature, à la mort de la végétation, à la transformation des êtres et des choses.

Qui êtes-vous ?

Une extrémiste, une femme impulsive, rebelle. Les choses et les personnes, telles qu'elles sont, ne vous conviennent pas. Il vous faut les changer, les rendre meilleures. Insatisfaite chronique, vous ne vous contentez pas de sécurité, de stabilité, de train-train. Ce que vous ressentez est toujours intense, exacerbé. Les événements vous touchent profondément, vous blessent, vous écorchent, vous font réagir impulsivement. Sur la défensive, vous ne faites confiance à personne. Ni à vous-même.

Que désirez-vous ?

Vivre. Connaître des émotions fortes, aller jusqu'au bout, quitte à vous perdre et à perdre ce que vous avez construit. D'ailleurs, vous n'êtes pas faite pour construire, pour avancer lentement, sûrement. Pour vous, rien n'est jamais sûr, achevé, accompli. Le doute vous tourmente, quelque chose vous est caché, il vous faut le découvrir. Follement idéaliste, vous êtes en quête de vérité et pour ça, vous fouillez, vous grattez, même si ça fait mal... Le monde ? Il faut le refaire, le remodeler, le recréer... La passion vous fait vivre.

Votre rythme naturel

En dents de scie. Des hauts, très hauts et des bas, très bas. Vous vivez au jour le jour, dans l'instant. La brutalité de vos sentiments vous fait réagir immédiatement, de façon épidermique, agressive, anticipant les coups qui viennent du monde extérieur. Les situations déroutantes, compliquées, difficiles, les problèmes à résoudre, les questions à poser, à vous poser... vous aimez ça. Le mystère vous attire, les drames et les orages aussi. Votre vie n'est pas un long fleuve tranquille mais tantôt les rapides d'une rivière déchaînée, tantôt les profondeurs d'un marais.

D'où venez-vous ?

De loin, vous revenez de loin... D'une autre vie. Ici, vous êtes en transit. La vie, la mort, ça vous turlupine, vos questions sont existentielles et le passé reste très présent en vous. Difficile, sinon impossible, de vous en défaire. Là, vous avez été marquée par une perte ou par un deuil, réel ou symbolique, et si la vie vaut la peine d'être vécue, c'est parce qu'elle ne tient qu'à un fil ! Votre existence n'est donc pas de tout repos. Elle vous donne parfois le sentiment de l'absurde, du néant mais vous procure en même temps son antidote : l'ivresse, l'exaltation de vivre.

De quoi avez-vous peur ?

De vous-même, de ne pas être à la hauteur, capable de construire une vie qui tienne debout. Vous vous critiquez, vous ne vous appréciez pas, vous ne vous aimez pas beaucoup. Mais cette insécurité profonde vous motive, les obstacles vous stimulent et vous ne refusez jamais la difficulté, le danger, le tragique. Dans cette déstabilisation permanente, vos rêves, intuitions, sensations et imagination sont fertiles. La création est votre domaine et vos talents artistiques certains. Exprimez-les.

Vous ne savez pas...

... vous reposer, vous laisser aller, jouir des bons moments, ne penser à rien, ne rien faire, attendre, faire des compromis, vous compromettre, vous aveugler d'optimisme, faire les choses à moitié, dormir sur vos deux oreilles, vous tranquilliser, laisser les choses et les êtres comme ils sont, vous éloigner de ce qui fait mal, construire pour durer...

Mais vous savez...

... aimer follement, vamper et vampiriser, être exigeante, prendre parti, défendre la veuve et l'orphelin, être jalouse et possessive, soupçonner, vous ronger, être incorruptible, décider, rompre, bousculer, vous fâcher, vous saborder, torpiller, brûler vos vaisseaux et les deux bouts de la chandelle, vous angoisser, vous rendre indispensable...

Vos besoins

Insatisfaits, par définition. Vous refusez les concessions, les compromis ressentis comme des trahisons. Vous êtes une puriste, à la recherche d'une perfection qui n'existe pas. Vous n'acceptez pas les choses comme elles sont, vous les refusez, vous luttez, vous vous épuisez et régénérez sans cesse. Le « bien-être » ne vous suffit pas, il vous faut plus, toujours plus. L'amour d'abord, et surtout, un amour plein, entier, total. Qui dit amour dit haine, vous connaissez aussi les sentiments de souffrance, de vengeance, de jalousie. Femme inquiète, tourmentée, caustique, acide ou angoissée, vous cherchez à vous rendre meilleure, plus humaine, à « être » plutôt qu'à « paraître ». Vous ne connaissez pas la détente, le repos, la facilité, vous avez besoin de vibrer, de ressentir, de palpiter. Jamais indifférente aux autres, au monde qui vous entoure, si vous manquez parfois de tolérance, d'indulgence, de tact ou de délicatesse, c'est que vos émotions vous mènent, vous entraînent, vous submergent : vous n'en avez pas le contrôle.

Le foyer

Une tanière, un trou. Là, vous vous lovez, vous vous repliez, vous vous protégez des attaques extérieures. Le foyer est votre base d'opérations, votre point de départ et d'arrivée, forteresse dans laquelle on ne pénètre que muni du mot de passe. Le foyer vous réchauffe, vous ressource mais vous devez vous en échapper, partir et mourir un peu. Non, vous n'êtes pas faite pour construire et stabiliser mais pour détruire et recommencer. Votre vie est soumise au mouvement perpétuel de la transformation, aux changements de partenaire, de style de vie, de désirs, d'objectifs et, par conséquent, aux déménagements et emménagements. Votre foyer dépend surtout de votre état mental du moment. Lorsque vous êtes heureuse, vous vous appliquez, vous devenez femme d'intérieur, maîtresse de maison, vous y trouvez le goût de bien faire, le plaisir de vivre. Mais quand vous allez mal, vous abandonnez ce rôle, vivez dans le désordre, cherchez à vous soustraire du monde, à vous retirer en vous et à tout oublier.

Vos dépenses

Par crises. Ça vous défoule, ça vous soulage de consommer. Mais attention, l'argent du commerce, c'est-à-dire vendre et acheter, ne vous intéresse pas. Vous n'êtes pas une femme matérialiste, ancrée dans le quotidien, terre à terre, qui gagne beaucoup d'argent, l'épargne, l'investit. Le long terme ? Vous ne connaissez pas. L'argent se vit au quotidien, vous est terriblement nécessaire et doit circuler, se transformer en autre chose que des billets ou des chiffres. Les comptes, les nombres, la logique ne vous concerne pas et vous flirtez souvent avec le rouge bancaire. Pour vous, l'argent n'est pas une notion mathématique. Il est bien plus que ça, il offre la possibilité de le claquer, de flamber si l'envie vous en prend, il donne la liberté de faire comme vous l'entendez, d'échapper à l'emprise d'autrui, de n'être dépendante de personne. Il vous faut impérativement gagner votre vie, être financièrement autonome, des hommes en particulier. Mais l'argent signifie surtout le pouvoir, celui de s'attacher les gens, de les contrôler, au besoin de les manipuler. Oui, l'argent permet de maîtriser sa vie et celle des autres.

L'amour

Nerf de la guerre, quête de votre vie... dans ce domaine, c'est tout ou rien. Vous vous donnez entièrement, parfois follement, et demandez en retour la même chose. Femme érotique, votre sensualité est ardente, vos désirs puissants et vous tenez l'acte sexuel comme la plus belle preuve d'amour qui soit, cette « petite mort » qui vous rapproche de l'absolu. La puissance sexuelle qui vous habite peut aussi bien faire de vous la proie de fantasmes, de phobies, d'obsessions que vous permettre de créer, d'enfanter, de donner la vie. Le sexe est une priorité dans vos relations et vous cherchez l'amour à chaque instant, à le vivre au jour le jour. Si vous voulez vous unir pour la vie, vous savez aussi que tout peut être remis en cause, du jour au lendemain, que le mariage n'est pas un gage de stabilité. Très intuitive, réceptive et sensible, vous savez donner du plaisir à votre amant et ainsi, vous l'attacher. Oui, vous êtes une femme dominatrice, qui dirige le couple, possède son partenaire et non l'inverse. On ne sort pas indemne d'une relation avec vous. Vous non plus d'ailleurs.

Les enfants

Domaine complexe. Vos propres relations familiales ne sont jamais dénuées de tensions. Vous acceptez les liens familiaux qui vous rattachent à vos origines, à vos racines mais en même temps, vous vous rebellez contre l'autorité parentale et comme vous n'avez pas la langue dans votre poche, les conflits sont probables. Pourtant, si vous rompez des liens, vous êtes aussi la seule à pouvoir les rétablir. Au départ donc, un poids familial pèse sur vous. Qu'il s'agisse de relations difficiles avec votre mère ou d'un manque d'attention à votre égard, devenir mère à votre tour ne se fait pas tout seul. Vous vous questionnez, vous doutez, il faut que, là aussi, la passion l'emporte pour vous faire passer ce cap. Votre instinct maternel très développé est parfois envahissant ou perturbant. Avec vos enfants, vous êtes à la fois très exigeante et laxiste, autoritaire et trop indulgente, possessive et détachée. Tantôt, vous les maternez, vous les étouffez, tantôt vous les laissez libres, livrés à eux-mêmes, sans garde-fous. Vous passez d'un extrême à l'autre, avec vous, c'est tout ou rien.

LUNE ET SOLEIL, votre dualité

La Lune vous a parlé de l'aspect féminin, réceptif de votre personnalité, de vos liens sentimentaux, affectifs et familiaux.

Le Soleil, quant à lui, représente vos tendances conscientes, masculines. Il donne vos objectifs professionnels, s'intéresse au matériel et à l'expression de votre ambition. Il dit où vous allez.

Lisez, ci-dessous, votre mélange original de Lune et de Soleil, la dualité qui est en vous.

LUNE EN SCORPION - SOLEIL EN BÉLIER

(née entre le 21 mars et le 20 avril)

Ce qui mouline au fond de vous doit impérativement s'exprimer sur le plan social et professionnel. Autoritaire, dominatrice, parfois violente, vous êtes faite pour commander, motiver, être la première. Il vous faut suivre votre propre voie, parvenir à une entière autonomie vis-à-vis des autres, d'un partenaire en particulier. Fonder une famille, construire un foyer, vivre paisiblement... cela vous est difficile car vous repartez à zéro, vers de nouvelles aventures, d'autres conquêtes.

Votre défi : calmer vos ardeurs belliqueuses.

LUNE EN SCORPION - SOLEIL EN TAUREAU

(née entre le 21 avril et le 21 mai)

Si, au fond, vous êtes une femme insatisfaite et torturée, il vous faut aller vers la simplicité, la sincérité, la construction tangible d'un couple, d'un foyer, d'une famille. Vous êtes faite pour avoir des enfants, gagner votre vie, prendre des responsabilités et vivre paisiblement, en jouissant de l'acquis, valeurs opposées à votre caractère de base. Il faut dépasser vos peurs, chercher et trouver une efficacité, un but à long terme, l'amour du travail bien fait, du simple plaisir de vivre.

Votre défi : réconcilier, en vous, le monde de l'être et celui de l'avoir.

LUNE EN SCORPION - SOLEIL EN GÉMEAUX

(née entre 22 mai et le 21 juin)

Curieuse de tout et de tous, aimant fouiller et découvrir, vous devez vous éparpiller un peu, ne pas prendre la vie trop au sérieux mais ne pas céder, non plus, à la facilité, à la légèreté, à la duplicité. Oui, votre voie est double, vos vies parallèles. Vous allez vers le mouvement, les rencontres, les sorties, l'amusement. Dans vos amours, nombreuses, vous êtes écartelée entre la passion et la raison, vous craignez de rester enchaînée à l'autre et vous l'enchaînez vous-même...

Votre défi : devenir plus réaliste et construire durablement.

LUNE EN SCORPION - SOLEIL EN CANCER

(née entre le 22 juin et le 22 juillet)

Les sensations, les impressions, les intuitions vous envahissent. Hypersensible et possessive, l'émotion à fleur de peau, vous vous agrippez à votre rocher, vous protégez ceux que vous aimez, qui font partie de votre proche entourage. Votre voie est de créer un foyer douillet, d'avoir des enfants, de vous épanouir dans une famille qui représente beaucoup, sinon tout pour vous. Ne vous laissez pas envahir d'idées noires, ne vous faites pas mal, soyez plus réaliste ou plus détachée.

Votre défi : ne pas tout prendre à cœur comme vous avez l'habitude de le faire.

LUNE EN SCORPION - SOLEIL EN LION

(née entre le 23 juillet et le 23 août)

Ce qui vous tourmente, vous ronge à l'intérieur doit absolument s'exprimer à l'extérieur, dans le monde social, aux yeux de tous. Il vous faut tracer votre voie, faire carrière, avoir un public, trouver le succès. Vous n'envisagez pas une vie terne, sans combats, sans victoires. Vous êtes une femme de pouvoir, autoritaire, possessive et dominatrice qui doit, d'abord à elle-même, prouver sa valeur et démontrer ses talents créatifs, artistiques, se faire un nom ou un certain renom.

Votre défi : passer des ténèbres à la lumière.

LUNE EN SCORPION - SOLEIL EN VIERGE

(née entre le 24 août et le 23 septembre)

Follement idéaliste ? Certainement en dedans mais c'est une voie bien plus réaliste, concrète, bien réglée qu'il vous faut suivre. Très efficace, très lucide, parfois trop, vous êtes faite pour couper les cheveux en quatre, vérifier, soigner les détails, travailler beaucoup et, surtout, vous rendre indispensable. Votre potentiel créatif doit trouver son expression au quotidien, sur le plan pratique. Donnez-vous des normes à respecter, des limites à ne pas dépasser.

Votre défi : concilier vos extrêmes, vous discipliner et vous maîtriser.

LUNE EN SCORPION - SOLEIL EN BALANCE

(née entre le 24 septembre et le 23 octobre)

Vous voulez, vous désirez et... vous reculez. C'est par l'intermédiaire de l'autre, votre partenaire, votre amant, votre époux que ce qui bouillonne au fond de vous peut s'exprimer. C'est pour lui que vous mettez vos forces en action, que vous vous décarcassez. Vous êtes faite pour vous associer, vous marier, envisager la vie à deux, vous faire des relations, créer des liens intellectuels et affectifs, avoir un certain succès dans le monde social et, surtout... pour séduire.

Votre défi : trouver, dans le plaisir des sens, le juste milieu.

LUNE EN SCORPION - SOLEIL EN SCORPION

(née entre le 24 octobre et le 22 novembre)

En plein dedans, profondément enfoui, difficile d'accès, vous êtes une personnalité secrète qui s'entoure d'un halo mystérieux ou sulfureux, qui brûle la chandelle par les deux bouts et ne caresse pas la vie dans le sens du poil. Le danger, la passion et le drame sont des pièces que vous vous jouez. Votre exigence est grande, votre désir de vivre aussi mais vous êtes très axée sur vous et vos problèmes, ne sachant pas prendre de recul, relativiser ni même patienter.

Votre défi : savoir dans quelle direction vos sens vous entraînent.

LUNE EN SCORPION - SOLEIL EN SAGITTAIRE

(née entre le 23 novembre et le 21 décembre)

Exhalation ou exaltation ? Les deux. Exhalation parce que, au fond de vous, ça fermente, vous souffrez, vous créez. Exaltation parce qu'il faut vous lancer dans une aventure, galoper à la découverte, voyager à l'autre bout de la terre plutôt que construire une famille, un foyer. Animée d'un élan physique puissant et d'une foi inébranlable, d'une conviction totale, vous vous donnez jusqu'à l'épuisement.

Votre défi : vous impliquer à fond dans un projet, mettre toutes vos forces au service d'une grande et belle cause.

LUNE EN SCORPION - SOLEIL EN CAPRICORNE

(née entre le 22 décembre et le 20 janvier)

Sans nul doute, vous êtes faite pour détenir le pouvoir. À la fois impulsive et très réfléchie, vivant l'instant mais pensant au long terme, capable de prendre de lourdes responsabilités, votre voie est d'arriver en haut, au sommet de la hiérarchie, à la place du chef, celui qui conduit les autres, les dirige. Vos forces sont tournées vers vos ambitions. Professionnelles d'abord mais aussi familiales car il vous faut fonder un foyer, trouver une stabilité sentimentale et familiale.

Votre défi : ne pas vous montrer dure, inflexible.

LUNE EN SCORPION - SOLEIL EN VERSEAU

(née entre le 21 janvier et le 18 février)

Idéaliste, révoltée, marginale, vous êtes une femme en action et en réaction contre la société, qui ne supporte pas la soumission, surtout vis-à-vis des hommes, une femme libre de tabous et de préjugés dont la voie mène à l'originalité, à l'indépendance. Ce ne sont pas les hommes qui vous intéressent mais l'humanité et vous devez jouer un rôle sur ce plan, défendre l'orphelin et vivre l'amitié au moins autant que l'amour. Non, vous n'êtes pas faite pour une vie banale avec mari, foyer et enfants mais pour une aventure spirituelle.

Votre défi : revenir sur terre de temps à autre.

LUNE EN SCORPION - SOLEIL EN POISSONS
(née entre le 19 février et le 20 mars)

Vulnérable, perméable aux émotions, à toutes les sensations, vous êtes une sirène ondoyante au charme magique, au chant envoûtant, faite pour vivre entourée, envahie de personnes, de musiques et d'impressions, pour vivre en groupe, en communauté, en communion avec autrui, pour aimer et vous faire désirer. Votre voie est celle de la collectivité, du don de vous-même aux autres et à l'autre, peut-être même jusqu'au sacrifice.

Votre défi : exprimer concrètement vos nombreux talents créatifs et artistiques.

LUNE ET SOLEILS, les hommes et vous

Comment vous accordez-vous avec un...

HOMME SOLEIL EN BÉLIER

(né entre le 21 mars et le 20 avril)

Armés pour lutter dans l'existence, aimant l'action, la conquête et le pouvoir, vous êtes faits pour l'excitation, pour l'exaltation de l'amour. Sexe et passion, orages et drames vous réunissent. Qu'il ne compte pas sur vous pour vous soumettre et vous ne compterez pas sur lui pour construire un foyer paisible, une relation stable ou fonder quoi que ce soit. Lui, il a sa propre route à parcourir. Si vous le suivez, tant mieux. Sinon, tant pis, il restera, de toutes manières, un cow-boy solitaire loin de son foyer...

HOMME SOLEIL EN TAUREAU

(né entre le 21 avril et le 21 mai)

Il n'en a peut-être pas l'air mais voilà l'homme qu'il vous faut ! Stable, sincère et fidèle, il saura vous rassurer, vous tranquilliser, vous donner confiance en vous. Il voudra une maison, un foyer, des enfants, une existence, un peu traditionnelle, certes, mais sans tensions, sans heurts et sans questions existentielles. Lui, il aime travailler, bien manger, bien boire, bien aimer... C'est un épicurien, un jouisseur qui saura vous faire partager son amour de la vie. En retour, vous lui donnerez vos sentiments intenses, exclusifs et passionnés.

HOMME SOLEIL EN GÉMEAUX

(né entre 22 mai et le 21 juin)

Il s'amuse, il vous amuse aussi, cet homme est un adolescent qui prend les choses, les gens, les situations à la légère et ne s'investit jamais tout à fait dans une relation. D'ailleurs, il n'est pas sentimental mais mental. Vif d'esprit, curieux de tout, il communique, bouge, va et vient et suit l'inspiration du moment. Vous risquez de le trouver un peu superficiel, un peu « jeune », pas assez mature pour construire durablement une vie de famille. Si vous ne l'attachez pas solidement à vous, il s'envolera.

HOMME SOLEIL EN CANCER

(né entre le 22 juin et le 22 juillet)

Vous parlez le même langage, celui des émotions, des sensations, des sentiments. Cet homme est un enfant qui a besoin d'être protégé, épaulé, poussé à s'exprimer dans le monde professionnel. Il cherche à se pelotonner dans un foyer, près de l'âme sœur, lui faire des enfants et vivre au foyer, dans un monde de fantaisie et d'imaginaire. Cela vous correspond. Vous le maternez et lui faites l'amour, le caressez dans le sens du poil, assumez les responsabilités à sa place. Et tout ira pour le mieux dans le meilleur des mondes.

HOMME SOLEIL EN LION

(né entre le 23 juillet et le 23 août)

Sûr de lui, fier et dominateur, cet homme trouve tout de suite en vous à qui parler. Primo, il ne vous impressionne pas, on ne vous jette pas de poudre aux yeux. Secundo, il cherche à vous soumettre à sa loi macho, ne supporte pas de vous voir gagner plus d'argent que lui. Tertio, il veut faire ses preuves dans le monde social et professionnel, y briller, détenir un poste d'autorité. D'accord mais dans l'intimité, c'est vous l'autorité... Dans ce couple, il y a une lutte de pouvoir. Qui prendra le dessus ?

HOMME SOLEIL EN VIERGE

(né entre le 24 août et le 23 septembre)

Bonne combinaison, axée sur le concret, le travail, la maison, la vie de famille, l'amour au quotidien. Les rêves que vous faites, les espoirs que vous entretenez... il cherche à les réaliser, à les matérialiser. Homme simple et fidèle, on peut compter sur lui, sur sa rigueur, son dévouement, son labeur acharné. Certes, il ne dépasse les limites, les normes, ne sait pas naviguer à vue, dans le brouillard. Il a besoin de repères, de temps et d'une certaine routine. Vous, vous lui donnez l'énergie, la passion et l'érotisme auquel on ne résiste pas.

HOMME SOLEIL EN BALANCE
(né entre le 24 septembre et le 23 octobre)

Un peu mou, pas assez décidé, entreprenant, volontaire pour vous, cet homme, qui ne peut vivre seul, attiré inexorablement par le magnétisme sexuel que vous dégagez, tombe alors dans vos filets. Attention, c'est un beau parleur qui, face à vous et à vos exigences, ne fait peut-être pas le poids. Plus mental que sentimental, plus charmeur qu'efficace, il n'est pas celui qui vous rassure, vous stabilise, vous donne un foyer, une famille et la paix de l'esprit. Qu'il ne cherche pas, non plus en vous, la femme soumise et consentante.

HOMME SOLEIL EN SCORPION
(né entre le 24 octobre et le 22 novembre)

Vous vous comprenez à demi-mots, branchés tous deux sur la même longueur d'ondes sexuelles. Ici, c'est l'amour-passion, danse érotique, celle du plaisir et de la souffrance, une vie conjugale faite d'orages et de réconciliation, de drames et d'étreintes torrides, d'amour et de haine. Vous êtes partis ensemble pour une vie excitante, passionnante, pour connaître les joies et les peines, l'existence dans toute sa dimension humaine. Le foyer, la famille, cela vous concerne aussi, le sexe mène à l'enfant, non ?

HOMME SOLEIL EN SAGITTAIRE

(né entre le 23 novembre et le 21 décembre)

Il vous fait du bien, celui-là, vous fait penser à autre chose. N'appréciant guère les tensions conjugales, la passion qui enchaîne, il est votre chevalier servant, vous motive, vous encourage à condition que vous n'essayiez pas de le capturer, de le domestiquer. Cheval sauvage, très physique, il veut galoper, voyager, partir à la découverte du monde. Animé d'une foi et d'un enthousiasme immenses, il ne construit pourtant pas, ne vous stabilise pas mais peut vous donner ce qui vous manque : optimisme et confiance dans la vie.

HOMME SOLEIL EN CAPRICORNE

(né entre le 22 décembre et le 20 janvier)

Vous voulez être rassurée, sécurisée ? Vous voulez voir à plus long terme, fonder une famille, avoir des enfants ? Voilà l'homme qu'il vous faut ! Il prend toutes les responsabilités, même à votre place, travaille d'arrache-pied à l'édification de sa carrière ainsi qu'à celle de votre confort, de votre bien-être. Rigoureux, solide, fidèle, c'est aussi un homme de pouvoir, autoritaire, qui ne supporte pas que l'on décide pour lui, qu'on le remette en cause ou à sa place. Sous des dehors froids ou distants, il cache une chaude sensualité que vous serez à même de révéler.

HOMME SOLEIL EN VERSEAU

(né entre le 21 janvier et le 18 février)

Même révolte face à l'injustice, à l'ordre établi, même volonté de franchir les limites, de vivre comme on l'entend, des goûts communs vous rapprochent, mais pas longtemps. À moyen terme, vous vous apercevez qu'il cherche surtout à vivre libre, à gagner son indépendance et à s'enfuir si vous tentez de le retenir. N'attendez pas qu'il construise un nid douillet ni même qu'il s'investisse à fond dans la relation. C'est un copain, un ami, un frère, un compagnon mais pas un époux ni un amant. Lui se détache de ce qui est matériel, passionnel.

HOMME SOLEIL EN POISSONS

(né entre le 19 février et le 20 mars)

Il est l'océan immense et chaotique de l'amour sous toutes ses formes, du don de soi, de la communion avec le monde qui l'entoure. Perméable aux ambiances, intuitif, imaginatif, c'est une grande âme qui ressent le besoin d'être entourée, de vivre en communauté, en groupe ou en bande, un homme qui connaît les exaltations de l'amour. Même s'il n'est pas très efficace, ponctuel ou rigoureux, vous le serez pour lui et c'est dans un amour plein, entier, total que vous vous retrouverez, avec foyer et enfants, rêves et sensualité.

Femme Lune en Sagittaire

Le Sagittaire, centaure mi-homme mi-cheval, galope droit devant lui, décoche ses flèches vers le ciel. Plein d'enthousiasme, de fougue et de convictions, il vise haut et loin.

Qui êtes-vous ?

Une amazone. On ne vous attrape pas, on ne vous soumet pas, on ne vous dompte pas. Vous êtes une femme impulsive, spontanée, toujours prête à vous donner, à vous enflammer, à vous échapper d'ici, à partir là-bas, à l'aventure. Ouverte sur le monde, vous avez besoin de le découvrir, de le parcourir, d'en faire votre champ d'expériences. Vous êtes partie en quête d'étendues plus vastes, d'idées plus généreuses, de pensées plus profondes. Oui, vous avez des convictions bien ancrées, des certitudes, peut-être même une mission à remplir.

Que désirez-vous ?

Participer au monde, vous épanouir au sein de la société, y trouver votre place, appartenir à l'humanité. Mature d'esprit, confiante en vous et en vos capacités, vous vous élancez à la recherche de quelque chose qui vous motive, qui vous dépasse. En vous brûlent un feu intérieur, un moteur toujours en action qui vous pousse vers le lointain, l'étranger, l'inconnu, voire l'inaccessible ou le divin. Vous êtes mue par une croyance, un engagement, une promesse, un serment... Vous avez la foi.

Votre rythme naturel

Emballé. Vous ne connaissez pas le repos, l'inactivité. Il vous faut toujours être en mouvement. Mentalement, en rassemblant les idées, en unifiant les projets, en motivant un groupe. Physiquement, en dépensant l'énergie qui est en vous. Vous êtes une sportive à qui il faut de l'air, de l'espace, de la place, des horizons à découvrir et des arcs-en-ciel à admirer. Surtout pas de routine, d'enfermement, de dépendance. Sinon, vous sautez la barrière, vous vous enfuyez. Une grande liberté de pensée et de mouvement est indispensable à votre équilibre intérieur.

D'où venez-vous ?

Là n'est pas la question. C'est vers quoi vous allez qui est important, ce que vous allez apprendre et retenir de la vie, vos expériences et votre sagesse. Il faut d'abord vous évader de l'exiguïté de la vie quotidienne et aller de l'avant. Le voyage, qu'il soit réel ou imaginaire, est vital pour vous. Tel Ulysse, vous êtes partie dans la vie comme dans une traversée, une odyssée humaine. Non, vous n'êtes pas une sentimentale mais une intellectuelle en quête perpétuelle, et infinie, d'une vérité à trouver, d'un exploit à accomplir, d'un but à atteindre.

De quoi avez-vous peur ?

De peu de choses. La vie ne vous effraie pas, le monde qui vous entoure ne vous paraît ni dangereux, ni hostile, ni fermé à vos ambitions. Au contraire, il ne demande qu'à vous donner toutes les possibilités, toutes les opportunités d'y accéder, d'y participer, de vous y mouvoir à votre aise. Oui, a priori, vous faites confiance à la vie, aux gens, aux situations. En vous, quelque chose dit que vous avez raison, que vous suivez la bonne voie, votre propre route, celle qui vous détache des rapports banals, quotidiens pour évoluer, vous élever, accéder à plus, à mieux.

Vous ne savez pas...

... voir à long terme, structurer votre vie, construire solidement, être jalouse et possessive, vous faire mener par le sexe et la passion, vous morfondre, bricoler, vous attacher aux détails, persévérer, attendre, rester inactive, oisive, démotivée, coincée par quelque chose ou par quelqu'un, vous torturer, faire mal aux autres, vous éparpiller, vous remettre en cause...

Mais vous savez...

... entraîner les autres et vous en libérer, rendre la justice, vous motiver, vous aveugler d'optimisme, vous intéresser aux autres, à leur culture, aux voyages lointains, aux peuples étrangers, ne pas perdre de temps, voir les choses en grand, foncer dans le brouillard, vous donner un objectif à réaliser, vous engager à fond...

Vos besoins

Spirituels et intellectuels. Le côté pratique, routinier de la vie quotidienne ne vous correspond pas. Il y a sûrement autre chose de plus intéressant à vivre, à voir, à découvrir ou à défendre. Idéaliste, vous êtes faite pour vous impliquer dans des projets, pour créer des liens de sympathie et vous enflammer pour des idées. Peut-être moins pour des personnes. D'ailleurs, vous n'êtes attachée à personne. Ni romantique ni nostalgique, vous n'êtes pas non plus une femme sensuelle, lascive, oisive. Un feu brûle en vous, le feu des idées qui fait de vous une femme droite, franche, loyale, entière dans ses actes, sincère dans ses engagements. Vous avez la vocation. Et vous la suivez, vous galopez. Ayant besoin davantage de liberté que d'argent, vous ne pouvez pas vivre non plus dans le dénuement ou le manque de moyens. Au cours de votre existence, vous aspirez à l'amélioration de votre condition, à l'accroissement de vos ressources, à l'épanouissement de votre personnalité. Avec le temps, vous appréciez le confort, l'aisance, vous vous installez, vous prenez du poids social, et physique... Vous profitez.

Le foyer

En mouvement. La stabilité, la fixité, la structuration... ce n'est pas votre tasse de thé et le foyer, avec ses responsabilités, son train-train et son enfermement, ne vous dit pas grand-chose. Vous avez le sens de l'hospitalité, vous aimez inviter des amis, vous êtes une bonne vivante qui apprécie une bonne table, le bon vin, un bon fauteuil mais le foyer ne doit pas vous retenir, vous coincer. Vous êtes une femme d'extérieur, pas d'intérieur, qui doit vivre autonome, libre de son corps comme de son esprit, qui cherche à s'intégrer à la société, à suivre une piste professionnelle, à faire ses choix, à prendre ses décisions. Certes, vous aussi avez besoin d'un foyer, d'un havre de paix où vous pouvez vous restaurer, vous reposer. Mais jamais longtemps ! Infatigable physiquement et moralement, vous reprenez toujours votre bâton de pèlerin et votre route. Bien sûr, vous reviendrez, mais pas tout de suite. Entre-temps, il vous faut vivre votre vie, faire vos propres expériences, entreprendre des voyages. Le foyer peut être un port d'attache, une escale favorite mais pas devenir cimetière de bateaux.

Vos dépenses

Larges. Vous n'avez rien d'une femme étriquée, économe, qui se restreint. Vous aimez vos aises, voir les choses en grand, en totalité, en général et non régler les points de détail. Rien de logique dans vos démarches. L'argent, en soi, n'a que peu de valeur et si vous appréciez d'acheter, moins de vendre, si vous consommez, c'est davantage dans le domaine de la culture et des loisirs que vous dépensez. Vous avez besoin de choses essentielles, pas d'accessoire ou de superflu. Ce qui est matériel, concret, pratique et utilitaire vous ennuie et votre compte en banque peut s'en ressentir. Les chiffres ? Ça ne vous parle pas. Vous êtes une femme de cœur et d'esprit, pas une femme de tête ! L'argent qui corrompt, qui lie les autres à soi, qui change les rapports... vous n'en voulez pas. Vous n'êtes esclave de personne, dépendante financièrement de quiconque, surtout pas d'un homme. La quête d'une connaissance, d'un enseignement à recevoir et à dispenser, des trains à prendre, des pays à découvrir, des rencontres à faire, des expériences humaines à vivre... voilà de quoi alimenter vos rêves.

L'amour

Un respect. Respect de soi-même par la parole donnée, respect de l'autre et de sa liberté. On ne doit pas vous emprisonner dans des sentiments, vous limiter, vous étouffer. Vous n'appartenez à personne d'autre que vous-même et si vous vous enflammez pour quelqu'un, vous ne revenez jamais en arrière, vous rompez plutôt que souffrir et faire souffrir. Vous n'êtes ni sado, ni maso, simplement, on doit respecter votre féminité et votre rang d'humain. Vous êtes l'égale de l'homme et le lui faites sentir. Entre vous, c'est moins un accord sensuel ou sentimental qu'intellectuel. Vous devez vous entendre sur les grandes lignes de la vie, partager des idées, des goûts, des valeurs. Il n'y a rien d'adolescent en vous, vous êtes une femme affectivement mature qui sait s'engager et se désengager. Votre partenaire n'est pas un père autoritaire, un époux jaloux, un amant fiévreux ou un mari pantouflard mais un compagnon avec lequel vous partagez une solide amitié, le même idéal, les mêmes conceptions, au même moment.

Les enfants

Oui, mais pas seulement. Vous n'êtes pas du genre à vous révolter contre la morale, les mœurs, les règles et vous avez un sens aigu de la famille. Attachée aux valeurs, à la tradition, vous êtes consciente que vous faites partie d'une lignée. Pourtant, vous refusez que la famille vous freine, vous limite et les liens familiaux restent des liens. Ce poids familial ne vous a pas donné l'envie d'avoir des enfants rapidement. Il vous faut vivre votre vie de femme avant de devenir mère, vous sentir libre avant de ne plus l'être. Tôt dans l'existence, vous vous donnez les moyens de voler de vos propres ailes et devenez autonome. Des enfants, vous en avez lorsque vous êtes un peu installée, après avoir suffisamment voyagé, vécu ou vous être insérée, d'une manière ou d'une autre, dans la société. Votre instinct maternel est développé mais vous n'êtes pas pour autant une mère possessive, abusive, qui les materne trop ou trop longtemps, plutôt une éducatrice. Vous savez couper le cordon et leur apprendre à être et à rester libres comme vous l'êtes vous-même.

LUNE ET SOLEIL, votre dualité

La Lune vous a parlé de l'aspect féminin, réceptif de votre personnalité, de vos liens sentimentaux, affectifs et familiaux.

Le Soleil, quant à lui, représente vos tendances conscientes, masculines. Il donne vos objectifs professionnels, s'intéresse au matériel et à l'expression de votre ambition. Il dit où vous allez.

Lisez, ci-dessous, votre mélange original de Lune et de Soleil, la dualité qui est en vous.

LUNE EN SAGITTAIRE - SOLEIL EN BÉLIER

(née entre le 21 mars et le 20 avril)

Vous êtes faite pour partir, tracer votre propre route, vivre par à-coups, par impulsions subites, par amour, par passion, sans penser à hier ou à demain. Physique, sportive, vous vous lancez dans la vie comme à l'assaut d'un sommet. L'enthousiasme vous porte, le besoin de vous battre, de conquérir vous pousse à atteindre les cimes, à battre des records, à être la première de cordée. En revanche, le foyer, la famille ne sont pas vos priorités. Il faut vivre libre, sans entrave, sans trop de responsabilités.

Votre défi : savoir vous associer.

LUNE EN SAGITTAIRE - SOLEIL EN TAUREAU

(née entre le 21 avril et le 21 mai)

C'est une existence calme et féconde qu'il vous faut vivre, construire quelque chose de tangible, de vrai, de réel. Ce feu qui brûle et vous motive doit vous faire progresser, lentement mais sûrement, vers un but. Il peut se révéler matériel, en achetant et en investissant, dans une vie confortable, sinon bourgeoise, dans la jouissance des plaisirs, dans la création d'un foyer, d'une famille qui vous sécurise et vous permette d'aimer à votre aise.

Votre défi : passer de l'accord intellectuel ou spirituel au sentiment d'amour.

LUNE EN SAGITTAIRE - SOLEIL EN GÉMEAUX

(né entre 22 mai et le 21 juin)

Vous êtes tiraillée entre deux mondes : celui d'un idéal, d'un but élevé, d'une mission ou d'une foi et celui, plus pragmatique, pratique, concret du quotidien. À l'intérieur, vous tentez de vous unir, de vous unifier, de trouver une cohésion. À l'extérieur, vous êtes attirée par une vie indisciplinée, changeante, en perpétuel mouvement, axée sur le superficiel, les déplacements, les voyages, les langues étrangères, la littérature, les traductions... tout ce qui permet de communiquer, d'apprendre et de savoir.

Votre défi : concilier vos extrêmes.

LUNE EN SAGITTAIRE - SOLEIL EN CANCER
(née entre le 22 juin et le 22 juillet)

Si, au fond, vous êtes un oiseau qui éprouve le besoin de s'évader de sa cage, en fait, vous devez construire votre nid, pondre, nourrir et élever votre couvée. Oui, votre route passe par celle de la famille, du foyer, des enfants. Le domaine social vous attire et vous effraie, les responsabilités autres que familiales vous pèsent. Vous êtes faite pour la fantaisie, la romance, pour vous lover, vous faire bercer, chouchouter, aimer. Vous accrocherez-vous à votre rocher ou prendrez-vous la mer ?

Votre défi : répondre à cette question.

LUNE EN SAGITTAIRE - SOLEIL EN LION
(née entre le 23 juillet et le 23 août)

Il vous faut briller en société, y faire votre place, une place au soleil bien entendu... Votre voie mène à la reconnaissance de vos talents, à votre mise en scène, au pouvoir et à la gloire ! Vous ne pouvez vous contenter d'une vie sans éclats, sans conquêtes, sans victoires. Vous vous donnez à fond pour servir vos intérêts mais aussi, pour défendre la veuve et l'orphelin. Vous êtes une idéaliste, une femme spontanée, impulsive et autoritaire, ayant le sens de l'honneur, de la hiérarchie et des conventions.

Votre défi : ne pas vous prendre trop au sérieux.

LUNE EN SAGITTAIRE - SOLEIL EN VIERGE

(née entre le 24 août et le 23 septembre)

Pleine de fougue et d'énergie à l'intérieur, il vous faut de la maîtrise, de la discipline pour vous fixer des limites et suivre une route droite, sinon rectiligne, qui mène à la construction d'une vie classique, traditionnelle, avec foyer, mari et enfants. Vous devez mater vos instincts, refréner vos ardeurs, vous cadrer et passer des rêves d'aventure aux travaux à accomplir, aux tâches à mener à bien. Plus mentale que sensible, vous êtes partagée entre raison et passion, logique et foi.

Votre défi : vivre, au quotidien, vos rêves et vos espoirs.

LUNE EN SAGITTAIRE - SOLEIL EN BALANCE

(née entre le 24 septembre et le 23 octobre)

Si vous aspirez à galoper comme un cheval fou, dans les faits, vous devez aller vers les autres, vers l'autre, vous associer, quitte à subir une certaine dépendance. Pour vous, l'union fait la force. La vie en société vous attire, vous êtes faite pour relier les personnes et les idées, entretenir de bons rapports, trouver une harmonie, vivre en paix. Pourtant, vous êtes tiraillée entre suivre votre propre route et la partager avec l'autre, vivre libre ou sous la coupe de quelqu'un.

Votre défi : mettre votre fougue au service d'une association, d'une union.

LUNE EN SAGITTAIRE - SOLEIL EN SCORPION

(née entre le 24 octobre et le 22 novembre)

Vous êtes faite pour une vie haute en couleur, d'aventures et de découvertes, pour aimer follement, vous impliquer à fond, vous battre pour des idées. Même si la vie en couple, au foyer, avec enfants vous attire car elle vous stabiliserait, il n'est pas question pour vous de construire durablement, d'amasser de l'argent ou de vous fixer éternellement. Il faut mettre votre fougue, votre foi au service de quelque chose de grand, d'important, d'essentiel, qui vous dépasse. Vous êtes une créatrice, une transformatrice.

Votre défi : réaliser vos passions.

LUNE EN SAGITTAIRE - SOLEIL EN SAGITTAIRE

(née entre le 23 novembre et le 21 décembre)

Votre élan naturel vous porte vers l'avant. Vous tendez vers un but, un objectif, une quête qui vous fera peut-être faire le tour de la terre. Vous êtes faite pour voyager, loin et longtemps, rechercher la spiritualité, trouver la foi en quelque chose qui vous dépasse et qui vous permette de vous dépasser. Bâtir une vie de couple ou de famille n'est pas votre priorité. Avant cela, vous devez faire vos propres expériences, vous enflammer, vous impliquer, brûler l'énergie qui est en vous.

Votre défi : ne pas vous aveugler.

LUNE EN SAGITTAIRE - SOLEIL EN CAPRICORNE

(née entre le 22 décembre et le 20 janvier)

Cette fougue qui est en vous, cet élan qui vous pousse hors de chez vous doit se concrétiser matériellement. Car vous êtes faite pour construire une carrière professionnelle, pour bâtir un foyer, avoir des enfants, assumer toutes vos responsabilités, même celles des autres. Chaude et enthousiaste intérieurement, froide et réfléchie extérieurement, vous devez rester les pieds sur terre, structurer votre existence, vous donner des buts réalisables à moyen et à long terme.

Votre défi : réaliser, sur le plan pratique, vos rêves et vos projets.

LUNE EN SAGITTAIRE - SOLEIL EN VERSEAU

(née entre le 21 janvier et le 18 février)

Vous êtes faite pour aller loin, viser haut et trouver votre indépendance. Le monde pratique, concret n'est pas le vôtre. Vous, vous êtes à l'aise dans l'abstraction, dans le monde des idées, des projets, en particulier humanitaires. Vous êtes une femme intellectuelle, à la spiritualité développée, plus portée aux voyages du corps et de l'esprit qu'à la vie de famille, au mari, aux enfants. Il vous faut impérativement une grande liberté de pensée et d'action, une vie originale.

Votre défi : vous en donner les moyens.

LUNE EN SAGITTAIRE - SOLEIL EN POISSONS

(née entre le 19 février et le 20 mars)

La foi vous transporte, vous élève... Vous êtes faite pour croire en quelque chose, faire don de votre personne, vivre entourée d'un mari, d'enfants, d'amis et c'est en groupe ou au sein d'une communauté que vous donnez votre pleine mesure. Tiraillée entre intellect et sensibilité, autonomie et dépendance, entre partir et rester, si, au fond, vous avez besoin de liberté, vous ne pouvez être complètement indépendante, les autres vous touchent, vous concernent.

Votre défi : cadrer votre existence afin de ne pas vous perdre dans vos rêves.

LUNE ET SOLEILS, les hommes et vous

Comment vous accordez-vous avec un...

HOMME SOLEIL EN BÉLIER

(né entre le 21 mars et le 20 avril)

Ça part très vite, ça s'allume, ça pétarade, ça décolle ! Votre terrain commun est l'action. Lui, l'action brute, sans détours, conquérante. Vous, l'action héroïque, audacieuse, chevaleresque. Voilà un couple qui fonce, qui se bat, garde chacun son domaine d'activités, ses terrains de chasse. Vous pouvez vivre à la fois ensemble et parallèlement, lui dans son métier, la vie sauvage du macho, vous dans votre quête spirituelle, l'envie de découvrir le monde par vous-même. Ne cherchez pas ici la vie tranquille au foyer.

HOMME SOLEIL EN TAUREAU

(né entre le 21 avril et le 21 mai)

Il est lourd à manœuvrer cet homme-là, lent à la comprenette, trop statique pour vous. Certes, vous pouvez partager les plaisirs de la vie, c'est un gourmet, un gourmand de bonne chère et de belle chair et, en amour, il ne déçoit jamais personne. Mais il est très concret, trop réaliste, matérialiste. Comptez sur lui pour travailler, vous faire la belle vie, avoir une maison, un foyer, des enfants mais pas spécialement pour vous suivre au bout du monde, partager votre enthousiasme ou avoir la foi, comme vous. Il a besoin de repères, de ses propres repères.

HOMME SOLEIL EN GÉMEAUX

(né entre 22 mai et le 21 juin)

Il va vous intéresser, celui-là... Lui aussi aime bouger, changer mais il possède une dextérité, une habileté et un sens du concret et des contacts qui vous échappent. Il sait parler, écrire, traduire, communiquer, s'adapte à toutes les situations. Comédien, touche-à-tout, personnage vif et amusant, c'est un adolescent, un étudiant qui trouve en vous une femme mature ou un professeur. Ne demandez pas le mari parfait, le foyer tranquille, la stabilité mais la découverte. À lui les idées, à vous l'action, vous êtes complémentaires.

HOMME SOLEIL EN CANCER

(né entre le 22 juin et le 22 juillet)

Il va vouloir être protégé, sécurisé affectivement, rassuré financièrement, aimé tendrement. Cet homme est un enfant, qui le restera et qui aura besoin, toute sa vie, d'être materné. Ça ne vous dit rien ? Alors laissez tomber. Mais dans le cas contraire, n'hésitez pas. Son monde est imaginaire, poétique, fantasque. Il a besoin de construire un nid, un foyer, avoir des enfants, vivre avec les siens, dans l'intimité, dans une atmosphère où il se sente chez lui. Ne cherchez pas ici l'explorateur, l'ambitieux ou l'opportuniste, prêt à tout pour réussir mais le conjoint aimant.

HOMME SOLEIL EN LION
(né entre le 23 juillet et le 23 août)

Si vous hésitez entre l'aventure et la société, il va vous faire choisir la société. Il a besoin d'y briller, d'avoir un public, de conduire de grands projets, de se mettre en valeur sur le plan professionnel. Vous partagez votre goût commun de l'action, votre audace, votre esprit de conquête. Mais lui est plus matérialiste que vous, plus stable aussi, sinon fixe, difficile le faire bouger de son idée, de son but ou de sa position. Il sera capable de vous stabiliser, de vous donner un foyer, des enfants, une vie civilisée, sinon bourgeoise, à laquelle, quelque part, vous aspirez.

HOMME SOLEIL EN VIERGE
(né entre le 24 août et le 23 septembre)

Un peu coincé celui-là, un peu limité dans son champ de vision et d'action. C'est un mental, un intellectuel, un être réfléchi, pragmatique, réaliste qui refuse de vivre avec passion, de perdre la tête et les pédales. Certes, on peut compter sur lui pour travailler d'arrache-pied à la confection d'un bonheur commun, pour fonder un foyer, avoir des enfants, un chien, un potager. Un peu trop de routine pour vous, ça ne bouge pas assez ! À moins qu'il ne vous aime et que, en même temps, il ne sache vous laisser libre.

HOMME SOLEIL EN BALANCE

(né entre le 24 septembre et le 23 octobre)

Ça colle entre vous et vous pouvez même décoller ensemble ! Certes, cet homme ne peut vivre seul. Il a besoin de trouver sa moitié, son complémentaire, la partenaire qui l'équilibre, lui donne confiance en lui. Ce peut être vous, avec votre enthousiasme, votre fougue amoureuse, votre besoin de sortir de chez vous, de partir à la conquête du monde. Lui aussi se plaît dehors, au sein de la société, il y crée des liens affectifs, professionnels et amicaux. Il vous dompte, vous canalise, vous civilise et vous, vous le motivez.

HOMME SOLEIL EN SCORPION

(né entre le 24 octobre et le 22 novembre)

Il en est resté aux choses basiques, très macho, très sexe. Pourquoi pas d'ailleurs mais, à long terme, sa possessivité, son goût du pouvoir et de la domination vous enferme, vous enchaîne et vous fuyez... avant qu'il ne soit trop tard. Pourtant, cet être mystérieux, fascinant, magnétique, connaît les arcanes des émotions et des démons. Capable de construire et de détruire, il vit avec passion, intensément, difficilement. Il peut aussi vous faire peur, ne pas savoir capturer l'amazone qui sommeille en vous.

HOMME SOLEIL EN SAGITTAIRE

(né entre le 23 novembre et le 21 décembre)

Vous êtes faits pour galoper ensemble, sauter les barrières et tracer une route commune. Ivres de liberté, de projets et d'envies, capables de vous enflammer l'un pour l'autre, et pour le reste, cherchant un idéal, suivant votre bonne étoile, portés par une foi en vous et en l'autre, vous vous élancez de conserve et faites un bout de route ensemble. Toute la vie ? Pourquoi pas. Même si aucun de vous ne construit à long terme, vous vous rejoignez toujours.

HOMME SOLEIL EN CAPRICORNE

(né entre le 22 décembre et le 20 janvier)

Un peu sérieux celui-là, un peu dur ou glacé. Avec son humour à froid, sa forte personnalité, sa stabilité à toute épreuve, s'il vous promet, il tiendra. On peut compter sur lui pour travailler, beaucoup, beaucoup trop, pour fonder un foyer, bâtir une famille... rien que de très classique. S'envoler ensemble, tout lâcher, voyager, partir et découvrir... très peu pour lui. Ambitieux, il cherche à détenir un pouvoir sur les êtres, sur les événements et sur vous. Si c'est le cas, vous vous échapperez. Sinon, c'est pour la vie !

HOMME SOLEIL EN VERSEAU

(né entre le 21 janvier et le 18 février)

Lui vous propose une vie originale, hors des sentiers battus, mêlant changements et imprévus, une existence plus spirituelle que matérielle, plus intellectuelle que physique. Vous vous rejoignez dans votre amour pour l'humanité, dans les actions humanitaires, les idées généreuses, un idéal de vie. Ne comptez pas sur lui pour construire durablement, bâtir un foyer, une famille. Pile électrique survoltée, au rythme nerveux, irrégulier, en dents de scie, il motivera vos neurones tandis que vous lui insufflerez votre enthousiasme.

HOMME SOLEIL EN POISSONS

(né entre le 19 février et le 20 mars)

Vous avez besoin de sauter la barrière et de vous échapper. Lui aussi, mais il s'échappe de la réalité autrement, par ses rêves, ses projets mirifiques, ses illusions merveilleuses. Incapable de vivre seul, livré à lui-même, il a besoin d'une femme, d'une sœur, d'une amie et d'une infirmière... Il veut partager, se sentir entouré, baigner dans un groupe, dans une communauté et se fondre dans la masse. Et vous, femme indépendante, vous ne supportez pas les situations floues, même les plus artistiques... Alors, dans ce couple, qui tiendra la barre ?

Femme Lune en Capricorne

Au solstice d'hiver, le Capricorne marque les nuits les plus longues de l'année. Silence, froidure, obscurité, il est la graine enfouie qui attend des jours meilleurs pour germer, symbole de profondeur, d'intériorité.

Qui êtes-vous ?

Une âme bien trempée, dure comme le silex, tranchante comme un couperet, inflexible comme une lame. Vous ne vous laissez pas aller à la facilité, vous ne vous abandonnez pas à l'oisiveté, vous ne cherchez pas à plaire à tout prix. Vous savez ce que vous voulez et faites tout pour y parvenir. Oui, vous vous donnez les moyens de diriger votre existence, d'avoir prise sur les événements, et sur autrui. Femme orgueilleuse, digne et intègre, pleine de sang-froid, vous ne voulez rien devoir à personne. Vous n'attendez rien des autres, tout de vous-même.

Que désirez-vous ?

Contrôler votre vie. Vous refusez d'être faible, dépendante, à la merci des autres. Vous devez vous prendre en main, tracer une route bien droite, sans virages, sans surprises. Vous avez le temps, il travaille pour vous, mais vous aussi, vous travaillez, beaucoup, parfois même jusqu'à l'épuisement. Femme de pouvoir, vous ne laissez rien au hasard, à la fantaisie du moment. Rigoureuse, exacte, sévère avec les autres, et plus encore avec vous-même. Vos objectifs sont du domaine du possible, pas du probable.

Votre rythme naturel

Lent, persévérant, inexorable. Vous êtes faite pour l'endurance, pas pour les courses de vitesse, pour ce qui demande du temps, des efforts, pour mener votre tâche à bien, structurer votre vie, assumer et assurer, aussi bien sur le plan professionnel que familial. Très difficile à remuer, à bouger, à faire changer d'avis, vous pensez détenir la vérité alors qu'elle est « votre » vérité. Attention, vous êtes une femme autoritaire qui n'a pas l'impression de l'être, qui impose aux autres, et à l'autre, ce qui doit être.

D'où venez-vous ?

De loin. Et vous allez loin. Issue d'un milieu défavorisé, d'un manque d'amour, de restrictions maternelles, affectives ou matérielles, il vous faut impérativement couper avec le passé, d'avec vos racines, vous détacher de vos conditions d'origine, vous affranchir de certains liens. Vous avez l'ambition de vous élever, patiemment, pour détenir un poste de décision, avoir une existence sociale, prendre des responsabilités qui vous rassurent et vous équilibrent. Ces responsabilités structurent votre existence, vous rendent utile à quelque chose. Au travail comme au foyer, vous avez besoin de vous rendre indispensable.

De quoi avez-vous peur ?

De vivre seule. Car vous savez que, dans cette vie, chacun est seul, vous l'avez expérimenté. Par le passé, vous avez dû enfouir en vous des sentiments, refouler des passions. Au fond, vous êtes une femme très émotive, sensible, délicate mais qui refuse de se l'avouer, de le montrer, qui craint que cela ne se voie et que l'on n'en profite. Alors, vous vous tricotez une armure pour ne pas dévoiler vos faiblesses. En même temps, cette solitude vous pèse, vous rend dépendante affectivement des autres. Mais vous ne leur faites jamais totalement confiance...

Vous ne savez pas...

... déléguer votre pouvoir, lâcher du lest, relâcher la pression, la tension, laisser parler votre imagination, faire de la poésie, du roman, rêver, espérer, croire au miracle, vous détacher des autres et des problèmes, laisser tomber, abandonner et vous abandonner, vous enflammer, vous aveugler...

Mais vous savez...

... décider pour vous et pour les autres, vous prendre en main, décider d'un chemin et vous y tenir, vous élever socialement, matériellement, gagner de l'argent, épargner, économiser, construire durablement, vous occuper de la chose publique, faire de la politique, administrer, être une business-woman, détenir un pouvoir, rester maîtresse de vous-même...

Vos besoins

Aller à l'essentiel. Le reste est superflu. Vous, vous cherchez la vérité, la pureté, l'essence des choses et des êtres, la pierre précieuse dans sa gangue. Vous n'êtes pas compliquée, sophistiquée, vous vous éloignez des mensonges et du flou artistique. Il ne faut pas que vous perdiez pied, ni la tête, vous ne savez pas où cela vous mènerait ! Ou alors, vous le savez trop bien... Pour plus de sécurité, tout doit être clair et net. Il faut de la droiture, du sérieux, de l'authenticité dans tout ce que vous faites, gagner de l'argent, construire une carrière et fonder une famille, décider d'un cap et vous y tenir. Sur cette route, vous n'oubliez rien, ne pardonnez rien, ni à vous, ni aux autres. Paroles et gestes restent gravés dans votre mémoire comme dans la pierre, ils ne s'effacent pas. Vous accumulez les choses, vous entassez les sentiments et ne parvenez pas à les faire disparaître, à vous en débarrasser, à vous en séparer une bonne fois pour toutes. Oui, toute séparation vous est difficile, insupportable mais, si le cas se présente, c'est vous qui en prenez la décision. Quoi qu'il arrive, vous restez maîtresse de la situation.

Vos dépenses

Limitées. Il faut que ce soit utile, pratique, pas cher, fonctionnel et que ça tienne le choc. Vous n'êtes pas une séductrice, femme fatale ou futile qui se pomponne en attendant le retour de l'être aimé. Vous ne jouez pas un rôle, vous évitez les artifices, les leurres et les rêves. L'argent, ça se mérite, il faut le gagner, durement, en s'activant, tout le temps. Dans cette vie, qui n'est pas rose, dont l'avenir est incertain, il faut vous prémunir, prévoir, préparer. La sécurité financière vous est absolument nécessaire et vous n'en avez jamais assez pour dire ça suffit, jouissons de ce que l'on possède. Non, d'ailleurs, vous ne travaillez pas pour vivre, vous vivez pour travailler ! C'est le travail qui vous motive, vous fait sortir de chez vous, vous donne une raison d'exister. D'abord par l'argent qu'il procure, ensuite par la position, les moyens, les possibilités qu'il donne pour agir à plus grande échelle, pour vous occuper de la chose publique, administrer, diriger et améliorer l'ordinaire de ceux qui ont moins de chance que vous.

L'amour

On ne badine pas avec ! Vous avez une très haute opinion de l'amour. Il doit être vrai, solide, fidèle, résister à tout et quand vous aimez, c'est pour la vie ! Certes, le mot « je t'aime » ne vient pas facilement sur vos lèvres car vous matez vos passions, tiraillée entre le désir et la peur d'aimer, poussée par un cœur brûlant, retenue par une tête froide. Très sensuelle et chaude, dans la stricte intimité seulement, le sexe est une part importante de la vie de votre couple, peut-être le seul moment où vous vous relâchez vraiment. Votre partenaire doit être doux, gentil et plutôt malléable mais vous devez être sûre de lui, de sa fidélité, en totale confiance. C'est donc vous qui le choisissez, et non l'inverse, qui le rassurez, le protégez, le mettez sur des rails, le formez, lui donnez confiance en lui. Oui, vous avez besoin de le dominer et vous le préférez plus jeune que vous ou dépendant de vous d'une manière ou d'une autre. En retour, vous êtes une sécurité garantie à vie. Dans le couple, vous veillez au grain, vous prenez les décisions, vous assumez, pour deux, les responsabilités.

Le foyer

Une base d'opérations. Vous avez besoin de construire des fondations solides à un foyer, qui sera le vôtre, différent de celui d'où vous êtes issue. Il faut vous fixer quelque part et organiser le monde autour de vous. Ce foyer doit être à vous, vous appartenir. Vous épargnez, vous empruntez, raisonnablement, et vous achetez. Être propriétaire de son lieu de vie, c'est maîtriser un peu sa vie. Il est alors difficile de vous faire bouger, déménager, quitter une ville, même un quartier. Vous n'avez pas l'âme aventureuse, il vous faut vos habitudes, vos commerçants, votre toit, vos murs qui vous rassurent. Liée affectivement aux choses, vous avez du mal à vous débarrasser ce qui s'est accumulé avec le temps, de ce qui encombre votre maison, surtout ne rien changer côté affectif et familial ! Mais si le foyer est nécessaire à votre épanouissement, il n'est pas votre but mais un point de départ à partir duquel vous êtes capable de penser sereinement à un objectif professionnel. Oui, il vous faut absolument sortir de chez vous pour travailler, vous occuper des affaires du monde, jouer un rôle social, participer activement à l'univers concret, quotidien qui vous entoure.

Les enfants

Une grande tâche. L'image que vous avez de votre mère n'est pas particulièrement maternelle. À la base, c'est un handicap, mais qui se transforme en force, en un désir puissant, en une nécessité : celle d'avoir des enfants. Oui, vous vous sentez obligée d'être mère, c'est vous qui vous y obligez car vous êtes pressée par le temps, vous avez peur de vous retrouver sans enfant ou vous avez besoin de responsabilités supplémentaires pour vous sentir exister. Il se peut que vous ayez le sentiment d'être seule avec vos enfants. Le père est absent, pas assez disponible, trop immature ou vous ne lui faites pas entièrement confiance dans ce domaine. D'ailleurs, vous ne laissez à personne le soin de s'occuper de vos enfants à votre place. Capable de jouer tous les rôles, celui de la mère et celui du père, c'est vous qui fondez une famille, qui produisez une cellule familiale, la plus homogène, structurée, solide possible. La place que vous faites à vos enfants est primordiale mais celle que vous laissez à votre métier l'est tout autant. Vous vous donnez alors à fond pour réussir, à la fois, votre carrière et votre vie de famille.

LUNE ET SOLEIL, votre dualité

La Lune vous a parlé de l'aspect féminin, réceptif de votre personnalité, de vos liens sentimentaux, affectifs et familiaux.

Le Soleil, quant à lui, représente vos tendances conscientes, masculines. Il donne vos objectifs professionnels, s'intéresse au matériel et à l'expression de votre ambition. Il dit où vous allez.

Lisez, ci-dessous, votre mélange original de Lune et de Soleil, la dualité qui est en vous.

LUNE EN CAPRICORNE - SOLEIL EN BÉLIER

(née entre le 21 mars et le 20 avril)

Vous y allez fort ! Force de caractère, forte femme, forte tête, qui doit suivre sa propre voie, s'extirper de son milieu, aller au devant du monde, du danger, exprimer son ego et ses convictions. Il y a de l'ambition ici, des luttes et du courage, une détermination sans faille, une voie professionnelle qui prend le dessus. Faite pour conquérir, commander, prendre la direction des opérations, vous pouvez vous montrer dure, brutale, parfois violente ; vous êtes faite d'une pièce.

Votre défi : arrêter un peu de vous battre.

LUNE EN CAPRICORNE - SOLEIL EN TAUREAU

(née entre le 21 avril et le 21 mai)

Bien ancrée en terre, sachant compter et recompter, prudente et lente, c'est le long terme qui vous intéresse, ce qui est authentique, vrai et palpable. En amour, vous êtes une femme sensible, sensuelle et avec suite. Autour de vous, il faut un mari, une maison, des enfants, un jardin, un chien... tous ces êtres et toutes ces choses que vous aimez et que vous entassez. Au travail, on peut compter sur votre persévérance, votre probité, votre honnêteté, votre efficacité. Vous êtes faite pour construire durablement.

Votre défi : savoir changer, vous adapter.

LUNE EN CAPRICORNE - SOLEIL EN GÉMEAUX

(née entre 22 mai et le 21 juin)

Si, au fond, vous êtes une solitaire, vous devez impérativement sortir de chez vous, dialoguer, communiquer, vous intéresser et vous informer du monde qui bouge. À la fois fermée et ouverte au monde, vous aussi devez bouger, mentalement, en vous adaptant, en faisant la navette, en servant de courroie de transmission. Outre l'amour, vous avez besoin de vivre l'amitié, des rapports multiples et renouvelés.

Votre défi : concilier l'esprit qui comprend logiquement, scientifiquement et le cœur qui doit aussi s'exprimer.

LUNE EN CAPRICORNE - SOLEIL EN CANCER

(née entre le 22 juin et le 22 juillet)

Vous êtes écartelée entre deux mondes : celui des responsabilités, de la stabilité, de la stricte observance et celui de la fantaisie, de l'imagination, de l'errance. Vous avez coupé avec vos origines et vous devez vous attacher, sinon vous cramponner à une famille, bâtir un nid, couver et nourrir votre progéniture. Oui, vous êtes faite pour avoir des enfants, alimenter le flot sentimental du couple, vivre entourée, rassurée, sécurisée par la présence d'êtres chers.

Votre défi : ne pas confondre vie sociale et vie privée.

LUNE EN CAPRICORNE - SOLEIL EN LION

(née entre le 23 juillet et le 23 août)

Deux énergies puissantes et contradictoires se mêlent. D'une part, vous avez besoin d'une vie retirée, dépassionnée, économe ou solitaire, d'autre part, il y a la volonté de vous mêler au monde extérieur, d'y imprimer votre marque, d'y participer avec chaleur, de vivre dans l'aisance, les arts et la passion. Vous savez vous prendre en main, accepter les responsabilités, maîtriser votre vie mais il faut aller vers la lumière, vers des rapports humains, généreux, sans crainte d'être flouée.

Votre défi : vous faire confiance et, ainsi, vous exprimer.

LUNE EN CAPRICORNE - SOLEIL EN VIERGE

(née entre le 24 août et le 23 septembre)

Cette combinaison vous propose de vivre une existence rangée, calme et pondérée, axée sur le concret, ce qui est matériel, solide, durable. Partisane du strict nécessaire, du minimum, économe et ponctuelle, réaliste et réalisatrice, c'est dans le travail que vous donnez votre pleine mesure, dans une tâche à mener à bien, le don de vous aux autres, aux vôtres, les responsabilités que vous assumez à leur place, le bon fonctionnement, au quotidien, du foyer, de la famille et de votre métier.

Votre défi : mettre un grain de folie dans tout ça.

LUNE EN CAPRICORNE - SOLEIL EN BALANCE

(née entre le 24 septembre et le 23 octobre)

D'une part assez renfermée, vous protégeant du monde extérieur, d'autre part ouverte aux rencontres, cherchant à jouer un rôle dans la société et ne supportant pas d'être seule... votre rapport à la solitude est particulier. Il vous faut vous isoler pour réfléchir, vous retrouver, garder vos distances vis-à-vis d'autrui mais, en même temps, vous allez vers l'union, la complémentarité, « l'autre », votre moitié. Ni spontanée, ni impulsive, vous faites passer vos sentiments par l'intellect, vous les filtrez.

Votre défi : rendre vos rapports plus chaleureux, plus émotifs.

LUNE EN CAPRICORNE - SOLEIL EN SCORPION

(née entre le 24 octobre et le 22 novembre)

La tête sur les épaules, le cœur au ventre, vous êtes une femme de pouvoir, d'ambition et de décisions, rouleau compresseur terriblement efficace ou machine de guerre qui ne craint rien ni personne. Coriace, dure, pénétrante, vous êtes faite pour commander, combattre pied à pied, vivre intensément, passionnément, construire... et détruire. Sensuelle, sinon torride, très possessive en amour, vous tenez la barre du couple, vous dominez votre partenaire ou l'attachez sexuellement à vous.

Votre défi : savoir vous relâcher, ne pas combattre.

LUNE EN CAPRICORNE - SOLEIL EN SAGITTAIRE

(née entre le 23 novembre et le 21 décembre)

Si, au fond, vous êtes une femme prudente et très responsable, il vous faut vivre autrement. Oui, vous êtes faite pour une vie d'aventures, pour voyager, connaître le monde, vous lancer à corps perdu dans des projets, suivre une vocation, avoir la foi et non pour une existence classique avec mari et foyer. Tour à tour idéaliste et pragmatique, pessimiste et enthousiaste, vous devez prendre votre élan et vivre, physiquement, les grandes idées qui germent en vous.

Votre défi : savoir alterner, au cours de votre vie, les phases rapides et lentes.

LUNE EN CAPRICORNE - SOLEIL EN CAPRICORNE

(née entre le 22 décembre et le 20 janvier)

Tout concourt ici au sérieux, à la discipline, à la maîtrise des gens, des choses, des situations et des sentiments. Vous êtes faite pour les responsabilités, qu'elles soient professionnelles ou familiales, pour tenir le choc, le coup, la barre, pour avancer prudemment et longtemps sur le chemin, pour avoir un mari, une maison, des enfants. Vous protégez tout le monde, vous assurez tout le temps, au risque de refouler vos sentiments, de bloquer votre expression ou celle des autres.

Votre défi : ne pas craindre de vous livrer, de vous abandonner.

LUNE EN CAPRICORNE - SOLEIL EN VERSEAU

(née entre le 21 janvier et le 18 février)

Les responsabilités, vous savez faire, la ligne droite, vous la connaissez, la solitude aussi. Vous êtes poussée dans une voie retirée, isolée ou marginale, dans une recherche intellectuelle, scientifique ou spirituelle, âpre et exaltante, dans la compréhension des êtres, des mécanismes qui régissent l'homme et l'univers. Il y a un côté ascète, philosophe en vous, sage, détaché des choses matérielles, de ce bas monde. Vous devez vous élever intellectuellement, voir le monde de plus haut.

Votre défi : oser vivre votre originalité.

LUNE EN CAPRICORNE - SOLEIL EN POISSONS

(née entre le 19 février et le 20 mars)

La solitude, l'isolement ? Impossible. Vous ne pouvez vivre qu'avec les autres et pour les autres, nageant en banc, en communauté, avec votre mari, vos enfants, vos amis, votre groupe. Vous êtes ici pour comprendre et secourir les autres, faire don de votre personne, vous offrir jusqu'à l'épuisement. Ne faites rien à moitié mais allez vers un monde plus grand, plus vaste, avec plus d'amour et de communion même si vous êtes partagée entre dépense et économie, plus et moins, vous et les autres.

Votre défi : ne pas vous sacrifier.

LUNE ET SOLEILS, les hommes et vous

Comment vous accordez-vous avec un...

HOMME SOLEIL EN BÉLIER

(né entre le 21 mars et le 20 avril)

Homme d'action, tout en coups de collier, en coups de tête et en coups de foudre, il vit par à-coups, vite, sans prendre de gants, sans réfléchir à la portée de ses actes. Chef dans l'âme, il faut le suivre ou le laisser partir. Ne comptez pas sur lui pour stabiliser votre existence, vivre au foyer, entouré de ses enfants. Tout ce qu'il y a de plus autonome, il ne supporte pas qu'on dicte sa conduite ou que l'on prenne les responsabilités à sa place. Vous non plus d'ailleurs. Une lutte d'influence, de pouvoir, peut en résulter.

HOMME SOLEIL EN TAUREAU

(né entre le 21 avril et le 21 mai)

Bien ancré en terre, comme vous, il avance au même pas, lentement, sûrement, voit à long terme, se fixe un objectif et s'y tient. Ensemble, vous allez loin, vous bâtissez un foyer confortable, une famille nombreuse, une existence commune faite de travail productif, d'efforts intenses et de joies saines. Amoureux par nature, bon vivant, il vous apprend à voir le verre à moitié plein et à jouir davantage de la vie, tandis que vous maintenez le cap du couple, décidez des grandes orientations. Il vous rassure. Et réciproquement.

HOMME SOLEIL EN GÉMEAUX

(né entre 22 mai et le 21 juin)

Cocasse, amusant mais léger et virevoltant, a priori, son infidélité chronique, son double langage, sa double vie et ses choix multiples vous éloignent. Vous avez besoin de davantage de solidité, de sécurité, de réalité, de bâtir quelque chose de stable, et lui, il veut bouger, changer, ne pas s'engager à fond et se réserve toujours une porte de sortie, au cas où... Soit il vous énerve très vite et *ciao*, soit vous avez trouvé une complémentarité entre sa jeunesse d'esprit et votre maturité.

HOMME SOLEIL EN CANCER

(né entre le 22 juin et le 22 juillet)

Voilà celui qu'il vous faut, le petit crabe, caché sous son rocher, qui a besoin d'être protégé, épaulé, encouragé, formé. Dans ce couple, vous êtes la machine qui fait fonctionner le quotidien, donne les grandes orientations, prend les responsabilités et décide à sa place. En retour, il donne à votre existence une touche de fantaisie, un air de rêve, un zeste d'imagination, de naïveté, de candeur enfantine. Vous serez heureux, ensemble, longtemps, chez vous, entourés de nombreux enfants et petits-enfants.

HOMME SOLEIL EN LION
(né entre le 23 juillet et le 23 août)

Il ne se laissera pas faire, celui-là, fera ce qu'il a décidé mais si vous savez le prendre, si vous menez la barque en lui laissant croire que c'est lui... tout ira bien. Il vous fera une vie agréable, profitera de vos conseils, de votre stabilité et tirera les ambitions du couple vers le haut. Mais il se peut que vos forts caractères ne s'accordent pas, qu'une lutte d'influence ait lieu, le pouvoir ne pouvant être partagé. Il veut briller sur la scène sociale, aux yeux de tous, pas vous. Vous vous limitez, réfrénez, pas lui.

HOMME SOLEIL EN VIERGE
(né entre le 24 août et le 23 septembre)

Union sage et profonde, à long terme, axée sur ce qui est concret, pratique, utilisable, efficace. Vous vous ressemblez dans la réflexion, la minutie, la ponctualité et les sentiments fidèles, voire indestructibles. Votre route vous mène à une maison, des enfants, une famille, des traditions, une certaine routine et des habitudes qui vous rassurent tous deux. Il est aussi question de labeur, de travail, du sens des responsabilités et de l'effort, d'une vision, peut-être un peu terre à terre, mais qui a le mérite de bâtir solidement.

HOMME SOLEIL EN BALANCE

(né entre le 24 septembre et le 23 octobre)

Vous n'êtes pas du même monde. Lui est un beau parleur, un don Juan, un esthète qui ne peut vivre sans beauté, sans harmonie autour de lui et surtout, sans rapport avec l'autre et les autres. C'est un mondain, tout en nuances, en finesse mais vous ne pouvez pas compter sur lui tout le temps, sa fidélité n'est pas légendaire, ses avis déterminés, ses choix définitifs. Lui peut vous trouver trop austère, castratrice. Il a besoin de vivre à deux, ce qui vous rapproche, mais aussi de plaire en société, ce qui vous sépare.

HOMME SOLEIL EN SCORPION

(né entre le 24 octobre et le 22 novembre)

Vous qui tenez votre gouvernail, et celui des autres d'une main ferme, avec lui, vous aurez du fil à retordre. Piquant, pénétrant, coriace quand il le veut, capable du meilleur comme du pire, il vous envoûte sexuellement, vous captive sensuellement, vous désire, vous enivre, vous possède. Entre vous, c'est une attraction magnétique, un attachement profond, des liens puissants, un rapport de force, de domination car vous êtes, tous deux, des êtres de forte volonté, possessifs, intolérants, des êtres de pouvoir.

HOMME SOLEIL EN SAGITTAIRE
(né entre le 23 novembre et le 21 décembre)

Peu de rapport entre vous. Lui est un cheval fougueux qui a besoin d'espace, de liberté de pensée et d'action, de renouveler ses horizons. Il est porté par un élan, une foi qui l'entraîne à l'extérieur, le pousse à voyager, à découvrir, à connaître, à vivre des expériences. Il n'est pas fait pour la maison, le foyer, les enfants, il est en pleine recherche, il veut quelque chose d'autre, autre part, autrement et vous, vous risquez d'être là, à l'attendre, à essayer de le retenir, de le domestiquer. Si tel est le cas, sachez qu'il s'enfuira.

HOMME SOLEIL EN CAPRICORNE
(né entre le 22 décembre et le 20 janvier)

Vous seriez-vous trouvés ? Possible. Lui aussi possède un côté autoritaire. Plein d'ambition et de sang-froid, il veut détenir la maîtrise des événements et des personnes, le contrôle de la situation et construire solidement un métier, un couple, une famille. Ensemble, vous allez loin, et longtemps, vous travaillez chacun de votre côté, vous détenez un certain pouvoir dans votre branche et vous vous retrouvez à la maison, partageant les devoirs, assumant les responsabilités et faisant des projets. Réalistes s'entend.

HOMME SOLEIL EN VERSEAU
(né entre le 21 janvier et le 18 février)

Attention, celui-là est à prendre avec des pincettes ! Surtout, n'essayez pas de le coincer, de le tenir, de le retenir. Surtout, ne lui imposez rien, n'exigez rien de lui et laissez-lui sa chère liberté, son entière indépendance. Certes, vous pouvez le stabiliser, lui donner des bases sûres mais lui ne vous rassure pas, ne s'attache pas à construire le foyer ou à s'occuper de votre petite famille. C'est un original, un homme plus axé sur les rapports intellectuels, amicaux et fraternels que sur la sensualité. Pouvez-vous vous en contenter ?

HOMME SOLEIL EN POISSONS
(né entre le 19 février et le 20 mars)

Voilà un homme capable d'un amour immense, sans limite, sans date limite de consommation, un être qui ne peut vivre qu'entouré, protégé, cajolé et aimé, qui fait tout pour vous, pour votre couple, votre famille. Certes, il vit dans un rêve, dans un nuage de musique et de poésie. Vous lui mettez alors les pieds sur terre, vous assumez les responsabilités dont il ne veut pas, vous structurez son existence et le rassurez quant à ses qualités de mari, d'amant et de père. Il se perd, vous le repêchez, vous êtes ancrée, il vous fait bouger.

Femme Lune en Verseau

Le Verseau est le vent d'hiver qui court sur les étendues glacées. De nature éthérée, volatile, transparente comme le cristal, il s'éloigne de la pesanteur, se détache du terrestre, prend du recul et observe de plus loin, de plus haut.

Qui êtes-vous ?

Une femme libre. Libre de ses idées, de ses mouvements, de sa vie. Une femme originale, non conformiste, au tempérament impatient, survolté qui ne supporte ni la domination des hommes, ni la dépendance à autrui. Vous êtes votre propre maître, vous suivez votre route et n'obéissez à personne. Il souffle en vous un vent d'idéalisme, de nouveauté, d'invention et de révolte Il faut qu'autour de vous, et en vous, ça bouge, ça se renouvelle, évolue sans cesse : une cause à défendre, un projet à mettre sur pieds, des idées à communiquer.

Que désirez-vous ?

Ne pas être comme les autres. Vous aspirez à vous échapper du quotidien, des habitudes, des conventions pour planer au-dessus des contingences matérielles et atteindre une certaine altitude, un point de vue unique. Vous vous éloignez du domaine concret, matériel, terre à terre, vous recherchez une certaine forme de pureté, de sagesse ou de spiritualité. Au fond, vous êtes une idéaliste, une utopiste, peut-être même une anarchiste qui a besoin de franchir les limites, de transgresser les lois, les conditionnements ou de vous démarquer de la société pour trouver une vérité, un absolu.

Votre rythme naturel

Trépidant. Vous vivez sous pression, sous tension, sur les nerfs, dans l'urgence et ce stress permanent vous donne son énergie comme une pile électrique. Vous reposer, c'est vous décharger. Vous ne savez pas prendre le temps, ralentir, jouir du moment présent. Le passé, le présent, cela ne vous intéresse pas, c'est dans l'avenir que vous vivez et c'est vite que les choses doivent se passer, vous n'avez pas que ça à faire ! Vous nourrissez plus facilement votre esprit que votre corps et avez tendance à négliger votre alimentation, votre sommeil, votre santé.

D'où venez-vous ?

De très loin. Et vous allez encore plus loin ! Cette vie n'est qu'un passage, un court passage et vous êtes pressée d'en savoir plus, d'en faire plus, de voyager, de rencontrer, de faire de multiples expériences humaines. À l'aise dans tous les milieux, vous n'appartenez à aucun en particulier, gardant toujours votre intégrité, votre spécificité. Ouverte à tout et à tous, capable de vous mettre à la place des autres, qu'ils soient hommes ou femmes, l'humanité vous fascine. Liberté, égalité, fraternité est votre devise, vous êtes une révolutionnaire !

De quoi avez-vous peur ?

Des sentiments exclusifs, que l'on s'accroche à vous, que l'on dépende de vous pour être heureux. Il vous faut vivre votre propre vie sinon, vous dépérissez... Vous êtes un esprit plutôt qu'un corps, une femme plus intellectuelle que sensuelle, qui se préserve de la souffrance, contrôle ses émotions pour ne pas être touchée en profondeur. Instinctivement, vous vous éloignez des rapports de force, de jalousie, de possession, étant davantage capable de vous engager à fond pour des idées que pour une personne.

Vous ne savez pas...

... obéir, suivre les autres, rester sur vos positions, vous dévouer, vous sacrifier, suivre une route rectiligne, faire des plans à long terme, être prudente, prendre soin de vous, être jalouse, envieuse, nostalgique, vous détendre, vous calmer, vous servir de votre corps, voir à long terme, construire pour longtemps, utiliser les autres...

Mais vous savez...

... être égoïste, égocentrique, voire paranoïaque, lunatique ou versatile, faire rire, prendre les choses au second degré, sauter du coq à l'âne, vous exprimer, vous décomplexer, faire naître et durer l'amitié, jouer avec vos idées, suivre une route originale, en zigzag, commencer et terminer, partager, vous amuser...

Vos besoins

Inexistants sinon un immense besoin d'indépendance. Votre vie est une recherche intellectuelle perpétuelle, une quête du Saint-Graal dans laquelle vous bousculez la morale, la routine, les interdits. Vous vivez très bien avec peu, avec rien. À partir du moment où vous vous sentez libre, vous êtes autosuffisante et même si vous êtes isolée, vous n'êtes jamais seule, vous êtes avec vous-même... Soumise à l'instabilité, aux changements brusques, imprévisibles, aux coups de chance et aux coups du sort, vous vivez au jour le jour car vous savez que, dans votre existence, rien n'est fixe, ni définitivement acquis, que tout peut être remis en cause, soudainement. Vous n'avez rien d'une femme sophistiquée, alanguie, séductrice, qui veut plaire à tout prix. Vous, vous ne trichez pas, vous ne vous déguisez pas, vous êtes comme vous êtes, à prendre ou à laisser. Douée pour innover, imaginer, parler et communiquer, vous faites partie de l'avant-garde. Votre intelligence, votre originalité, votre sens de l'amitié, de l'humour et de la repartie vous valent, en société, la sympathie et une certaine popularité.

Vos dépenses

Limitées sur le plan matériel. Être riche ou pauvre vous importe moins qu'à la plupart des gens. En fait, vous savez que rien ne vous appartient en propre, vous êtes une femme désintéressée, absolument pas matérialiste. Vous éloignant le plus possible du domaine pratique, concret et financier, vous ne cherchez pas à posséder, à économiser, à prévoir pour vos vieux jours, encore moins à accumuler, à bâtir quelque fortune. Pour vous, la vraie richesse ne peut être qu'intérieure. Vous ne cherchez pas à « avoir », à « paraître » mais à « être » et à vivre votre propre vie. L'argent, notion trop terre à terre, trop prosaïque pour vous, ne doit pas dormir sur un compte en banque ou être investi dans l'immobilier et vous seriez plutôt tentée de le jouer en bourse, de le dépenser tout de suite, pour votre propre plaisir et celui des personnes que vous aimez ou, mieux encore, pour aider ceux qui en ont besoin, monter quelque projet humanitaire, participer à quelque action idéaliste. L'argent, c'est comme les idées, il entre, il sort, il doit circuler.

L'amour

Plutôt l'amitié. Certes, vous êtes une femme mais vous êtes, avant tout, un être humain et vous ressentez davantage d'amour pour l'humanité en général que pour un homme en particulier. Le jeu habituel de la séduction ne vous concerne pas. Il y a en vous un côté féministe, militant, révolté, parfois extrémiste et l'amour ne doit pas être une entrave à votre développement social et intellectuel. Vous êtes une femme libre, émancipée, qui voyage, travaille, existe en dehors du couple et ne fait aucune concession, aucun compromis : entre vous, c'est la liberté réciproque ou rien. Vous ne fusionnez pas avec un partenaire, vous ne mélangez pas vos vies. D'ailleurs, vous n'avez pas beaucoup la notion du couple. Si vos destinées sont parallèles, tant mieux, si elles se séparent, tant pis, vous ne resterez pas attachée à l'autre coûte que coûte. Votre partenaire, ou plutôt votre alter ego, n'est ni un père autoritaire, ni un amant fougueux, ni un époux pantouflard mais un compagnon de route, un frère d'armes, un ami car vous placez l'amitié au-dessus de l'amour.

Le foyer

Très peu pour vous. Il y a quelque chose de clos, d'étriqué, de fini dans cette notion. Vous êtes une femme d'extérieur, pas d'intérieur ! Régler les problèmes pratiques, vous occuper des tâches domestiques, cuisiner, repasser, essuyer, épousseter vous intéressent infiniment moins que développer des idées, des projets professionnels, nouer des contacts, organiser des rencontres. Si vous avez besoin d'un chez-vous, vous avez davantage besoin d'en sortir, de vous déplacer, de chercher autre part ce qui vous manque ici. Être propriétaire de vos murs, investir dans la pierre, avoir des habitudes conjugales, vivre en sécurité, rechercher la stabilité... tout cela vous fait horreur et vous préférez le concubinage, l'union libre au mariage car vous fuyez la dépendance, qu'elle soit sexuelle ou sentimentale vis-à-vis d'un homme. Un foyer confortable, havre de paix, ne vous est donc pas indispensable, vivre ici ou là, quelle importance pourvu que vous puissiez partir quand ça vous chante, vivre seule ou à plusieurs selon votre humeur et les circonstances du moment.

Les enfants

Ne doivent pas vous absorber. Vous êtes femme avant d'être mère et il se peut que, dans votre passé, vous ayez été marquée par une séparation, un divorce, un éloignement de vos bases familiales. À cette occasion, vous avez fait l'apprentissage d'une liberté nouvelle, insoupçonnée, qui ne vous a pas poussée à fonder une famille classique. Votre instinct maternel n'est pas en cause mais, pour vous, les attaches familiales restent des liens, des chaînes, des entraves et, dans votre jeunesse au moins, vous ne ressentez pas l'envie irrépressible d'avoir des enfants. Il vous faut être mûre, avoir vécu votre vie de femme avant d'avoir un enfant. Vous n'êtes pas mère de famille nombreuse, pour vous, être mère n'est ni un sacrifice, ni un sacerdoce, c'est une expérience humaine supplémentaire dans laquelle le père doit remplir son rôle, parfois même le vôtre car vous n'avez pas que ça à faire et refusez que votre enfant soit dépendant de vous seule. Vous le considérez comme un individu à part entière et savez couper le cordon, gage de son autonomie.

LUNE ET SOLEIL, votre dualité

La Lune vous a parlé de l'aspect féminin, réceptif de votre personnalité, de vos liens sentimentaux, affectifs et familiaux.

Le Soleil, quant à lui, représente vos tendances conscientes, masculines. Il donne vos objectifs professionnels, s'intéresse au matériel et à l'expression de votre ambition. Il dit où vous allez.

Lisez, ci-dessous, votre mélange original de Lune et de Soleil, la dualité qui est en vous.

LUNE EN VERSEAU - SOLEIL EN BÉLIER

(née entre le 21 mars et le 20 avril)

Vous avez besoin de lutter pour une cause, de combattre pour des idées. Vous prenez votre destin en mains et n'avancez que sur votre propre route. Si l'on vous suit, tant mieux, sinon, tant pis, vous ne faites aucune concession quant à votre liberté, aucun compromis quant à votre indépendance et préférez vivre seule que mal accompagnée. Révoltée, insoumise, le monde professionnel, intellectuel et amical vous attire davantage que le couple ou la famille.

Votre défi : vivre votre vie quitte à connaître la solitude.

LUNE EN VERSEAU - SOLEIL EN TAUREAU

(née entre le 21 avril et le 21 mai)

Si, au fond, vous êtes une femme indépendante qui s'éloigne du monde matériel, votre voie vous oblige à faire des plans à long terme pour construire durablement, fonder un couple, bâtir une famille solide et sûre. Les seules idées ne vous suffisent pas, il vous faut aussi un homme fidèle, une ambiance paisible qui vous laisse le temps de jouir des bons moments, qui vous stabilise, vous tranquillise.

Votre défi : réunir le monde intellectuel et celui des sentiments, vivre votre propre vie tout en la partageant avec les vôtres.

LUNE EN VERSEAU - SOLEIL EN GÉMEAUX

(née entre 22 mai et le 21 juin)

C'est à une vie de découvertes, de sorties, d'amusements en tous genres que cette combinaison vous prédispose. Vous êtes une adolescente qui refuse les responsabilités, les enfermements, en particulier les liens sentimentaux que vous ressentez comme des chaînes. Vous êtes faite pour bouger, vous déplacer, communiquer, jouer avec les idées. En amour, vous ne vous investissez pas à fond, vous réservant toujours une porte de sortie.

Votre défi : construire un minimum.

LUNE EN VERSEAU - SOLEIL EN CANCER

(née entre le 22 juin et le 22 juillet)

Vous êtes tiraillée entre le passé et le futur, les souvenirs et les projets, les regrets et les ambitions. En effet, vous êtes faite pour vivre en couple, bâtir un nid douillet, être mère de famille. Si, au fond, vous êtes confiante en vous, pleine d'idées et d'envies de liberté, il vous est difficile de vous réaliser sur le plan social car vous avez sans cesse besoin d'être protégée, rassurée, encouragée et de baigner dans une ambiance paisible, à l'intérieur d'une cellule, d'un clan ou d'une famille.

Votre défi : marcher, à reculons, vers l'avenir...

LUNE EN VERSEAU - SOLEIL EN LION

(née entre le 23 juillet et le 23 août)

Deux mondes coexistent en vous, d'une part celui, marginal, original, de la liberté, de l'indépendance et d'autre part, le monde social qui vous attire inexorablement, davantage que l'univers sentimental ou familial. Oui, vous êtes faite pour briller en société, jouer un rôle de premier plan, gagner de l'argent, être connue, reconnue, vivre la réussite professionnelle. Votre ambition est puissante, vos buts haut placés, vous ne vous contentez pas de peu.

Votre défi : connaître vos limites pour réaliser, concrètement, vos rêves.

LUNE EN VERSEAU - SOLEIL EN VIERGE

(née entre le 24 août et le 23 septembre)

Vous voilà prise entre deux feux. D'un côté, vos aspirations à vivre libre, sans attaches, à vous décharger des responsabilités. De l'autre, vous voulez travailler, fournir des efforts, remplir votre tâche le mieux possible. La routine vous énerve mais vous est nécessaire, vous vous fixez des limites qu'il vous faut dépasser, vous avez confiance en vous et en vos idées mais éprouvez des difficultés à les affirmer, votre esprit étant à la fois idéaliste et pratique, efficace et irréaliste.

Votre défi : concilier vos extrêmes.

LUNE EN VERSEAU - SOLEIL EN BALANCE

(née entre le 24 septembre et le 23 octobre)

Vous êtes faite pour nouer des contacts, communiquer vos idées, créer des liens intellectuels, d'amitié et trouver votre place dans la société. Si, au fond, vous êtes une femme solitaire, révoltée, vous devez vous domestiquer, vous civiliser pour vous unir aux autres, à l'autre en particulier. Oui, vous avez besoin d'un couple, d'un partenaire, d'un associé, d'un homme qui sera votre complémentaire car une vie isolée, marginale, ne peut vous satisfaire.

Votre défi : trouver celui et ceux qui vous correspondent, qui vous équilibrent.

LUNE EN VERSEAU - SOLEIL EN SCORPION

(née entre le 24 octobre et le 22 novembre)

Rebelle à l'autorité, aux usages, à la routine, vous êtes une femme anticonformiste, idéaliste enfiévrée, aux idées révolutionnaires ! Les choses ne doivent pas être comme elles sont, vous luttez pour plus de liberté. À la fois réfléchie et spontanée, instinctive et dépassionnée, votre voie est de transformer le monde, d'en changer la face, de construire et de détruire pour repartir sur des bases neuves. Le couple, le foyer, la famille vous attirent mais vous craignez d'y perdre votre identité.

Votre défi : réussir votre vie amoureuse et sexuelle.

LUNE EN VERSEAU - SOLEIL EN SAGITTAIRE

(née entre le 23 novembre et le 21 décembre)

Pleine d'élan et de fougue, vous alliez le vent des idées au feu de l'action ! Votre cœur est noble, votre âme généreuse. Il vous faut du mouvement, pas seulement mental, mais physique car vous êtes faite pour parcourir le monde, découvrir quelque chose de beau, de grand, qui vous dépasse. Vos vues sont larges, vos buts haut placés. Vous êtes portée par la foi, par un idéal davantage que par la nécessité de vivre en couple, de construire un foyer, une famille.

Votre défi : savoir vous arrêter, de temps à autre, de penser et d'agir.

LUNE EN VERSEAU - SOLEIL EN CAPRICORNE

(née entre le 22 décembre et le 20 janvier)

C'est vers une existence austère, plutôt solitaire, dénuée de tous artifices et axée sur la sagesse que cette combinaison vous mène. Vous êtes faite pour tenir le gouvernail de votre vie d'une main ferme, pour prendre des responsabilités, construire des situations durables, solides, un foyer, une famille. Mais il faut aussi vous isoler, prendre du recul vis-à-vis du monde, de la société, réfléchir, prévoir à long terme afin de pouvoir concrétiser les idées qui ont germé en vous.

Votre défi : ne pas rester coincée dans votre tour d'ivoire.

LUNE EN VERSEAU - SOLEIL EN VERSEAU

(née entre le 21 janvier et le 18 février)

Tout entière tournée vers les autres, les problèmes de société, le sort de l'humanité, vous êtes faite pour les actions humanitaires, une recherche spirituelle, l'abstraction du monde des idées et des idéaux plutôt que pour fonder un couple ou une famille traditionnelle. Plus intellectuelle que sentimentale, vous refusez la passion qui pourrait vous retenir prisonnière, le monde matériel qui vous est étranger, la société dans laquelle vous ne voyez qu'artifices.

Votre défi : ne pas vivre en autarcie même si vous vous suffisez à vous-même.

LUNE EN VERSEAU - SOLEIL EN POISSONS

(née entre le 19 février et le 20 mars)

Votre esprit est large, vos horizons infinis, votre amour immense... Si, au départ, vous avez besoin de liberté, vous ne pouvez vous en contenter. Vous êtes faite pour vivre entourée d'une foule de gens, pour baigner dans une communauté, participer à une cause, adhérer à un courant de pensée. La solitude vous est nécessaire et vous effraie, vous pensez à vous et aux autres, vous vous impliquez totalement et prenez du recul...

Votre défi : trouver le chemin qui mène à l'amour, au couple et aux enfants tout en préservant votre indépendance.

LUNE ET SOLEILS, les hommes et vous

Comment vous accordez-vous avec un...

HOMME SOLEIL EN BÉLIER
(né entre le 21 mars et le 20 avril)

Coup de foudre, coup de tête, cet homme-là possède le punch, la fougue, une force de caractère peu commune qui le propulse en avant. À vous, qui avez les idées larges, un point de vue original, un grain de folie, il donne le feu sacré, vous entraîne, vous aime physiquement. Un temps seulement, il repart ensuite dans sa course. Tant mieux, vous resterez libre et le laisserez libre d'être ce qu'il est. Entre vous, c'est un accord intellectuel, une amitié, voire une passion, plutôt que des plans à long terme, un foyer, une famille tranquille.

HOMME SOLEIL EN TAUREAU
(né entre le 21 avril et le 21 mai)

Peu de points communs entre vous. Autant vous êtes intellectuelle, idéaliste, originale et vous vivez à un rythme saccadé, autant il est lent, lourd, accroché aux choses et aux êtres, matérialiste. Certes, il peut vous stabiliser car il veut un couple solide, construire un foyer confortable, vous faire des enfants et vivre paisiblement, sans remises en cause, sans changements mais il est jouisseur, sensuel et possessif avec « sa » femme. Ça ira s'il ne tente pas de vous dominer, de vous asservir ou de vous surveiller.

HOMME SOLEIL EN GÉMEAUX
(né entre 22 mai et le 21 juin)

Un couple qui fonctionne sur le mode intellectuel et amical plutôt que sensuel ou passionné. Ni l'un ni l'autre ne s'attache vraiment, ne s'implique à fond dans la relation et vous vous donnez une liberté réciproque. Il peut vivre une double vie, changer d'orientation, très bien, cela vous permet de faire ce que vous voulez ! Ensemble, vous vous amusez, vous voyagez, rencontrez, parlez, dissertez, échangez vos idées neuves mais n'attendez pas de lui une vie de couple « normale », un foyer stable ou une famille traditionnelle.

HOMME SOLEIL EN CANCER
(né entre le 22 juin et le 22 juillet)

Il a besoin d'être protégé, entouré, chouchouté. Il veut vivre en couple, en famille, parmi les siens, dans une ambiance intime, dans son clan, sa cellule, son cocon. Il risque d'être désorienté par votre liberté d'esprit, vos idées originales, votre non-conformisme. Vous, en revanche, vous pouvez refuser d'être sa maman, de le considérer comme un enfant. Il vous faut votre indépendance, donc, il doit conquérir la sienne. Dans ce cas, vous serez complémentaires. Sinon ? Vous vous enfuirez sans qu'il puisse s'accrocher à vous.

HOMME SOLEIL EN LION

(né entre le 23 juillet et le 23 août)

Voilà votre complémentaire, l'homme qui possède ce que vous n'avez pas : la fougue amoureuse, le sens de l'organisation, des valeurs, de la famille et l'ambition de jouer un rôle sur la scène sociale et même d'y briller. Il met à jour vos rêves, les éclaire, vous donne la possibilité de les réaliser, de les concrétiser dans le monde matériel. En retour, vous le faites sortir de la voie classique, vous lui offrez vos idées fraîches, votre originalité et votre confiance dans le genre humain. Une belle combinaison.

HOMME SOLEIL EN VIERGE

(né entre le 24 août et le 23 septembre)

Il peut vous faciliter la vie celui-là, son monde est matériel, il a le sens pratique. Il a besoin de limites, de choses raisonnées et raisonnables, de construire, de travailler, de se perfectionner, de se rendre utile. Très bien, il s'occupera alors de la vie domestique, de la maison, des enfants, du jardin... de tout ce qui concerne le quotidien, les horaires, les règles tandis que vous donnerez au couple un grain de folie, de génie. À moins qu'il ne supporte pas votre esprit changeant. Lui change rarement. Sa voie peut alors vous paraître rectiligne, monotone.

HOMME SOLEIL EN BALANCE
(né entre le 24 septembre et le 23 octobre)

Vous parlez le même langage, celui de l'esprit, des idées, ni l'un ni l'autre n'étant très axé sur le côté pratique et matériel de la vie. Ensemble, vous dialoguez à l'infini, vous échangez complicité, amitié. Il vous ouvre sur le monde social, les rapports professionnels, partage avec vous ses goûts artistiques, esthétiques. Certes, il ne peut vivre seul, cherche à former un couple, voire une famille mais n'étant pas possessif, ses liens ne sont pas des chaînes, sa fidélité n'est pas légendaire. Vous vous en accommoderez très bien.

HOMME SOLEIL EN SCORPION
(né entre le 24 octobre et le 22 novembre)

Il veut vivre fort, intensément, brûler la chandelle par les deux bouts... Pourquoi pas ? Il est révolté, brise les tabous, bouscule les habitudes... d'accord. Il a besoin de construire et de détruire, de vivre passionnément, dangereusement, dramatiquement mais... pas vous ! L'attachement sexuel, les sentiments exclusifs, la jalousie, les orages conjugaux et autres déchirements, cela n'est pas pour vous. Sensuel, magnétique, envoûtant, s'il veut détenir un pouvoir, vous dominer, vous prendrez vos distances.

HOMME SOLEIL EN SAGITTAIRE

(né entre le 23 novembre et le 21 décembre)

C'est le monde des idées, de l'abstraction, la quête de liberté, de connaissances, de spiritualité qui vous rassemble. Fougueux, très physique, toujours prêt pour l'aventure, pour découvrir l'étranger *de visu*, il fascine par son enthousiasme, son énergie, cette foi, cette vocation qui le porte. Dans ce couple complémentaire, vous êtes la tête, il est les jambes, vous avez les idées, l'imagination, l'éclair de génie, lui possède l'action, la volonté, la force d'y parvenir. Une seule question : qui prendra les responsabilités conjugales et familiales dans ce mélange d'idéalismes ?

HOMME SOLEIL EN CAPRICORNE

(né entre le 22 décembre et le 20 janvier)

Un peu strict, un peu terne, un peu trop sérieux à votre goût... cet homme n'est pas là pour rigoler. Très responsable, capable de prévoir à long terme, cherchant à construire solidement un couple, un foyer, une famille, c'est un travailleur acharné, un ambitieux à froid qui veut grimper à l'échelle sociale, détenir un pouvoir sur lui-même, sur les autres et sur sa partenaire. C'est là que le bât blesse ! Vous êtes trop originale, trop indépendante pour cet homme possessif. Vous vivez sur deux rythmes différents : lent pour lui, électrique pour vous.

HOMME SOLEIL EN VERSEAU

(né entre le 21 janvier et le 18 février)

Bravo, vous vibrez sur la même longueur d'onde ! Comme vous, il s'éloigne du monde dit civilisé, recherche une vie originale, trace sa propre voie, hors des sentiers battus, s'intéresse au progrès, au futur, à l'humanité en général. Avec lui, vous ne craignez pas l'enfermement, la dépendance. Dans vos rapports, plus mentaux que sentimentaux, plus intellectuels que sensuels, l'un ne cherche pas à s'approprier l'autre et la jalousie, la haine ou les regrets ne font pas partie de votre vocabulaire. Une vie de famille traditionnelle non plus.

HOMME SOLEIL EN POISSONS

(né entre le 19 février et le 20 mars)

Si, à première vue, cet homme semble perdu dans ses rêves, confus dans ses actions, c'est qu'il éprouve un immense besoin d'aimer, de se donner, de partager les sensations, les émotions qui le traversent. Il lui faut être entouré, faire partie d'une communauté, adhérer à un groupe ou à un mouvement. À vous, l'indépendante chronique, l'égocentrique, il apprend à compléter votre générosité d'esprit par une générosité de cœur, vous donne l'occasion de fonder un couple durable, un foyer accueillant, une famille. Pourquoi pas ?

Femme Lune en Poissons

Les Poissons, dernier signe du zodiaque, expriment une transition, le passage de l'hiver au printemps. Riche et chaotique, il est le signe insondable, immense, infini de l'océan.

Qui êtes-vous ?

Une sirène, douce et ondoyante, un être plus mythique que réel, plus mystique que logique, capable, par ses chants, d'attirer, d'aimanter ceux qui passent à sa portée. Extrêmement réceptive aux choses et aux personnes, cette sensibilité à fleur de peau vous envahit, parfois vous submerge, donnant à votre caractère une grande plasticité. Inconsciemment, vous absorbez les influences de votre entourage, vous mêlez votre vie à celle des autres : vous cherchez à ne faire qu'un avec votre environnement.

Que désirez-vous ?

Aimer et vous faire aimer. L'isolement, la solitude vous sont insupportables. Il vous faut faire partie d'une famille, être membre d'une communauté, vous fondre dans un groupe, vous mêler à une équipe, participer à des projets collectifs, adhérer à un mouvement... bref, ne pas vous retrouver seule. Non, vous n'êtes pas faite pour vivre de manière indépendante, coupée de vos bases mais dans la multitude, le foisonnement, parmi les autres, avec les autres, comme un banc de poissons...

Votre rythme naturel

Selon vos humeurs. Il y a de la nonchalance en vous, de l'oisiveté, du laisser-aller. Vous ne savez pas vous restreindre, vous contraindre, vous discipliner ni même vous contrôler. Vous pouvez vous abandonner à la facilité, aux plaisirs, aux grasses matinées, à une certaine paresse remplie de rêves. Si ces rêves, omniprésents, permettent de vous évader de ce quotidien qui vous pèse, parfois, ils débordent, vous inondent, vous noient. Non, décidément, le sens pratique, l'exactitude, la ponctualité et la méthode ne sont pas vos atouts.

D'où venez-vous ?

Vous n'en savez rien. Ou allez-vous ? Vous ne le savez pas non plus... Comme l'océan dont elle est issue, la sirène ne connaît ni les frontières, ni les normes, ni les limites. Elle s'abandonne aux courants, se laisse porter par la vague, suit le flux et le reflux des marées, navigue à vue, sans origine ni destination précise. Avec vous, c'est tout ou rien. Par moments, votre vie est immense comme l'océan, l'amour vous subjugue, le plaisir est total... le miracle a lieu. À d'autres, votre vie semble aussi limitée qu'une cabine de bateau, elle vous retient prisonnière.

De quoi avez-vous peur ?

D'être livrée à vous-même, dans un monde impersonnel, loin de vos amis, de votre amour, de votre famille. Vulnérable, perméable, fragile psychiquement, pour vous rien n'est jamais clair, évident, définitif. Vos repères sont mouvants, vos idées chaotiques, votre volonté faible et en vous, tout se mêle, l'imaginaire et le réel, l'objectif et le subjectif, vous et les autres. Dans cette recherche de fusion avec le monde, vous pouvez perdre votre identité, ne plus savoir qui vous êtes, ce que vous voulez vraiment, quelle voie choisir. Vous risquez alors d'être, et de rester, dépendante des autres.

Vous ne savez pas...

... vous faire totalement confiance, vous donner une direction et la suivre, vous protéger des mauvaises influences, franchir seule les difficultés, manger et dormir à heures fixes, calculer, compter, prévoir, économiser, parler d'argent, bricoler, vous lever le matin, vous détacher des gens qui ne vous correspondent pas, réaliser vos propres objectifs...

Mais vous savez...

... vous dévouer aux autres, pour une idée généreuse, donner votre amour sans compter, vous coucher tard le soir, suivre votre cœur là où il vous entraîne, être compatissante, soigner, aider, soulager, vous sacrifier pour la bonne cause, créer, enfanter, faire naître des talents artistiques, choyer votre entourage...

Vos besoins

Illimités. En particulier lorsqu'il s'agit d'amour. Vous n'agissez pas par cupidité, par calcul, pour votre avantage personnel ni même en tenant compte de la réalité et l'intérêt général passe toujours avant l'intérêt particulier. Ce besoin de vous dévouer, base de votre personnalité, fait de vous une femme au cœur généreux, bon et compatissant, qui peut aller jusqu'à l'abnégation, voire au sacrifice. Vous ressentez les besoins des autres avant les vôtres, vous recherchez dans autrui ce que vous ne trouvez pas en vous. Il vous faut l'abondance, la profusion, vous sentir envahie d'impressions, d'émotions, de sentiments. Tout doit être le plus large, le plus grand, le plus beau possible et vous accueillez le tout sans faire de tri entre ce qui est vrai et faux, l'illusion et la réalité. Terriblement attachée aux personnes aimées, capable de fermer les yeux sur leurs erreurs et leurs défauts, vous ressentez en vous un vide qu'il faut remplir d'amour, d'affection, d'envies et d'espoirs. Ce n'est pas la raison qui vous guide mais votre cœur et vous le suivez, parfois aveuglément.

Vos dépenses

Vous ne vous privez pas, surtout lorsqu'il s'agit des autres, d'avoir une gentille attention, de penser à un anniversaire, de faire un cadeau, d'aider ceux qui sont dans le besoin. À eux, votre porte et votre portefeuille sont toujours ouverts. Oui, vous dépensez et quand vous achetez, c'est en quantité, sans y regarder à deux fois, sans vous restreindre. Le monde matériel, concret, réaliste n'est pas le vôtre. Ses contingences et ses responsabilités, sa hiérarchie et ses obligations vous mettent mal à l'aise. Vous, vous aimez baigner dans le flou artistique, l'illogique, l'indénombrable, l'insensé, l'irraisonné, l'inconnu... l'infini. Et l'argent n'est pas infini. Pour vous, il ne représente ni la gloire, ni le pouvoir, ni l'autorité. Il ne se joue pas en bourse, ne s'investit pas à long terme et dort rarement sur un compte en banque. Il ne se concentre pas sur un projet, ne sert pas de structure à votre vie. Il n'est qu'un moyen, un médium entre le monde et vous. L'argent arrive, repart, revient, s'échappe, glisse entre les doigts de la sirène...

L'amour

Toujours. Il donne un sens à votre vie, il est à la base de toutes vos pensées, de toutes vos actions. Vous aimez l'humanité en général et les hommes en particulier. Ou, plus exactement, un homme à qui vous vous donnez corps et âme. Ce n'est plus de la fidélité, c'est de la dévotion ! En lui, vous oubliez tout et vous-même. Vous ne voulez pas le juger, le refréner, le contraindre mais vous abandonner au flot des sentiments, quitte à l'idéaliser, à vous raconter des histoires, à croire à ce qui n'est pas... Très sensuelle, vous plaisez beaucoup aux hommes, laissant flotter autour de vous une aura de douceur caressante, nonchalante, romantique, avec un soupçon de candeur, de naïveté. L'homme que vous aimez n'est pas un père autoritaire, un amant fougueux, un ami dévoué ou un copain de passage mais tout cela à la fois, le prince charmant qui doit vous protéger, vous rassurer sur tous les plans. Il vous entoure, vous envahit et vous pouvez, vous-même, devenir envahissante. Le couple doit être tout à la fois : union affective, fusion physique, entente intellectuelle, communion spirituelle.

Le foyer

Indispensable. Il est votre port d'attache, votre havre de paix, votre communauté intime. Il n'est pas refermé sur lui-même, au contraire, il est accueillant, ouvert aux amis, aux copains, à tous... on doit s'y sentir bien. Car vous n'êtes pas attachée aux choses mais aux gens et l'importance de votre foyer dépend de votre état d'esprit du moment et des personnes avec lesquelles vous vivez. Être chez vous, dans vos murs, devenir propriétaire vous intéresse moins que vivre la chaleur des sentiments partagés en famille, entre amis et, en fait, peu importe le lieu. Au foyer, vous veillez sur tout et sur tous, vous êtes aux petits soins pour eux, pas forcément pour entretenir la maison et vous occuper des tâches domestiques qui demandent patience, régularité, exigence. Non, vous n'êtes pas pointilleuse, maniaque et chez vous, c'est un peu mêlé, un peu fouillis, en désordre ou désorganisé plutôt que bien rangé, classé, étiqueté. La maison, c'est surtout pour recevoir. Vous ouvrez votre table, vous aimez les dîners, les fêtes, les réunions qui font basculer le monde de l'anonymat dans celui de la convivialité.

Les enfants

Nombreux. Vous avez l'esprit de famille, vous restez proche de vos origines, de vos parents que vous ne laisserez jamais dans le besoin. Vous-même, vous désirez fonder un foyer, avoir une famille, nombreuse. Ici, comme dans les autres domaines, vous n'avez pas pour habitude de compter, de vous économiser. Vous êtes mère au fond du cœur, dans votre corps, et votre instinct maternel est très développé. D'ailleurs, vous maternez tout le monde, vos enfants bien sûr, et longtemps car vous êtes une mère possessive, mais tout votre entourage : mari, amant, frères, sœurs, employés, supérieurs, amis ou voisins. De même, au foyer, vous êtes tout à la fois : la maman, l'amie, la confidente, la sœur, la fille, la psy et l'infirmière... Si le rôle que vous donnez à la famille est central, vous ne savez pas faire la distinction entre votre vie publique et votre vie privée, entre le travail et la maison et si tout se mélange parfois, c'est que tout revêt de l'importance à vos yeux et vous vous occupez de tous avec la même générosité.

LUNE ET SOLEIL, votre dualité

La Lune vous a parlé de l'aspect féminin, réceptif de votre personnalité, de vos liens sentimentaux, affectifs et familiaux.

Le Soleil, quant à lui, représente vos tendances conscientes, masculines. Il donne vos objectifs professionnels, s'intéresse au matériel et à l'expression de votre ambition. Il dit où vous allez.

Lisez, ci-dessous, votre mélange original de Lune et de Soleil, la dualité qui est en vous.

LUNE EN POISSONS - SOLEIL EN BÉLIER

(née entre le 21 mars et le 20 avril)

Vaporeuse ? Perdue dans vos rêves ? Pas vraiment. Vous êtes faite pour foncer, prendre des décisions, des résolutions, voire le commandement des opérations. Il vous faut suivre votre propre route, un chemin professionnel qui demande de lutter pour des idées, pour les autres et pour vous-même. C'est le contraste entre une générosité de fond et un égoïsme de surface, une tendance naturelle à vous laisser aller et un caractère bien trempé, une forte volonté qui vous interdit de rester soumise, dépendante de quiconque.

Votre défi : trouver, en vous, le juste milieu.

LUNE EN POISSONS - SOLEIL EN TAUREAU

(née entre le 21 avril et le 21 mai)

Vous êtes faite pour aimer, vous donner aux autres mais vous ne vous oubliez pas en eux. Vous connaissez aussi votre intérêt, vos buts sont concrets, à long terme, définis, et votre voie mène à la construction d'une carrière, à la stabilisation de vos liens et à la fertilité maternelle. C'est entourée des vôtres, de votre mari, de vos enfants que vous trouvez le bien-être, l'harmonie. Il vous faut des repères, des habitudes, une vie tranquille, naturelle mais aussi de l'argent car vous vous passez mal de confort, de beauté, de plaisirs.

Votre défi : exprimer vos talents artistiques.

LUNE EN POISSONS - SOLEIL EN GÉMEAUX

(née entre 22 mai et le 21 juin)

Votre chemin est celui de la multiplicité, de la variété. Il vous faut suivre plusieurs voies, multiplier les expériences ou mener une double vie. Vive d'esprit, rapide d'exécution, vous êtes faite pour parler beaucoup, écrire des romans, vous déplacer souvent, jouer le rôle de la messagère, vous adapter aux situations nouvelles, vous intéresser à tout et communiquer avec tous. Partagée entre une vie conjugale et familiale qui vous absorbe et un métier qui prend tout votre temps, vous ne savez pas vous limiter, vous arrêter.

Votre défi : allier le cœur et l'esprit.

LUNE EN POISSONS - SOLEIL EN CANCER

(née entre le 22 juin et le 22 juillet)

Toute en émotions, en sensations, en intuitions, vous êtes une artiste, vulnérable, perméable, sensible, sentimentale et féconde. Vous êtes faite pour la vie conjugale, vous pelotonner dans un nid et mettre au monde une belle couvée. Vos valeurs sont familiales, liées au passé, aux souvenirs. Romantique, nostalgique, vous êtes dépendante de vos parents, de vos enfants, de votre proche entourage qui exerce sur vous une grande influence et vous ne pouvez vivre qu'avec les vôtres, ceux qui font partie de votre cellule, de votre clan.

Votre défi : vous construire, vous structurer.

LUNE EN POISSONS - SOLEIL EN LION

(née entre le 23 juillet et le 23 août)

Oh, oh, voilà de quoi briller, éclairer le monde, rayonner sur les autres ! La richesse artistique qui sommeille en vous doit s'exprimer, s'appliquer réellement, se concrétiser sur le plan matériel, celui des objectifs réalistes, du succès, de l'argent ou du pouvoir. Oui, il vous faut être reconnue par la société, avoir un bon train de vie, pouvoir dépenser pour le plaisir, le confort, le conjoint, le foyer, la famille... tous ceux qui font partie de votre entourage et sur lesquels vous possédez un certain ascendant.

Votre défi : passer du rêve à la réalité.

LUNE EN POISSONS - SOLEIL EN VIERGE

(née entre le 24 août et le 23 septembre)

Si au fond de vous le désordre règne, ce riche chaos doit impérativement être ordonné, canalisé, structuré pour ne pas vous perdre et être utilisé dans la vie quotidienne. En effet, vous êtes faite pour travailler, vous dévouer pour une tâche, un mari, des enfants et pour réaliser quelque chose de tangible, peut-être même à la place des autres. Il vous faut un métier, un foyer, des repères, des limites, faire le tri, ranger, classer et faire passer vos émotions par le filtre de la raison pour les maîtriser, parfois les réprimer.

Votre défi : ne pas vous sentir indispensable.

LUNE EN POISSONS - SOLEIL EN BALANCE

(née entre le 24 septembre et le 23 octobre)

Dans ce mélange d'émotions aquatiques et de sentiments éthérés, vous êtes une sirène aérienne, une séductrice, que vous le vouliez ou non. Le rapport avec la société, avec autrui, vous est indispensable et ce sont les autres, et l'autre, qui décident de votre chemin. Artiste aux multiples dons, aux intuitions profondes, vous êtes faite pour partager, harmoniser, assembler, décorer, réunir, créer toutes sortes de liens, intellectuels, sensuels, spirituels et amoureux.

Votre défi : ne pas verser dans le caprice, l'indécision, l'irrésolution.

LUNE EN POISSONS - SOLEIL EN SCORPION

(née entre le 24 octobre et le 22 novembre)

La raison ? Vous n'en avez que faire, c'est la passion qui vous mène, vous domine, vous submerge et parfois vous engloutit. Vous vous donnez toujours à fond, jusqu'au bout. Vos ressources sont grandes, votre appétit de vivre aussi. Vous êtes faite pour aimer follement, vivre intensément, travailler durement, avoir une famille, un foyer mais pas seulement. Il vous en faut plus, connaître les plaisirs et les douleurs, vous mettre en danger, construire, détruire et c'est dans un métier artistique, créatif que vous vous exprimez le mieux.

Votre défi : savoir raison garder.

LUNE EN POISSONS - SOLEIL EN SAGITTAIRE

(née entre le 23 novembre et le 21 décembre)

Vous avez besoin de hautes aspirations, d'un immense espoir, de croire en quelque chose. Il y a un côté religieux, dévoué, charitable, une véritable vocation en vous ainsi que le besoin de vous élancer, de vous battre pour une grande cause, de défendre l'opprimé, de parcourir le monde physiquement, spirituellement, en quête d'une vérité, d'un idéal. Au fond très émotive et vulnérable, il vous faut lutter pour conquérir votre indépendance sociale et votre liberté sentimentale.

Votre défi : trouver le juste milieu entre vous attacher et vous détacher.

LUNE EN POISSONS - SOLEIL EN CAPRICORNE

(née entre le 22 décembre et le 20 janvier)

Le laisser-aller, la paresse, l'abandon... cela n'est pas pour vous. Vous devez maîtriser vos sentiments, structurer votre vie, avancer, lentement et sûrement vers des buts réalisables, des objectifs concrets. Oui, il vous faut être ambitieuse, capable de prendre toutes les responsabilités, même celle des autres, de construire un foyer, d'avoir des enfants, de les nourrir, les éduquer, d'être au four et au moulin, au foyer et au travail, avec vos collègues, votre patron, votre mari, vos amies, vos amis...

Votre défi : ne pas jouer, tout le temps, le rôle de super-woman.

LUNE EN POISSONS - SOLEIL EN VERSEAU

(née entre le 21 janvier et le 18 février)

Vous avez besoin de baigner dans un aquarium commun, professionnel et familial, mais vous devez, aussi, vous en échapper pour conquérir votre indépendance. Ce chemin passe par une réflexion, un certain isolement, une vie sage ou d'ascète, loin du monde social, de ses responsabilités et de ses charges. Âme voyageuse, il vous faut suivre un chemin original, différent, avoir une cause humanitaire à défendre, un mouvement à suivre ou à mener.

Votre défi : vous impliquer, à la fois, dans les autres et dans vous-même.

LUNE EN POISSONS - SOLEIL EN POISSONS
(née entre le 19 février et le 20 mars)

Tout se mêle ici, votre cœur et votre esprit, la logique et les sentiments, le talent et le manque de volonté, votre richesse intérieure et votre peur de l'exprimer. Artiste, créative, intuitive, vous êtes pleine de sollicitude, d'attentions mais vous ne savez pas où s'arrête l'influence des autres sur vous, la vôtre sur autrui et vous confondez leurs buts et les vôtres, votre vie familiale et professionnelle. Dans cette vision du monde floue, immature ou déformée, vous êtes faite pour aimer et être aimée.

Votre défi : choisir, décider, être déterminée.

LUNE ET SOLEILS, les hommes et vous

Comment vous accordez-vous avec un...

HOMME SOLEIL EN BÉLIER

(né entre le 21 mars et le 20 avril)

Un peu rude, un peu rustre à votre goût. Vous qui aimez être enveloppée d'amour, envahie de sentiments, il risque de vous brusquer. Pourtant, il vous motive par son ardeur amoureuse, son esprit de conquête, vous tire de votre torpeur, vous fraie un passage dans la vie sociale. Mais il peut aussi perdre patience et reprendre sa route. N'attendez pas de lui un foyer stable, une présence de tous les instants, de douces attentions. C'est un macho, un barbare, un sauvage. Certaines aiment ça, peut-être pas vous.

HOMME SOLEIL EN TAUREAU

(né entre le 21 avril et le 21 mai)

Celui-là est fait pour vous. Constructeur, placide et bon, cet homme amoureux recherche la paix du ménage, apprécie le confort du foyer et une ribambelle d'enfants. Il vous fait la vie douce, vous aime beaucoup et fort, vous protège, apaise vos doutes, apprécie vos talents artistiques et canalise votre énergie créatrice. En retour, vous faites entrer dans sa vie, un peu routinière et matérialiste, un vent magique de folie, de rêve, de sensualité, de mystères et d'espoirs. L'union est bonne, riche et féconde.

HOMME SOLEIL EN GÉMEAUX
(né entre 22 mai et le 21 juin)

Multiple, diffus, disséminé, cet homme ajoute de la confusion à votre personnage. Il sait comment mais ne sait pas où il va, ni avec qui ! Sa vie est double, triple, complexe, il est là, il est autre part, toujours en mouvement, butine, s'intéresse à tout en général, à rien en particulier. D'autant que, dans une relation, il ne s'implique jamais tout à fait, craint d'être pris au piège de l'amour et avec vous, il se méfie. Certes, il peut vous faciliter la vie, son sens pratique, concret, fait des merveilles, mais il s'éloigne des rêves, des émotions, de la passion... Il ne perd jamais la tête.

HOMME SOLEIL EN CANCER
(né entre le 22 juin et le 22 juillet)

L'amour conjugal, le foyer-cocon, la famille nombreuse... voilà ce qui vous unit, vous relie. Cet homme a besoin d'être protégé, encouragé, poussé à sortir, à travailler, à se faire une place dans le monde social et professionnel. Vous êtes son égérie, celle qui le soutient, l'épaule, le conseille mais surtout, le materne ! Vous êtes la femme, la sœur, la mère et la gouvernante de cet homme-enfant qui ne grandit pas mais qui vous procure, longtemps, tendresse, douceur, attentions et... son amour indéfectible.

HOMME SOLEIL EN LION

(né entre le 23 juillet et le 23 août)

Il vous offre sa chaleur, sa générosité, sa protection, ses encouragements, son goût d'une vie belle et confortable, sa fougue amoureuse, ses grands desseins, ses projets grandioses. C'est un être social à la forte volonté, à l'ambition puissante, fait pour construire et s'élever, rayonner aux yeux de tous. Certes, il travaille beaucoup, pense à sa promotion et n'est pas toujours très disponible. Si vous ne vous sentez pas délaissée, tout ira bien et, en retour, vous lui offrez tout l'amour dont vous êtes capable, vous êtes sa muse, son inspiratrice.

HOMME SOLEIL EN VIERGE

(né entre le 24 août et le 23 septembre)

Voilà un homme simple, honnête et droit, sur lequel vous pouvez compter, un être plein de prévenance et d'attentions pour la femme qu'il aime, prêt à lui faire une vie douce, tranquille. Il s'occupe de tout, de son travail bien sûr qui représente beaucoup pour lui, mais aussi de la maison, des enfants, du quotidien. Il vous décharge des responsabilités, de l'administratif, des problèmes pratiques et, en retour, vous lui donnez ce qui lui manque peut-être : l'imagination, le rêve, les émotions intenses, les sentiments exacerbés, le grain de folie.

HOMME SOLEIL EN BALANCE

(né entre le 24 septembre et le 23 octobre)

Il partage vos goûts artistiques et apprécie vos charmes. Plein de finesse, de délicatesse, il fait dans la dentelle, c'est un séducteur. Et comme vous le séduisez... cela ne peut que vous rapprocher. Cet homme ne peut vivre seul, il a absolument besoin de former un couple pour trouver, et garder, son équilibre mais ses liens ne sont pas intangibles, sa fidélité absolue et dans ce cas, la vôtre ne le sera pas non plus. Peu présent au foyer, il veut briller en société, tisser des liens plus intellectuels et amicaux que sensuels. Cela pourra-t-il vous satisfaire ?

HOMME SOLEIL EN SCORPION

(né entre le 24 octobre et le 22 novembre)

Il vous fait vibrer, trembler, vous adore et vous violente, vous attire et vous déchire... La vie avec cet homme est intense. Il se nourrit de passions, de sentiments exacerbés, de drames et d'orages, brûle la chandelle par les deux bouts. Avec cet être fascinant et dangereux, possessif et torturé, créatif et déroutant, vous êtes sur la même longueur d'onde : celle de l'amour. Prêt à construire un métier, un foyer, une famille, sachez qu'il est aussi capable de détruire pour recommencer. Sa vie est faite de transformations incessantes et, tel le phénix, il renaît toujours de ses cendres.

HOMME SOLEIL EN SAGITTAIRE
(né entre le 23 novembre et le 21 décembre)

La croyance en une même foi, le partage d'un même idéal peut vous réunir mais cet homme, très indépendant, peut l'être trop pour vous, pas assez disponible, en voyage, en partance... bref, pas là, à vos côtés. C'est vrai qu'il a besoin d'action, de mouvement, de sport, de conquête et d'explorations. Il galope, entraîné par son enthousiasme, s'aveugle parfois car le cœur, et non la raison, dicte sa conduite. Si vous ne tentez pas de le retenir, de le domestiquer, il sera à vous. Sinon, il sautera la barrière !

HOMME SOLEIL EN CAPRICORNE
(né entre le 22 décembre et le 20 janvier)

Lui, il sait où il va, comment il y va et quand il arrivera. Sérieux, discipliné, solide, parfois inflexible, cet homme possède ce que vous n'avez pas naturellement : l'autorité, la rigueur, la volonté. Il vous prend en main, vous forme, structure votre existence, vous met sur des rails, assume toutes les responsabilités, les vôtres y compris, mais ne tolère ni désordre, ni infidélité. En retour, vous lui donnez des enfants, un foyer, une base à partir de laquelle il grimpera à l'échelle sociale, détiendra un pouvoir sur lui, sur les autres et... sur vous.

HOMME SOLEIL EN VERSEAU
(né entre le 21 janvier et le 18 février)

Il est loin celui-là, loin du monde, loin de tout, loin de vous... Intelligent, penseur, philosophe, sage ou ascète, il a besoin d'une cause à défendre, d'un idéal à atteindre, d'une quête spirituelle mais surtout, d'une grande liberté d'action et de pensée. Âme éthérée, c'est un esprit plus qu'un corps, un être solitaire, original, qui préfère la fraternité universelle à l'amour possessif. Si vous ne l'envahissez pas et le laissez suivre son chemin, il reviendra à vous mais ne comptez pas sur lui pour construire un couple, un foyer, une famille ou voir à long terme.

HOMME SOLEIL EN POISSONS
(né entre le 19 février et le 20 mars)

L'homme qui est fait pour vous se cachait à la dernière page ! Perméables l'un à l'autre, vous vous comprenez à demi-mots, ressentez les mêmes sensations, au même moment, avez les mêmes intuitions. Oui, entre vous la complicité est grande. Lui aussi n'a besoin que d'amour, d'un amour qui s'étende au couple, à la famille, aux enfants, aux amis, à tout l'entourage. Vous êtes faits pour vous comprendre, vous aider et vous soutenir, alimenter au quotidien le flot des sentiments, créer une œuvre artistique ou parentale et vous unir, vous réunir, fusionner.

Dans quel signe se trouvait la Lune lors de votre naissance ?

Pour le savoir :

1. Cherchez dans les pages suivantes le tableau qui correspond à votre **ANNÉE** de naissance.

2. Dans ce tableau, à l'intersection de votre **JOUR** et de votre **MOIS** de naissance, se trouve une case.

A. Si cette case est vide

Remontez la colonne d'une case, ou de plusieurs si nécessaire, jusqu'à rencontrer le nom d'un signe, le signe lunaire.

Exemple : née le 28 janvier 1932

1932	janvier		
25	12 h 47 VI		
26			
27	15 h 08 **BA**		
28	——→ ↑		
29	17 h 44 SC		

BA : Balance

La Lune est en Balance.

B. Si cette case contient une heure et un signe

Deux possibilités :

- *Vous êtes née* ***AVANT*** *cette heure :*

Dans ce cas, remontez la colonne d'une case, ou de plus si nécessaire, jusqu'à rencontrer le nom d'un signe, celui dans lequel se trouvait la Lune.

Exemple : née le 6 janvier 1932 à 12 heures.

1932	janvier		
4	15 h 16 **SA**		
5	↑		
6 →	18 h 38 CP		

SA : Sagittaire

La Lune est en Sagittaire.

- *Vous êtes née* ***APRÈS*** *cette heure :*

Le signe indiqué dans la case est votre signe lunaire.

Exemple : née le 6 janvier 1932 à 20 heures.

1932	janvier		
4	15 h 16 SA		
5			
6 →	18 h 38 **CP**		

CP : Capricorne

La Lune est en Capricorne.

NB : si vous êtes née autour de l'heure indiquée : pour plus de précision, vous devez SOUSTRAIRE à votre heure de naissance :

Jusqu'en 1945 :	- 1 heure l'hiver
	- 2 heures l'été
De 1946 à 1975 :	- 1 heure, hiver comme été
Depuis 1976 :	- 1 heure l'hiver
	- 2 heures l'été

(L'hiver, c'est du dernier dimanche de septembre au dernier dimanche de mars. L'été, du dernier dimanche de mars au dernier dimanche de septembre.)

Signification des abréviations :

BE : Bélier

TA : Taureau

GE : Gémeaux

CN : Cancer

LI : Lion

VI : Vierge

BA : Balance

SC : Scorpion

SA : Sagittaire

CP : Capricorne

VE : Verseau

PO : Poissons

homme soleil

Journaliste, astrologue, voyageur, Didier BLAU est l'auteur de plusieurs ouvrages sur les arts divinatoires. Chaque semaine, il écrit le Numéroscope et l'Horoscope du magazine *Elle*.

Imprimé en Espagne
par Mateu Cromo
ISBN : 2501041100
dépôt légal : 41932 - janvier 2004
40.0550.0/01

DIDIER BLAU

homme soleil

•MARABOUT•

L'homme est Soleil. Action, énergie, amour et vie, il rayonne, dispense sa lumière, illumine la scène.

Chaque matin, il se lève, s'élève, montre la voie, indique le chemin. Il réveille, pousse hors du lit, oblige à avancer, à travailler, à prendre des responsabilités.
À l'image du Soleil, l'homme exerce un pouvoir, réalise une ambition, réchauffe le monde qui l'entoure.

Dans sa course annuelle, le Soleil rythme la vie. Mois après mois, il transforme la nature, dessine les saisons, dépeint les caractères. Il fait mourir en automne, revivre au printemps, se blottir en hiver, briller en été.

Quel homme êtes-vous ?

Où allez-vous ?

Pour qui êtes-vous fait ?

Le Soleil vous répond.

Votre signe solaire

Le signe du zodiaque dans lequel se trouvait le Soleil lors de votre naissance, votre signe solaire, exprime la conscience que vous avez de vous-même, vers quoi vous allez. Il parle de votre volonté, de vos ambitions, de vos objectifs, de vos réalisations, de la façon dont vous envisagez la vie.

Dans quel signe se trouvait le Soleil lorsque vous êtes né ?

Né entre le 21 mars et le 20 avril : Soleil en Bélier (page 9)
Né entre le 21 avril et le 21 mai : Soleil en Taureau (page 29)
Né entre le 22 mai et le 21 juin : Soleil en Gémeaux (page 49)
Né entre le 22 juin et le 22 juillet : Soleil en Cancer (page 69)
Né entre le 23 juillet et le 23 août : Soleil en Lion (page 89)
Né entre le 24 août et le 23 septembre : Soleil en Vierge (page 109)
Né entre le 24 septembre et le 23 octobre : Soleil en Balance (page 129)
Né entre le 24 octobre et le 22 novembre : Soleil en Scorpion (page 149)
Né entre le 23 novembre et le 21 décembre : Soleil en Sagittaire (page 169)
Né entre le 22 décembre et le 20 janvier : Soleil en Capricorne (page 189)
Né entre le 21 janvier et le 18 février : Soleil en Verseau (page 209)
Né entre le 19 février et le 20 mars : Soleil en Poissons (page 229)

Si vous êtes né à la limite de deux signes, la position du Soleil dépend de vos date et heure de naissance. En effet, le Soleil entre dans les signes à des heures différentes, selon les années, parfois avec un jour de décalage. Pour vérifier, contactez l'éditeur qui transmettra.

SOLEIL ET LUNE, votre dualité

Vous êtes un homme, le Soleil, mais vous n'êtes pas que le Soleil ! Vous êtes aussi fait de Lune, l'autre face de votre personnage, celui que vous êtes dans l'intimité, la part réceptive, imaginative, fertile, féminine de votre être.

Découvrez page 249 votre signe lunaire, cet autre signe qui vous caractérise. Vous connaîtrez alors la dualité qui est en vous, ce mélange particulier de Soleil et de Lune dont vous êtes fait.

SOLEIL ET LUNES, les femmes et vous

Vous êtes le jour, elles sont vos nuits. La Lune, la femme alimente votre énergie, met au monde et nourrit, donne matière à vos actions, à vos ambitions.

Quelles sont les femmes qui vous correspondent ? Qui sont vos complémentaires ?

Découvrez leur signe lunaire page 249. En le comparant à votre signe solaire, vous saurez ce qui vous sépare, ce qui vous unit, ce qui vous fait briller ensemble, jours après nuits.

Homme Soleil en Bélier

Vous êtes né entre le 21 mars et le 20 avril, dans le feu de l'action, quand les bourgeons explosent ! C'est le signal, le printemps, la nature se réveille, la vie reprend vie !

Qui êtes-vous ?

Un homme motivé. Oui, vous voulez vivre et peu importent les conséquences ! Vous n'avez pas la notion du temps, vous vivez au présent, vous consommez l'instant, vous le consumez. Agissant sans arrière-pensée, instinctivement, intensément, ce feu qui brûle vous entraîne comme une machine à vapeur, comme une locomotive. Vous avancez, vous menez. Les autres ? S'ils suivent, tant mieux. Sinon, tant pis, d'autres wagons viendront s'attacher à vous. Oui, dans ce monde, il n'est question que de vous !

Que voulez-vous ?

Démarrer, sortir de l'inertie, dépenser votre énergie, vous dépasser. Ce monde demande à être parcouru, bousculé, conquis. Vous avez besoin de victoires, sur vous-même et sur les autres, et si

l'agressivité, la brutalité, voire la violence, font partie de votre personnage, c'est que vous éprouvez des sentiments spontanés, directs, sans détour. En fait, vous êtes un homme simple, carré, fait d'un bloc, qui va droit au but, un peu rudement parfois, mais qui a le mérite d'être franc. Partant pour toutes les aventures, même les plus périlleuses, le danger ne vous effraie pas. Il vous exciterait même.

Vous marchez à quoi ?

Au défi. Vous êtes l'homme des paris, des records, des aventures, de l'extrême. L'avenir, vous ne savez pas ce que c'est et vous vous en moquez. Le vôtre, en tout cas, sera ce que vous en ferez. Oui, dans le Bélier, le « moi » est puissant, il vous domine, il est à la source de toutes vos pensées, de toutes vos actions. Vous agissez en fonction de vos propres intérêts, par rapport à votre « ego », par rapport à vous seul. Il n'y a pas de malice de votre part, simplement, parfois, vous ne voyez pas plus loin que le bout de votre museau.

Où allez-vous ?

Tout droit. Vous n'attendez pas, vous foncez. Vous voulez gagner, réussir. Parfois, vous y parvenez, parfois non. Victoires et défaites alternent dans votre existence Vous en essuyez dans votre vie, plusieurs, mais vous vous en relevez toujours et repartez vite vers de nouvelles aventures. Tant mieux ? Tant pis ? Quelle importance ! Vous êtes comme ça, à prendre ou à laisser et vous ne

regrettez jamais rien. Le passé, les souvenirs, le bon vieux temps... tout cela s'efface devant la perspective de demain ! Oui, pour vous, les lendemains chantent !

Vous avez peur de quoi ?

De rien. A priori, rien ne vous effraie dans ce bas monde, rien ne vous arrête dans votre course. Comme les Normands, vous ne connaissez pas la peur, celle de mal faire ou de ne pas être à la hauteur, encore moins celle de perdre votre identité dans autrui. Vous ne comptez que sur vous, les autres ne peuvent donc pas vous décevoir. Mais un problème se pose lorsque cette solitude, voulue, vous éloigne du monde social, de ses rencontres, de ses opportunités d'évoluer. En effet, comment évoluer en ne tournant qu'autour de soi ? Une question que le Bélier se doit de résoudre.

Vous ne savez pas...

... vous arrêter, prendre le temps, profiter de la vie, construire durablement, aimer longtemps, conduire lentement, faire des concessions, vous associer, vous sacrifier, comprendre les autres, tirer des leçons du passé, penser aux conséquences, acquérir, économiser, calculer, prévoir, bâtir, vous raisonner, vous calmer...

Mais vous savez...

... aimer passionnément, vous enthousiasmer, cogner, dépenser et vous dépenser, essayer, risquer, y aller, vous donner, draguer, pratiquer un sport, bouger, voyager, tenter le coup, quitter une femme, en retrouver une autre, faire des projets, ne pas regretter, vous donner entièrement...

Votre ambition

Vivre. À fond. C'est tout. Il ne s'agit pas pour vous de détenir un poste honorifique, de grimper pas à pas dans la hiérarchie ou d'amasser de l'argent. Non, c'est prouver, d'abord à vous-même et ensuite aux autres, ce dont vous êtes capable. Le monde social, ses récompenses, le standing, le luxe... cela vous est étranger. Vous seriez plutôt rebelle, bousculant l'ordre établi, refusant de vous soumettre, de vous incliner. Vous n'êtes esclave de personne et dans le domaine social, cela peut provoquer des tensions, des conflits... que vous ne cherchez pas à apaiser d'ailleurs. Partisan du coup de gueule, du poing sur la table, des actions difficiles, voire dangereuses, vous mettez toutes vos forces dans l'entreprise que vous menez, sans penser à ce qui peut arriver par la suite. Les excès auxquels vous vous livrez parfois vous empêchent de suivre un chemin tracé, une route rectiligne. Le Bélier vit sa vie, indépendamment de tout. Il restera un sauvage, jusqu'au bout !

Le travail

En solitaire. Qu'on ne vous demande pas de suivre les autres, la routine ou des directives. Vous êtes fait pour être leader, motiver une équipe, prendre le commandement des opérations : vous avez l'esprit de compétition. Vous retrouver sous la coupe d'un supérieur, obligé de respecter des horaires, la hiérarchie ou les normes vous fait fuir et vous travaillez mieux en indépendant, de manière autonome, qu'au sein d'une société, d'un groupe ou d'une équipe, à moins que vous ne la meniez. Eh oui, vous êtes un peu « ours » et vous vous en sortez toujours mieux seul qu'en comptant sur les autres. Dans votre vie professionnelle, vous changez plusieurs fois d'orientation, vous aimez pratiquer tous les métiers, du moment qu'on vous laisse votre part de liberté de pensée et d'action. Vous ne demandez pas d'aide, ni d'appuis, ni de conseils : vous y allez ! Vous vous trompez et repartez aussi sec. Votre énergie, votre capacité à vous dépenser physiquement, votre volonté d'agir, de réussir et de gagner vous permettent de lutter, de renverser les obstacles, de conquérir des parts de marché, de devenir chef et, en tout état de cause, de suivre votre voie.

L'argent

Vous ne connaissez pas. Le domaine matériel vous est totalement étranger. Vous ne cherchez pas à construire mais à faire. Vous ne vous attachez à rien, surtout pas à l'argent que vous ne respectez pas beaucoup. Pour vous, il ne représente pas grand-chose sinon une liberté supplémentaire. Ce n'est pas en vous

promettant des sommes astronomiques, une retraite confortable ou un taux d'épargne attractif que l'on vous attire. L'argent, vous en gagnez rarement de façon régulière, comme l'employé ou le salarié qui attend son chèque à la fin du mois, mais par à-coups, de manière soudaine, à la façon d'un travailleur indépendant. Votre compte en banque vire souvent au rouge mais vous savez vivre à découvert. Ne pouvant pas compter sur des réserves, un bas de laine qui a toutes les chances d'être percé, vous connaissez davantage l'emprunt que le compte rémunéré. L'argent chauffe entre vos doigts, vous le brûlez, vous le flambez, vous le claquez pour votre plaisir.

Les femmes

Votre terrain de chasse. On peut vous trouver un peu brusque, genre homme des cavernes. En fait, vous êtes un homme, un vrai, un peu irresponsable mais qui a le feu sacré. Pour vous, l'égoïste, l'amour doit être une aventure dont vous ne connaissez pas l'issue. Adepte du coup de foudre, capable de vous enflammer soudain, et de vous éteindre aussi vite, dans la relation, c'est vous qui faites le premier pas. Votre sexualité est puissante, vos besoins impérieux et la fidélité ne vous étouffe pas. Prototype du macho, de l'homme viril, sûr de sa séduction et de son eau de toilette, vous ne faites pas dans la finesse, dans la dentelle et lorsque vous aimez, c'est tout de suite et très fort. Vous ne voyez pas le développement de votre relation à long terme, vous ne prêtez guère attention aux désirs de votre partenaire. Vous marier, vivre en couple, avoir une femme, et une seule dans votre vie...

non ! Rencontres imprévues, séparations soudaines, l'amour doit être passionné sinon il vous ennuie. Voilà pourquoi, sauf exception, vous vous retrouvez seul, célibataire ou divorcé car, en fait, ce qui compte pour vous, c'est être libre.

La famille

Ne vous excite guère. Ce qui touche au foyer, à la maison, à la vie conjugale n'est pas dans vos cordes. Vous, vous êtes un homme d'extérieur, pas d'intérieur. Vous avez besoin de faire ce qui vous plaît, quand cela vous plaît et vivre en couple, en communauté, avoir des obligations, assumer des responsabilités autres que les vôtres... vous craignez que tout cela ne vous enferme, vous écrase, vous éteigne. La famille, ce sont des liens et les liens, vous n'en voulez pas. Avoir des enfants, les éduquer, devenir père... OK, vous êtes toujours partant pour tenter des expériences, vous dites oui, ne serait-ce que pour voir ce que ça donne, ce que vous êtes capable de créer, s'ils vous ressemblent... mais les faire vous intéresse davantage que vous en occuper au quotidien. Avec vos enfants, seul, vous vous en sortez très bien, mieux qu'en couple, mais ils ne doivent pas prendre tout votre temps ou vous limiter d'une manière ou d'une autre. La dépendance est un mot qui vous fait horreur et les enfants, en tout cas dans leur jeune âge, sont dépendants de vous. C'est à l'adolescence que vous jouez le mieux votre rôle de père.

SOLEIL ET LUNE, votre dualité

Le Soleil vous a parlé de l'aspect objectif, conscient de votre personnalité. La Lune, quant à elle, représente vos tendances inconscientes, subjectives, rythme de base et aspirations profondes.

Découvrez maintenant page 249 votre signe lunaire, cet autre signe qui vous caractérise. Ensuite, vous lirez le mélange original de Soleil et de Lune dont vous êtes fait, la dualité qui est en vous.

SOLEIL EN BÉLIER - LUNE EN BÉLIER

Vous ne cachez rien ! Vous êtes un pur Bélier, une bête à cornes faite pour se projeter en avant et combattre ! Guerrier spartiate, gladiateur romain, soldat de l'Empereur... choisissez votre rôle. Vous allez tout droit, là où vos rêves vous mènent. Rêves violents, héroïques ou érotiques à tendance dominant-dominé, vous avancez dans la vie vite et fort mais en aveugle. C'est vous qui vous aveuglez, votre ego vous dirige.

Votre défi : prendre un peu de recul vis-à-vis de vous-même pour vous associer, vous unir.

SOLEIL EN BÉLIER - LUNE EN TAUREAU

Dans cette association du Bélier mâle et du Taureau femelle, même si vous êtes impulsif, aigu, carré ou risque-tout, au fond, vous éprouvez un immense besoin de tranquillité, de stabilité, de rondeurs, de douceurs, de confort et de repères bien définis. Vos atouts : sur le plan sensuel et sexuel, vous alliez la fougue à la tendresse, au travail vous êtes capable d'esprit d'initiative et de persévérance mais vous êtes écartelé entre deux mondes : celui de l'être et celui de l'avoir, l'idéalisme et le matérialisme.

Votre défi : ne pas vous suivre obstinément.

SOLEIL EN BÉLIER - LUNE EN GÉMEAUX

Vous ne tenez pas en place. La motivation vous pousse, les opportunités se présentent, les rapports se créent... Vous n'êtes pas un Bélier à angle aigu, à sens unique mais au fond, un homme plus léger, plus diffus, qui a besoin sans cesse de renouvellement, de changements et de nouveautés. Pour vous, la vie doit être à la fois palpitante et amusante. Financièrement vous claquez, amoureusement vous papillonnez, professionnellement vous avancez. Où ? Vous ne savez pas, vos aspirations sont multiples et à court terme.

Votre défi : vous arrêter, réaliser, stabiliser.

SOLEIL EN BÉLIER - LUNE EN CANCER

Deux mondes s'affrontent en vous. Celui du Bélier porté vers l'avant, et celui du Cancer tiré vers l'arrière, vers le passé. Même si vous êtes actif, dynamique, décidé, au fond, vous êtes vulnérable, manquant de confiance en vous, adepte d'une certaine oisiveté, un homme doux, non violent, animé de sentiments tendres et profonds qui se protège des atteintes extérieures. Le couple, la famille, les enfants tiennent une place importante dans votre vie.

Votre défi : équilibrer votre indépendance farouche et ce besoin d'être entouré, protégé.

SOLEIL EN BÉLIER - LUNE EN LION

Personnalité de feu, charismatique, qui veut conquérir le monde, tout le monde, vous vous aimez, vous vous appréciez beaucoup. Vous agissez pour vous, vous voulez démontrer vos capacités... bref, il n'y en a que pour vous ! Attention, cela vous rend égoïste, très égoïste ! Sur le plan social, vous êtes un drôle de mélange de sauvage et de civilisé, de noble et de rustre, d'idéaliste et de matérialiste. Lequel vaincra ? À vous de répondre...

Votre défi : ne pas vivre que pour vous, les autres existent aussi !

SOLEIL EN BÉLIER - LUNE EN VIERGE

Plus raisonnable que le pur Bélier, plus strict aussi, vous êtes un mélange de spontanéité et de réflexion, d'idéalisme et de pragmatisme, un homme tiraillé entre ces pôles opposés. Vous ne vous contentez pas de vivre, il vous faut comprendre. Au fond, vous avez besoin de rendre le monde logique, rationnel, de vous sentir utile. Vous ne vous lancez pas sans réfléchir, ce qui peut occasionner en vous des blocages car votre énergie doit sortir... et vous la retenez.

Votre défi : dépasser vos propres limites, avoir le courage de vos ambitions.

SOLEIL EN BÉLIER - LUNE EN BALANCE

Rentre-dedans ? Impulsif ? Violent ? Oui et non car, au fond, vous êtes une nature pacifique, réfléchie, indolente voire indécise. Vous oscillez entre l'action directe et la peur de déstabiliser les gens et les situations. Vous voilà écartelé entre le monde physique et le monde mental, entre la guerre et la paix, les tensions et les rapprochements, entre vivre pour vous et vivre pour l'autre... Votre vie sentimentale peut donc s'en ressentir.

Votre défi : concilier votre volonté de vivre seul et vos aspirations à vivre à deux.

SOLEIL EN BÉLIER - LUNE EN SCORPION

Il y a de la force dans cette combinaison, une volonté de puissance, de domination, de la violence, le désir de vivre intensément, l'envie de brûler la chandelle par les deux bouts ! C'est sur le mode de la lutte que vous existez, c'est par le combat, la victoire ou la défaite, que vous avancez. Vous mettez vos forces au service de vos folles ambitions. Oui, au fond de vous existe le besoin de trouver une vérité, une pureté, quitte à vivre le danger, la passion et ses drames.

Votre défi : apaiser vos doutes, relâcher vos tensions.

SOLEIL EN BÉLIER - LUNE EN SAGITTAIRE

Quelle fougue, quel élan, quel enthousiasme dans ce mélange de bélier et de cheval ! Oui, vous êtes parti à l'aventure, vous rêvez de grands espaces, de nobles combats à mener, d'un idéal à atteindre. Vous êtes porté par une idée, une foi, une vocation. Au fond, vous avez besoin de grands espaces à parcourir, d'une mission à remplir, d'idées à affirmer, de quelque chose qui vous dépasse et vous exalte.

Votre défi : savoir attendre et réfléchir pour ne pas lutter contre des moulins, vous aveugler d'optimisme.

SOLEIL EN BÉLIER - LUNE EN CAPRICORNE

Vous êtes un homme ambitieux, très ambitieux, mettant toutes ses forces dans la conquête de lui-même et du monde qui l'entoure. Mélange de chaude passion et de froide réflexion, d'impulsivité et de maîtrise, vous êtes moins spontané et idéaliste que l'on ne croit. Vous voulez être le premier, sinon le seul, vous hisser à la tête, commander, détenir le pouvoir. Il y a de la dureté, de l'intransigeance, un côté inflexible en vous ainsi qu'une grande solitude.

Votre défi : ne pas vous axer seulement sur vos ambitions personnelles.

SOLEIL EN BÉLIER - LUNE EN VERSEAU

Voilà l'idéaliste forcené, le marginal, le révolté qui lutte pour des idées, pour faire avancer les choses. Pour vous, il s'agit de vivre bien sûr mais aussi de comprendre pourquoi vous existez ! Indépendant, autonome, vous avancez sur un mode excité, énervé sinon exalté. Il vous faut de l'action mais aussi des idées, des rencontres, de l'aventure humaine. Il y a de la solitude aussi, un certain isolement dû à votre égoïsme.

Votre défi : aimer une femme, aimer vos proches et construire quelque chose de tangible.

SOLEIL EN BÉLIER - LUNE EN POISSONS

On vous dit égoïste, ne suivant que votre propre voie... non. Au fond, vous êtes un être sensible, influençable, vulnérable. Vous avez terriblement besoin des autres, vous ne pouvez vivre qu'entouré mais votre fierté vous empêche de vous répandre, de vous perdre en eux, de vous oublier. Pris entre deux mondes, pour vous la question est : vivre pour vous ou pour les autres ?

Votre défi : cultiver vos talents artistiques, partager, aimer une femme, des enfants, vous laisser aller et même, parfois, vous abandonner.

SOLEIL ET LUNES, les femmes et vous

Comment vous accordez-vous avec une...

FEMME LUNE EN BÉLIER

Vous êtes sur la même longueur d'onde. Ce n'est pas la famille qui vous réunit mais deux passions conjuguées. En commun vous avez le goût de la liberté, l'envie de vivre intensément le moment présent, sans penser aux lendemains, qu'ils chantent ou pas. Entre vous, c'est le coup de foudre, ou rien. Mais ce n'est pas si facile de vous rencontrer ! Vous êtes tous deux des ours, a priori célibataires, qui suivez votre chemin sans penser à un « autre » éventuel. Et vous êtes surpris ! Au sein du couple, vous devez garder, chacun, votre autonomie.

FEMME LUNE EN TAUREAU

Mais oui elle vous attire, elle a du charme, des charmes mais est-elle faite pour vous ? Et vous, êtes-vous fait pour une seule femme ?... Elle est belle, aime l'amour mais attention, elle a besoin de sécurité, de fidélité, d'être rassurée. En êtes-vous capable ? Oui ? Alors, c'est formidable, vous lui donnez votre fougue, votre force, vous êtes le moteur du couple, vous l'entraînez, la faites bouger tandis qu'elle vous offre sa sensualité, son esprit matériel et maternel pour construire une vie de famille.

FEMME LUNE EN GÉMEAUX

Jolie combinaison d'élan physique masculin et d'agilité mentale féminine. Cette femme donne de l'air à vos projets, vous permet de communiquer, de toucher à tout, d'en savoir davantage... bref, de sortir de votre caverne. Elle est curieuse, rapide, jeune d'esprit, coquette et légère et peut même vivre une autre vie pendant que vous vivez la vôtre... Vous n'avez, ni l'un ni l'autre, une grande notion du couple, une envie folle de fonder une famille. C'est plutôt sur le mode du flirt, de l'aventure que se déroule au mieux votre relation.

FEMME LUNE EN CANCER

Vous n'êtes pas vraiment du même style. Elle a besoin d'être aimée, longtemps, durablement, d'avoir des enfants, une famille, un cocon. Vous, les cocons, ça vous étouffe vite, il faut vous en sortir pour aller vivre votre vie. Alors, entre vous, est-ce possible ? Oui, sous certaines conditions : qu'elle ne veuille pas vous materner, vous capturer, vous empêcher de faire ce que vous voulez et si vous parvenez à la motiver, à la faire sortir de chez elle, à prendre quelques risques... c'est gagné. Sinon, vous passerez votre chemin.

FEMME LUNE EN LION

Vous êtes le feu sauvage, elle le feu civilisé, deux égoïsmes différents mais qui vont bien ensemble ! Elle vous fascine par ses capacités, son autorité en la matière, peu importe laquelle, sa beauté léonine, son port royal, sa manière de se mettre en valeur, son goût des belles choses et le train de vie qu'elle aime prendre. Elle, elle a besoin de vous admirer, ce qui se passe d'ailleurs, elle est impressionnée par votre détermination, votre esprit de compétition. L'amour ensemble, oui, mais le travail aussi : vous aimez ça tous deux.

FEMME LUNE EN VIERGE

Vous ne pensez pas au lendemain : elle y pense pour deux. Le côté matériel, pratique des choses vous est étranger : elle l'assure sans problème. Elle est complexée, manque de confiance en elle : vous la motivez. Seriez-vous complémentaires ? Oui, elle peut vous faire devenir époux et père, n'est jamais à court d'idées et aime se rendre utile, ce qui vous facilite la vie... À moins qu'elle ne vous trouve un peu rude, un peu brusque, et vous un peu mièvre ou terne. Une combinaison où tout peut arriver, le pire comme le meilleur.

FEMME LUNE EN BALANCE

À ma gauche : le macho, égoïste, tout en puissance. À ma droite : la femme éternelle, grande séductrice, toute en nuances. Elle est faite pour vous et vous pour elle, alliance de complémentaires ! Son domaine, celui de la beauté, des arts et de l'harmonie, n'est pas le vôtre. L'aventure, le défi, l'action n'est pas le sien. Vous êtes le pionnier, le cow-boy solitaire, elle l'esthète, la jolie squaw. Ensemble, vous combinez force et douceur, énergie et relations et apprenez l'un de l'autre. Vous êtes les deux faces d'une même pièce, d'un même couple.

FEMME LUNE EN SCORPION

Voilà un couple qui vit intensément, passionnément... à ne pas mettre entre toutes les mains ! Amour du risque, du danger, de ce qui est défendu, volonté farouche et détermination... vous vous ressemblez et donc, vous vous assemblez. Mais attention, ce peut être de courte durée car la force qui vous anime n'est pas la même. Elle est claire, franche, crue et lumineuse pour vous, plus sombre, plus torturée, plus secrète pour elle. Il y a des drames et des réconciliations dans cette union, des coups de foudre et des coups de tonnerre !

FEMME LUNE EN SAGITTAIRE

Vous êtes, tous deux, animés par la fougue, l'élan, l'enthousiasme qui vous propulse en avant. Vous partagez l'envie de vivre fort, de voyager, de tenter votre chance et de toucher au but. Voilà un couple très actif, toujours plein d'idées à mettre en œuvre, de projets à mettre en place. On ne s'ennuie pas avec vous et a priori, elle non plus. Peut-être manque-t-il ici une dimension sentimentale plus profonde, du temps à passer ensemble, l'envie de s'arrêter un peu, le temps de construire un couple, une famille ?

FEMME LUNE EN CAPRICORNE

Voilà deux personnages différents, deux ambitions qui ne parlent pas la même langue. Vous êtes chaud et direct, vous n'attendez pas. Elle est distante, patiente, elle sait attendre. De deux choses l'une : soit elle vous attend et justement, vous passez... Dans ce cas vous l'entraînez, la faites sortir de son cadre, de ses responsabilités, de ses devoirs tandis qu'elle vous donne sa confiance, son réalisme pour construire un couple solide, une famille unie. Soit vous passez trop vite et elle attend encore...

FEMME LUNE EN VERSEAU

Des idées originales, l'amour de la liberté, une bonne dose d'humour et de repartie... cette femme, qui n'a pas de complexe, se considère votre égale, vous impressionne. Son domaine est mental, le vôtre physique. Elle pense, vous agissez, c'est une union complémentaire qui donne au couple la possibilité d'être à la fois indépendant et sur la même longueur d'onde. Ce ne sont pas le mariage, le foyer ou les enfants qui vous rapprochent. Entre vous, c'est plus une amitié, une complicité, un amour fraternel que des sentiments passionnés.

FEMME LUNE EN POISSONS

Elle est perdue, vous l'entraînez. Elle a besoin de vous tout le temps et vous, de temps en temps... Voilà une femme aimante, amante, féconde et maman dans l'âme, qui se dévoue pour ses proches et les autres, qui a besoin d'être entourée, protégée... En êtes-vous capable ? Pourtant, cette sirène vous charme, vous tombez dans ses filets... et vous vous en échappez ! Femme sensible, artiste, sensuelle, elle vous offre ce que vous n'avez pas : l'amour des autres. Cela ne peut pas vous faire de mal !

Homme Soleil en Taureau

Vous êtes né entre le 21 avril et le 21 mai, saison des fleurs, des parfums, des vertes prairies... Ici, le Taureau serait plutôt une vache, paisible brouteuse, un être doux et pacifique, nourricier et fécond.

Qui êtes-vous ?

Un homme solide et sain. Si l'image de la vache vous gêne, disons que vous êtes un bœuf, attelé à sa charrue qui, lentement et sûrement, trace son sillon, un homme stable sur lequel on peut compter. Pas un rêveur, un illuminé, un excité ou le méchant de l'histoire mais le gentil, qui aime faire plaisir et de se faire plaisir. Inspiré par Mère Nature, vous avez besoin d'un contact avec les arbres, les plantes, les animaux, de rapports vrais, authentiques, d'une vie simple et bonne, à croquer comme une pomme. Dans ce monde, votre rôle est d'en profiter.

Que voulez-vous ?

Bâtir. Que ce soit une carrière, une fortune, un couple ou une famille, la vie est pour vous jeu de construction. Il vous faut créer,

fonder, gagner, faire fructifier, augmenter, amasser au risque d'entasser. Vous êtes un matérialiste, pas de doute là-dessus, mais un matérialiste sentimental qui aime les choses, les personnes et s'y attache. En fait, vous voulez faire durer le plaisir, éternellement le bonheur, voir des sourires, donner des caresses. Voilà pourquoi, si vous devez perdre quelque chose ou quelqu'un, manquer de qui ou de quoi que ce soit, vous êtes très déstabilisé.

Vous marchez à quoi ?

Au sentiment. Chez vous, il naît lentement mais devient, avec le temps, de plus en plus fort. Qu'il soit votre ami, votre amour, votre patron ou tout autre, chez vous le cœur prend le pas sur l'esprit. Vos liens ne peuvent pas être impersonnels mais chaleureux, toujours teintés d'affectivité, de sympathie. Vous aimez toucher, caresser, sentir, entendre et goûter à tous les fruits, défendus ou pas. À l'image de l'arbre dont les branches croissent en l'air et les racines en terre, vous êtes solide, bien planté, presque indéracinable mais tendre sous l'écorce.

Où allez-vous ?

Vers rien de spécial. Vous restez là et vous en profitez au maximum ! Vous ne vous dépêchez pas, il n'y a pas le feu. La vie est courte, il faut en profiter mais elle est longue aussi et vous faites ça à l'endurance, tranquillement. Comme le soc dans la terre, tout ce que vous vivez reste marqué en vous à jamais. Rancunier, têtu,

terre à terre, vous êtes un ruminant psychique, lent à la détente mais à l'arrivée, très efficace. L'inertie est votre force mais peut mener aux idées fixes, à l'obstination. Il vous est difficile de vous adapter aux situations nouvelles, de changer de point de vue, de rythme ou de mode de vie.

Vous avez peur de quoi ?

De manquer, que l'on vous quitte, d'être seul. Votre personnage confiant, ancré dans la réalité, rassure votre entourage mais vous aussi, vous avez besoin d'être sécurisé, de vivre dans un environnement paisible. Sans repères, sans limites raisonnables, sans un champ clos à labourer, vous perdez les pédales et là, vous êtes capable d'excès, de rage folle. Possessif, vous avez le sens de la propriété, vous pensez que les choses sont à vous, que les gens aussi... N'essayez pas de retenir, de vous accaparer ceux que vous aimez, vous risqueriez de les étouffer.

Vous ne savez pas...

... mentir, vous dépêcher, vous adapter, changer de route, vous disperser, voir le mal, détruire, oublier, effacer, pardonner, être léger, désinvolte, faire deux choses en même temps, être spontané, recommencer à zéro, jongler, vous dépêcher, flamber, agresser autrui...

Mais vous savez...

... aimer et vous faire aimer, tenir les cordons de la bourse, compter et recompter, jouir de la bonne chère, de la belle chair, être artiste à vos heures, embrasser, bouder, chanter, boire un coup, travailler, être habile de vos mains, former, construire, communiquer avec la matière, jouer d'un instrument...

Votre ambition

Trouver et garder le bonheur. Oui, pour vous, le bonheur existe. Il est même terrestre, tout à fait possible à atteindre. Bien manger, bien boire, bien dormir, bien aimer, c'est en substance ce que vous recherchez, c'est même la substance de la vie, la substantifique moelle que l'on ne se lasse pas de sucer. Tout cela est poétique ? Certainement. Au ras des pâquerettes ? Peut-être, mais le plaisir n'attend pas. Oui, vivre tranquillement, confortablement, aimer et être aimé... que peut-on demander de plus ? Rien de subversif ou de révolté en vous. Tout cela reste très classique. Vous respectez les traditions, l'ordre et la loi. Vous ne voulez rien remettre en cause, rien changer, en vous et autour de vous. Tout doit demeurer en l'état, solide, inébranlable, agréable et éternel. Il faut apprendre à lâcher prise, à perdre, à laisser, à quitter cette routine qui vous rassure, qui vous endort. Débarrassez-vous des choses qui vous encombrent, des gens qui vous démotivent afin d'être plus actif. Vous êtes fait pour travailler, engranger, produire, nourrir votre famille et vos envies.

Le travail

C'est la santé. Très productif, capable de fournir un effort soutenu, le travail quotidien vous est nécessaire. Il donne des repères, des habitudes, vous place sur une voie, permet de voir à long terme. Dans le domaine professionnel, on peut compter sur vous. Vous n'avez pas l'habitude de bâcler, de vous débarrasser d'une tâche ou de changer d'idée soudainement. D'ailleurs, pour vous faire changer de direction, c'est difficile ! Apprécié pour votre persévérance, votre rythme régulier, votre assiduité, votre honnêteté, votre bon contact et votre bonne volonté – oui, tout cela –, vous êtes souvent la base, l'un des pivots de l'entreprise, celui qui rassure ses employés, aide ses collaborateurs, charme son patron. Par votre confiance et votre vue optimiste de l'avenir, vous êtes capable d'aller loin et longtemps. Mais il ne faut pas vous bousculer, vous faire agir dans l'urgence, vous demander de changer d'habitudes ou de faire plusieurs choses à la fois. Une seule et elle sera accomplie, dans les temps, avec rigueur et scrupules.

L'argent

Important ! Les finances, la trésorerie, la banque, tout cela ne vous est pas étranger. L'argent, ça vous parle. Vous connaissez le prix de l'effort, sa valeur et vous n'êtes pas dépensier. Vous ne claquez pas, vous ne flambez pas, vous entassez. Disons que vous en usez, sans en abuser. Parfois même, vous êtes radin. C'est que le manque vous angoisse plus que tout ! Alors, vous

épargnez, vous économisez, vous thésaurisez. Votre compte en banque est rarement à découvert, il vous faut impérativement une assise financière. Vous n'êtes pas du genre à spéculer, à jouer en bourse, à vouloir gagner rapidement et facilement. Non, c'est par votre travail, uniquement, que vous vous donnez le droit de devenir riche ! Mais le capital, patiemment acquis, ne doit pas être à la merci du premier coup de vent venu. Vous savez le placer, le faire fructifier, que ce soit sous forme d'obligations, d'œuvres d'art ou d'achats immobiliers. Très matérialiste, vous avez confiance dans ce qui est solide, vrai, palpable. En fait, vous ne dépensez jamais... vous investissez.

Les femmes

Domaine privilégié ! Une vie sans amour est une vie perdue et le Taureau solitaire est rare. D'ailleurs, on mène la vache au taureau et sur ce plan, vous n'êtes pas à plaindre ; vous plaisez aux femmes. Votre sensualité, votre douceur naturelle produisent leurs effets. Mais attention, l'amour c'est sérieux, vous ne vous lancez pas dedans tête baissée. Votre cœur demande du temps pour être pris mais une fois que c'est fait... c'est pour la vie ! Foncièrement fidèle, vous n'êtes pas mené par la passion qui s'allume, qui s'éteint, ni par la curiosité mais par une grande sensualité. Très charnel, ayant besoin de caresses, de tendresse, de douceur et de faire beaucoup l'amour, vous aimez jouir autant que faire jouir. Vos fantasmes sont abondants, bien en chair et soyeux mais vous n'êtes pas pervers, ni sado, ni maso, tout cela doit rester sain, beau et bon. À la sophistication, vous préférez

le naturel, la nudité, l'authentique, ce qui se vit, pas seulement ce qui se voit. En couple, attention à la possessivité, à la jalousie. Elle n'est pas « votre » femme, rien ni personne dans ce monde ne vous appartient.

La famille

Ça compte. Une femme pour la vie, ça veut dire... des enfants. Vous en voulez. Plusieurs. D'abord, parce que c'est logique, normal, ça fait partie de la vie. Ensuite, parce que ce sont les fruits de l'amour que vous portez à une femme. Dans le rôle du père nourricier, vous êtes excellent. Vous aimez tendrement vos enfants, vous êtes capable de remplacer la maman, de les nourrir, de les élever, de les éduquer. Prenez garde à ne pas vouloir vous les approprier. Apprenez à les laisser libres et le moment venu, à vous en défaire, à les lâcher dans la nature pour qu'ils ne restent pas dépendants de vous, et vous d'eux. La famille requiert vos attentions quotidiennes et vos liens sont puissants. Vous vous sentez très proche de votre famille, vous respectez les âges, les générations et ne laissez jamais quiconque en peine. Au foyer, vous vous sentez bien, comme à l'étable. Gourmand et gourmet, votre table est bonne, vos vins choisis et vous pouvez mettre la main à la pâte. Seriez-vous bon mari, bon père, bon fils et même bon cuisinier ?

SOLEIL ET LUNE, votre dualité

Le Soleil vous a parlé de l'aspect objectif, conscient de votre personnalité. La Lune, quant à elle, représente vos tendances inconscientes, subjectives, rythme de base et aspirations profondes.

Découvrez maintenant page 249 votre signe lunaire, cet autre signe qui vous caractérise. Ensuite, vous lirez le mélange original de Soleil et de Lune dont vous êtes fait, la dualité qui est en vous.

SOLEIL EN TAUREAU - LUNE EN BÉLIER

Vous êtes moins une vache placide qu'un taureau fougueux ! En vous résonnent des accents guerriers, le besoin de combattre, l'envie d'en découdre. Dans ce mélange d'impulsivité et d'inertie, de lenteur et de rapidité, vous prenez la vie sans recul, comme elle vient, au premier degré. Vous voulez construire des situations solides mais en même temps, vous supportez mal une vie stable et tranquille, le manque d'action. En amour, vos désirs sont puissants, ardents.

Votre défi : concilier passions et attachements durables.

SOLEIL EN TAUREAU - LUNE EN TAUREAU

Voilà une grosse bébête, fixée en terre, inébranlable, inamovible qui supporte mal les changements liés à l'existence. Vous avez vos convictions, vos certitudes, vos traditions, des idées bien ancrées, arrêtées. Votre force d'inertie est grande, vous vous bloquez, vous ruminez et restez sur vos positions. Vous n'êtes pas fait pour les remises en cause, les passions, l'aventure ou le risque mais pour construire et stabiliser.

Votre défi : être capable de vous adapter à de nouvelles situations, de prendre une autre orientation et, le cas échéant, de changer de vie.

SOLEIL EN TAUREAU - LUNE EN GÉMEAUX

Plutôt lourd et lent, votre nature de base est faite d'un matériau très léger. Vous êtes un homme plus insouciant qu'il n'y paraît, rapide d'esprit et adaptable aux situations nouvelles. Au fond, vous aimeriez vivre le changement, le renouvellement, mener plusieurs existences à la fois, connaître de multiples expériences mais votre force d'inertie, votre fidélité aux valeurs et aux femmes vous en empêchent.

Votre défi : vous calmer, vous raisonner tout en vous laissant cette liberté de pensée et de mouvement qui vous est indispensable.

SOLEIL EN TAUREAU - LUNE EN CANCER

Cette combinaison met l'accent sur vos qualités de sensibilité, de douceur, de tendresse et de compréhension. Vous recherchez la stabilité, la paix, l'harmonie d'une vie classique faite d'amour, de mariage, de partage, de foyer et d'enfants. Vous vous réfugiez dans vos habitudes, dans une certaine routine qui vous met à l'écart du monde extérieur, des transformations liées à l'existence. Vous vous penchez sur vos souvenirs, sur votre passé, qui pèse parfois, vous craignez que l'on ne vous échappe, qu'on ne vous laisse seul.

Votre défi : prendre des risques, des paris sur l'avenir.

SOLEIL EN TAUREAU - LUNE EN LION

Si vous êtes un homme simple et tranquille qui n'aime pas être bousculé, au fond, vous ressentez l'immense besoin de vous mettre en valeur, d'être connu et reconnu socialement. Partagé entre l'amour pour vos proches et l'amour pour vous-même, l'authenticité et la frime, vous oscillez entre « être » et « avoir », entre « être » et « paraître ». Capable de beaucoup d'efforts pour réussir votre vie amoureuse et professionnelle, l'argent et le confort qu'il donne sont pour vous une priorité.

Votre défi : vous arrêter, parfois, de travailler.

SOLEIL EN TAUREAU - LUNE EN VIERGE

Faites-vous confiance aux sentiments ou à la logique ? À l'intuition ou à la réflexion ? Vous voulez profiter de la vie mais au fond, vous vous refrénez, vous vous interdisez de laisser libre cours à vos sensations, à votre sensualité, à ce côté romantique, artistique qui déborde, vous déborde. Créatif, habile de vos mains et de votre esprit, vous pouvez être terre à terre, traditionaliste, cartésien voire borné : vous ne croyez que ce que vous voyez.

Votre défi : vous laisser aller et être vous-même, sans complexe.

SOLEIL EN TAUREAU - LUNE EN BALANCE

Amateur des belles et bonnes choses de la vie, vous êtes un jouisseur, un esthète, un homme de goût, fasciné par la beauté des femmes. Le domaine amoureux, artistique et sensuel est le vôtre. Recherchant la paix, la tranquillité et l'harmonie, il existe pourtant en vous une lutte entre la raison et les sentiments car vous ne savez pas si vous devez réagir avec cœur ou avec esprit, vous investir ou attendre encore. Au fond, vous avez besoin de nouer des relations, de vous lier, de vous unir.

Votre défi : vous dépasser.

SOLEIL EN TAUREAU - LUNE EN SCORPION

Animé de pulsions instinctives, très porté sur l'amour et le sexe, mélange de tranquillité et d'angoisses, si vous êtes un homme fidèle et placide, au fond de vous brûle le feu de la passion. Vous avez besoin de vivre une vie intense, excitante, voire dangereuse, de connaître drames et mystères. Tiraillé entre vérité et mensonges, entre faire plaisir et faire souffrir, votre sensualité est débordante, sinon dévorante, et vos dons artistiques et créatifs certains.

Votre défi : équilibrer ces tendances opposées qui, parfois, vous déchirent.

SOLEIL EN TAUREAU - LUNE EN SAGITTAIRE

Voilà le notable, le bourgeois, l'homme installé dans son confort et ses certitudes. Partisan de l'ordre, des convenances et des traditions, conformiste par essence, vous n'êtes ni rebelle, ni effronté et si vous voulez vivre une existence tranquille, voire statique, au fond de vous brûle l'envie de voyager, de découvrir, de connaître, d'aller plus loin, de viser plus haut. Vos rêves sont colorés, il vous faut poursuivre un but, croire en quelque chose. À la fois rapide et lent, vous ne pouvez vous contenter de stabilité.

Votre défi : avoir de l'humour sur vous-même.

SOLEIL EN TAUREAU - LUNE EN CAPRICORNE

Mélange de chaleur et de froideur, à la fois sentimental et raisonné, vous êtes un homme très responsable, parfois trop, qui ne peut vivre sans une tâche à accomplir, un devoir à remplir, une famille à nourrir. Vous assumez, vous assurez mais vous manquez d'imagination, de rapidité d'adaptation, vous ne rebondissez pas. Très fidèle en amour, patient sinon obstiné, persévérant voire têtu, on peut vraiment compter sur vous, vous êtes une bête de travail.

Votre défi : savoir changer et vous renouveler.

SOLEIL EN TAUREAU - LUNE EN VERSEAU

Stable, lourd et lent ? Oui, mais au fond, vous êtes très différent. Épris de liberté, d'indépendance, vous êtes un idéaliste, plein d'imagination, de rêves, d'idées originales. Il vous est difficile de trouver une cohésion, de faire la synthèse entre les traditions et l'innovation, entre respecter et franchir les limites. À la fois très matérialiste et vous moquant de l'argent, sage et fou, ancré dans la réalité et profondément instable, vous avez autant besoin d'amour que d'amitiés.

Votre défi : concilier le monde de l'être et celui de l'avoir.

SOLEIL EN TAUREAU - LUNE EN POISSONS

Vous baignez dans un monde de sentiments, de sensations, de sensualité. Le Taureau vous a donné une grande puissance d'amour et les Poissons vous demandent de partager cet amour avec tous, de l'offrir au monde. Vous tenez la route, vous allez tout droit mais au fond de vous, ça bouillonne. Très sensible, émotif, vulnérable, vous êtes un artiste aux multiples talents qui peut aussi se perdre dans les autres, se laisser aller à l'oisiveté ou à la facilité.

Votre défi : exprimer socialement ce que vous ressentez intuitivement.

SOLEIL ET LUNES, les femmes et vous

Comment vous accordez-vous avec une...

FEMME LUNE EN BÉLIER

Tous deux aimez la vie mais pas forcement de la même manière. Adepte du coup de foudre et du coup de tête, c'est une femme spontanée, franche et directe mais qui ne supporte pas d'être enfermée, dépendante d'un homme. Si vous attendez une épouse au foyer, douce et docile, vous risquez d'être déçu. Les enfants, la famille, le train-train ne sont pas faits pour elle et votre possessivité, votre attachement aux gens et aux choses l'effraient. Tout ira bien si vous lui laissez son autonomie. En êtes-vous capable ?

FEMME LUNE EN TAUREAU

Cette femme est faite pour vous et vous pour elle ! Vous lui donnez la sécurité affective, le confort, une vie réglée et la promesse de fonder un foyer, une famille. En retour, elle vous offre son amour, indéfectible, sa tendresse, sa sensualité à fleur de peau, son sens des réalités et sa fidélité. Voilà une union faite pour durer, pour construire, ensemble, une existence douce et paisible. Les sentiments qui vous lient, puissants, solides, résistent à l'épreuve du temps et des orages de l'existence.

FEMME LUNE EN GÉMEAUX

Elle vous amuse, vous intéresse, vous irrite, vous intrigue... Légère et court vêtue, elle apparaît, disparaît de votre vie et c'est bien là le problème car vous avez du mal à la cerner et surtout, à la garder ! Peu à l'aise sur le plan physique, fonctionnant davantage sur le mode mental que sentimental, intellectuel que sensuel, elle peut vous paraître superficielle, dépensière, tête de linotte ou volage tandis que vous risquez d'être un peu lourd, routinier ou trop exigeant sur le plan sexuel. Le bon et le moins bon coexistent ici.

FEMME LUNE EN CANCER

Belle alliance de signes féconds. Si vous aimez la vie au foyer, une ribambelle d'enfants, votre fauteuil, votre journal et vos pantoufles, vous serez servi. Lascive, docile et tendre, émotive et sentimentale, elle trouve en vous un homme solide qui lui donne confiance en elle, sur lequel elle peut compter, qui la protège, la sécurise et la satisfait sur le plan affectif et sexuel. En retour, elle s'occupe des affaires domestiques, du foyer, est une maman formidable pour vos enfants. Et même pour vous.

FEMME LUNE EN LION

Certes, elle vous attire, vous éblouit, vous impressionne mais attention, cette femme est davantage axée sur le domaine social que familial. Elle a besoin de s'exprimer dans un métier, de briller, d'être admirée, de se mettre en valeur et d'être mise en valeur par son partenaire. En outre, son train de vie est élevé, son goût du luxe bien connu, ce qui risque de vous effrayer... Même si, a priori, cette union paraît solide, il peut y avoir un malentendu. Dans l'existence, vous voulez « avoir », elle a besoin d'« être », ce n'est pas tout à fait la même chose.

FEMME LUNE EN VIERGE

Tous deux bien plantés en terre, recherchant sécurité, confort et fidélité conjugale, vous êtes partis pour vivre ensemble, longtemps. Adeptes d'une vie paisible, avec foyer, enfants, maison de campagne, dîner aux chandelles et amour courtois, aimant le travail, l'effort, le don de soi et la tendresse, votre côté matérialiste et son esprit pratique font bon ménage. Partisans du long terme, vous construisez ensemble des bases sûres et sur le plan sexuel, vous êtes peut-être le seul qui puisse apaiser ses craintes, la libérer de ses complexes.

FEMME LUNE EN BALANCE

Vous, le sensuel, êtes attiré par cette femme esthète, raffinée, élégante, tout à fait charmante mais qui vit davantage sur le mode mental que sentimental. Elle a besoin de séduire tous azimuts, de nouer des relations sociales valorisantes, de sortir, de travailler et de s'associer à d'autres... ce qui peut vous rendre jaloux. Certes, elle vous apprécie mais vous êtes un peu matérialiste à son goût, trop sensuel et vous ne la voulez que pour vous. Cette union, bonne sur le plan professionnel et artistique, le paraît moins sur le plan conjugal.

FEMME LUNE EN SCORPION

Ces deux-là s'attirent inexorablement. Entre vous, ça part vite, ça part fort, le sexe étant une composante majeure de votre relation. Dans cette alliance de complémentaires, elle compte sur vous pour faire taire ses angoisses, la stabiliser, la tranquilliser, devenir mère et fonder un foyer tandis qu'elle vous fait vivre intensément, passionnément, vous remet en question, vous demande de vous dépasser. Ici, l'union est forte, les sentiments puissants, la jalousie aussi car sur le plan amoureux, ni l'un ni l'autre ne fait de concessions.

FEMME LUNE EN SAGITTAIRE

Elle vous séduit par son tempérament enthousiaste, exalté, ce côté amazone que l'on ne capture pas aisément. C'est bien là le problème car vous, vous avez besoin de stabilité affective, d'une vie réglée, de bases sûres, d'une famille tandis qu'elle suit sa route, son idéal et ne supporte pas d'être soumise ou reléguée dans le rôle de la femme au foyer. Si vous n'êtes pas trop possessif, si elle sait être présente, vous partagerez votre goût du confort, d'une vie bourgeoise. Oui, avec le temps, elle s'assagit.

FEMME LUNE EN CAPRICORNE

C'est un pic, c'est un roc, c'est une péninsule... en tout cas, cette union est d'une solidité à toute épreuve ! Tous deux partagez des sentiments profonds, stables, fidèles, faits pour durer. Elle voit à long terme, économise, s'occupe du foyer, des enfants, assume ses responsabilités, même les vôtres, tandis que vous lui apprenez les plaisirs de la vie. Femme de tête, on peut lui faire confiance tandis qu'elle peut compter sur vous. C'est une alliance féconde, constructive, réalisatrice : les pieds sur terre, le cœur au chaud.

FEMME LUNE EN VERSEAU

Elle est partie loin, loin de vous, des autres et de tout le reste ! Cette femme est une mentale, pas une sentimentale ou une sensuelle. Elle est partie, pas n'importe où, à la recherche de sa liberté ! Et c'est là que le bât blesse car vous avez besoin d'une femme proche de vous, d'un foyer, d'enfants, d'une femme fidèle, voire un peu soumise. Et que veut-elle ? Pas des enfants mais défendre la veuve et l'orphelin, pas un foyer mais travailler, découvrir, comprendre le monde, faire des projets, lancer des idées... L'union n'est pas évidente.

FEMME LUNE EN POISSONS

Vous allez être comblé ! La sirène est pleine de charmes, de séductions et d'émotions au pluriel. Elle vous emplit, elle vous remplit d'amour, d'amis, d'un tas de personnes et de rêves. Elle ne vit qu'entourée, de son mari, de ses enfants, de sa famille, d'une communauté dans laquelle elle va se dévouer. Et ça, vous appréciez. De votre côté, vous lui donnez confiance en elle, vous assurez la stabilité affective et financière du couple, assumez les responsabilités, la satisfaites sexuellement. Une combinaison féconde, créatrice.

Homme Soleil en Gémeaux

Vous êtes né entre le 22 mai et le 21 juin. La végétation croît, grandit, se multiplie, les papillons virevoltent... Les Gémeaux, éternels adolescents, sont deux jumeaux, deux copains.

Qui êtes-vous ?

Un jeune homme. Et quel que soit votre âge ! Vif d'esprit, rapide d'exécution, doué pour la communication, la parole, l'écriture, les relations humaines et le commerce, vous jouez sur plusieurs tableaux, vous passez d'un monde à l'autre, vous changez de personnage. Oui, vous êtes un joueur invétéré, un homme qui ne prend rien au sérieux. Ni même à cœur car votre esprit prend le pas sur les sentiments. Votre cœur n'est pas sec mais les situations vous intéressent davantage que les personnes. Dans ce monde, votre rôle est de bouger.

Vous voulez quoi ?

Rien de spécial. Votre volonté n'est pas très puissante, vous n'avez rien d'un chef ou d'un décideur bardé de responsabilités et d'honneurs. Pour vous, l'intérêt de la vie réside dans le fait

de pouvoir changer de route, de personnes et de lieux, découvrir et multiplier les expériences. Une seule vie ne vous suffit pas. Il vous faut une double vie. Parce qu'à chaque détour, on peut avoir une surprise et même plusieurs ! Votre curiosité naturelle doit être satisfaite, vous voulez être intrigué.

Vous marchez à quoi ?

Au rendez-vous. Un Gémeaux solitaire, à l'agenda vide, qui ne rencontre personne est un Gémeaux mort ! Vous pensez à plusieurs choses à la fois, vous faites la liaison entre les gens, vous jouez le rôle du messager, du traducteur, de l'interprète, vous suivez plusieurs projets, vous êtes sur plusieurs coups. Votre rythme de vie est rapide, décousu, stressant, toujours entre deux lieux, deux envies, deux personnes. D'ailleurs, vous passez de l'une à l'autre sans aucun problème. C'est même cela qui vous fait fonctionner.

Vous allez vers quoi ?

Vous ne le savez pas, ni d'où vous venez, ni où vous êtes. Dans cette existence, vous ne partez pas d'un point pour arriver à un autre. Vous seriez ici-bas plutôt en *stand-by*, entre deux avions, en visiteur, en touriste, en dilettante... Vous ne vous investissez jamais à fond dans une personne ou dans une situation, vous vous laissez toujours une porte de sortie. L'avenir ? Vous n'en savez rien. Le passé ? Ça ne vous intéresse pas. C'est au présent,

sur le moment que la vie doit être vécue. Amusez-vous bien, les jeunes !

Vous avez peur de quoi ?

De rien en particulier, pourquoi ? C'est ça, posez-vous des questions, approfondissez un peu les sujets sinon, vous resterez adolescent ! La vie passera sans que vous vous en aperceviez et vous demeurerez un éternel étudiant qui, tout compte fait, n'aura rien vécu réellement, profondément ou passionnément. Les liens sentimentaux vous effraient parce qu'ils restent des liens et vous tenez trop à votre liberté pour jouer avec ces choses-là. Vous unir, vous marier, signer des contrats qui vous engagent... bof. Non, décidément, vous n'êtes pas fait pour voir loin.

Vous ne savez pas...

... prendre votre temps, jouir de la vie, avancer prudemment, vous faire tendre et sensuel, oublier l'heure, manger lentement, en savourant, rester oisif, ne rien faire, vous enflammer, vous donner entièrement, vous oublier dans l'autre, vous sacrifier, même pour la bonne cause, bâtir un couple, une famille, un foyer, vous remettre en question, vous faire violence...

Mais vous savez...

... sauter du coq à l'âne, trouver la bonne personne au bon endroit, changer vos habitudes, faire des tours de passe-passe,

flirter, vous distraire, avoir de l'humour, séduire, acheter, marchander, compter, comptabiliser, parler, écrire, téléphoner, utiliser un agenda, prendre des contacts, donner des rendez-vous, vous informer, sauter dans une voiture, sur une moto, dans un train, dans un avion...

Votre ambition

Plus intellectuelle que matérielle. Le pouvoir, l'autorité, la richesse, les honneurs... non. Les chemins ascendants vous fatiguent, les responsabilités vous pèsent, les obligations vous écrasent et vous ne vous voyez pas du tout dans la peau d'un leader, d'un P.-D.G. ou d'un banquier. L'ambition demande de la prévoyance, de la patience, une ferme volonté et comme vous n'êtes pas prévoyant, que votre vue à long terme des situations reste floue, vous préférez vous occuper de vos petites affaires plutôt que détenir un poste élevé ou en vue. Vous l'avez compris, les grandes entreprises, les déplacements de montagnes et autres fondations d'empires... cela vous dépasse. Votre ambition dans la vie est plus axée sur le quotidien, dans le plaisir de renouveler votre stock d'idées, de relations amicales et sociales. Trouver les moyens et les personnes pour ne pas vous ennuyer, voilà ce qui vous pousse et vous motive. C'est une vie en mouvement constant, en déplacements et en voyages qu'il vous faut.

Le travail

Oui, à condition que ça bouge. Le travail que vous accomplissez ne doit pas être physique mais mental. Ce ne sont pas le cœur ou les tripes qui vous mènent mais la tête. Vous êtes un homme d'esprit, capable de vous adapter rapidement aux situations, de parler plusieurs langues, de vous débrouiller dans toutes les circonstances, même les plus déstabilisantes. Vous aimez quand ça remue intellectuellement et votre profession doit vous offrir une grande part de liberté de pensée et d'action, ne pas vous tenir à un bureau, ne pas vous demander des efforts soutenus, une discipline de fer, de suivre une routine et des habitudes. À l'aise dans le monde extérieur, relié par mobile ou internet, volubile, expressif, parfois un peu baratineur, le commerce, les relations publiques, la littérature, les médias et les domaines qui mettent en valeur votre sens de la communication sont faits pour vous. Vous aimez travailler, ça fait fonctionner vos méninges, ça vous tient en alerte mais ça vous envahit aussi et votre vie professionnelle peut déborder sur les autres domaines. C'est un risque que vous prenez.

L'argent

Entre par la porte, sort par la fenêtre. L'argent, c'est fait pour ça ! Amateur de nouveautés, de technologie, de ce qui vient de sortir, vous êtes un consommateur, un vrai, fait pour troquer, échanger, vendre et acheter. Que ce soient des babioles inutiles ou autres choses, vous aimez dépenser, pour votre plaisir et celui des

autres. Épargner, mettre de côté, préparer votre retraite, acheter un appartement ou une maison à la campagne... très peu pour vous. Vous ne voulez ni investir, ni vous investir car vous craignez de vous encroûter, de vous bloquer, de vous fixer quelque part, ce qui vous fait horreur. Votre tempérament voyageur, toujours apte à changer de direction, vous empêche de faire des projets, de miser sur l'avenir lointain. Vous seriez plutôt à spéculer, à jouer au casino ou en bourse – quand il s'agit de jouer ça vous intéresse toujours – mais le jeu et l'argent ne font pas forcement bon ménage et votre compte en banque subit des variations parfois vertigineuses. Vous savez jongler avec les sommes, les débiteurs et créditeurs et vous vous rattrapez toujours. Le Gémeaux n'est jamais à court d'arguments.

Les femmes

Sont belles. Elles vous attirent toutes et comme vous êtes, et restez, un jeune homme, les rencontres amoureuses peuvent se succéder et même se multiplier dans votre vie. Oui, vous aimez le changement, la nouveauté, le jeu de la séduction et vous n'êtes pas à proprement parler un modèle de fidélité. Les fiançailles, le mariage, les traditions... sûrement pas. Cœur d'artichaut, toujours prêt à s'effeuiller, à semer aux quatre vents, vous préférez rester à l'écart des rapports violents, impulsifs. Vous avez peur de la passion, de la vôtre, de celle de votre partenaire, car elle implique la jalousie, la possessivité... que vous fuyez à toutes jambes. On ne doit pas mettre la main sur vous, on ne doit pas vous obliger à rester avec une seule personne,

toujours la même. Sentimentalement, vous êtes un adolescent qui ne veut, ni ne peut, passer au stade supérieur, à la maturité qui, certes, lui enlèverait un peu de sa liberté mais au profit de la construction d'un couple. Gémeaux, vous faites déjà un couple à vous tout seul !

La famille

N'est pas votre domaine. Ni le passé, ni le futur ne vous attirent vraiment et la famille, et ses rapports entre les générations, perd de son intérêt. D'autant que la famille représente des liens et les liens vous enferment, vous angoissent. D'ailleurs, devenir père n'est pas une priorité pour vous. A priori, vous n'y pensez même pas. La plupart du temps, c'est votre partenaire, et non vous, qui en prend la décision, les décisions n'étant pas votre fort. Vous êtes capable de vous occuper de vos enfants, vous aimez jouer avec eux mais vous êtes davantage un copain qu'un père autoritaire. Ils ne doivent pas prendre tout votre temps, vous accaparer et la garde partagée vous conviendrait mieux. En général, vous n'avez pas de principes, encore moins de principes d'éducation. Vous n'êtes pas strict, plutôt laxiste et accordez la même liberté à votre progéniture qu'à vous-même, ce qui est parfois trop. Au sein de la famille, c'est peut-être avec vos frères et sœurs que vous créez les rapports les plus intimes. Vous avez plus le sens de la fraternité que celui de la paternité.

SOLEIL ET LUNE, votre dualité

Le Soleil vous a parlé de l'aspect objectif, conscient de votre personnalité. La Lune, quant à elle, représente vos tendances inconscientes, subjectives, rythme de base et aspirations profondes.

Découvrez maintenant page 249 votre signe lunaire, cet autre signe qui vous caractérise. Ensuite, vous lirez le mélange original de Soleil et de Lune dont vous êtes fait, la dualité qui est en vous.

SOLEIL EN GÉMEAUX - LUNE EN BÉLIER

Vous n'avez pas de route tracée dans la vie, pourtant, vous aimez foncer. Oui, vous avez besoin de vivre intensément, pour vous, en égoïste. Lutter, conquérir... vos rêves sont intenses et chauds, parfois violents. Au fond de vous brûle le feu de la passion, des emportements, des coups de foudre. Vous vous allumez, vous vous éteignez, vous n'avez pas de suite dans les idées. Attention à ne pas vivre plus de deux vies à la fois !

Votre défi : concilier le désir de vous engager et la peur de vous impliquer totalement.

SOLEIL EN GÉMEAUX - LUNE EN TAUREAU

Vous êtes beaucoup moins léger que vous ne voulez le faire croire ! Le papillonnage, le butinage ne vous suffisent pas. Il vous faut de l'amour, du vrai, des émotions authentiques, un confort de vie, une aisance financière qui vous rassure. Vous voilà tiraillé entre lourdeur et légèreté, lenteur et rapidité, monde mental et concret. Au fond, vous êtes très matérialiste, très attaché à ceux que vous aimez et sous des aspects de comédien touche-à-tout, vous cachez des sentiments profonds, fidèles.

Votre défi : vivre, en même temps, une double vie et une vie simple.

SOLEIL EN GÉMEAUX - LUNE EN GÉMEAUX

Vous n'êtes pas un personnage double mais quadruple ! Alors, lequel allez-vous suivre ? Lequel allez-vous être ? Cela dépend des moments, des personnes, des situations. Très adaptable, presque trop, vous êtes fait pour acheter, vendre, vous déplacer, traduire et transmettre. Vous vivez sur le mental, sur votre intelligence pratique, vos dons pour la parole, l'écriture, la correspondance mais quand il s'agit d'aimer, de bâtir ou de vous impliquer... vous vous défilez.

Votre défi : vous y retrouver et vous retrouver.

SOLEIL EN GÉMEAUX - LUNE EN CANCER

Si vous êtes parti pour jouer avec la vie, avec les autres et vous-même, au fond, vous êtes un homme très tendre, dévoué aux siens, qui recherche protection, amour, câlins. Il vous faut une femme, des enfants, un foyer où vous pourrez vous laisser aller, oublier le monde extérieur et sa froideur. Votre monde intime, lui, est fait de poésie, d'imagination et de rêves. En fait vous êtes un jeune homme, un enfant, peut-être même un bébé qui aime se faire dorloter...

Votre défi : mûrir pour évoluer et trouver la maturité.

SOLEIL EN GÉMEAUX - LUNE EN LION

Le terrain professionnel est le vôtre, vous êtes doué pour présenter et représenter une société, une marque ou une image. Effectivement, vous vivez dans le monde du paraître, du luxe, de la gloire et... des mirages. Vous êtes un joueur, un comédien qui a besoin de briller, d'être connu, sinon reconnu sur la scène sociale et d'y nouer des relations valorisantes. Votre démarche est narcissique, voire égocentrique, vous agissez beaucoup pour vous. Manqueriez-vous de sentiments ?

Votre défi : ne pas rester en surface mais partager.

SOLEIL EN GÉMEAUX - LUNE EN VIERGE

Vous êtes un homme très cérébral, un intellectuel jusqu'au bout des ongles ! Pour vous, c'est dans la tête, dans le mental que ça se passe, c'est votre esprit, non votre cœur, que vous suivez. Au fond, vous êtes moins diffus, moins léger que vous ne le paraissez. Vous avez besoin de logique, de précision, de ponctualité pour vous y retrouver, il vous faut analyser, disséquer le monde, le classer afin de l'appréhender, de le comprendre.

Votre défi : trouver dans la sécheresse de votre personnage la fantaisie, les sentiments, l'enthousiasme pour vous impliquer.

SOLEIL EN GÉMEAUX - LUNE EN BALANCE

Voilà un homme léger, rapide et fin qui ne peut vivre seul ou éloigné d'un milieu social qui le valorise. Oui, vous avez besoin de relations équilibrées, de rapports intellectuels, de mondanités mais plus encore, d'harmonie conjugale. Tiraillé entre renouveler les expériences et vous unir, entre l'envie de vous impliquer dans un couple et la peur de vous investir totalement, vous hésitez, vous prenez plusieurs voies, vous changez de lieu, de visages, de point de vue ou de partenaire.

Votre défi : choisir un chemin et un seul.

SOLEIL EN GÉMEAUX - LUNE EN SCORPION

Sous une démarche un peu superficielle, vous cachez un monde beaucoup plus profond et plus trouble, des idées rouges et noires. Vous éprouvez le besoin de vivre intensément, de brûler la chandelle par les deux bouts, de connaître les plaisirs défendus. Au fond, vous êtes un homme qui ne supporte pas la médiocrité, la facilité et la vie, si elle est un jeu, doit être un jeu dangereux. Vous êtes doué pour la création, en particulier littéraire. Peut-être aussi pour faire souffrir ?

Votre défi : ne pas vous compliquer l'existence.

SOLEIL EN GÉMEAUX - LUNE EN SAGITTAIRE

Vous impliquer ou ne pas vous impliquer... telle est la question. En vous, qui suivez deux routes à la fois, existe l'envie puissante de n'en choisir qu'une pour y galoper, trouver un idéal, quelque chose de grand, de beau qui vous dépasse, vous motive, vous fasse avancer, évoluer. C'est aussi le besoin de changer d'horizon, de culture, de pays, de découvrir le vaste monde et de vous investir à fond dans ce que vous faites.

Votre défi : concilier le proche et le lointain, le mental et le sentimental.

SOLEIL EN GÉMEAUX - LUNE EN CAPRICORNE

Ici, l'esprit d'analyse se conjugue avec rigueur, froideur et grande exigence vis-à-vis des autres et de soi-même. Vous n'êtes pas superficiel ou perdu mais profond dans vos pensées, dans vos sentiments. Partagé entre la recherche de contacts et le besoin de solitude, vous êtes à la fois lourd et léger, rapide et lent. Votre sens pratique des choses concrètes, votre efficacité et votre discernement scientifique mettent vos qualités mentales au service de votre ambition.

Votre défi : produire de la chaleur.

SOLEIL EN GÉMEAUX - LUNE EN VERSEAU

De l'air, de l'air, vous avez besoin d'air ! Il faut que ça bouge, que ça remue, que ça voyage. Il faut faire fonctionner vos petites cellules grises, parler, transmettre et savoir. Oui, vous avez soif de contacts, de connaissances, de spiritualité, d'humanité. Vous avez besoin de rapports, sinon d'aventures humaines, de défendre des idées, des personnes, de vivre de façon originale, décentrée ou tout est possible. Le domaine mental est le vôtre, le domaine sentimental l'est moins.

Votre défi : redescendre parfois sur terre et... l'apprécier.

SOLEIL EN GÉMEAUX - LUNE EN POISSONS

Un peu diffus tout ça, un peu trop vaste ou trop large... Vous voulez avoir une vie en constant renouvellement mais, en fait, vous ne savez pas où vous allez, où vous en êtes, et parfois qui vous êtes. Au fond de vous bouillonne un riche chaos de sensations, d'intuitions, de dons créatifs que vous pouvez, que vous devez, exprimer dans les arts ou la littérature. Vous aspirez à vous investir davantage pour fonder un couple, une famille mais, en même temps, vous craignez d'y perdre votre liberté.

Votre défi : donner et partager, aider et vous dévouer.

SOLEIL ET LUNES, les femmes et vous

Comment vous accordez-vous avec une...

FEMME LUNE EN BÉLIER

Boum, entre vous, ça part au quart de tour ! Si elle vous trouve à son goût, elle ouvre les hostilités, va droit au but. Elle n'a pas froid aux yeux, ni au corps. Libre, émancipée et spontanée, elle vous attire par sa fougue, son esprit de conquête, son autonomie. En voilà une qui ne vous oblige pas à rester avec elle... Cela vous va très bien et comme vous n'êtes ni jaloux ni possessif, elle a, de son côté, la possibilité de vivre aussi sa vie et ses aventures puisque, tous deux, ne cherchez pas spécialement à fonder famille et foyer.

FEMME LUNE EN TAUREAU

Pleine de charmes et d'atouts, cette femme demande à être approchée lentement, sûrement. Si vous êtes pressé, comme un vrai Gémeaux, mieux vaut passer votre chemin... En effet, cette femme exige fidélité, constance, sentiments profonds, durables, enfants et vie de famille. Elle a besoin d'être sécurisée, de savoir où elle va, avec qui, quand, comment et votre tendance à vivre une double vie, à suivre plusieurs chemins, à papillonner ne peut que la dérouter. Entre vous, c'est une différence de rythme, au quotidien.

FEMME LUNE EN GÉMEAUX

Voilà ce qu'il vous faut, une femme qui partage votre goût du changement, d'un constant renouvellement. Ensemble, vous vous amusez, vous voyagez, vous rencontrez. Vous êtes au courant de tout, vous vous intéressez à tout et c'est peut-être sur le plan mental, intellectuel que vous accordez le plus car, ni l'un ni l'autre, n'êtes faits pour construire, bâtir une vie traditionnelle de couple, vous occuper de la maison ou de nombreux enfants. Vous aimez mieux la vie en société qu'en famille, les études, les amis et les sorties que le foyer.

FEMME LUNE EN CANCER

Elle a besoin d'un foyer, d'une famille, d'enfants, nombreux de préférence. Il lui faut être protégée, sécurisée, nourrie de tendresse, de douceur... Est-elle faite pour vous ? Pas sûr ! Vous engager pour la vie vous angoisse, n'aimer qu'une seule femme à la fois vous effraie, vous n'êtes pas prêt à satisfaire cette femme qui a tellement besoin de vous, de votre présence, de vos conseils, de votre amour. Pour vous qui avancez au jugé, en sautillant, la vie n'est pas un long fleuve tranquille. Pour elle, il le faut !

FEMME LUNE EN LION

Voilà une femme qui vous impressionne par sa façon particulière de briller en société, de s'imposer dans son métier, de rayonner sur les autres. C'est une femme de tête et de cœur qui demande beaucoup à son conjoint, une certaine admiration... qui doit être réciproque. En retour, vous l'amusez, vous faites passer dans sa vie un air frais, jeune et léger, vous la sortez des convenances, des traditions, des habitudes. C'est une union intéressante, pétillante, peut-être plus efficace, féconde et constructive au travail qu'au foyer.

FEMME LUNE EN VIERGE

Pudique et sage, a priori, cette femme ne se dévoile pas. Cela peut vous attirer, vous exciter... un temps. Ensuite, elle risque de vous paraître trop pudique, manquer de fantaisie, d'esprit d'à-propos ou d'humour. C'est vrai, il lui faut des sentiments fidèles, un homme qui la comprenne, qui la rassure sur ses qualités, qui lui tienne la main. Vous, vous avez d'autres chats à fouetter, de femmes à connaître, d'aventures à vivre et votre union, si elle reste possible, et même féconde, n'est pas facile à réaliser. D'ailleurs, vous n'êtes pas un réalisateur.

FEMME LUNE EN BALANCE

Vous vous accordez à merveille ! Rapidement, elle vous séduit par son extrême féminité, sa grâce et sa beauté, vous, par votre sens des relations, votre esprit vif et alerte. Oui, c'est l'esprit qui vous guide tous deux, non les sentiments, le partage d'intérêts intellectuels, votre goût pour la vie en société, le fait de communiquer, de tout connaître. Elle ne peut vivre seule et, dans une certaine mesure, vous non plus. Elle préfère sortir et vivre en couple plutôt qu'en famille... vous aussi, cela vous rapproche. Et si la fidélité n'est pas garantie, vous vous en accommoderez.

FEMME LUNE EN SCORPION

Ho ho, cette femme possède des ressources secrètes, des fantasmes enfouis, des talents cachés, en particulier sur le plan sexuel mais elle est possessive, jalouse, ne supporte pas la légèreté, encore moins l'infidélité et vous demande de vous investir totalement dans la relation. Cela peut vous attirer... puis vous faire fuir à tire d'aile ! Oui, il faut lui donner, beaucoup ! Exigeante, elle ne se contente jamais de peu, d'un flirt, d'une liaison éphémère. Avec elle, c'est la passion ou rien. Il se peut alors que ce ne soit rien.

FEMME LUNE EN SAGITTAIRE

Voilà la femme qu'il vous faut ! Elle vous apporte son feu, son élan, sa vision positive de la vie. Ni jalouse ni possessive, ayant elle-même besoin d'une grande liberté d'action et de pensée, elle vous plaît car elle n'est pas comme les autres. Fière amazone, libérée, sans complexe, tout à fait autonome sur le plan social et professionnel, elle galope droit devant elle, à la recherche de quelque chose, d'un idéal... ce qui vous manque le plus. En retour, vous assurez dans sa vie un constant renouvellement et diversifiez ses centres d'intérêt.

FEMME LUNE EN CAPRICORNE

Elle est sérieuse, vous pas. Elle demande des sentiments constants, fidèles, pas vous. Elle aimerait que vous vous impliquiez toujours davantage, vous êtes tenté de fuir. Voilà une femme sérieuse, peut-être trop pour vous, qui désire par-dessus tout construire une carrière, fonder un couple, un foyer, une famille solide. Certes, elle assumera les responsabilités pour deux, organisera votre vie commune, s'occupera de la maison et du reste... cela peut vous aller. Mais elle ne supportera pas d'incartades de votre part. Vous voilà prévenu.

FEMME LUNE EN VERSEAU

Vous êtes branchés sur la même longueur d'ondes, plus des ondes intellectuelles qu'émotives ou sensuelles. Entre vous, le courant passe, c'est un courant électrique, mental, un même désir de connaître, de voyager, de rencontrer, une façon de vivre originale, toujours différente, une amitié, une complicité entre deux êtres humains plutôt qu'un amour possessif ou passionné. La maison, les enfants, le couple embourgeoisé, traditionnel... cela n'est ni pour l'un ni pour l'autre. Ici, deux indépendants se retrouvent.

FEMME LUNE EN POISSONS

Séduisante sirène, cette femme demande beaucoup. De l'amour, bien sûr, de la présence, des attentions, des cadeaux mais aussi, et surtout, une vie sexuelle satisfaisante, un couple harmonieux, des enfants nombreux, une vie de famille bien remplie. Oh la la, c'est beaucoup pour vous qui aimez changer de route dans l'instant et ne pas tout parier sur la même personne. N'ayant pas les mêmes objectifs, cette union n'est pas impossible mais difficile à réaliser et à maintenir. Le couple peut être mené à l'indécision, à l'infidélité, aux rapports ambigus.

Homme Soleil en Cancer

Vous êtes né entre le 22 juin et le 22 juillet, lors des jours les plus longs, quand la nature donne ses graines, sa fécondité. Il fait chaud, il fait bon, c'est l'été et l'on a plus envie de paresser à l'ombre que de travailler...

Qui êtes-vous ?

Un homme plein de fantaisie, de potentialités, de rêves et d'envies. Profondément sensible, romantique, pacifique et discret quant à votre vie privée, vous êtes un être sentimental et vulnérable. Le monde extérieur vous attire mais, en même temps, sa froideur vous fait peur, il demande des valeurs que vous n'avez pas : la dureté, la violence, l'arrogance. C'est dans la vie intime, personnelle que vous vous exprimez le mieux en donnant votre amour à un partenaire, à vos amis, à vos enfants. Votre rôle, dans ce monde, est de le rendre fertile.

Que voulez-vous ?

Qu'on vous laisse tranquille, à faire ce que vous avez envie de faire, comme un enfant. Car vous êtes, et restez, enfant toute

votre vie ! Alors, que voulez-vous ? Manger, dormir, faire joujou, dessiner, vous promener, bref, vous occuper. Le monde intime est le vôtre, celui de l'amour, le cercle familial, amical, l'entourage immédiat, la proximité. Aller au-dehors, affronter le monde social est, pour vous, un pas difficile à franchir. Vous n'y êtes pas à l'aise, n'étant attiré ni par les honneurs, ni par la gloire, ni par l'argent. Vous n'êtes pas fait pour agir mais pour réagir.

Vous marchez à quoi ?

Au feeling, à la sensation. Peu importe la personne en face de vous, un échange affectif doit être de la partie. Sinon, cela ne vous intéresse pas. Il vous faut aimer, d'une manière ou d'une autre, ce que vous faites, qui vous fréquentez. Cela influence toute votre existence et c'est à l'intérieur d'une famille, d'un clan, d'une équipe, d'un groupe ou d'une troupe que vous pouvez grandir et évoluer. Grandir, tel est votre problème d'enfant, passer de l'insouciance à l'âge mature, celui des responsabilités et des obligations.

Où allez-vous ?

N'importe où à partir du moment où vous êtes avec ceux que vous appréciez, que vous aimez. La destination importe peu et tant mieux si elle est inconnue. Vous n'êtes pas un être structuré qui articule sa vie autour d'un axe. Dans votre vie, vous n'allez pas d'ici à là. Votre chemin n'est ni rectiligne, ni ascendant, ni même terrestre. Il demande imagination, dépaysement, de la

poésie, de la fantaisie, sans quoi vous êtes perdu. Vous êtes un nomade, naviguant, errant sur l'océan de la vie, ayant pris soin, auparavant, d'embarquer quelques affaires, vos proches et vos souvenirs.

Vous avez peur de quoi ?

De devenir adulte. De quitter le monde insouciant de l'enfance pour vous retrouver dans celui, triste et impersonnel, des adultes. Vous élever, grimper à l'échelle sociale, atteindre un poste de responsabilités, commander et jouer le jeu de l'ambition personnelle... cela ne vous va pas. Vous n'êtes pas un lutteur et dans ce combat pour la vie, sous la « loi de la jungle », vous ne voulez pas être blessé, meurtri, ni matériellement, ni affectivement. Alors, vous vous barricadez en vous ou réfugiez chez vous.

Vous ne savez pas...

... être indépendant, vous mettre sur le devant de la scène, faire le fanfaron, être dur, inflexible, tenir la barre, détenir un pouvoir, prendre des initiatives, bousculer les autres, décider d'une voie et d'une seule, prendre les situations et les gens légèrement, ni même à bras-le-corps, faire deux choses à la fois, être autoritaire, donner des ordres, mener un groupe...

Mais vous savez...

... aimer, protéger, exprimer votre imagination, faire parler votre cœur, défendre la veuve et l'orphelin, participer à une œuvre collective, artistique de préférence, créer, fertiliser le terrain, vous sacrifier pour la bonne cause, tenir une maison, vous occuper de vos enfants, cuisiner, mettre une bonne ambiance...

Votre ambition

Faible. Marchez sur les autres, jouer des coudes, cela ne vous ressemble pas. Vous êtes un homme délicat, fait davantage pour harmoniser les choses et les gens que pour en prendre le commandement. Vous n'avez pas l'âme d'un chef, au contraire. Il faut vous aider, vous épauler, vous chouchouter et vous respecter en tant que puissance créatrice. Car vous enfantez ! Fertile en projets, en rêves, en voyages et en toutes opportunités de vous échapper du quotidien et de ses impératifs, vous avez besoin de chaleur humaine, de totale confiance, de rapports conviviaux, de la présence des autres, ceux que vous connaissez bien, qui vous rassurent et vous sont bénéfiques. Le rapport hiérarchique vous est totalement étranger. Supérieur ? Inférieur ? Connaît pas. Vous n'êtes pas un être social mais un personnage intime, une histoire à vous tout seul. La gloire ne vous intéresse pas, l'argent non plus, le pouvoir encore moins. Vous n'avez pas une ambition mais des ambitions, plein d'ambitions, un peu trop, ce qui vous empêche parfois de les accomplir.

Le travail

Pas fait pour ça ! Vous lever, aller bosser, bosser, revenir... vivement qu'on se couche ! D'ailleurs, c'est là que vous êtes le mieux ! Pour vous, il ne s'agit pas de travailler, le travail des enfants est interdit, non, il s'agit de jouer, de vous amuser, de faire de la comédie ou des gâteaux, des poèmes et des histoires, d'aller ici et revenir de là, de tirer des plans sur la comète et de jouer avec les fantasmes sortis tout droit de votre imaginaire. Le monde est suffisamment plein d'horaires à respecter, de sens interdits, de violence et de feuilles d'impôt... inutile d'en rajouter. On ne comptera pas sur vous pour l'esprit de compétition, la détermination farouche ou le sacrifice à la société mais pour réchauffer l'atmosphère, personnaliser l'ambiance, mettre un grain de fantaisie là où ça manque. Vous êtes un artiste aux multiples talents, le dessin, la musique, le roman... cela vous parle. Certes, comme chacun de nous, vous avez besoin d'argent mais vous ne prostituerez pas vos talents pour autant. Vous préférez fuir les rapports de force, les conflits, les remontrances et les heures supplémentaires. En fait, c'est lorsque vous ne travaillez pas que vous vivez !

L'argent

Reste un mystère. Vous n'êtes pas le Roi de trèfle mais le Roi de cœur et ce qui est matériel, palpable et financier n'est pas de votre ressort. Certes, il vous faut de l'argent pour vivre et faire vivre votre famille mais cela mis à part, l'argent en tant

qu'instrument de pouvoir est pour vous... accessoire. Vous n'êtes pas du genre à investir, à spéculer, à fonder une société, à bâtir de grandes entreprises, à dépenser beaucoup ni même à gagner beaucoup. Très généreux avec vos proches, l'argent doit rester à l'intérieur de la famille, du clan. Vous l'utilisez pour acheter une maison, un terrain, pour agrandir et faire fructifier votre patrimoine, votre héritage que vous laisserez à vos enfants. Seriez-vous un peu radin ? C'est possible car les lendemains vous font peur, vous vous protégez, vous ne voulez pas que votre entourage familial manque de quoi que ce soit et vous freinez alors sur les dépenses. À moins que vous ne soyez entraîné dans un projet artistique, créatif, un groupe qui vous motive et, dans ce cas, vous lâcherez les cordons de la bourse et participerez.

Les femmes

Sont vos égales. Par votre nature douce et compréhensive, votre intuition et votre tendresse naturelle, vous êtes capable de comprendre les femmes, de tisser avec elles des liens d'amitié, de vivre en bonne intelligence. Pour vous, le sexe opposé n'a rien d'opposé, ne représente pas une espèce différente que l'on chasse ou que l'on conquiert mais la promesse d'un vrai rapprochement, d'un amour authentique, paisible, fait de complicité quotidienne et qui mène, d'une manière ou d'une autre, à cette vie de couple et de famille que vous voulez bâtir. A priori, vous n'êtes pas un macho, un dragueur qui met les pieds dans le plat, un homme jouant de sa virilité, un homme à femmes mais un enfant qui a besoin d'être aimé, materné, cajolé par une partenaire plus forte, plus décidée,

plus âgée ou plus autoritaire que vous, en tout cas, capable de prendre des décisions conjugales et des responsabilités familiales... à votre place. Une femme pour la vie ? D'accord mais vous en changerez si les conditions de départ ne vous satisfont plus.

La famille

Indispensable. Vos parents tiennent de la place dans votre vie et vous éprouvez des difficultés à vous en séparer, en particulier de votre mère qui représente, longtemps pour vous, un modèle ou, au contraire, un frein. Les souvenirs d'enfance, les lieux que vous avez fréquentés jadis, les images, les odeurs et les voix restent gravés dans votre mémoire et vous ne vous en défaites jamais complètement. Vous avez du mal à envisager votre existence sans une famille autour de vous, des enfants auxquels vous prodiguerez tous vos soins et une bonne part de votre temps libre. Le foyer est un nid, un cocon, un havre de paix, le seul endroit peut-être où vous vous sentiez vraiment en sécurité, protégé des atteintes extérieures et vous en éloigner vous est toujours pénible. À moins que vous n'ayez pas de foyer défini... Avec vos enfants, vous êtes un père présent, capable de s'en occuper, de les nourrir, de jouer avec mais qui baisse les bras lorsqu'il faut les restreindre ou les punir. À l'adolescence, des problèmes peuvent alors éclater car, vous-même, n'avez toujours pas réussi le passage à l'âge adulte...

SOLEIL ET LUNE, votre dualité

Le Soleil vous a parlé de l'aspect objectif, conscient de votre personnalité. La Lune, quant à elle, représente vos tendances inconscientes, subjectives, rythme de base et aspirations profondes.

Découvrez maintenant page 249 votre signe lunaire, cet autre signe qui vous caractérise. Ensuite, vous lirez le mélange original de Soleil et de Lune dont vous êtes fait, la dualité qui est en vous.

SOLEIL EN CANCER - LUNE EN BÉLIER

Vous n'êtes pas un être si doux, si tendre que ça ! Sous votre carapace de crustacé, vous cachez une véritable armada, vous défendez bec et ongles votre territoire contre toute atteinte extérieure. Vous rêvez de luttes, de combats, de victoires, vous avez besoin d'affirmer votre ego, voire d'imposer votre personnalité mais ne le pouvez pas toujours ou pas vraiment. Vivez-vous pour vous ou pour votre entourage ?

Votre défi : trouver le juste milieu entre marcher à reculons et vous précipiter en avant.

SOLEIL EN CANCER - LUNE EN TAUREAU

De la douceur, de la tendresse, de la sensualité dans ce mélange ainsi qu'une bonne part de vie au foyer, en famille et à deux. Vous avez besoin de stabilité financière, d'assise sociale, de fidélité conjugale, de rapports sains, chaleureux et d'une vie intime faite d'amour et de plaisirs. Vous êtes un gustatif, un jouisseur qui profite des plaisirs de la vie, qui plaît aux femmes, centré sur son confort, sa tranquillité d'esprit, un brin pantouflard.

Votre défi : Sortir de vos habitudes, de chez vous, de la routine et de vous-même !

SOLEIL EN CANCER - LUNE EN GÉMEAUX

À mi-chemin entre l'enfant et l'adolescent, vous êtes un homme plus léger et pétillant que vous ne le croyez. Il y a un côté insouciant en vous, qui aime bouger, renouveler ses rapports ou changer de voie soudainement. Difficile de vous cerner, de vous attraper, encore moins de vous faire construire quelque chose de tangible ! Vous n'êtes pas fait pour le concret, le matériel, le solide. Il y a de la jeunesse d'esprit, un côté touche-à-tout qui peut aussi... ne rimer à rien.

Votre défi : apprendre à grandir, à mûrir, à devenir adulte.

SOLEIL EN CANCER - LUNE EN CANCER

Un crabe, un vrai, caché sous son rocher ou dans sa boîte, vivant parmi les siens, au chaud, entouré, couvé et couvant. Oui, vous êtes fait pour la famille, les enfants, le foyer, pour faire de votre vie intime une réussite. Sur le plan social, vous pouvez enfanter des projets mais avoir du mal à les réaliser faute d'endurance, de vue à long terme et d'ambition. Il vous faut sortir de votre planque, prendre quelques risques, affronter le monde sous peine de repartir avec la prochaine marée !

Votre défi : vous structurer.

SOLEIL EN CANCER - LUNE EN LION

Un feu brûle en vous, un bon feu de joie auprès duquel on aime à se réchauffer. Oui, vous avez besoin d'être entouré, apprécié, adoré ou applaudi. Vivre seul ou éloigné de votre proche entourage, ou de la société, vous est fatal. Vous voilà tiraillé entre vous dévouer aux autres et vivre pour vous-même, rester sur vos gardes, en retrait, protégé et vous battre, faire votre place au soleil, tenir le devant de la scène. Vos sentiments sont puissants, l'amour indispensable.

Votre défi : exprimer votre potentiel créatif.

SOLEIL EN CANCER - LUNE EN VIERGE

Vous êtes mû par les sentiments, attiré par une vie nomade, déstructurée mais au fond, vous êtes un homme logique, méthodique, strict et raisonnable, qui donne toute sa mesure sur le plan domestique, quotidien et familial. Le monde des émotions et celui de la raison s'affrontent en vous. Tantôt la fantaisie prend le dessus, tantôt c'est le sens du devoir, de l'utilité, de l'efficacité qui prime. Manquant d'ambition professionnelle ou de carrure sociale, vous avez besoin d'une voie tracée qui vous rassure.

Votre défi : vous dépasser.

SOLEIL EN CANCER - LUNE EN BALANCE

Voilà un artiste, un homme tout en douceur, tout en nuances, à la recherche d'équilibre, de partage et d'union. Outre les rapports amoureux, conjugaux et familiaux, vous avez besoin de nouer des relations dans le monde professionnel et social, de vivre paisiblement, en harmonie avec votre entourage. Peu enthousiaste, passionné, spontané ou motivé, vous attendez que ça se fasse tout seul, sans avoir besoin de bousculer votre tranquillité intérieure.

Votre défi : penser davantage à vous, agir pour vous, prendre des résolutions et des décisions.

SOLEIL EN CANCER - LUNE EN SCORPION

C'est le monde des sentiments, des sensations, des intuitions qui vibre dans cette combinaison. Derrière l'homme calme, tendre et protecteur, se cache un être plus secret, sulfureux, angoissé, torturé. Pour vivre, vous avez besoin de passions, de drames et de conflits, de sexe et de revanche. Au fond de vous, ça bout, ça transpire, vous aimeriez vivre intensément, aimer follement, vous donner à fond, quitte à vous épuiser.

Votre défi : exprimer le potentiel créatif qui est en vous sous peine de le voir fermenter et disparaître.

SOLEIL EN CANCER - LUNE EN SAGITTAIRE

Crabe-voyageur ou bourgeois-bohème, voilà à quoi vous pourriez ressembler. La vie de famille, aussi agréable qu'elle soit, la routine, aussi rassurante qu'elle puisse être... cela ne vous suffit pas. À la fois vulnérable et enthousiaste, au fond de vous, vous ressentez le besoin de vous impliquer dans un projet, de partir à l'aventure, de voyager, de découvrir d'autres modes de vie, de trouver un idéal, une vocation, une idée qui puisse vous mener loin et longtemps.

Votre défi : vous impliquer à fond, pour les autres et vous-même.

SOLEIL EN CANCER - LUNE EN CAPRICORNE

Derrière l'homme timide, fantaisiste, quelque peu perdu dans la vie, se cache un autre homme, beaucoup plus décidé, autoritaire et ambitieux. Vous avez besoin de vous arracher de vos origines, de votre famille pour vous hisser dans le monde social. Mais la volonté et la détermination peuvent vous manquer, vous baissez les bras ou reculez devant l'adversité, les difficultés. Vivre seul vous est impossible et pourtant... indispensable.

Votre défi : assumer vos responsabilités et vous donner les moyens de votre ambition.

SOLEIL EN CANCER - LUNE EN VERSEAU

Dépendant de votre entourage et indépendant de nature, un œil sur le passé, un autre sur le futur... comment allez-vous faire pour vivre au présent ? Tiraillé entre la famille et les amis, les sentiments et les idées, la peur de ne pas y arriver et celle de vous ennuyer, vous avez besoin de sortir de votre coquille, de partir à la rencontre des autres, de vous cultiver, de connaître, de savoir, de tracer votre propre chemin, original, sinon marginal.

Votre défi : jouir du présent, vivre intensément le moment.

SOLEIL EN CANCER - LUNE EN POISSONS

Vous êtes un homme sentimental, vulnérable, perméable aux autres, très sensible et tout ce que vous vivez vous touche profondément. En vous gronde un torrent d'émotions. Vous avez besoin des autres, de partager, de vivre en groupe, en communauté, de faire partie d'un clan, d'une équipe, d'un groupe qui vous sécurise, vous protège. Assez peu armé pour la vie sociale, nonchalant, sinon oisif, il vous manque de la force de caractère, de la méthode ou de la détermination.

Votre défi : exprimer les talents artistiques et créatifs qui sont en vous.

SOLEIL ET LUNES, les femmes et vous

Comment vous accordez-vous avec une...

FEMME LUNE EN BÉLIER

Elle y va franco, vous bouscule, vous désarçonne, vous pousse illico dans vos derniers retranchements... Holà, ce n'est pas comme cela que vous fonctionnez. Il vous faut de la douceur, de la tendresse, une complicité, point de cette rudesse. Comme il ne faut pas compter sur elle pour devenir la mère de vos enfants ou s'occuper à temps plein du foyer, l'union risque de tourner court. Certes, cette femme peut vous motiver, vous faire sortir de votre trou pour prendre quelques risques et vous, créer la famille qu'elle n'a pas. Mais rien n'est joué.

FEMME LUNE EN TAUREAU

Entre vous, ça colle tout de suite. Elle est solide, elle vous rassure, vous câline, vous materne, vous donne de beaux enfants et s'en occupe parfaitement. Elle vous permet de prendre confiance en vous, vous fait connaître et assumer les responsabilités, travailler, vous rend productif. En échange, vous la faites baigner dans un rêve poétique et emplissez sa vie de fantaisie. Une union à long terme, stable et féconde, où tendresse et sensualité, goût du foyer, du confort et de l'intimité sont partagés. Oui, l'amour vous réunit.

FEMME LUNE EN GÉMEAUX

Un peu rapide, un peu légère ou trop vive à votre goût, un peu volage ou superficielle aussi... Votre relation est celle d'un enfant et d'une adolescente qui peuvent très bien se rencontrer, s'amuser et partager de bons moments mais leurs désirs sont différents, pas forcément compatibles. Ni l'un ni l'autre ne voit à long terme, n'assume de responsabilités. Non, cette femme ne vous rassurera pas quant à l'avenir de votre couple et de votre famille, ne sachant pas, elle-même, où elle va, ce qu'elle veut, avec qui et comment...

FEMME LUNE EN CANCER

La perle. Vous voilà partis ensemble pour longtemps, un bon bout de chemin. L'amour vous réunit, mais aussi l'envie d'avoir des enfants, de créer un foyer, un cocon où vous pourrez vous lover, bien au chaud, vous rassurer, vous materner l'un l'autre et vous protéger du monde extérieur qui, à tous deux, semble froid et impersonnel. C'est une vie de couple uni, fécond, puisant ses sources dans les liens familiaux, les rapports avec le proche entourage. Il est aussi question de sensualité, de caresses, de tendresse... de tout ce que la vie offre aux gourmands.

FEMME LUNE EN LION

Elle est impressionnante, cette femme, à son aise sur la scène professionnelle, capable de construire une carrière, de vivre pour travailler et de travailler pour vivre ! Autonome, volontaire, généreuse, elle se donne entièrement, vous motive, vous pousse à gravir l'échelle sociale. Elle peut être votre égérie, vous son mentor et ensemble, aller loin. En vous, elle apprécie l'homme sensible, tendre et amoureux, le tenant du foyer, le père de ses enfants mais aussi l'enfant à materner, à éduquer, à encourager... ou à gronder.

FEMME LUNE EN VIERGE

Voilà un gentil petit couple, bien tranquille, bien comme il faut, avec maison, jardin et enfants, fait pour se comprendre, s'aider, se rassurer l'un l'autre. Rapidement vous vous plaisez, vous parlez de la même chose. Oui, elle peut vous épauler, assumer les responsabilités que vous ne voulez pas prendre, organiser la vie commune, mettre des limites aux rêves que vous faites et vous permettre d'en réaliser quelques-unes. Femme de tête et de cœur, elle a besoin de votre douceur, de votre amour et vous, de son esprit logique, pratique, de son réalisme.

FEMME LUNE EN BALANCE

A priori, pourquoi pas ? Elle est séduisante, ô combien. Mais, assez vite, ça ne colle plus. Son monde est extérieur, celui des relations publiques, des rapports sociaux, intellectuels et de bon ton tandis que le vôtre est intime, familial et sentimental. Elle ne pourra ni vous rassurer sur votre avenir, ni vous motiver, elle-même étant fort hésitante, peu sûre d'elle. Ce qui vous réunit ? La peur de vivre seul. Est-ce vraiment suffisant pour former un couple qui dure et se multiplie ? D'autant que les enfants ne sont pas sa priorité. À moins que vous ne soyez très persuasif...

FEMME LUNE EN SCORPION

Oui, vous allez partager vos sentiments, vos émotions, vos sensations ! Voilà une femme faite pour vous, fatale, une femme de cœur et de tripes, qui vous accroche, vous rend accro. Elle détient des arcanes pour vous séduire, vous retenir, vous posséder, elle vous aime et vous dévore et vous aimez ça ! Inquiets tous deux quant à l'avenir, peu sûrs de vous individuellement, vous vous épaulez, protégez, renforcez l'un l'autre. C'est une union féconde à condition que vous puissiez faire taire ses doutes, ses questions... la rassurer.

FEMME LUNE EN SAGITTAIRE

Son élan, sa vitesse de croisière, sa confiance en elle, sa maturité... tout cela vous impressionne. Voilà une femme autonome, vous qui ne l'êtes pas, amoureuse de grands espaces, d'aventures, portée vers l'avant, visant plus haut, plus loin... une amazone ! Pouvez-vous galoper à ses côtés, vous qui avancez à reculons ? Rien n'est moins sûr car son but n'est pas de fonder un foyer, de s'occuper d'enfants, encore moins des vôtres. Elle peut vous motiver, vous entraîner et vous l'apaiserez mais vous pouvez, aussi, vous lasser l'un de l'autre.

FEMME LUNE EN CAPRICORNE

Elle est faite pour vous, petit Cancer, elle vous recueille, vous structure, vous construit, vous fabrique même un peu. Elle assume toutes les responsabilités à votre place, elle en redemande, vous les lui donnez. Vous êtes partis ensemble pour longtemps. Un couple, des enfants, du travail... voilà de quoi votre existence sera faite. Elle s'occupe de tout, tous les jours, elle organise l'agenda commun, tient les cordons de la bourse. Vous lui offrez votre amour et votre fantaisie tandis qu'elle vous berce, vous materne.

FEMME LUNE EN VERSEAU

Trop indépendante, trop loin de vos réalités, cette femme ne sait pas s'arrêter de penser, de bouger, de changer. Elle a besoin de voir le vaste monde, d'y faire ses expériences, de travailler, d'être autonome vis-à-vis de son partenaire et de se battre pour faire avancer les choses. Femme d'avenir – vous qui êtes lié au passé –, intellectuelle – vous qui marchez aux sentiments –, on ne la capture pas, on ne la drague même pas. On l'aime, plus d'amitié que d'amour, et surtout, on ne lui demande pas de rester au foyer.

FEMME LUNE EN POISSONS

C'est l'océan de bien-être, la mer de la tranquillité, le bain de jouvence ! La sirène est belle, ondoyante et chatoyante, tendre et caressante. Perméable aux ambiances, ayant besoin d'être entourée, elle est dévouée à vous, aux autres, à tous ceux qui font partie de son monde. Entre vous, c'est une union fertile, riche de sentiments, d'émotions, de partage, un couple fait pour l'amour, le don de soi et la naissance d'enfants, nombreux de préférence. Mais lequel des deux aura les pieds sur terre pour assumer les responsabilités ?

Homme Soleil en Lion

Vous êtes né entre le 23 juillet et le 23 août, en plein été, en pleine chaleur, en pleine lumière. Tout ici est empli de vie, de projets et d'envies de les réaliser.

Qui êtes-vous ?

« Moi », l'ego, un homme pleinement conscient de lui-même, de ses capacités, qui ne veut rien laisser au hasard. Oui, vous avez la ferme intention de faire de votre vie quelque chose de beau, de grand, de reconnu sur le plan social. Vous visez haut et ne supportez pas la médiocrité, la demi-mesure, les sentiments timorés. Il y a un côté royal en vous, de la fierté, de la magnanimité, une chaleur communicative et le besoin de vous élever dans la société, d'y laisser votre empreinte. Dans ce monde, votre rôle est de l'éclairer.

Que voulez-vous ?

Beaucoup sinon tout ! Vous n'êtes pas l'homme des basses besognes ou l'éminence grise. Vous avez besoin de lumière, du feu des projecteurs ou de la rampe, d'être sur scène. Oui, la vie est

un théâtre sur lequel vous jouez votre propre rôle, un rôle de premier plan s'entend. Vous voulez réussir, prendre un chemin ascendant et, comme le Soleil, éclairer l'humanité. Voilà des buts nobles et haut placés qui laissent peu de place à l'échec. Pour vous, c'est tout droit, c'est de plus en plus, de mieux en mieux. Attention à ne pas avoir la grosse tête !

Vous marchez à quoi ?

Aux compliments et même aux applaudissements ! En répandant chaleur et lumière autour de vous, vous cherchez à vous faire aimer, à être apprécié, adoré... sinon, craint. Vous êtes un homme public, un homme qui ne veut pas seulement impressionner son entourage immédiat mais toucher les autres, tous les autres, ceux qui ne vous connaissent pas, pas encore ! Le plan social et professionnel est votre terrain de prédilection, là, vous mettez en pratique vos talents de chef et d'organisateur.

Où allez-vous ?

Loin ! Pour vous, la vie est une route ascendante qui mène à la réussite. Une réussite incontestée, qui doit impérativement se remarquer. Vous voulez vous extraire de votre milieu d'origine, faire plus et mieux que vos prédécesseurs. La mollesse, la faiblesse, la lâcheté vous écœurent. Vos buts sont nobles et généreux mais attention, votre égoïsme est puissant, surpuissant même. Il a tendance à vous aveugler, à vous fourvoyer. Oui, dans cette

histoire, il n'est question que de vous, de votre carrière, de vos buts, de vos valeurs. Ce qui peut lasser les autres...

De quoi avez-vous peur ?

De ne pas y arriver, de devoir vivre une existence terne, banale, sans gloire, sans grands desseins qui vous transporteraient. La vie vaut le coup d'être vécue à condition de vous y faire remarquer, féliciter, applaudir, à condition d'avoir de l'argent, un bon train de vie, de pouvoir dépenser sans compter, de connaître la gloire, le luxe, les belles bagnoles, les jolies filles, les lieux à la mode. Vivre petitement, chichement, racler les fonds de tiroirs ou être dépendant les autres... voilà le cauchemar du Lion, roi de la jungle sociale.

Vous ne savez pas...

... attendre, vous concentrer sur un détail, passer au second plan, vous désengager, abandonner, vous mettre à la place des autres, vous faire protéger, vivre seul, isolé ou marginal, temporiser, méditer, tirer les leçons de vos échecs, recevoir des ordres, vivre dans le désordre, prendre du recul, nuancer vos propos, rester modeste, avoir tort...

Mais vous savez...

... voir les choses en grand, vous donner des objectifs, aimer une femme, des femmes, mener une entreprise à terme, protéger et

motiver les autres, parler avec cœur, réchauffer l'atmosphère, prendre des décisions, la direction des opérations, donner des directives ou des ordres, jouer d'un instrument, un personnage, une comédie...

Votre ambition

Immense. Vous élever, rayonner, dispenser chaleur et bien-être, voilà votre lot. Le plan professionnel et social passe avant tout. C'est sur ce terrain, aux yeux de tous, qu'il vous faut faire vos preuves, démontrer votre valeur. Vous avez « bouffé du lion », vous en voulez et vous en aurez certainement car vous n'êtes pas du genre à lâcher prise, à baisser les bras, à vous démotiver. Devenir une personnalité en vue, détenir un pouvoir sur vous-même, et sur les autres, être bon, sinon le meilleur dans votre domaine, sortir de votre portefeuille une carte de visite impressionnante, grimper quatre à quatre les degrés de l'échelle sociale et vous retrouver à une position élevée ou honorifique... voilà ce qui vous motive. Un Lion qui n'a pas « réussi », d'une manière ou d'une autre, est un Lion très malheureux. Alors, pour réaliser vos ambitions, vous comptez sur vous, sur vous seul et rechignez à demander de l'aide ou des conseils. Vous refusez d'être, un tant soit peu, dépendant de l'autre ou des autres. Il n'y a que l'échec qui puisse vous remettre les pieds sur terre ou désenfler vos chevilles...

Le travail

Nécessaire et même indispensable à votre épanouissement. C'est simple, vous vivez pour travailler ! Pas question de tâches fastidieuses, d'obligations quotidiennes ou d'une quelconque routine mais d'un travail qui mette en valeur votre enthousiasme, votre foi en vous et en vos projets, d'un « théâtre d'opérations » où vous jouez le rôle principal, celui du jeune premier. Que ce soit une marque prestigieuse, une œuvre de création ou un produit de luxe, vous êtes fait pour présenter et pour représenter. Le « star system », le « show business », le « beau monde », « l'intelligentsia », le « gratin », les « people »... vous baignez là-dedans comme un poisson dans l'eau. Vous vous voyez déjà en haut de l'affiche mais attention, vous n'êtes pas prêt à tout pour y parvenir. L'opportunisme, le marchandage, les petits arrangements... non merci, vous êtes un homme droit, honnête, qui a sa fierté, ses convictions et les mains propres. Le seul problème que vous puissiez connaître, c'est de savoir vous arrêter, de temps à autre, de travailler !

L'argent

Obligatoire, surtout en tant que signe de votre réussite ! Un Lion pauvre ? Inimaginable ! Oui, vous avez des goûts de luxe, vous appréciez ce qui est beau, ce qui est bon, ce qui est cher. Vous achetez, vous dépensez, vous claquez parfois car vous êtes généreux pour les autres et pour vous-même. Il vous faut un certain standing et comme vous prenez soin de vous, de votre apparence, de

votre image, bien habillé, présentant bien... cela occasionne des dépenses. Votre train de vie roule vite et pour le suivre et le rattraper, il faut avoir des revenus ! À part son intérêt éminemment pratique, l'argent représente surtout pour vous la possibilité d'acheter des places au premier rang de la vie, au cœur du monde qui bouge, qui vit, qui crée, de cette « société » qui vous fascine et vous attire inexorablement. L'argent n'est pas tabou. Vous savez en parler, le gérer, l'investir mais en règle générale, vous préférez vous investir vous-même dans une entreprise, un projet dont vous êtes l'architecte en chef.

Les femmes

Oui, bien sûr. Vous êtes macho ? Disons que vous êtes un homme, un vrai et que cela ne fasse aucun doute ! C'est sur le mode de la conquête que vous envisagez les choses. Être aimé d'une femme, ça vous donne de la valeur, du panache, de la dimension. On vous aime et ça vous conforte dans l'idée que vous avez raison, que vous êtes un type bien... Cela vous permet aussi d'étaler au grand jour vos qualités de preux chevalier, vos nobles aspirations, votre chaleur communicative, votre cœur valeureux, ardent à l'ouvrage et, à l'occasion, vos prouesses sexuelles. Dans le rôle du prince charmant, vous êtes bon, et longtemps, mais attention, il vous faut une bergère de qualité, que vous puissiez non seulement aimer, mais admirer, pour sa beauté, son intelligence, son argent ou autre chose. Elle aussi, d'ailleurs, doit vous placer sur un piédestal, quelle que soit la hauteur, et ne vous en faire descendre à aucun prix. Le couple est très important à vos

yeux. Il donne de la consistance à votre personnalité, à vos projets mais surtout, une assise sociale : vous ne voulez pas être différent, ni original, encore moins marginal.

La famille

Vous inspire, c'est dans vos cordes et là aussi, vous restez très classique : vous voulez des enfants. D'abord pour vous rassurer sur votre puissance créatrice, ensuite parce qu'ils sont issus de vous et que, d'une certaine manière, ils vous représentent, ils continuent votre œuvre et vous nourrissez pour eux de grandes ambitions. Vous êtes un père, un vrai, un géniteur, autoritaire et généreux, qui marche à l'affectivité, faisant tout pour leur confort, pour leur donner la meilleure éducation, qui paye pour leur assurer un avenir sans nuage. Comme ils ne doivent pas vous décevoir, faites attention à ne pas reporter vos ambitions sur eux, à les laisser libres de leur choix, de leur voie. Au foyer, vous êtes un homme, un vrai et ne mettez la main à la pâte qu'à condition que ce soit valorisant comme, par exemple, faire de temps en temps la cuisine pour des invités, la vaisselle, moins. De toute façon, le foyer, vous n'y êtes pas beaucoup. Le travail prend tout votre temps, ou presque, alors, la famille, vous la voyez le plus possible mais pas autant que vous aimeriez. C'est ça, non ?

SOLEIL ET LUNE, votre dualité

Le Soleil vous a parlé de l'aspect objectif, conscient de votre personnalité. La Lune, quant à elle, représente vos tendances inconscientes, subjectives, rythme de base et aspirations profondes.

Découvrez maintenant page 249 votre signe lunaire, cet autre signe qui vous caractérise. Ensuite, vous lirez le mélange original de Soleil et de Lune dont vous êtes fait, la dualité qui est en vous.

SOLEIL EN LION - LUNE EN BÉLIER

Sous un personnage classique, de bon ton et civilisé, se cache un sauvage, un être impatient, un révolté chronique. Au fond, vous avez envie de tout bousculer, de conquérir, de parier, de gagner, de vous battre, de vous lancer dans des aventures exaltantes, défiant les lois, les normes et les traditions. La victoire, sur vous et sur les autres, vous est indispensable. En vous se joue une lutte entre le « moi » et le « soi ». En effet, ici, il n'est question que de vous : gare à l'égoïsme, à l'égocentrisme !

Votre défi : vous affirmer sans brutalité ni violence.

SOLEIL EN LION - LUNE EN TAUREAU

Vous n'êtes ni révolté, ni marginal, ni même idéaliste. Vous ne remettez rien en cause, vous ne voulez rien changer. Vous pensez à vous, à votre confort, à votre train de vie, à votre maison, à votre femme, à vos enfants... tout cela semble vous appartenir ! Très classique, sinon conformiste, oscillant entre authenticité et tape-à-l'œil, vie intime et ambition sociale, vous avez besoin d'assurances, de stabilité, d'argent, d'une position sociale honorable et, si vous savez travailler, vous savez aussi aimer.

Votre défi : trouver votre originalité.

SOLEIL EN LION - LUNE EN GÉMEAUX

Certes, vous voulez briller, détenir un pouvoir, être reconnu mais, au fond, vous vous en fichez. Vous avez besoin de vous amuser, de vivre de façon insouciante, de paraître plus que d'être, comme un adolescent avide de rencontres, de conquêtes et de jeux, capable de changer de job, de partenaire, de ville ou de vie. La société est votre théâtre d'opérations, vous y louvoyez et mettez votre opportunisme, votre sens de l'adaptation, des réalités et votre jeunesse d'esprit au service de votre ambition.

Votre défi : découvrir l'idéalisme.

SOLEIL EN LION - LUNE EN CANCER

Très macho, viril et tout... mais aussi très intuitif et réceptif, vous êtes un pur mélange de Soleil et de Lune, de force et de faiblesse, de social et d'intime, d'ambition et de recul devant la vie. Car, au fond, vous être un être très sensible et vulnérable, doux et craintif, compréhensif et maternel. Il y a de la poésie en vous, du romantisme, une certaine oisiveté, un manque de structure. Vous avez besoin d'une vie de famille, de rapports d'intimité, d'amour partagé.

Votre défi : concilier les valeurs masculines et féminines, réceptrices et émettrices qui sont en vous.

SOLEIL EN LION - LUNE EN LION

Voilà l'homme dans toute sa splendeur : force, détermination et... grand égoïsme. Ici, le Soleil et la Lune s'aveuglent, vous aveuglent, demandent d'agir en fonction de vous, seulement de vous. Vous avez besoin de briller, d'être sur le devant de la scène sociale, en pleine lumière. La société vous attire inexorablement et vous devez y jouer un rôle, le premier, de préférence. Oui, vous êtes un être purement social. L'argent, le pouvoir, sinon la gloire vous sont nécessaires.

Votre défi : construire autre chose qu'une carrière.

SOLEIL EN LION - LUNE EN VIERGE

Sûr de vous, fier et dominateur ? En fait, vous êtes plus simple, modeste et réservé que ça. Il vous faut de la rectitude, des limites, des repères, une routine, des horaires et surtout travailler, remplir votre tâche, vous sentir utile. Vous voilà tiraillé entre de grandes ambitions et la peur de ne pas les réaliser, entre tout faire pour réussir et la crainte de ne pas être à la hauteur, entre le premier rôle et celui de l'éminence grise. Attention, le seul monde social ne peut vous satisfaire.

Votre défi : réussir, aussi, votre vie sentimentale et familiale.

SOLEIL EN LION - LUNE EN BALANCE

Voilà une combinaison brillante et pétillante, très axée sur le domaine social, celui des relations valorisantes, des rapports mondains et des cartes de visite. Pour vous épanouir, vous avez besoin de nouer des rapports équilibrés, harmonieux, d'évoluer dans une ambiance paisible et surtout, de trouver votre complémentaire, l'âme sœur car la solitude vous effraie. Il y a un côté artiste, esthète en vous, une finesse de jugement, une capacité à relier les êtres et les choses.

Votre défi : vivre pour vous mais aussi pour l'autre.

SOLEIL EN LION - LUNE EN SCORPION

Des mondes opposés s'affrontent en vous : la lumière et les ténèbres, la mort et la vie, le plaisir et la souffrance. Au fond, vous êtes un homme torturé, secret, mystérieux, cherchant dans les drames de l'existence matière à vivre intensément. Passion, création, amour et sexe, d'un côté vous construisez, de l'autre vous détruisez, vous transformez ce qui est en... autre chose. Insatisfait chronique, dominateur et possessif, la gloire et le pouvoir vous attirent, vous fascinent.

Votre défi : bâtir une situation solide qui puisse défier le temps.

SOLEIL EN LION - LUNE EN SAGITTAIRE

Quelle fougue, quel enthousiasme ! Vous vous élancez dans la vie avec une grande confiance en vous et une foi inébranlable en ce que vous faites. Briller en société ne vous suffit pas. Vous avez besoin d'un idéal, de vous fixer un but élevé, de suivre une grande idée, généreuse, et de vous impliquer à fond pour la réaliser. Tiraillé entre mener une existence bourgeoise et une vie d'aventures, entre rester ici et partir là-bas, pour vous, l'action prime sur les sentiments.

Votre défi : prendre du recul vis-à-vis de vous-même.

SOLEIL EN LION - LUNE EN CAPRICORNE

Dans ce mélange de chaud et de froid, de lumière et d'obscurité, vous êtes, au fond, un homme rigoureux voire rigide ou inflexible. Ambitieux, vous l'êtes assurément. Il vous faut détenir un pouvoir sur les êtres et sur les choses, organiser et maîtriser le monde qui vous entoure. Tiraillé entre ce qui est public et privé, entre participer au monde et vous en isoler, vous êtes fait pour être le chef, commander, décider, même à la place des autres.

Votre défi : mettre de l'eau dans votre vin et du sentiment dans vos relations.

SOLEIL EN LION - LUNE EN VERSEAU

Participer pleinement à la société ou vous en éloigner ? Vous intéresser à vous seul ou à l'humanité ? Vivre comme tout le monde ou de façon originale ? Au fond, vous avez besoin d'une liberté totale, d'une grande indépendance de vue, de pensée et de mouvement ainsi que de bousculer les traditions, de franchir les limites, de vivre des aventures humaines. À la fois bourgeois et révolté, classique et marginal, le succès, la réussite, la gloire vous attirent et, en même temps, vous vous en méfiez.

Votre défi : vous dévouer pour votre entourage.

SOLEIL EN LION - LUNE EN POISSONS

Si vous savez ce que vous voulez, où vous allez, au fond, vous aimeriez vous laisser porter par les événements, les rencontres, le flot de la vie. Dans l'intimité de votre être, vous ressentez mille impressions, sensations, émotions difficiles, sinon impossibles, à trier. Artiste, musicien dans l'âme, pour pouvoir vivre, il vous faut aimer, partager, vous donner à une femme, à des enfants, à des amis, à votre cercle d'intimes, vous sentir entouré car la solitude vous effraie plus que tout.

Votre défi : exprimer, aux yeux de tous, votre riche chaos intérieur.

SOLEIL ET LUNES, les femmes et vous

Comment vous accordez-vous avec une...

FEMME LUNE EN BÉLIER

Boum ! Cette femme ne s'embarrasse pas de fioritures : vous lui plaisez, elle vous entreprend. Elle vous attire parce qu'elle sait se sortir seule de toutes les situations, parce qu'elle est autonome financièrement et sentimentalement. Cela vous plaît... et vous déplaît en même temps car elle est votre égale ! C'est un couple enthousiaste, à la sexualité généreuse, mais plus axé sur le domaine social et professionnel qu'intime ou familial. En effet, il ne faut pas lui demander de sacrifier sa liberté à sa famille.

FEMME LUNE EN TAUREAU

Cette femme, ô combien séduisante, aime la simplicité, l'authenticité des sentiments, avoir une vie tranquille, des moyens financiers et une progéniture importante. N'essayez pas de l'impressionner, de jouer de vos muscles, de votre carte de visite ou de jeter de la poudre aux yeux... elle n'apprécie que le naturel, ce qui se touche, se palpe. C'est une terrienne, une sensuelle qui ne vous permettra pas de n'en faire qu'à votre tête, de passer votre temps à travailler au lieu de l'honorer. Voilà une union où chacun a ses convictions, détient sa vérité propre.

FEMME LUNE EN GÉMEAUX

Elle vous intrigue, fait pétiller vos yeux... Cette femme à l'esprit vif, toujours en mouvement, saute du coq à l'âne et vous, le Lion, allez l'impressionner par votre autorité, votre sens de l'organisation, des affaires, vos dons créatifs ou... ce que vous voulez mais elle devra succomber. Voilà un couple fait pour vivre à l'extérieur, en société mais pas confiné au foyer. Assez peu portée à la maternité, il faudra la pousser à s'investir davantage dans le couple et dans son devenir sans l'y obliger, sans lui imposer de responsabilités. Tout un programme.

FEMME LUNE EN CANCER

Vous l'homme, le macho, elle, la femme, éternelle... cette union, classique, fonctionne à condition que chacun respecte le territoire de l'autre. Le travail, le monde social pour vous, le foyer, le monde familial pour elle. Vous la protégez, vous la rassurez, vous la dominez. Elle, consentante, dépendante, porte vos enfants, les nourrit, tisse le cocon tandis que vous paradez à l'extérieur. Attention à ne pas jouer uniquement ces rôles car, à moyen terme, les partenaires peuvent se lasser d'être maîtres, séparément, de leur domaine.

FEMME LUNE EN LION

Vous avez trouvé celle qui vous faut ! Vous partagez les plaisirs que le monde vous offre, vous menez grand train, vous brillez ensemble. Cette combinaison riche et célèbre vous demande de bien présenter mais aussi de représenter dignement votre partenaire : vous devez avoir de l'admiration l'un pour l'autre. C'est une union mais pas une osmose car chacun doit garder sa spécificité, avoir ses objectifs professionnels, son autonomie financière et suivre sa propre carrière. Alors, cette alliance sera créatrice, généreuse et féconde.

FEMME LUNE EN VIERGE

Un peu terne ? Un peu banale ? Non, cette femme simple et pudique ne se dévoile pas. Pas tout de suite. Avant, vous devez passer par ses fourches caudines, son esprit critique, son sens du détail et de la perfection. Tout un examen de conscience qui lui permettra, en fin de compte, de décider, de trancher en votre faveur. Aurez-vous la patience d'attendre ? Non ? Dans ce cas, vous zapperez. Oui ? Alors vous apprécierez ses talents de femme au foyer et de maman, son efficacité, sa morale, son travail et sa dévotion, au quotidien.

FEMME LUNE EN BALANCE

Toute en elle est séduction, finesse et dentelles, vous craquez. Elle sait parler, écouter, s'intéresse à vous... C'est important, non ? Elle ne peut vivre seule, vous non plus, et comme vous, elle a besoin de s'exprimer en société, de nouer des relations valorisantes, de sortir, de lier connaissance, d'être belle et désirable. Une alliance brillante, remarquée, très classique, bien sous tous rapports, intellectuels et sentimentaux, mais le monde extérieur, le travail peuvent vous accaparer tous deux ou encore, la fidélité ne pas être au rendez-vous.

FEMME LUNE EN SCORPION

Vous êtes la lumière, elle les ténèbres. Le monde qu'elle porte en elle est plein de doutes, de passions et de créations. Elle demande beaucoup, tout, et en retour, elle se sacrifie. Des sentiments puissants l'animent, la possessivité l'étreint, le sexe la tourmente. Alors, vous vous donnez, généreusement, comme vous savez le faire mais elle risque de pomper votre énergie. Si vous la rassurez, sur elle et sur la vie, si elle retient sa jalousie instinctive, si vous existez hors de son champ d'action, ça ira. Mais cela fait beaucoup de « si »...

FEMME LUNE EN SAGITTAIRE

Allez-y ! Vous êtes partis ensemble pour la grande aventure, sauter les ruisseaux, franchir les obstacles, conquérir le monde ! Pas de demi-mesure, pas de quartier, vous êtes portés tous deux par une foi en vous et en ce que vous faites, un élan qui permet de vous élancer, de vous élever. Amazone, libre de son corps et de ses idées, c'est une femme farouche qu'on ne domestique pas. Bas les pattes, le macho, vous avez affaire à une partenaire émancipée, autonome qui ne vous demande rien et ne vous doit rien.

FEMME LUNE EN CAPRICORNE

Elle n'en a pas l'air mais, au fond, ses sentiments bouillent. Femme de cœur et de tête, elle sait où elle va, ce qu'elle veut. Elle a de l'ambition, cherche à fonder une famille, un foyer mais aussi à travailler, à être indépendante financièrement de vous. Elle peut aussi assumer toutes les responsabilités, les siennes, les vôtres et user du pouvoir qu'elle possède. Vous aussi d'ailleurs et c'est là que le bât peut blesser... Dans ce mélange de chaud et de froid, entre vous l'extraverti et elle l'introvertie, qui des deux aura le dernier mot ? Qui devra plier ?

FEMME LUNE EN VERSEAU

À vous, qui pensez beaucoup à vous, cette femme donne de l'air, offre un espace plus grand, une dimension plus humaine, un intérêt spirituel. Elle va vous proposer des idées pour vivre autrement, faire différemment, viser plus loin ou toucher davantage de monde. Femme émancipée, indépendante, elle ne vous demande rien, ni de l'argent, ni un foyer, ni des enfants, simplement de la laisser libre afin de lutter pour une cause, défendre les faibles, les opprimés et s'intéresser, pas seulement à vous et à sa famille, mais au genre humain !

FEMME LUNE EN POISSONS

Son cœur est vaste comme l'océan et l'on a envie de s'y noyer. Certes, on ne résiste pas à cette sirène qui aime l'amour, vous encore moins que les autres... Elle non plus, ne peut détacher ses yeux de vous, l'homme brillant comme un sou neuf. L'attirance est réciproque et l'entente durable si vous savez la rassurer sur elle-même, la protéger des autres qui l'envahissent, la faire se retrouver, lui redonner son identité. Alors, elle vous offrira l'immensité de son amour, ses enfants nombreux, la compagnie de ses amis... tout ce qu'elle possède.

Homme Soleil en Vierge

Vous êtes né entre le 24 août et le 23 septembre, à la fin de l'été, époque des moissons, de la récolte. Là, on fauche, on engrange, on trie, on sépare le bon grain de l'ivraie... Bref, on travaille dur !

Qui êtes-vous ?

Un homme simple, vrai, qui ne cherche pas midi à quatorze heures mais se fie à son sens logique, à ce qu'il voit, à ce qu'il sait, à ce qu'il fait. Le reste ? C'est du rêve, du roman, ce n'est pas la réalité et par conséquent, ça vous intéresse moins. Vous êtes un homme de terre, à l'aise sur le plan pratique, matériel. Vous comprenez tout de suite ce qu'il y a à faire, vous agissez où il le faut, comme il le faut, sans vous perdre dans des considérations tortueuses. Oui, vous êtes pragmatique, réaliste, constructif. Dans ce monde, votre rôle est de le faire fonctionner, tous les jours.

Que voulez-vous ?

Accomplir votre tâche, être utile, servir à quelque chose ou à quelqu'un. C'est dans le travail que vous vous accomplissez et

ce qui est ardu ou compliqué ne vous rebute pas, vous démêlez tout ça avec patience et méthode. Les responsabilités ? Vous êtes très capable de les assumer. Vous ne vivez pas dans le passé ou dans le futur mais au présent et même, au quotidien. Vous mettez votre application, votre sens de l'organisation, votre intelligence pratique au service d'une cause, d'une équipe, d'un patron ou d'un partenaire, bref, de quelqu'un qui compte sur vous.

Vous marchez à quoi ?

À la logique. Vous faites le tri entre ce qui est vrai, possible, concret, efficace et ce qui ne l'est pas car vous avez absolument besoin de comprendre le monde qui vous entoure. Les sentiments, les impressions, l'intuition ou l'impulsivité ne sont pas vos spécialités. Vous êtes un intellectuel, un homme passionné de culture, de lecture, qui se sent à l'aise dans le monde rationnel, ce qui se dissèque, s'analyse, se conçoit et s'exprime clairement. En fait, vous marchez davantage aux choses de l'esprit qu'aux choses du cœur.

Où allez-vous ?

Vers la perfection. Le monde est immense, complexe, confus, chaotique, impossible à appréhender totalement et pour pouvoir atteindre vos buts, vous faites le ménage là-dedans, vous triez, classez, rangez tout ça dans de petites boîtes étiquetées. Ainsi, vous pouvez vous y reconnaître, vous y retrouver, apaiser les doutes que vous nourrissez. Ce n'est pas l'ambition

ou la soif de pouvoir qui vous fait avancer mais la recherche d'une certaine perfection. Dans cette quête, qui n'a pas de fin, vous avancez prudemment, sans faire de folies. Vous êtes un homme raisonnable.

De quoi avez-vous peur ?

De l'imprévu, de l'illogique, de l'incompréhensible, d'être dépassé par les événements, par les sentiments, par la vie qui, elle, n'est pas toujours logique ! Comme votre esprit rationnel ne peut pas tout expliquer, il reste toujours des pans d'ombre, des mystères que vous préférez ignorer pour vous remettre au travail, ce travail qui vous rassure sur votre utilité et vos qualités. Plutôt discret, réservé, modeste, vous craignez parfois de ne pas être à la hauteur de la tâche qui vous incombe. Connaîtriez-vous un complexe d'infériorité ?

Vous ne savez pas...

... vous lâcher, vous relâcher et vous détendre, mener une entreprise pour vous-même, vous lancer dans une aventure sans connaître la destination finale, tirer des plans sur la comète, vous placer sous le feu des projecteurs, parler de tout et de rien, élargir votre cercle d'amis et de connaissances, vivre de mondanités...

Mais vous savez...

... planifier, vous discipliner, vous restreindre, vous concentrer sur une tâche et la mener à bonne fin, être persévérant, patient, calculer, compter, comparer, rester sobre, décomposer, résumer, étudier, examiner, réfléchir, aimer d'un amour sincère, contenir vos passions, refouler vos pulsions...

Votre ambition

Moyenne. Vous connaissez vos défauts, peut-être moins vos qualités, ce qui fait que vous n'avez pas totalement confiance en vous et cela vous empêche de viser de grands objectifs, des buts haut placés. Vous ne voulez pas vous mettre sur le devant de la scène, en valeur, en première ligne et préférez alors une place de second plan où vous serez tranquille pour penser et travailler. Pourtant, c'est vous qui faites tourner la machine, qui abattez le boulot mais que l'on ne vous demande pas de présenter tout cela avec brio ou de faire des relations publiques. C'est dans l'isolement de votre bureau ou de votre lieu de travail, face à vos responsabilités et aux problèmes à résoudre que vous vous sentez à l'aise. Que les autres friment, qu'ils paradent, vous, vous suivez votre petit bonhomme de chemin, bien à votre place, à l'abri derrière vos convictions. Votre ambition reste pragmatique, dans les limites du raisonnable, bien définies et vous ne vous aventurez pas dans des projets qui vous dépassent ou qui, selon vous, n'ont que peu de chances d'aboutir.

Le travail

Point fort de votre existence. Le travail représente non seulement la possibilité de gagner votre vie mais surtout de vous exprimer, de faire reconnaître vos talents d'efficacité, d'honnêteté intellectuelle, votre cœur à l'ouvrage. Voir les choses en grand, vous donner des projets faramineux ou vous lancer dans une aventure hasardeuse, ce n'est pas pour vous. Pointilleux, sourcilleux, parfois maniaque du détail, vous êtes exigeant avec les autres et encore plus avec vous-même. Vous ne vous passez rien, vous vous refusez la paresse, l'oisiveté, la négligence et ne supportez pas le désordre, l'inexactitude, le manque de ponctualité, le travail bâclé. Dans ce domaine, vous ne faites pas de pari, ne prenez pas de risques et n'avez pas pour habitude de jouer ou de vous enthousiasmer. Non, vous êtes une fourmi, pas une cigale, et si le travail que vous accomplissez est reconnu, si vous vous sentez indispensable à la bonne marche de l'entreprise alors, vous êtes content, vous êtes arrivé là où vous le vouliez.

L'argent

Doit être gagné. Vous partez dans la vie avec le sentiment que le chemin est ardu, difficile, que rien ici-bas n'est donné gratuitement et qu'il faut impérativement travailler, fournir des efforts pour gagner, construire quelque chose de solide. Vous croyez à ce qui est matériel, tangible et pour vous, l'argent est une donnée un peu floue. Il vous en faut, bien sûr, comme tout le monde pour pouvoir manger, vous loger, vous vêtir, vous et vos proches, mais

vous n'avez pas de goûts de luxe, vous ne claquez pas, vous ne flambez pas vos gains. Ils vous ont demandé un dur labeur, vous ne le jetterez pas par les fenêtres ! Économe, peut-être un peu radin, vous épargnez et gardez toujours le sou blanc pour le jour noir. Votre train de vie n'a rien de mirifique, vous savez vous contenter de ce que vous avez. A priori, vous ne deviendrez jamais riche. Vous ne capitalisez pas, vous ne jouez pas en bourse, vous ne spéculez pas. L'argent, c'est du travail et le travail est trop sérieux pour le confier à n'importe qui, pour en faire n'importe quoi. Faire vivre votre famille décemment, voilà le but.

Les femmes

Sont complexes. Vous n'êtes pas un don Juan, un frimeur, un dragueur mais un homme timide, délicat et les femmes vous impressionnent. Là aussi, un petit complexe vous inhibe. Serez-vous à la hauteur ? Va-t-elle vous comprendre et vous laisser faire ? Certes, vous êtes macho, comme tous les hommes, mais vous faites ça avec davantage de réserve que les autres. Vous plaisez aux femmes mais vous ne le savez pas forcement, ou ne voulez pas le savoir. Il y a de l'humilité dans vos démarches, une véritable envie de partage et d'union. Seulement, il faut pouvoir l'exprimer, l'avouer, déclarer votre flamme et ce manque de confiance en vous peut vous empêcher de vous livrer totalement. Mais avec l'âge, vous vous détendez... Avec les femmes, votre rapport est davantage intellectuel que sensuel. Vous vous méfiez de la passion, des emportements, vous craignez de perdre la tête ou de perdre pied. Là aussi, il vous faut des limites, un cadre bien

défini, une grande confiance en l'autre car vous êtes un homme fidèle. Votre relation doit être sérieuse, exempte de conflits et de jalousie.

La famille

Une base solide. Traditionaliste, à la limite du conformisme, votre vision de la vie est classique et le couple, la famille, le foyer, les enfants font partie intégrante de ce chemin rectiligne que vous affectionnez. Certes, vous travaillez beaucoup mais le reste du temps, vous le consacrez à votre proche entourage. Le foyer est important à vos yeux, il est un havre de paix où vous aimez vous retrouver. Il vous tranquillise, fait tomber la pression, les tensions et les craintes que vous connaissez. Là aussi, vous êtes très efficace. Vous aménagez votre maison, vous l'améliorez, vous la bichonnez et le bricolage pourrait être un de vos passe-temps favoris car vous êtes adroit de vos mains. Avec vos enfants, vous êtes un père sévère mais juste, capable de les comprendre, de partager leurs goûts intellectuels mais, inquiet de leurs progrès scolaires, de leurs lectures et de leurs fréquentations, vous ne supportez pas le désordre, le « je-m'en-foutisme ». Ils ne doivent pas faire n'importe quoi, n'importe comment... Vous êtes vigilant.

SOLEIL ET LUNE, votre dualité

Le Soleil vous a parlé de l'aspect objectif, conscient de votre personnalité. La Lune, quant à elle, représente vos tendances inconscientes, subjectives, rythme de base et aspirations profondes.

Découvrez maintenant page 249 votre signe lunaire, cet autre signe qui vous caractérise. Ensuite, vous lirez le mélange original de Soleil et de Lune dont vous êtes fait, la dualité qui est en vous.

SOLEIL EN VIERGE - LUNE EN BÉLIER

Un chemin de vie rectiligne ? Une existence routinière, dans l'ombre ? Certes non ! Au fond de vous bouillent des sensations, une impulsivité, une spontanéité qui vous interdisent d'avancer prudemment. Tiraillé entre vous imposer des limites et les franchir, vivre à fond ou à l'économie, vos rêves sont colorés, chauds, puissants. Il vous faut des conquêtes, des risques à prendre, des paris à faire, des aventures à tenter. Vous avez besoin de vivre par vous-même, pour vous-même.

Votre défi : en avoir le courage.

SOLEIL EN VIERGE - LUNE EN TAUREAU

Un mélange bien tranquille, traditionaliste, sinon conformiste. Vous agissez sur le mode mental mais au fond, vous êtes un sentimental à la recherche de plaisirs, de tendresse, de caresses et du temps perdu. Vous avez besoin de repères, de fonder une famille nombreuse, de construire un foyer confortable, de bâtir quelque chose de solide et d'aimer une femme longtemps. Votre travail est très efficace, alliant minutie et persévérance.

Votre défi : vous pousser pour sortir de votre inertie ou de vos habitudes.

SOLEIL EN VIERGE - LUNE EN GÉMEAUX

Vous vivez sur un seul mode, le mode mental. Tout passe par votre raison, votre compréhension, votre analyse et les sentiments risquent alors de passer à l'as. Pour vivre heureux, il vous faut vivre léger, allégé de responsabilités, de devoirs et de tâches, plus en adolescent qu'en adulte. En fait, vous avez besoin de bouger, de sortir de chez vous, de connaître des gens, des lieux, de communiquer, de butiner sans vraiment jamais vous poser mais... vous vous refrénez.

Votre défi : avoir foi en quelque chose ou en quelqu'un.

SOLEIL EN VIERGE - LUNE EN CANCER

Le foyer, la maison, les amis, les enfants... cela résonne en vous. Au fond, vous êtes doux, protecteur, aimant, comme une maman. Pour vivre, vous avez besoin d'être comme chez vous, comme à la maison, entouré de personnes que vous aimez ou, tout au moins, que vous appréciez. Vous vivez dans le souvenir, la mémoire, le passé et avez besoin de votre groupe, de votre clan pour survivre. Vous ne vous mettez pas en avant, au contraire, l'ambition sociale n'est pas votre fort.

Votre défi : ne pas vous contenter de ce que vous avez.

SOLEIL EN VIERGE - LUNE EN LION

Une vie terne, monotone, sans panache ? Non, par pitié ! Sous une ligne de conduite réservée, discrète, vous cachez l'envie de vous faire remarquer, apprécier, admirer ou applaudir. Au fond, vous cachez un grand besoin de chaleur humaine, de partage, d'amour et surtout, de reconnaissance sociale. Au travail, vous alliez la précision et le sens de l'organisation. À la fois modeste et narcissique, dévoué et égoïste, vous êtes Richelieu qui aimerait bien être le Roi !

Votre défi : briller de façon durable.

SOLEIL EN VIERGE - LUNE EN VIERGE

Vous rassemblez tous les archétypes de la Vierge : précision, méthode, respect des obligations et sens aigu du devoir. L'impossible, le rêve, les fantasmes, les passions... vous préférez vous en éloigner pour vous concentrer sur votre travail, votre couple, votre famille, vos enfants, vos trésors. Certes, vous pouvez manquer de fantaisie, d'un grain de folie, de vues larges, de détermination farouche ou de hautes aspirations car vous n'êtes pas un idéaliste mais un homme pragmatique, cartésien.

Votre défi : faire les choses pour rien.

SOLEIL EN VIERGE - LUNE EN BALANCE

Il n'y a pas que le travail qui compte, l'amour aussi, le couple surtout. Au fond, vous avez besoin de vous unir à l'autre et à d'autres, de créer des liens sociaux, des connaissances. Sensible au style, à la beauté, aux nuances, à l'élégance des formes et des propos, votre pensée est raffinée, élégante, claire, conciliante, éprise de justice. Vous avez besoin d'une vie paisible, harmonieuse et d'une présence féminine qui soit complémentaire.

Votre défi : ne pas faire trop de concessions, ni à vous, ni aux autres.

SOLEIL EN VIERGE - LUNE EN SCORPION

Vierge sage ? Plutôt Vierge fou ! Au fond de vous brûle un feu qui dévore tout, celui des drames, des passions et des emportements. L'air de rien, vous avez besoin de vivre intensément, d'aimer follement, de connaître aussi bien les joies que les souffrances de l'existence. Et de les partager ! Une vie rangée, classique, routinière ne peut vous suffire. Il vous faut plus, mieux, autre part ou autrement, vous questionner, vous remettre en cause. Vous, vous ne travaillez pas, vous transformez.

Votre défi : savoir vous tranquilliser.

SOLEIL EN VIERGE - LUNE EN SAGITTAIRE

Une existence un peu terne ou étriquée ne vous convient pas du tout. Au fond de vous brûle le feu de l'enthousiasme. Vous avez les idées larges, vos rêves sont chauds et colorés, ils veulent vous emmener loin, vous faire voir du pays, vivre des aventures. Vous avez envie de vous élancer, de vous échapper, de galoper comme un cheval fou et de partir pour, peut-être, ne plus revenir ! Il vous faut un idéal, une vocation, quelque chose ou quelqu'un qui vous motive.

Votre défi : concilier le proche et le lointain, le rêve et la réalité.

SOLEIL EN VIERGE - LUNE EN CAPRICORNE

Réaliste, hyperréaliste, efficace et même indispensable, vous êtes un homme sur qui on peut compter et recompter... on ne trouvera pas de faille. Et si l'on en trouve une, pour vous, c'est la fin ! Vous ne supportez pas la facilité, la médiocrité, le laisser-aller. Vous êtes un homme d'ordre qui aimerait en donner. Au fond, vous êtes beaucoup plus ambitieux que vous ne le laissez paraître. Dur envers les autres et envers vous-même, manqueriez-vous de tolérance, de fantaisie ?

Votre défi : exprimer les sentiments puissants qui vivent en vous.

SOLEIL EN VIERGE - LUNE EN VERSEAU

Attention, la vie d'une Vierge sage peut vous rendre fou ! Vous êtes un pur intellectuel qui, en fait, rêve de dépasser les limites, de bousculer l'ordre établi, de faire voler la routine en éclats ! Au fond de vous, vous ressentez une révolte, un immense besoin d'indépendance, de rencontres, de connaissance et d'aventures humaines, mais vous êtes tiraillé entre le sens du devoir qui vous rassure et vous rétrécit et l'envie profonde d'être libre, affranchi des obligations et des responsabilités.

Votre défi : trouver un juste milieu entre normalité et originalité.

SOLEIL EN VIERGE - LUNE EN POISSONS

Plans précis, route rectiligne, buts bien cernés... non, rien n'est évident car au fond de vous existe un monde riche, complexe, de sensations totalement illogiques, un océan d'émotions qui parle des autres, d'amour partagé, de don de soi, de sacrifice, de croyances et d'espérances, un monde mystique, artistique ou religieux qui vous porte et vous nourrit. À la fois paresseux et efficace, simple et compliqué, vous devez impérativement faire déboucher ce fleuve créatif sur du concret, sur la terre ferme.

Votre défi : penser, parfois, à vous !

SOLEIL ET LUNES, les femmes et vous

Comment vous accordez-vous avec une...

FEMME LUNE EN BÉLIER

Directe et franche, dans la vie elle n'y va pas par quatre chemins. Cette femme autonome, émancipée refuse les carcans, les obligations, parfois même les responsabilités. Et c'est là que vous intervenez ! Les responsabilités, ça vous connaît. Vous les prenez, vous les assumez et dans ce couple, c'est vous qui veillez au grain. Ne comptez pas sur elle pour jouer le rôle de la femme au foyer, de l'épouse docile, de la maman aux petits soins. Peu tournée vers la maternité, la domesticité, à vous de la cadrer, de canaliser son énergie.

FEMME LUNE EN TAUREAU

Jolie alliance que celle-là. Tous deux, vous recherchez la stabilité amoureuse, la sécurité d'un foyer, la tendresse d'enfants, le partage d'une vie, dans un cadre traditionnel peut-être, mais rassurant. Belle, tendre, sensuelle, ayant les pieds sur terre, cette femme vous encourage, réveille en vous l'amant, demande une présence, une constance et du sérieux, tout ce que vous êtes capable de fournir. En retour, vous lui donnez votre dévotion, vous travaillez pour vous, certes, mais surtout pour elle, pour votre famille.

FEMME LUNE EN GÉMEAUX

Vive, intelligente, jeune d'esprit, curieuse de tout et de tous, elle est fraîche, toute pimpante mais... n'est peut-être pas pour vous ! En effet, son côté touche-à-tout, son manque de persévérance, d'implication dans la relation, voire de fidélité sont un sérieux handicap pour vous qui avez besoin de savoir où vous allez. Si vous lui donnez des points de repère, des limites, des directives, et si elle les accepte, une relation, plus mentale et intellectuelle que vraiment affective, pourra naître. Sinon, vous passerez votre chemin.

FEMME LUNE EN CANCER

Avec elle, c'est bon et c'est pour longtemps ! Vulnérable, capricieuse, un peu irresponsable, cette femme a besoin d'être protégée, cajolée, maternée. Elle est à l'aise chez elle, entourée de ses enfants, de ses proches qui la rassurent. Vous pouvez alors envisager de construire une relation stable, des rapports empreints de douceur, de tendresse, une vie au foyer qui vous apaise, vous fasse oublier vos responsabilités professionnelles afin de donner votre temps au couple, à la famille, à la maison. Une union classique, à long terme.

FEMME LUNE EN LION

Elle vous impressionne celle-là, avec ses airs de princesse, son autorité naturelle, sa confiance en elle et en ce qu'elle fait. Ça vous épate parce que vous, vous n'êtes pas comme ça. Vous lui plairez, à condition de prendre quelques risques, de montrer que vous n'êtes pas si modeste, en lui offrant votre courtoisie, votre esprit clair et logique, en lui assurant une vie stable, quelques facilités financières et en lui laissant une bonne marge de manœuvre. Elle aime la société et mène grand train de vie, sachez-le et commencez à économiser...

FEMME LUNE EN VIERGE

Seriez-vous faits l'un pour l'autre ? Certainement ! Vous partagez le goût d'une vie stable, du foyer, des enfants, de la famille, la même soif de culture, de connaissances, la même curiosité intellectuelle. Il y a accord sur le plan financier, mental et sentimental. Vous travaillez, elle aussi, et vous vous rendez tous deux utiles au monde, vous recherchez, ensemble, à comprendre les choses, à accomplir votre tâche et avez en commun une certaine idée de la perfection. Attention à ne pas vivre en cercle fermé, entre vous.

FEMME LUNE EN BALANCE

Elle vous attire irrésistiblement. Elle attire tout le monde d'ailleurs, elle est toute séduction. Rarement célibataire, elle ne supporte pas la solitude. Elle a besoin de sortir, de vivre en société, entourée d'amis, de connaissances qui la mettent en valeur. Mais la société, ce n'est pas votre truc. Vous préférez l'amour à la maison, une existence, peut-être moins brillante ou mondaine, mais plus vraie, plus féconde. Autant elle pourra compter sur vous, sur votre fidélité, autant son côté sophistiqué, hésitant, mi-chèvre mi-chou peut vous exaspérer.

FEMME LUNE EN SCORPION

Combinaison intéressante parce que troublante, profonde, intense. Avec elle, la passion fait irruption dans votre vie. Et vous êtes preneur, ça vous fait découvrir un autre monde, le monde parallèle de l'amour fou, des émotions exacerbées, du sexe. On ne s'ennuie pas avec elle, elle sait où fouiller, où découvrir ce qu'on lui cache et, a priori, vous n'avez rien à lui cacher. Dans cette union fertile, vous assumez les responsabilités pour deux, vous vous dévouez pour elle, pour votre famille et elle fera encore plus fort : elle se sacrifiera !

FEMME LUNE EN SAGITTAIRE

La Vierge que vous êtes peut-elle suivre un cheval au galop ?... Cette femme émancipée, sûre d'elle et de son fait, vous attire mais vous décontenance. Ce n'est pas la logique, la prudence, la méthode qu'elle suit mais son idée. Elle s'enflamme, se projette, s'élance, ignorant les dangers et les conséquences de ses actes. Ça vous effraie. Idéaliste, expansive dans sa quête, rien ne peut l'arrêter. Pas même vous, surtout pas vous ! Mentalement et sentimentalement vous êtes différents.

FEMME LUNE EN CAPRICORNE

Entre vous, ça marche, ça tourne, ça fonctionne. Branchés tous deux sur la réalité, la matérialité, vous vous comprenez lorsqu'il s'agit de construire une maison, un couple, une famille, lorsque l'on parle d'économiser, de se restreindre, de se donner des objectifs possibles et limités, d'obéir à des ordres, d'accomplir sa tâche et d'assumer les responsabilités. Au fond d'elle brûle un feu continu de sentiments que, tel un jardinier, vous saurez cultiver. Alliance féconde, productive, à condition que, tous deux, vous gommiez vos complexes pour vous donner.

FEMME LUNE EN VERSEAU

Ensemble, vous parlez des heures de culture, de savoir, de connaissances. Elle vous apprend que le monde ne se limite pas à votre cercle, qu'il est vaste, immense, sans limites, que les femmes doivent être libres et autonomes, qu'il faut se battre pour des idées et rendre l'humanité meilleure ! Et le foyer, la famille, les enfants dans tout cela ? Bof... Ce qui la cloisonne, l'étouffe, la rend dépendante émotionnellement des autres, l'insupporte. Si vous rêviez de trouver en elle une maîtresse de maison, une femme au foyer, vous serez déçu.

FEMME LUNE EN POISSONS

Voilà votre complémentaire, celle qui vous apporte tout et même plus ! Elle possède ce qu'il vous manque : les sentiments larges, l'amour total, irréfléchi, une démarche sans calcul, sans arrière-pensée et le don d'elle-même à celui et à ceux qu'elle aime. Cette femme est remplie de sentiments puissants, nombreux, attachants, désire une vie de couple, de famille, de nombreux enfants, de nombreux amis, une table toujours garnie de mets et de gens. Elle ajoute du volume et de la profondeur à votre existence.

Homme Soleil en Balance

Vous êtes né entre le 24 septembre et le 23 octobre, à l'équinoxe d'automne, lorsque les nuits et les jours s'équilibrent. Climat tempéré, douce lumière, c'est un monde de demi-tons, de délicatesse, de subtilités.

Qui êtes-vous ?

Un homme nuancé, foncièrement paisible, tranquille, amoureux des belles choses, des belles personnes, des lieux agréables et des lumières tamisées. Un homme qui use très bien de son charme auprès des hommes et des femmes. Vous aimez quand on vous respecte, quand on vous apprécie, oui, vous voulez plaire. Vous avez le goût des contacts, de la communication et ne pouvez vous accomplir qu'en faisant partie d'un milieu avec lequel des échanges agréables et civilisés sont possibles. Votre rôle, dans ce monde, est de l'équilibrer.

Que voulez-vous ?

Vivre en paix, en bonne intelligence avec le monde qui vous entoure. L'univers dans lequel vous baignez doit être dénué de

laideur et d'agressivité. Vous êtes fait pour harmoniser les liens, les lieux, les situations. Votre sensibilité épidermique, votre sens aigu de l'esthétique et de la justice vous détournent de ce qui est disgracieux, violent ou vulgaire : vous êtes un esthète. Le monde social, celui des rapports d'amitié et de travail, est le vôtre. Vous voulez y participer, y tenir un rôle peut-être y briller mais surtout, vous avez besoin de vivre à deux.

Vous marchez à quoi ?

À l'affectif. Relier les idées, les personnes, les associer, leur trouver des points communs… il vous faut des relations, des connaissances, des échanges. Plus intellectuel que vraiment sensuel, c'est votre esprit qui vous mène, votre cœur à l'occasion mais pas vos tripes. Vous vous éloignez de la passion, des emportements, des sensations fortes, de l'impulsivité qui pourrait vous mener là où vous ne le désirez pas. La solitude vous effraie et c'est donc au sein du couple, d'une entreprise ou d'un milieu social qui vous ressemble que vous vous sentez à l'aise.

Où allez-vous ?

Peu importe, du moment que vous n'y allez pas seul. Vous n'avez pas d'objectif précis, d'espérance folle ou de voie à suivre qui ne correspondrait qu'à vous. Non, vous n'êtes pas indépendant dans l'âme, autonome dans l'action. Il vous faut impérativement partager, échanger, vous associer, vous unir. Ainsi, vous détenez une force que vous n'auriez pas par vous-même. Le chemin de vie que

vous empruntez doit être bien éclairé, agréable à suivre. Il doit être ascendant, mais pas trop, vous n'êtes pas partisan des gros efforts, et il doit surtout permettre de vivre dans un environnement confortable et plaisant.

Vous avez peur de quoi ?

De vivre seul, livré à vous-même, isolé de la société, marginal. Vous craignez de ne pas tenir votre rôle, de surprendre, de brutaliser. Pour vous associer à l'autre, ou à d'autres, vous êtes prêt à arrondir les angles, à faire des concessions, parfois des compromis. En effet, il vous est difficile de gouverner seul votre vie, de décider clairement d'une priorité, de faire des choix car vous êtes dépendant du regard des autres. C'est par rapport à eux que vous réagissez, c'est pour être respecté, apprécié, considéré... aimé.

Vous ne savez pas...

... être impulsif, spontané, rentre-dedans, lutter pour conquérir, voir les choses à long terme, construire, accumuler, être indépendant, autonome, dire des grossièretés ou quoi que ce soit de déplacé, mettre mal à l'aise, boire du mauvais vin, fréquenter des personnes vulgaires, vous laisser aller à la passion, à la violence des gestes ou des propos...

Mais vous savez...

... décorer, arranger, améliorer, être diplomate, vous faire l'avocat des autres, suivre la mode, choisir les mets, les vins, la vaisselle et les invités, dire des amabilités, des compliments, draguer les filles, vous fiancer, vous marier, divorcer, vous remarier...

Votre ambition

Oui et non. D'une part, vous voulez briller dans le monde professionnel, fréquenter des personnes importantes, influentes, participer pleinement à la vie sociale et y être reconnu mais, d'autre part, vous n'avez pas tellement l'énergie, le courage, la volonté pour y parvenir. En tout cas pas seul. C'est donc à deux, ou à plusieurs, que vous envisagez votre progression. Vous ne visez pas un but précis, vous ne désirez pas être le meilleur, le premier. L'esprit de compétition ne vous anime pas, c'est échanger avec les autres qui vous plaît, trouver le bonheur dans une relation sentimentale, travailler au sein d'une équipe et vivre en harmonie avec le monde qui vous entoure. Prendre des décisions, trancher dans le vif, agir sans cesse, bousculer les gens, vous ne pouvez pas. Il y a de la nonchalance dans votre personnage, un peu d'alanguissement, une certaine élégance qui vous interdit de marcher sur les autres pour réussir. Réussir, oui bien sûr, mais avec finesse.

Le travail

À plusieurs. Il faut bien travailler pour gagner sa vie mais le travail, celui qui fatigue, qui abrutit, qui pompe toute l'énergie… non, vous n'êtes pas de ceux qui se tueront à la tâche, qui se sacrifieront pour un patron. Les heures supplémentaires, le manque de vacances, les lourdes responsabilités, la minutie, les détails, vous laissez ça aux autres. En fait, vous préférez les relations de travail au travail lui-même ! C'est pourquoi l'association, le partenariat et le travail d'équipe sont faits pour vous. Vous avez besoin d'être entouré, épaulé ou d'épauler quelqu'un, de créer une ambiance conviviale où il fait bon communiquer. Le domaine des arts, de l'esthétisme, de la décoration est le vôtre. Vous avez du goût, vous savez marier les couleurs, les objets, réunir les bonnes personnes au bon moment, séduire une clientèle. La justice et la diplomatie sont aussi de votre ressort ; vous conciliez les points de vue, vous cherchez le rapprochement, l'entente, le constat amiable, le consentement mutuel.

L'argent

Vous est étranger. Vous n'êtes pas terre à terre, du genre à amasser une fortune, à bâtir un empire. Ni à économiser d'ailleurs. Vous seriez plutôt dépensier, cigale que fourmi. Vous ne comptez pas, vous ne calculez pas, vous êtes au-dessus de ces choses bassement matérielles. L'argent n'est pas non plus pour vous un instrument de pouvoir, vous n'êtes pas un homme d'autorité. Avoir de l'argent représente surtout une sécurité, la chance

d'éviter les problèmes, la liberté de penser à autre chose qu'à l'argent. Mais la vie en société en demande, ne serait-ce que pour fréquenter une certaine classe sociale, offrir des cadeaux à l'élue de votre cœur, décorer votre maison, acheter de bonnes bouteilles, s'habiller avec élégance. Vous avez besoin de qualité, de raffinement, peut-être même de luxe et tout cela coûte cher ! En fait, vous n'êtes pas très à l'aise quand il s'agit de parler d'argent, de l'utiliser ou de l'investir. Peut-être laissez-vous le soin à l'autre de s'en occuper, ce qui vous retirerait une épine du pied.

Les femmes

Vous en êtes amoureux. Vous craquez devant leur beauté, elles vous attirent, elles vous subjuguent, peuvent vous faire perdre les pédales mais la tête, elle, ne risque rien car vos liens affectifs sont mentaux, amicaux, spirituels, intellectuels mais non passionnés. N'étant pas impulsif, vous ne vous engagez pas de tout votre être, vous ne vous aveuglez pas, une certaine réserve vous retient toujours, à moins que ce ne soient les hésitations ou la peur de choquer. En vous, il y a un côté don Juan, prince charmant ou plutôt charmeur. Vous séduisez le sexe opposé autant qu'il vous séduit mais attention, ne nous y trompons pas, même si vous y mettez les formes, que vous usez de délicatesse, vous êtes terriblement macho, voire misogyne ! Bien sûr, cela ne se remarquera jamais car vous savez emballer votre machisme dans un joli papier à fleurs, enrubanné et qui sent bon. Les femmes ? Oui, mais peut-être encore plus une femme, votre

conjointe, votre compagne, votre égérie, cette personne sans qui il manque un plateau à votre balance. A priori fidèle, il ne faut pourtant pas vous tenter.

La famille

Oui, mais d'abord le couple qui met en exergue vos qualités, gomme vos défauts, vous aide à être vous-même. Vous êtes un « époux », un vrai, et qui dit couple dit enfants. Vous n'en êtes peut-être pas l'instigateur, le choix d'avoir des enfants revient le plus souvent à votre partenaire car, au départ, vous craignez que les enfants ne prennent trop de place, qu'ils ne cassent, d'une certaine manière, le parfait équilibre de votre couple, qu'ils ne vous éloignent l'un de l'autre. Ensuite, quand vous êtes rassuré, quand vous devenez père, vous prenez à cœur leur éducation, vous savez composer avec eux, vous faites le lien entre les différentes parties de la famille. Mais que la vie familiale ne vous prenne pas tout votre temps, le monde extérieur, la société vous appelle ! Et vous y répondez, vous sortez, vous travaillez, vous avez un tas de rendez-vous et tentez de consacrer plus de temps à votre épouse, à la famille et au foyer. Vous êtes un homme d'extérieur, pas d'intérieur même si le vôtre doit être à votre image : beau à regarder et agréable à vivre.

SOLEIL ET LUNE, votre dualité

Le Soleil vous a parlé de l'aspect objectif, conscient de votre personnalité. La Lune, quant à elle, représente vos tendances inconscientes, subjectives, rythme de base et aspirations profondes.

Découvrez maintenant page 249 votre signe lunaire, cet autre signe qui vous caractérise. Ensuite, vous lirez le mélange original de Soleil et de Lune dont vous êtes fait, la dualité qui est en vous.

SOLEIL EN BALANCE - LUNE EN BÉLIER

Douceur, élégance, harmonie... oui, peut-être, mais au fond, vous êtes un homme très différent, beaucoup plus impulsif, décidé et fonceur que ça. Vos rêves, colorés, brûlants, parlent d'action et de conquêtes, de lumière et de réussite. Il y a un côté sauvage en vous, indiscipliné, violent, indépendant, qui ne se soumet à rien ni à personne. Vous avez besoin d'autonomie. Vous voilà écartelé entre vivre avec les autres, avec l'autre et ne vivre que pour vous seul.

Votre défi : mettre votre égoïsme au service du couple.

SOLEIL EN BALANCE - LUNE EN TAUREAU

Pas de conflit, de violence ou de stress dans ce mélange. Vous êtes un jouisseur, un esthète, un artiste, un homme qui éprouve le besoin de vivre en paix, tranquille, rassuré, au côté des siens, dans une ambiance agréable, harmonieuse, dénuée de tensions, de violence. Très attaché à votre partenaire, à votre famille, à vos amis, vous êtes, en fait, très possessif et ne supportez pas le mensonge et l'infidélité. Il vous faut des repères, une assise matérielle.

Votre défi : prendre quelques risques pour évoluer.

SOLEIL EN BALANCE - LUNE EN GÉMEAUX

Dans cette combinaison aérienne, vous êtes un homme qui aimerait prendre la vie légèrement, facilement. Au fond de vous, vous êtes resté un adolescent avide de rencontres, de connaissances et d'amusements, un éternel étudiant qui ne veut pas de responsabilités car ces poids alourdiraient votre marche. Vous avez besoin de bouger, de changer, de vous déplacer, de multiplier les expériences aussi bien au travail qu'en amour.

Votre défi : vous impliquer davantage pour construire durablement.

SOLEIL EN BALANCE - LUNE EN CANCER

À la recherche d'une vie paisible, rassurante, en couple et en famille, vous êtes un homme pour qui l'amour, le foyer, les enfants sont nécessaires à son équilibre. Vous avez besoin de vivre avec les vôtres, dans un cocon, au sein d'un groupe, d'un clan qui puisse vous protéger des atteintes extérieures. Assez démuni devant la vie et ses conflits, peu autonome, vous vous réfugiez alors dans votre monde intime. Artiste, esthète, l'ambition, la lutte et la conquête ne sont pas faites pour vous.

Votre défi : vous élever dans la société.

SOLEIL EN BALANCE - LUNE EN LION

Les autres ? Oui, mais vous ne vous oublierez pas pour autant ! Au fond, vous avez envie de briller, de vous mettre sur le devant de la scène, d'être apprécié, admiré, applaudi, connu et reconnu. Amateur de belles choses et de belles personnes, très attiré par les femmes, il y a du narcissisme en vous, de l'égoïsme, voire de l'égocentrisme. Vous voilà tiraillé entre vivre pour, et par l'autre et n'exister que pour vous-même. Le monde social et ses conquêtes vous est indispensable.

Votre défi : vous en détacher un peu.

SOLEIL EN BALANCE - LUNE EN VIERGE

À l'aise parmi les autres ? Pas sûr car, au fond, vous en avez peur, votre confiance dans autrui, et dans vous-même, est limitée. Vous avez besoin de repères stricts, de garde-fous, de routine, d'une vie classique de couple et de famille, de tâches à accomplir et surtout, de vous sentir utile. Tiraillé entre une existence facile, légère, agréable et une vie de labeur ou le travail est roi, entre le monde social et intime, passions et emportements ne sont pas pour vous.

Votre défi : vous motiver, vous dépasser, vous donner.

SOLEIL EN BALANCE - LUNE EN BALANCE

Vous êtes fait pour vous rapprocher, vous associer, former un couple. Oui, pour vous, l'union fait la force mais peut aussi révéler votre talon d'Achille. Une certaine solitude vous est nécessaire et vous mettez de la distance entre vous et les autres pour ne pas qu'ils vous envahissent. Votre nature est complexe, vous êtes porté vers l'autre et vous vous refrénez et, comme un balancier, vous oscillez entre franchise et hypocrisie, abandon et retenue, bref, vous ne vous donnez jamais complètement.

Votre défi : être spontané, franc et direct sans avoir peur d'être incompris.

SOLEIL EN BALANCE - LUNE EN SCORPION

Vous cachez, inconsciemment, des peurs, des angoisses, des questions existentielles, des sentiments qui vous poussent à vivre intensément. Cela semble bien éloigné de votre nature consciente qui recherche la paix et l'équilibre des relations. Au fond, vous avez besoin d'une existence passionnée, nourrie de sentiments puissants, exclusifs, de drames et de dangers. Vivre bien ne vous suffit pas, vous aimeriez vivre plus fort, changer et transformer ce qui est en autre chose.

Votre défi : exprimer vos talents créatifs et artistiques.

SOLEIL EN BALANCE - LUNE EN SAGITTAIRE

Vous ne pouvez pas vous contenter de relations sociales ni même d'une vie de couple. Il vous faut quelque chose de fort qui vous attire, un projet qui vous motive, peut-être même une quête. Une vie stable, équilibrée ? Oui, mais vous aimeriez aussi galoper. Au fond de vous, il y a de l'enthousiasme, de l'optimisme, de la chaleur. Vous avez besoin de vous lancer physiquement et mentalement dans une aventure, à la découverte, à la recherche de quelque chose qui vous dépasse.

Votre défi : vous impliquer totalement ou pas, telle est la question.

SOLEIL EN BALANCE - LUNE EN CAPRICORNE

Vous cherchez à harmoniser le monde qui vous entoure, à tisser des liens sociaux mais, en même temps, vous êtes un homme solitaire, dur, ambitieux et froid. Mélange de légèreté et de profondeur, d'hésitations et de détermination, vous avez besoin de rigueur, de méthode, de repères et d'objectifs bien définis pour asseoir votre autorité, pour prendre votre destin en mains ainsi que celui des autres. Vous voulez vous unir à condition d'être et de rester aux commandes.

Votre défi : aimer et vous donner, entièrement.

SOLEIL EN BALANCE - LUNE EN VERSEAU

Une vie seulement agréable ne vous suffit pas. Vous avez besoin de partager de grandes idées, de faire des projets fous et de vivre comme il vous plaît, c'est-à-dire libre. Il y a en vous l'envie de vous dépasser, de franchir vos limites, d'accéder à une connaissance. Vous êtes tiraillé entre plaire et choquer, entre une dépendance aux autres et une indépendance forcenée, entre le monde social et votre monde original, entre la vie à deux et votre propre vie.

Votre défi : trouver un juste milieu dans tout cela.

SOLEIL EN BALANCE - LUNE EN POISSONS

Avec la Balance, vous y allez à deux. Avec les Poissons, vous y allez tous ensemble ! En voilà du monde, et vous aimez ça. Oui, vous éprouvez le besoin d'être entouré, de faire partie d'un groupe, d'un mouvement, d'une collectivité. Il faut vous donner généreusement, aimer les autres, aider les autres, les porter et les supporter, faire de votre vie une communauté de gens. Il y a aussi de l'hésitation, une nonchalance, un besoin de plaire, des difficultés à se retrouver soi-même.

Votre défi : ne pas vous laisser dévorer.

SOLEIL ET LUNES, les femmes et vous

Comment vous accordez-vous avec une...

FEMME LUNE EN BÉLIER

Bille en tête, elle s'élance dans la vie comme dans une course de vitesse, rien ne l'arrête. À part vous ! Oui, vous êtes peut-être le seul capable de ralentir son mouvement, de l'apaiser, de lui apprendre à partager, à mettre ses forces en commun, à calmer son égoïsme. Elle vous donne sa détermination, sa force de vie, son enthousiasme. Vous, en retour, lui offrez une vie douce, confortable, des relations, une ouverture sur les autres. Votre couple forme une base d'où découle le reste, c'est-à-dire une famille.

FEMME LUNE EN TAUREAU

Vous vous entendez sur les questions artistiques, ce qui touche au confort, à la beauté, à la séduction. Mais vous êtes très différents. Voilà une femme sensuelle et sentimentale qui a besoin d'être entourée, câlinée, de vivre un amour profond, durable, fidèle, d'un foyer stable et d'enfants nombreux. Elle veut des repères, des certitudes quand à votre amour. A priori, vous hésitez. Vous, ce serait plutôt le monde extérieur qui vous attire, cette société à laquelle vous voulez participer, tandis qu'elle, c'est l'intérieur, l'intimité. Vous rejoindrez-vous ?

FEMME LUNE EN GÉMEAUX

Cette femme vous fait tourner la tête, votre manège à vous, c'est elle ! Vous allez sortir et vous amuser ensemble, connaître de nouveaux lieux, de nouvelles têtes, vous intéresser à tout, à rien et changer de route sans crier gare. Vive d'esprit, s'adaptant aux circonstances, fidèle quand elle le veut bien, elle ne s'implique jamais complètement dans la relation, se laisse toujours une porte de sortie. Et cela peut vous arranger. Ne comptez pas sur elle pour fonder un foyer traditionnel ou avoir une ribambelle d'enfants.

FEMME LUNE EN CANCER

Douce, tendre et vulnérable, cette femme est une mère en puissance, attachée à son foyer, à ses enfants, à son proche entourage. Elle ne peut vivre seule, isolée et vous non plus, ce qui peut vous rapprocher. Mais attention, cela ne suffit pas ! Il y a de l'indécision, de la faiblesse dans ce couple, une volonté de domination de votre part, des buts non partagés. Elle est à l'aise à l'intérieur d'elle-même et de son nid douillet, vous à l'extérieur, avec les autres. Elle craint la société, vous la recherchez pour séduire, y briller.

FEMME LUNE EN LION

Tout de suite, cette femme vous attire par sa beauté, son port altier, son esprit adulte, sa détermination. Elle aime l'aisance, le confort et le luxe, briller en société, y détenir un pouvoir. Faite pour présenter et représenter, un peu moins pour vivre au foyer ou materner des enfants, elle a de l'ambition... pour deux ! Ce qui vous permet de développer vos talents artistiques, ajoute un soupçon de gloire, de reconnaissance sociale à votre couple, vous pousse et vous encourage. En retour, vous l'admirez et la placez... sur un piédestal.

FEMME LUNE EN VIERGE

Un peu pâlotte, prude ou renfermée, a priori cette femme n'a l'air de rien, en tout cas, elle ne marche pas à la séduction... Ensuite, elle a besoin d'une vie raisonnable, d'un travail régulier, d'ordre, de méthode, de logique, d'une existence classique avec foyer, enfants, famille, habitudes et règles de vie... ce qui peut vous effrayer. Vous êtes un homme d'extérieur, elle une femme d'intérieur, vous avez besoin des autres pour exister tandis qu'elle n'a besoin que de vous. Si elle ne vous étouffe pas, si vous la respectez, tout ira bien.

FEMME LUNE EN BALANCE

Elle ne peut vivre seule, et vous non plus, ça tombe bien ! Vous vous rencontrez, vous vous plaisez, vous vous complétez. Faits tous deux pour la vie de couple, davantage même que pour la vie de famille, vous partagez vos intérêts intellectuels nombreux et variés, vos vues esthétiques, votre goût pour une existence paisible, douce, facile et harmonieuse, votre envie de participer à la société, au beau monde, celui des lettres, des arts, des amateurs éclairés, des esthètes. Attention à ne pas perdre votre identité dans l'autre.

FEMME LUNE EN SCORPION

Cette femme a du sex-appeal, c'est indéniable, mais à vous, le séducteur, elle donne du fil à retordre car elle veut connaître la passion, dévore l'amour et la vie, se nourrit de sensations fortes, de drames et d'orages. Aïe ! Vous qui appréciez les relations sans tensions, les rapports équilibrés, attendez-vous à ce qu'elle vous fasse sortir de vos gonds ! Avec cette femme fatale, mante religieuse, possessive et jalouse, vous n'aurez pas l'occasion de lui être infidèle. Ou alors, une seule fois. Elle voit tout, sait tout, veut tout. Est-ce trop pour vous ?

FEMME LUNE EN SAGITTAIRE

Cette femme vous entraîne, vous fait franchir les limites connues, vous exhorte à en faire plus, à en vouloir davantage ! Optimiste, sûre d'elle et de son bon droit, idéaliste et orgueilleuse, elle est pour vous un moteur, donne au couple une dimension spirituelle, trace des objectifs ambitieux, fait bouger votre tête, votre cœur. Assez peu sentimentale ou romantique, c'est une amazone, un cheval sauvage, fougueux que l'on ne domestique pas. Ensemble, vous vivez bien mais davantage sur le mode mental que sentimental ou familial.

FEMME LUNE EN CAPRICORNE

Certes, vous avez des points communs, cette fraîcheur, parfois même cette froideur vis-à-vis des autres mais au fond, vous êtes très différents. Femme de tête, sachant ce qu'elle veut, ce qu'il faut, prenant les responsabilités à bras-le-corps et les assumant pour deux, elle doit pouvoir compter entièrement sur son partenaire, fonder un foyer, avoir des enfants et travailler pour être autonome. Elle a de l'ambition, elle connaît ce qu'est le pouvoir et en use. Le danger, pour vous, serait de rester dépendant, pour elle, d'être séduite puis trompée.

FEMME LUNE EN VERSEAU

De l'air, de l'air... cette femme vous donne de l'air, de l'espace, ouvre de nouveaux champs d'investigation, repousse les limites et promet une vie originale, hors des entiers battus. Vous vous accordez sur plusieurs points, en particulier le goût des rencontres, du changement, des discussions, des idées larges et belles. En revanche, ne comptez pas trop sur elle pour les travaux domestiques, s'occuper du foyer ou faire des enfants. Avec cette femme émancipée, vous sortirez de chez vous et de l'ordinaire.

FEMME LUNE EN POISSONS

Elle est belle, fascinante, ondoyante, la sirène et vous, le don Juan, vous craquez. Femme riche de sentiments et d'émotions, perméable aux ambiances, aux personnes, elle a besoin, non seulement de vous, mais de tous, de mettre au monde des enfants, nombreux de préférence, de liens familiaux, amicaux, d'un foyer chaleureux, de se sentir faire partie d'un tout, d'une communauté. Elle enrichit votre vie, la remplit à ras bord et si vous prenez quelques responsabilités à sa place, vous deviendrez son chevalier servant.

Homme Soleil en Scorpion

Vous êtes né entre le 24 octobre et le 22 novembre, lors du plein automne, quand le vent et la pluie arrachent les dernières feuilles des arbres. Le Scorpion sonne le glas de la végétation, évoque la mort et la renaissance... la transformation.

Qui êtes-vous ?

Un homme passionné, passionnant. Que ce soit un travail, une relation amoureuse, un projet, une création ou tout cela à la fois, vous le vivez totalement, le buvez jusqu'à la dernière goutte, la ciguë jusqu'à la lie. Vous n'êtes pas l'homme des nuances, des consensus, des hésitations. Non. D'ailleurs, vous dites « non », vous refusez les choses telles quelles, les autres comme ils sont et vous comme vous êtes. Dans ce monde, votre rôle est de le rénover.

Que voulez-vous ?

Tout ou rien. Vous êtes un révolté chronique, un révolutionnaire. L'ordre établi, les convenances, les habitudes, les possessions... vous en faites fi. Vous, vous voulez vivre et encore vivre. Ce n'est pas le bien-être que vous recherchez mais le « plus-être », franchir

les limites, chercher ce qu'il y a dessous, percer un secret, posséder un corps, gratter là où ça fait mal, aller au bout, au fond... Votre soif d'idéal est intarissable. Oui, vous êtes un idéaliste, un vrai, mais vos méthodes pour parvenir à la pureté passent par des chemins tortueux, voire torturés.

Vous marchez à quoi ?

Au danger. Il faut que, dans la vie, ça déménage, que ça bouge, que ça évolue. En bien ou en mal. Vous connaissez l'un et l'autre, vous usez de l'un et de l'autre. Non, vous n'êtes pas un tendre, un doux, un pacifique. Lutter vous est nécessaire et vous mourrez faute de combattants. Sur un rythme trépidant, anarchique, parfois malsain, la vie doit être excitante, exaltante et même éprouvante. Elle est semée de pièges et de chausse-trappes, de mariages et de divorces, de contrats et d'entorses. Vous brûlez la chandelle par les deux bouts, histoire de voir ce que ça fait...

Où allez-vous ?

Vous n'en savez rien et ne voulez pas le savoir ! Dans ce bas monde, tout est possible, tout est permis, en particulier les fruits défendus. Certes, la route que vous empruntez n'est pas facile, agréable ou directe. Elle monte, descend, accélère puis freine pile, fait des tours et des détours, passe par des orages, des scènes, des drames. Vous en avez besoin, une tension est toujours présente en vous et autour de vous, la confiance ne règne pas. Vous êtes sur vos gardes, vous vous méfiez du monde

en général, toujours prêt à répliquer, à vous défendre, à mordre ou à piquer.

Vous avez peur de quoi ?

De la mort, de la déchéance, de la folie, du néant. Vous connaissez cela et, dans vos mauvais jours, vous descendez en vous, au fond, comme en apnée. Puis vous remontez et là, vous n'avez plus peur de rien, ni de personne, seulement de vous-même : vous êtes votre pire ennemi. Vos peurs ne sont pas vaines mais créatrices. Elles exigent beaucoup de vous, vous obligent à passer des portes étroites, à sortir d'un labyrinthe ou à renaître de vos cendres. Mener une vie terne, sans passion ni folie, c'est peut-être ce qui vous ferait le plus peur...

Vous ne savez pas...

... attendre, temporiser, vous relâcher, vous relaxer, prendre les choses comme elles viennent, les gens comme ils sont, jouir des plaisirs de la vie, voir la vie en rose, être naïf, crédule, hésiter, avoir des relations harmonieuses, équilibrées, être léger, parler pour ne rien dire, construire durablement, voir à long terme, vous économiser...

Mais vous savez...

... vivre fort, aller loin, monter haut et descendre profond, attirer, séduire, magnétiser, hypnotiser, lancer des sorts, faire du tort et

vous faire du tort, chercher le mal et trouver le bien, et vice versa, voir tout de suite ce qui cloche, ne va pas, faire l'amour, mourir et recommencer, ressentir de la jalousie, de l'envie, vous donner entièrement et vouloir la réciproque, être psychologue, examiner, décortiquer, explorer...

Votre ambition

Dévorante, immense, doit être canalisée pour ne pas se perdre ou se retourner contre vous. Vous n'êtes pas fait pour épater la galerie, amasser une fortune ou vous laisser vivre. Vous voulez beaucoup, vous voulez tout et jetez vos forces dans la bataille jusqu'à épuisement, jusqu'à être vidé. Vous vous remplissez à nouveau, pour vous vider encore, fonctionnant selon le principe des vases communicants. Vos ambitions ne sont pas matérielles, l'argent et la gloire ne vous intéressent pas à proprement parler. L'argent, c'est prosaïque, la gloire, éphémère. C'est le pouvoir que vous voulez, c'est être maître du jeu, influer sur votre existence et sur celle des autres, avoir la main mise, tirer les ficelles, manipuler... On ne vous perce pas à jour, replié dans le secret de votre alcôve, toujours sur le qui-vive, vous n'agissez pas, vous réagissez. Les situations compliquées, difficiles, étranges ou déroutantes vous attirent, votre vue perçante, votre intuition puissante et votre flair indiscutable vous font aller vers des métiers où il faut fouiller, gratter, déterrer, chercher et trouver la substantifique moelle.

Le travail

En perpétuelle rénovation. Difficile de vous stabiliser, de réaliser quelque chose concrètement, votre but n'étant pas de bâtir une fortune ou de construire une carrière mais de rechercher « ce qui ne va pas », quitte à détruire pour reconstruire. Le domaine de la création vous est ouvert. Là, vous donnez votre pleine mesure car créer, c'est souffrir, c'est endurer les douleurs de l'enfantement. Que ce soient la peinture, le théâtre, la recherche, l'espionnage ou la psychanalyse, ce qui demande de l'abnégation, des efforts, voire des sacrifices, vous donne la possibilité de vous exprimer, de vous dépasser, de franchir vos limites. Il faut expulser ce qui est en vous et qui risque, avec le temps, de fermenter, de pourrir. Pour avancer, évoluer, votre travail doit impérativement se renouveler, proposer quelque chose d'intéressant, de compliqué, de mystérieux ou de minutieux comme une bombe à retardement. N'étant pas porté naturellement vers les autres, vous ne cherchez pas à plaire et si fréquenter des collaborateurs, des patrons et des employés implique de la compétition, de l'opposition, vous ne craignez rien. C'est dans le conflit que vous vous régénérez.

L'argent

C'est propre et sale, vil et fascinant. Vous n'aimez pas l'argent pour ce qu'il procure en biens matériels, en sécurité, en assise sociale mais pour ce qu'il représente, c'est-à-dire : le pouvoir. Instrument terrible, de torture, qui permet d'acheter les choses,

parfois les gens, il vous en faut mais, en même temps, vous crachez dessus. Vous ne mesurez pas votre réussite à l'aune pécuniaire mais à l'existence que vous menez, aux expériences que vous faites, aux dangers que vous bravez. Dépensier ? Oui, vous l'êtes assurément. Comment faites-vous ? Vous n'en savez rien. L'argent vous coule entre les doigts, vous brûle les mains. Il entre par ici, il sort par là, vous êtes dans le rouge, bref, vous n'amassez pas, vous n'investissez pas, vous ne capitalisez pas... vous ne serez jamais riche. Tant pis. Et tant mieux ! L'argent, ça doit circuler, ça doit engendrer autre chose, se reconvertir, servir une noble cause ou un projet délirant mais surtout pas rester bloqué, stérile, coincé sur un compte en banque. Pour ça, on peut vous faire confiance.

Les femmes

De la pure magie. Vous êtes un homme plus sexuel que sensuel. Votre relation amoureuse est liée, en premier lieu, à ce qui vous attire physiquement. Faire l'amour est pour vous une drogue, à la fois le poison et son antidote, et l'acte sexuel une mort, une fin par laquelle vous vous régénérez. Dans cette danse d'Éros et de Thanatos, de l'amour et de la mort, il y a un côté mante religieuse en vous, dévorant votre partenaire après lui avoir fait l'amour. Dans ce domaine, comme dans les autres, le drame et la passion se combinent et votre vie affective est riche, tumultueuse, en dents de scie, du Nirvana aux Enfers, aller-retour. Aimer les femmes, vous ne demandez que ça mais c'est surtout les attirer, les posséder. Oui, vous êtes un grand possessif, un

grand jaloux, de ceux qui deviennent fous par amour ou par vengeance. On ne reste pas indemne au sortir d'une relation avec vous. Et vous non plus. Vous marquez de façon indélébile les femmes qui vous ont connu et restez marqué à vie de l'image de leur âme et de leur corps.

La famille

Domaine complexe. Si vous faites « la petite mort » avec grand plaisir, donner la vie vous pose des questions existentielles, vous qui en avez suffisamment comme ça... Certes, vous désirez vivre avec une femme, et une seule car vous êtes capable d'un attachement puissant qui ressemble à de la fidélité, mais vous n'êtes jamais sûr de rien, en particulier de vous... Vous ne voyez pas particulièrement l'avenir en rose, vous craignez d'avoir des rapports conflictuels avec votre progéniture. Et vous avez raison, vos relations familiales sont toujours compliquées, que ce soit avec vos parents, vos enfants ou votre partenaire. Vous créez des problèmes et êtes le premier à tenter de les résoudre. Certes, vous voulez fonder une famille qui puisse vous entourer, un foyer pour vous protéger des atteintes extérieures, des liens puissants qui vous unissent mais votre existence même vous éloigne d'une vie de famille tranquille, régulière, routinière, pleine de certitudes, de confiance et de plans à long terme.

SOLEIL ET LUNE, votre dualité

Le Soleil vous a parlé de l'aspect objectif, conscient de votre personnalité. La Lune, quant à elle, représente vos tendances inconscientes, subjectives, rythme de base et aspirations profondes.

Découvrez maintenant page 249 votre signe lunaire, cet autre signe qui vous caractérise. Ensuite, vous lirez le mélange original de Soleil et de Lune dont vous êtes fait, la dualité qui est en vous.

SOLEIL EN SCORPION - LUNE EN BÉLIER

Ouch ! Il y a de la violence, de l'agressivité dans ce mélange, l'envie d'y aller vite et par un seul chemin : le vôtre ! Impulsif, spontané, vous ressentez le besoin de vivre seul, autonome, comme vous l'entendez et ne supportez pas la lenteur, la facilité, ce qui est tiède, fade ou sans relief. Il faut que ça bouge, par la force si nécessaire. Et tant pis pour la paix des ménages, les concessions, la diplomatie. Il y a un côté sauvage, non civilisé en vous, égoïste et macho.

Votre défi : ne pas que lutter pour conquérir.

SOLEIL EN SCORPION - LUNE EN TAUREAU

Dangereux ? Piquant ? Au fond, vous êtes bien différent. Vous êtes même le contraire ! Vous avez besoin de vivre en paix, tranquillement, sans tension, sans peur et sans reproches. Vous aspirez à jouir d'une vie calme, classique, avec femme et enfants. Homme très sensuel, sexuel et sentimental, vous voilà écartelé entre le besoin de construire durablement et l'incapacité à garder, l'envie de connaître le bonheur et le goût des passions et des drames.

Votre défi : ne pas jouer uniquement sur votre séduction.

SOLEIL EN SCORPION - LUNE EN GÉMEAUX

Vous n'êtes pas seulement un homme de luttes et de passions. Au fond de vous l'adolescent vit toujours, ce jeune homme qui aime les rencontres et les flirts, renouveler les expériences, jouer avec les gens et les sentiments, changer de route, de lieu ou de personne et pour cela, vous êtes capable de mener une double vie. Votre rythme doit être rapide, trépidant. Toujours en mouvement, il vous faut tout connaître, et vite.

Votre défi : trouver le juste milieu entre vous investir à fond et ne pas vous impliquer du tout.

SOLEIL EN SCORPION - LUNE EN CANCER

Vous êtes un homme plus doux, tendre et craintif que vous ne le paraissez ou ne le laissez croire. Oui, vous êtes sensible, vulnérable, vous le sentez et vous vous protégez. Si vous attaquez, c'est par peur d'être blessé. En vous, il y a l'âme d'un enfant, le petit garçon que vous êtes resté, qui réclame d'être chouchouté, materné. Vous avez besoin d'une femme, d'enfants, d'un foyer où vous réfugier et sur le plan social, d'un clan ou d'une équipe pour vous rassurer.

Votre défi : trouver le juste milieu entre lutter et vous abandonner.

SOLEIL EN SCORPION - LUNE EN LION

Les ombres et les ténèbres ? Pas seulement. En vous, il y a une part de soleil, de lumière, de chaleur qui doit s'exprimer dans le monde réel, social, une envie de briller, de rayonner, de vous donner. Une existence terne, sans passion ou sans grands desseins n'est pas envisageable. Vous avez besoin de grimper à l'échelle sociale, de prendre le commandement, voire même d'imposer votre volonté. Le pouvoir et ses arcanes pour y parvenir ne vous sont pas étrangers.

Votre défi : vie rebelle ou vie classique, à vous de choisir.

SOLEIL EN SCORPION - LUNE EN VIERGE

Vivre intensément ? Cela vous effraie un peu. Au fond, vous êtes un homme prudent, sage, pudique et réservé, qui retient ses passions, ne se laisse pas aller et surtout... qui travaille. Oui, vous avez besoin de travailler, de vous rendre utile, de fonctionner, chaque jour, de mener une tâche à bien, avec soin, méthode, maniaquerie peut-être, mais grande efficacité. Il vous faut des repères, des limites... que vous dépassez, que vous bousculez !

Votre défi : trouver le juste milieu entre flamber votre vie et l'économiser.

SOLEIL EN SCORPION - LUNE EN BALANCE

Vous lancer dans de folles aventures ? Bousculer l'ordre des choses ? Peut-être pas. Vous avez, à la base, besoin de rapports paisibles, d'harmonie sentimentale, de relations sociales, d'ambiances agréables. À la fois colombe et faucon, désirant aller jusqu'au bout mais aspirant à une certaine stabilité, aimant les drames et fuyant les conflits, il y a en vous à la fois l'équilibre et le déséquilibre. Oui, les deux vous correspondent et vous passez de l'un à l'autre.

Votre défi : vous unir et vous associer sans rien détruire.

SOLEIL EN SCORPION - LUNE EN SCORPION

Vous n'êtes pas un homme facile. Ni à comprendre, ni à vivre. Vous vous plaisez dans l'ombre, le mystère, les ténèbres. Rebelle, agressif, anarchiste, vous vous suffisez à vous-même. Attirant et repoussant, magnétique et sexuel, vous fascinez plus que vous ne plaisez. En vous, il y a des rêves inavoués, inavouables, le besoin de transgresser, de transformer, de transfigurer la vie, le goût d'aller plus loin, plus profond, d'aimer, de souffrir et de faire souffrir.

Votre défi : ne pas vous tendre de pièges, ne pas détruire pour le plaisir.

SOLEIL EN SCORPION - LUNE EN SAGITTAIRE

On trouve, à la base de votre personnalité, de la chaleur, de l'enthousiasme, un optimisme qui vous pousse à aller plus loin, à viser plus grand, à atteindre un objectif haut placé. Homme passionné, plein d'envies et d'élans, prêt à faire le tour de la terre, idéaliste dans l'âme et très impliqué dans tout ce que vous faites, vous avez besoin de grands espaces, d'une grande idée qui vous motive, de croire en quelque chose. Oui, vous avez la foi, celle qui déplace les montagnes.

Votre défi : viser haut ou fouiller profondément, à vous de choisir.

SOLEIL EN SCORPION - LUNE EN CAPRICORNE

Ça ne rigole pas dans ce mélange agressif, corrosif. Il y a des sentiments puissants et passionnés, de la force de caractère, une volonté de domination, de la détermination, de la dureté et la perspective de combats à mener, longtemps, jusqu'au bout. En vous se cache un homme solitaire, réfléchi, calculateur sinon manipulateur. Très ambitieux, attendant votre heure, vous avez besoin d'assumer des responsabilités, de détenir un pouvoir et de l'utiliser à votre avantage.

Votre défi : insuffler de la tendresse dans vos relations.

SOLEIL EN SCORPION - LUNE EN VERSEAU

Follement idéaliste, vous rassemblez en vous les signes les plus rebelles, les plus subversifs du zodiaque ! Vous êtes un homme passionné mais au fond, vous refusez d'être le jouet des passions et vous vous en détachez. Ressentant le besoin d'être complètement libre, vous voulez franchir les limites, casser les tabous. Vous refusez de subir le joug, les responsabilités, les obligations du quotidien, la dépendance vis-à-vis de l'autre et des autres.

Votre défi : exprimer, concrètement, ce que votre esprit inventif est capable de créer.

SOLEIL EN SCORPION - LUNE EN POISSONS

Que de sentiments, d'émotions, d'impressions dans cette combinaison ! Vous avez besoin d'aimer tous ceux qui vous entourent, de les écouter, de les aider et même, de vous sacrifier pour leur bonheur. Il vous faut faire partie d'un groupe, d'une équipe ou d'une communauté, vous retrouver parmi les vôtres, suivre la même idée, les mêmes aspirations. La solitude, l'indépendance vous sont fatals. Au fond, vous n'avez pas de limites, de garde-fous... Vous n'êtes pas raisonnable.

Votre défi : ne pas vous perdre.

SOLEIL ET LUNES, les femmes et vous

Comment vous accordez-vous avec une...

FEMME LUNE EN BÉLIER

Vous êtes de la même race, celle des seigneurs, des saigneurs, de ceux qui n'acceptent pas d'être soumis, dépendants et qui se battent pour exister. Avec elle, c'est tout de suite, chaud, immédiat, passionné, intense, peut-être même fou. Puis elle reprend sa route et vous laisse barboter dans votre marais sentimental. Ne vous accrochez pas à elle, elle continue tout droit tandis que vous aimez tant suivre les méandres de l'amour ! Vous voulez construire, avoir un foyer, des enfants, mais vous ne savez pas comment. Elle non plus.

FEMME LUNE EN TAUREAU

C'est elle qu'il vous faut ! Elle est tout ce que vous n'êtes pas : constructrice, stabilisatrice, ayant des repères, des habitudes et surtout, une saine sensualité, un air de nature, ce grand air qui ne peut vous faire que du bien ! Elle est belle, elle est douce, elle se prépare pour vous. Elle vous rassure aussi, elle a les pieds sur terre, vous permet d'avancer sans angoisser, de construire un foyer, d'avoir des enfants, d'être un peu comme tout le monde... Parfois, ça repose. Le domaine artistique, créatif vous rassemble, faire l'amour aussi.

FEMME LUNE EN GÉMEAUX

Elle scintille, elle virevolte, légère et amusante, vous lui compteriez bien fleurette... Allez-y, tentez de la suivre, vous allez voir ! Tantôt ceci, tantôt cela, affectivement elle est ambiguë, joue avec les sentiments, les siens, les vôtres, ce qui peut vous rendre fou ! Elle suit une voie, puis l'autre, mène une double vie, parle un double langage. Ça peut vous amuser, vous divertir, un temps. Ne comptez pas sur elle pour vous prendre à cœur, vous faire des enfants ou fonder quoi que soit. Peut-être lui faut-il plus de liberté que vous ne pouvez lui en donner ?

FEMME LUNE EN CANCER

Voilà ce qu'il faut pour fonder un foyer, avoir des enfants, se cocooner et s'aimer toute la journée. Elle a besoin d'amour, peut-être plus d'un amour paternel que sexuel. Il faut la protéger, la câliner, la faire vivre dans ses meubles, chez elle, avec les siens, son groupe, sa famille, son clan, former une cellule reproductrice, familiale. Ne soyez pas méchant, ne la brutalisez pas, aidez-la à passer de la petite fille à la maman, à devenir adulte, maîtresse d'elle-même. Là, elle découvrira, pour vous seul, ses trésors de tendresse.

FEMME LUNE EN LION

Il est question d'une prise de pouvoir dans cette combinaison : lequel de vous deux aura le dernier mot ? D'un côté, une femme d'honneur, adulte et responsable, à l'autorité naturelle, à l'ego bien charpenté, capable de gagner sa vie, de jouer un rôle social. De l'autre, vous, l'homme des rapports de force, qui vit pour combattre. Entre vous, c'est le jeu de la lumière et des ténèbres, l'attraction-répulsion, le train de vie et le train-fantôme ! Rapports passionnés, intenses... jusqu'au moment où vous débordez l'un sur l'autre, et le feu s'éteint.

FEMME LUNE EN VIERGE

Bonne combinaison qui vous met les pieds sur terre, vous rassure. Femme de tête et de cœur, peut-être moins de tripes ou de sexe, vous pouvez compter sur elle, et recompter, elle ne vous laissera pas tomber. Elle peut même, si elle vous aime, vous servir. N'en profitez pas pour autant, vous gâcheriez tout ! Timide, complexée, on ne doit pas la bousculer, lui faire perdre ses repères, ses habitudes et les pédales. Capable d'amour et de dévotion, elle vous donne un foyer, des enfants, des bases saines sur lesquelles vous pourrez construire. Enfin.

FEMME LUNE EN BALANCE

Elle séduit tout sur son passage, aucun ne lui résiste. Mais si un homme ne s'avoue pas vaincu… c'est vous ! Bien sûr elle vous plaît, et vous lui plaisez, mais elle est prise, pas libre, pas ce soir. Elle hésite, se donne, non, ne se donne pas… De quoi vous faire déchanter, déjanter. Vous avez une longueur d'avance sur elle ; ce n'est pas la pure séduction mais le sexe et la passion. Soit, entre vous ça colle, vous êtes le seigneur, le maître et elle aime ça, soit elle ne peut vous suivre dans les tourments de l'existence que vous, vous appréciez.

FEMME LUNE EN SCORPION

Scorpion + Scorpion = nid de vipères ? Oui, si vous ne partagez que vos angoisses existentielles, si vous jouez aux vases communicants avec vos questions, vos doutes, vos méfiances et vos jalousies. Non, si la création est au centre de votre couple, si vous donnez naissance à des enfants ou à une œuvre, si vous partagez vos passions, votre besoin d'en savoir plus, d'en faire plus, d'en vivre plus. Amour sans concession, entente sexuelle rare, il sera alors question de bâtir ensemble, de construire en dur ou alors, de tout faire flamber !

FEMME LUNE EN SAGITTAIRE

Elle a une longueur d'avance sur vous. Elle galope, vous courez, vous vous essoufflez... Difficile de la prendre dans vos filets. L'amour ? Oui, mais à la condition de ne pas la coller, de ne rien lui imposer, de la laisser libre, indomptée. Les sentiments ? Ce n'est pas son truc, ce serait plutôt l'aventure, le projet, la foi, celle qui transporte, qui fait aller plus loin, plus haut. Le sexe ? OK, c'est physique mais attention, rien de malsain, de bizarre avec elle. Enthousiaste, idéaliste, elle peut vous insuffler son optimisme ou bien s'éloigner au galop.

FEMME LUNE EN CAPRICORNE

Elle sait très bien ce qu'elle fait, ce qu'elle veut. Femme de tête et femme de cœur, autoritaire et dévouée, assumant les responsabilités, les siennes et les vôtres, entre vous c'est une lutte de pouvoir et, à ce jeu, elle peut gagner ! Vous vous en remettez donc à elle pour fonder un foyer, avoir des enfants, mener une vie de famille et vous la laissez suivre sa voie professionnelle car elle doit se prouver quelque chose, gagner son propre argent, être maîtresse de son destin. Sachez-le.

FEMME LUNE EN VERSEAU

Existe-t-il plus rebelle, plus révolté que vous ? Oui : cette femme. Émancipée de tout, des hommes en particulier, tirant des plans sur la comète, les atteignant parfois, ivre de connaissances et de savoirs, d'aventures humanitaires et d'expériences humaines, rien ne l'arrête sur son chemin qui mène aux étoiles. Fille du cosmos, elle n'a pas besoin de vous pour vivre et vous le fait savoir. Le sexe ? Elle est un ange et un ange n'a pas de sexe... Maintenant que vous êtes prévenu, vous allez pouvoir, en bonne intelligence et en toute amitié, parler de tout, refaire le monde.

FEMME LUNE EN POISSONS

Vous qui désirez tout, vous trouvez en elle votre maîtresse... Elle veut tout parce qu'elle aime tout, les hommes en général, un homme en particulier, ses enfants, sa famille, ses amis, ses voisins... Elle vit en aquarium, en communauté. Elle absorbe, elle adhère, s'emplit des autres et le restitue multiplié. Ses charmes sont puissants, sensuels, ondoyants et sur le plan sexuel, vous atteignez l'osmose. Le voilà, le pays des merveilles, le mât de cocagne, l'océan de félicité ! En elle, vous oubliez tout, vous vous régénérez.

Homme Soleil en Sagittaire

Vous êtes né entre le 23 novembre et le 21 décembre, aux derniers feux de l'automne. Ce feu qui vous anime est un feu de camp, braises qui rougeoient, escarbilles et volutes de fumée s'élevant vers le ciel.

Qui êtes-vous ?

Un centaure, mi-homme mi-cheval, galopant ventre à terre, lançant ses flèches à la volée. Vous voilà moitié humain, moitié animal, ça vous donne du jarret, ça vous fait démarrer, bouger. Devant la vie, vous piaffez d'impatience. Les barrières sont faites pour être sautées, la terre pour être explorée, la vie pour être vécue. Toujours partant, quel que soit le projet, un grand optimisme vous anime Oui, c'est vraiment le projet, moins sa réalisation, qui vous intéresse, vous motive, vous transporte ! Votre rôle, dans ce monde, est de le parcourir.

Que voulez-vous ?

Voir du pays, rencontrer des gens, brûler l'énergie qui est en vous, qui bout et ne demande qu'à sortir sous forme d'actions et de

mouvements. Vous êtes parti vers quelque chose. Mais quoi ? Vous ne cherchez ni la gloire, ni l'argent, ni le pouvoir. Vous êtes un indépendant, un libre-penseur, un être autonome, un cheval sauvage, fougueux. Ce n'est pas l'esprit qui vous mène mais le cœur et les jambes. Noble chevalier luttant contre les dragons, conquérant d'un nouveau monde, vous avancez dans la jungle à coups de machette et découvrez, au bout du chemin, le temple de la sagesse...

Vous marchez à quoi ?

À l'aventure, aux voyages, aux nouveaux horizons. Lointains de préférence, où l'on vit différemment, où la culture, les traditions et les croyances tiennent une place importante. Vous marchez aux rapports humains, simples et chaleureux. La société de consommation, le monde actuel, moderne, vous le trouvez superficiel, hypocrite et, autant que possible, vous vous en éloignez, moralement et physiquement. Si la société est « civilisée », alors vous, vous êtes un sauvage !

Où allez-vous ?

Loin. Loin de chez vous, de chez vos parents, de votre foyer. Adulte très tôt, vous n'avez jamais douté qu'un chemin, le vôtre, soit tracé devant vous. Vous êtes appelé par quelque chose, vous avez une mission à remplir, une œuvre à donner. Oui, dans cette vie, il y a une quête à accomplir, un objectif à atteindre, une synthèse à faire, une réunion à opérer, une connaissance à avoir,

une expérience à donner, un chemin d'ordre physique ou spirituel à suivre, en tout cas, une belle promenade à faire...

Vous avez peur de quoi ?

A priori, de rien. Vous faites confiance à la vie. Les complexes ? Vous ne les connaissez pas, vous vous sentez plutôt bien dans votre peau. Votre énergie physique et mentale vous permet d'envisager les choses et les gens avec optimisme, bienveillance. Vous ne voyez pas le mal dans les personnes, ni les problèmes éventuels dans les situations... ce qui peut vous jouer des tours. Le pire serait pour vous, cheval sauvage, de vous faire capturer, dompter, civiliser de force et rendu au troupeau, domestiqué.

Vous ne savez pas...

... vous mettre à la place des autres, prendre les choses à la légère, calmer vos ardeurs, réfléchir avant d'agir, voir à long terme, régler les détails, être méticuleux, minutieux, manipuler les gens, faire du mal, vous venger, prêter attention à l'affectivité des autres, de l'autre en particulier, garder un secret, user de votre pouvoir...

Mais vous savez...

... vous emballer, démarrer au quart de tour, participer à des compétitions sportives, vous motiver, vous impliquer et même vous aveugler, créer des liens de sympathie, vous enflammer pour une idée, élargir votre expérience, apprendre, transmettre vos

connaissances, prendre la route, vous faire confiance, vous libérer des liens étouffants...

Votre ambition

Puissante mais plus axée dans le domaine social, intellectuel ou spirituel que purement matériel, plus dans la recherche que dans l'avoir. Le commerce, les affaires ne sont pas pour vous. Pour avancer, il vous faut une conviction, croire en ce que vous faites, en quelque chose qui vous soulève et vous dépasse. Ayant toujours un but à viser, un objectif à atteindre, votre motivation vient de vous, pas des autres. D'ailleurs, on ne peut vous aider, vous épauler, vous conseiller. Vous galopez tout droit, dans la lumière. Elle vous attire, elle vous aveugle et ce n'est qu'à la nuit tombée que vous vous arrêtez, fourbu. Il se peut que vous ayez fait des kilomètres et que vous soyez revenu à votre point de départ... peu importe. Vous avez agi, vous avez vécu, vous avez vaincu, en tout cas, vous avez suivi votre idée ! Si les autres suivent ? Tant mieux, vous ferez route ensemble. Sinon ? Tant pis, vous poursuivez votre chemin, les autres, le leur. Votre volonté est farouche, votre courage immense quand il s'agit d'affronter la vie et c'est seul que vous le faites.

Le travail

Physique, en mouvement. Marcher dans la campagne, faire du sport, couper du bois ou tirer sur des voiles, d'accord, mais le travail sédentaire, celui des cellules grises, du bureau, des

habitudes mentales, codifiées, routinières... surtout pas ! Il vous est difficile de travailler sous la coupe de quelqu'un, de vous intéresser à ce qui ne vous intéresse pas et il y a toujours une occasion de vous faire repartir vers une nouvelle aventure. Vous ne savez pas faire plusieurs choses à la fois, vous éparpiller, vous disséminer. C'est dans l'élan, dans la course que vous vous sentez bien, roulant à vive allure vers les lendemains qui chantent. Le travail, vous le faites en indépendant, avec vos propres objectifs et vous revendiquez le pouvoir de prendre des décisions. Droit, franc, loyal, sincère, vous prenez, à l'occasion, un ton docte ou professoral pour affirmer vos convictions. Lorsqu'il s'agit d'une tâche à mener, vous avez une vue globale des situations, vous tracez les grandes lignes du projet mais vous ne vous attachez pas aux détails. Et parfois, c'est bien dommage...

L'argent

Fait pour être dépensé. Perdre sa vie à en gagner, amasser ou économiser, cela n'est pas pour vous. L'argent, vous en avez besoin, comme tout le monde, mais vous êtes un idéaliste et ce qui est concret, terre à terre, logique et chiffré vous ennuie plutôt. Vis-à-vis des biens matériels, votre opinion est partagée. Dans votre jeune âge, vous êtes rebelle à l'autorité, vous ne faites pas partie intégrante de la société et l'argent, vous vous en fichez. Puis, l'âge venant, vous recherchez plus de confort, une position avantageuse, vous prenez du poids, de la maturité, des rondeurs, du volume social, vous devenez une sorte de notable, de bourgeois, à la vie rangée, confortable sinon conformiste. Au

cours du temps, entre enfance et âge adulte, vous évoluez dans le sens d'une intégration à la société : vous vous installez. Rien de marginal ou de révolté en vous, vous ne désirez pas vous placer plus longtemps à l'écart de la société humaine dont vous voulez être membre à part entière. L'argent vous permet de vous y insérer et de bâtir toujours d'autres voyages, d'autres conquêtes, d'autres projets.

Les femmes

Un gibier rare et fin. Sauvage, indomptable, baroudeur, les femmes éveillent en vous l'âme du chasseur. Vous êtes le preux chevalier qui va les prendre en croupe, direction autre part. Elles doivent donc vous suivre car vous, vous suivez votre route et ne restez dépendant de personne. À la fois homme d'esprit et homme de cœur, ce ne sont pourtant pas les sentiments ou la sensualité qui dominent dans votre personnage. Vous avez davantage besoin de rapports intellectuels, de complicité et d'amitié que de liens purement affectifs ou sensuels. La passion, les drames et les jalousies vous font fuir, vous supportez mal les mésententes, les conflits et préférez vous éloigner plutôt que de subir le mal et la peine. N'étant pas possessif, vous laissez à votre partenaire sa liberté et, en contrepartie, elle doit vous laisser la vôtre. Jeune, vous avez le sang chaud, toujours libre, sans entraves. Avec le temps, vous devenez plus sage. Le mariage ne vous attire guère, il représente une restriction de votre liberté, mais la vie à deux vous replace dans des normes, calme vos ardeurs au voyage, vous fait rentrer à l'écurie tous les soirs. Ou presque.

La famille

Un poids. Dans votre jeunesse, elle crée des liens qui vous rattachent, qui vous attachent et vous vous en éloignez le plus rapidement possible. Vous apprenez alors à vivre davantage pour vous que pour les autres. Ensuite, après avoir vécu les expériences de votre vie d'homme, vous vous maîtrisez, vous acceptez les responsabilités... Vous vous casez. La famille représente alors une assise, une position dans la société et vous assure la place que vous revendiquez, celle du *pater familias*. Vous avez le sens de la famille, des règles, des traditions et des coutumes. Vous pouvez même être autoritaire car vous savez, ou croyez savoir, ce qui est bien et ce qui ne l'est pas. Vous êtes du côté de la loi et de l'ordre. Lors de l'adolescence, des problèmes peuvent survenir car vous ne supportez pas que vos enfants vous manquent de respect, qu'ils fassent ce qu'ils veulent, quand ils le veulent. Vous détenez la « vérité », vous avez des convictions, des certitudes et il est difficile, sinon impossible, de vous faire changer d'avis, de point de vue ou de voie.

SOLEIL ET LUNE, votre dualité

Le Soleil vous a parlé de l'aspect objectif, conscient de votre personnalité. La Lune, quant à elle, représente vos tendances inconscientes, subjectives, rythme de base et aspirations profondes.

Découvrez maintenant page 249 votre signe lunaire, cet autre signe qui vous caractérise. Ensuite, vous lirez le mélange original de Soleil et de Lune dont vous êtes fait, la dualité qui est en vous.

SOLEIL EN SAGITTAIRE - LUNE EN BÉLIER

Quel feu, quelle fougue, quel élan ! Vous ne réfléchissez pas, vous démarrez au quart de tour, direction là-bas, tout droit ! On ne peut pas vous arrêter, ni même vous freiner. Au fond, vous avez besoin de lutter, de conquérir, de vivre votre vie à vous, pour vous sans tenir compte des avis extérieurs et des mises en garde. Ce côté sauvage, indomptable, excessif vous fait vivre par impulsions, par à-coups. Solitaire et autonome par nature, il vous faut pourtant jouer un rôle dans la société.

Votre défi : ne pas repartir, à chaque fois, de zéro.

SOLEIL EN SAGITTAIRE - LUNE EN TAUREAU

Derrière cette volonté de vous élancer, de connaître l'aventure, vous avez besoin d'une existence classique, confortable, bourgeoise, de construire un métier stable, un couple durable, une vraie vie de famille. Au fond, il vous faut des repères, des certitudes, des assurances quant à l'amour que l'on vous porte. À la fois rapide et lent, prudent et enthousiaste, il y a un côté jouisseur en vous, bon vivant mais qui s'adapte difficilement aux changements.

Votre défi : n'avancer ni trop vite ni trop lentement.

SOLEIL EN SAGITTAIRE - LUNE EN GÉMEAUX

Vous vous concentrez sur un but, vous y galopez mais en même temps, vous éprouvez le besoin de vous éparpiller, de toucher à tout, de renouveler les expériences, de changer d'horizon. Au fond, vous aimez vous amuser, ne rien prendre au sérieux et surtout, ne pas vous impliquer à fond dans les situations, ou les personnes, car vous craignez d'y perdre votre liberté, votre autonomie. Assez peu sentimental, la tendresse n'est pas votre fort.

Votre défi : construire un couple, une vie de famille.

SOLEIL EN SAGITTAIRE - LUNE EN CANCER

Partir à la découverte du monde ? Oui, mais il vous est difficile de quitter vos origines, votre famille, votre cocon. À la fois timide et intrépide, cherchant à vous élever mais sujet au vertige, pour avoir confiance, il vous faut vivre à l'intérieur d'un foyer, d'un clan, parmi vos proches qui vous épaulent et vous rassurent. Au fond, vous êtes un homme tendre, doux et vulnérable qui, pourtant, doit s'éloigner de ceux qu'il aime pour vivre comme il l'entend, de façon autonome.

Votre défi : trouver le juste milieu entre le proche et le lointain.

SOLEIL EN SAGITTAIRE - LUNE EN LION

Voilà un homme de feu, enthousiaste, généreux et... ambitieux ! Vous rêvez de combats, de conquêtes, de réussites. Vous avez besoin de la scène sociale pour y jouer un rôle de premier plan et vous appréciez les belles choses, les belles personnes, le luxe, l'argent et même le pouvoir. Pourtant, vous êtes tiraillé entre idéalisme et opportunisme, changements et stabilité. Il vous faut une vie classique avec femme et enfants mais en même temps, un idéal qui puisse vous transporter.

Votre défi : lutter contre votre égoïsme. Et le vaincre.

SOLEIL EN SAGITTAIRE - LUNE EN VIERGE

L'enthousiasme vous aveugle ? Pas vraiment. Au fond, vous êtes un homme beaucoup plus logique, prudent et raisonnable qui a besoin de limites, de routine, d'un cadre de vie simple qui le rassure, une personnalité qui cherche à servir les autres, à se rendre utile. Le travail est pour vous un refuge mais le couple, la famille, la maison en sont d'autres. Vous voilà tiraillé entre chaleur et tiédeur, passion et raison, motivation et calcul, foi et méthode.

Votre défi : trouver un moyen terme entre ces qualités opposées.

SOLEIL EN SAGITTAIRE - LUNE EN BALANCE

Fonceur ou timoré, sauvage ou civilisé ? Au fond, vous avez besoin de partage, d'harmonie sentimentale, de rapports équilibrés et d'union, celle qui fera votre force. Diplomate, séducteur, à la base vous êtes un homme qui aime la paix, qui ne veut pas prendre de risques, choquer ou déplaire. C'est à deux que vous envisagez la vie mais votre indépendance farouche vous interdit les concessions, les compromis. Vous voilà tiraillé entre autonomie et dépendance.

Votre défi : vivre, en même temps, pour vous et pour l'autre.

SOLEIL EN SAGITTAIRE - LUNE EN SCORPION

En vous existe un aspect mystérieux, ténébreux ou dangereux qui ne se contente jamais de ce qu'il a. Vous avez besoin de vivre intensément, passionnément, de brûler la chandelle par les deux bouts. À la fois enthousiaste et torturé, optimiste et angoissé, vous cherchez à atteindre un but qui serait, en même temps, élevé et profond. Follement idéaliste, ne connaissant aucune limite, aucune interdiction, vous êtes parti pour une quête à laquelle vous vous donnez de tout votre cœur.

Votre défi : construire durablement.

SOLEIL EN SAGITTAIRE - LUNE EN SAGITTAIRE

100 % pur Sagittaire, pur cheval galopant sur les chemins de la vie, vous êtes parti pour l'aventure ! Cheval de course plutôt que de trait, capable de vous emballer, de vous cabrer, vous manquez quelque peu de sentiments, de tendresse, de patience ou de sens pratique pour vous atteler à une tâche de longue haleine, construire solidement, durablement une vie de famille. Homme aux fortes convictions, vous ne suivez obstinément qu'une voie, la vôtre et avez parfois des œillères.

Votre défi : ne pas vous faire confiance, aveuglément.

SOLEIL EN SAGITTAIRE - LUNE EN CAPRICORNE

Vous avez foi en ce que vous faites et confiance en vous, en particulier lorsqu'il s'agit d'acquérir un pouvoir sur vous-même et sur les autres. Au fond, vous avez besoin de détenir une autorité certaine, de vous extraire de votre milieu familial d'origine pour faire carrière et vous hisser à une position sociale élevée. Dans ce mélange de chaud et de froid, d'optimisme et de pessimisme, d'élan et de retenue, vous vous élancez mais sans jamais perdre de vue vos objectifs, même lointains.

Votre défi : exprimer vos sentiments profonds.

SOLEIL EN SAGITTAIRE - LUNE EN VERSEAU

Voilà un homme enthousiaste, aux vues larges et élevées, porté à l'humanisme, à la défense des droits de l'homme, de la veuve et de l'orphelin. Vous avez besoin d'une grande liberté d'action et de pensée et ne supportez pas que l'on vous enferme, que l'on vous limite. Farouchement indépendant, aimant les voyages et les aventures humaines, votre destin vous porte vers l'étranger, la connaissance. Que ce soit dans les faits ou dans votre esprit, vous ne restez pas en place.

Votre défi : fonder un couple, une famille.

SOLEIL EN SAGITTAIRE - LUNE EN POISSONS

L'immensité, l'illimité, le merveilleux... tout cela existe en vous. Au fond, vous êtes un homme très sensible, qui a besoin d'aimer longtemps, beaucoup, d'être entouré, d'être ensemble pour partager les mille émotions et sentiments dilués en vous. Alors, vous adhérez à une cause, vous épousez une idée, vous participez à un groupe, pourquoi pas à une communauté. Manque d'égoïsme ou de lucidité, vous ne connaissez pas les limites, les vôtres ni celles des autres.

Votre défi : partager la foi qui vous anime.

SOLEIL ET LUNES, les femmes et vous

Comment vous accordez-vous avec une...

FEMME LUNE EN BÉLIER

Boum, entre vous, pas de faux départ, ça y va tout de suite ! Elle en veut, vous aussi, et vous en aurez. Ensuite ? Elle repartira dans sa vie, vous dans vos aventures, *ciao*, *bye bye*. Mais cela peut aussi durer... Ce n'est pas la promesse d'un foyer et d'enfants qui vous allume mais la possibilité de vivre, ensemble, une existence passionnée, passionnante, faite de découvertes, de luttes et de conquêtes. Autonomes tous deux, vous vous rejoignez peut-être davantage sur le plan professionnel que sentimental.

FEMME LUNE EN TAUREAU

Elle est lente, vous êtes rapide. Elle est matérialiste, vous idéaliste, elle aime la famille, les enfants, vous le sport et les voitures, elle a besoin d'une vie domestique, familiale, vous de sortir, de marcher, de courir... C'est une alliance de deux êtres physiques, portés aux plaisirs de la vie, n'étant, ni l'un ni l'autre, adeptes des remises en cause. Elle vous garde les pieds sur terre, assure vos arrières, conçoit des projets réalistes, construit durablement. Oui, elle peut vous stabiliser. Ou vous étouffer.

FEMME LUNE EN GÉMEAUX

Mais oui, c'est elle, c'est bien elle qu'il vous faut ! Cette petite ado dans sa tête, qui frétille, s'amuse, sautille. Elle vous apporte un air de fraîcheur, de jeunesse. Elle apprend de vous, vous pouvez pontifier avec elle à votre aise, jouer le papa, le grand frère ou le professeur. Elle n'en fait qu'à sa tête, vous aussi et ça va très bien comme ça ! Elle peut continuer à s'intéresser à tout en général et vous, à quelque chose en particulier. Vous vivez ensemble ou chacun de votre côté, une seule ou une double vie.

FEMME LUNE EN CANCER

Le noble chevalier qui vit en vous va pouvoir, ici, donner sa pleine mesure car cette femme a besoin d'être protégée, rassurée, voire secourue. Il lui faut trouver un lieu caché où construire son nid, où elle pourra mettre au monde ses enfants, les vôtres, où elle vivra comme dans un cocon. Si elle craint que vous ne la quittiez, que vous n'alliez vivre d'autres aventures, elle ne créera rien. Mais si vous revenez toujours... alors c'est gagné ! Oui, vous aurez gagné une famille, un foyer, une progéniture, un havre de paix, un port d'attache.

FEMME LUNE EN LION

Vous êtes un peu de la même trempe : actifs et courageux, expansifs, pleins d'énergie. Même si cette femme est un être plus sociable que vous, plus civilisé, plus apte à naviguer parmi les autres, elle n'en reste pas moins votre égale avec ses grands projets, sa foi en elle-même, en son bon droit. Elle vous donne ses contacts professionnels, vous pousse à obtenir davantage, à vous surpasser car elle a besoin de vous admirer pour vous aimer. Vous, vous donnez au couple force et motivation, les idées larges, la quête de l'ailleurs.

FEMME LUNE EN VIERGE

Cette femme risque de se montrer un peu fermée ou limitée pour vous, l'amateur des grands espaces. C'est la raison qui l'anime, pas la passion, le besoin de travailler, de se sentir utile, d'engranger des réserves, de fonder un couple, un foyer, d'avoir des enfants... en fin de compte, de vivre une existence comme tout le monde. Mais vous n'êtes pas « tout le monde » ! Vous, vous voulez découvrir le monde, l'arpenter mais elle ne vous suivra peut-être pas dans cette quête. Vos sentiments sont différents, votre manière d'appréhender la vie aussi.

FEMME LUNE EN BALANCE

La reine de la séduction fera-t-elle craquer le preux chevalier ? Fort possible. Son élégance, sa distinction et ses dentelles vous laissent pantois. Femme sophistiquée, elle a besoin de rapports harmonieux mais surtout, elle ne peut vivre seule, isolée du monde social et sans personne à charmer, elle se fane. Entre vous, le courant passe. Avec elle, vous laissez votre égoïsme de côté, vous vous civilisez, entrez dans le rang et lui donnez, en retour, votre enthousiasme, votre foi en la vie. Vous suivez votre chemin, elle vous accompagne.

FEMME LUNE EN SCORPION

Tous deux passionnés par la vie, vous l'êtes de manière différente. Elle, c'est la passion au quotidien, à tous niveaux. Elle a besoin d'un foyer, d'enfants mais ne sait pas comment s'y prendre, comment construire. Vous non plus d'ailleurs... Si elle vous aime, elle est capable de tout, du meilleur comme du pire car elle est possessive, jalouse, très exigeante et vous tient par son magnétisme sexuel, vous y enferme parfois. Mais à la pensée d'être lié, d'une manière ou d'une autre, vous fuyez. Peut-elle vous rattraper, vous passer la corde au cou ?

FEMME LUNE EN SAGITTAIRE

Cette femme-là a tout compris ou plutôt... elle vous comprend. Vous partagez votre goût des voyages, des conquêtes, d'aller voir plus loin, de viser plus haut, d'avoir un idéal à défendre et de vous battre pour certaines valeurs. Elle s'engage à vos côtés dans une lutte, dans une quête commune. Ce ne sont pas forcement les sentiments amoureux, la sensualité ou le besoin de protection qui vous rapprochent mais une vision commune de l'existence et du rôle que vous devez y jouer. Vous êtes partis, ensemble, pour l'aventure de la vie.

FEMME LUNE EN CAPRICORNE

Vous vous élancez ? Très bien. Mais qui assure derrière ? Vous galopez ? OK, mais qui prend les rênes de la maison, les enfants par la main et tout le reste ? C'est elle, femme à responsabilité illimitée, capable d'un amour sensuel profond, durable, en acier inoxydable. À la fois autoritaire et dévouée, peu sûre d'elle et très déterminée, elle a besoin de repères, d'habitudes, d'une vie régulière, structurée. C'est là le problème, vous ne connaissez pas la stabilité. Elle peut aussi tout arranger d'avance et si vous ne fuyez pas, vous resterez, longtemps.

FEMME LUNE EN VERSEAU

Elle vous impressionne, cette femme, elle se sent libre, totalement libre, de tout, de tous et même de vous ! Ni possessive, ni jalouse, elle ne l'est que de son indépendance. Elle vit dans un monde mental, celui de la pensée, des idées, des projets et comme vous êtes aussi dans l'abstraction, ça vous rapproche. Ne cherchez pas ici un foyer stable, de nombreux enfants mais de belles aventures humaines, des voyages enrichissants, des idées communes à défendre. Il y a de l'humanité, de la fraternité entre vous, plus d'amitié que de sensualité.

FEMME LUNE EN POISSONS

Elle a besoin de tout, aime tout, et vous. Elle vous englobe dans son monde, vous le fait partager. Elle vous envahit aussi, de sentiments, de sensualité et d'émotions. C'est une grosse vague d'amour qui, rapidement, vous submerge. Certes, elle est attirante, elle chante comme la sirène mais vous fait perdre le nord, le chemin que vous suiviez. Vous pouvez vous entendre, moins vous comprendre, en tout cas, elle ne comprendra pas pourquoi vous partez si vous l'aimez. Allez lui expliquer, elle ne raisonne pas, elle aime, c'est tout.

Homme Soleil en Capricorne

Vous êtes né entre le 22 décembre et le 20 janvier, au seuil de l'hiver, lors des journées les plus courtes. Le Capricorne est le froid, l'obscurité, la lenteur, la profondeur. Le Temps est son maître.

Qui êtes-vous ?

Un homme dur. Avec les autres, avec vous-même. Un homme droit dans sa vie, dans son chemin, indéformable, incorruptible. Vous n'excusez pas la paresse, la facilité, l'insouciance. Il y a une rigueur hivernale en vous, un esprit lent, puissant, volontaire, concentré. Les rêves, les espoirs, les souhaits... tout cela est futile. C'est l'essentiel qui vous intéresse, ce qui marche, ce qui fonctionne, ce qui se construit, se bâtit, se structure. Votre rôle est d'utiliser le monde qui vous entoure.

Que voulez-vous ?

Le pouvoir, tout simplement, sur les choses, sur les êtres. Pour vous, l'existence est un jeu d'échecs. Vous réfléchissez, préparez votre coup. Petit à petit vous avancez, vous attaquez, vous

contrôlez et enfin, vous écrasez : échec et mat ! Il y a du Machiavel là-dedans, une vision à long terme qui permet d'être terriblement efficace tout en bougeant très peu. D'ailleurs, vous n'êtes pas fait pour le mouvement, le changement, la légèreté, la fantaisie mais pour avoir un empire sur vous-même et sur les événements de votre vie.

Vous marchez à quoi ?

À la volonté. Vous ne rêvez pas, ne batifolez pas en chemin. Vous agissez, lentement, sûrement, gardant toujours en tête le but que vous vous êtes fixé. Votre persévérance, votre ténacité, votre esprit de lutte et votre endurance à toute épreuve vous font gravir les marches de la hiérarchie, les barreaux de l'échelle sociale. Vous êtes un homme très déterminé qui ne croit pas aux chimères mais au concret, à la vérité, à la réalité même si elle est dure, sans merci, impersonnelle. Sur la vie, votre humour à froid est décapant.

Où allez-vous ?

Là-haut. Mais vous avez le temps. Le Capricorne est une chèvre qui escalade pas à pas une montagne, jusqu'au sommet. Vous êtes un lent qui a besoin de temps pour faire ses preuves, s'exprimer, se hisser. Vous devez vous détacher de vos origines, vous extraire de votre milieu originel, vous éloigner de votre famille, de votre passé pour accéder, par vos propres moyens, au monde social, celui de l'entreprise, du travail, de ses responsabilités, de

ses réalisations. Dans cette ascension, vous êtes seul et ne comptez que sur vous.

Vous avez peur de quoi ?

Des autres. Vous ne les comprenez pas et ne cherchez pas à les comprendre. Comme la tortue, vous portez votre monde avec vous et vous vous réfugiez dans votre carapace quand un danger menace. Vous n'acceptez pas que l'on vous aide, que l'on vous conseille, encore moins que l'on viole votre intimité. Vous êtes un cow-boy solitaire, loin de son foyer, qui ne fait confiance à personne, un être autonome, capable de vivre en autarcie, peut-être même un moine retiré de la vie, un ascète qui suit sa voie.

Vous ne savez pas...

... être tolérant, je-m'en-foutiste, vous exprimer, vous expliquer, être impulsif, optimiste, poète, fantasque, négligeant, oisif, désœuvré, chômeur, vivre sous la coupe de quelqu'un, dépendant des autres, encore moins de l'autre, jouer avec les sentiments ou avec votre imagination, flirter, multiplier les expériences, prendre la vie légèrement, comme elle vient...

Mais vous savez...

... donner des ordres, respecter la consigne, être cruel, pessimiste, travailler, faire tourner une entreprise, vous occuper de la chose publique, de politique, d'administration, du destin social,

vous engager à long terme, jouer le rôle du chef, décider à la place des autres, mettre devant le fait accompli, vivre la passion amoureuse, approfondir les rapports...

Votre ambition

Insatiable. Vous visez loin, et haut. Vous êtes une âme bien trempée, une lame d'acier qui ne plie pas. Et vous avez le temps. Voilà votre force. Vous aimez prévoir, calculer, faire des plans à l'avance. Vous savez attendre, miser sur le long terme. Vous structurez votre existence, vous bâtissez votre entreprise, vous construisez votre carrière. Vous avez besoin d'un chemin pentu, ascendant, des efforts qu'il exige, des sacrifices qu'il demande, pas d'une voie facile, éparpillée qui ne mène à rien. La gloire ne vous attire pas non plus. Au contraire, vous préférez rester dans l'ombre, anonyme, secret mais en fait, c'est vous qui donnez les ordres, qui détenez le vrai pouvoir ! Oui, vous voulez accéder à un certain degré, à la hiérarchie, à un poste de responsabilités, de décision qui vous permette de mener les groupes, d'être le pasteur du troupeau, celui qui sait où l'on doit aller. À la recherche de vérité, de pureté, cette quête, sociale ou spirituelle, demande toute votre opiniâtreté.

Le travail

Omniprésent. Le temps travaille pour vous et vous, vous travaillez tout le temps ! Vous ne savez pas vous arrêter, vous relâcher, vous relaxer. Vous pensez sans cesse à votre stratégie,

à vos possibilités d'avancement, à vos travaux, à vos tâches. Votre sens des responsabilités est très aigu, parfois trop. Vous assumez les vôtres et celles des autres, parfois vous pensez à leur place, vous agissez pour eux. Ainsi, vous avez conscience d'exister, de servir à quelque chose, d'être utile. Le travail représente donc beaucoup, sinon tout dans votre vie. Vos domaines de prédilection demandent rigueur, discipline, science et technique, précision et abstraction. Il vous faut des repères, des horaires, une certaine routine. L'imprévu, la fantaisie ou l'enthousiasme qui déborde, vous laissez ça aux autres. N'étant pas un homme de contacts et de relations, encore moins de mondanités, vous êtes plus à l'aise avec l'inanimé qu'avec le vivant, les matériaux bruts que sophistiqués. Il vous faut un certain isolement dans votre quotidien, des moments de réflexion. Quand il faut agir, vous le faites, sans hésiter, vous prenez vos décisions sans états d'âme, pour servir une bonne cause : la vôtre.

L'argent

Vous rassure. Il vous en faut, il vous sécurise mais vous n'êtes pas fait pour devenir riche ! L'argent, ça s'additionne, ça se soustrait mais ça se multiplie difficilement. Il se gagne à la sueur de son front, par un travail quotidien, prenant. Il est le témoin de votre réussite mais en lui-même, il ne représente rien. Oui, le pouvoir vaut plus que l'argent... D'ailleurs, vous n'avez pas besoin de luxe, de babioles, de superflu. Vous êtes plutôt économe, prévoyant, peut-être radin. Pour vous-même, vous aimez le strict nécessaire, vos goûts sont dépouillés et vous pensez que pour

les autres, et pour l'autre, c'est la même chose. Parfois, vous vous trompez... L'argent donne des facilités mais vous ne savez pas, ou ne voulez pas, en profiter. Dépenser, claquer, jeter l'argent par les fenêtres... non. Vous n'êtes pas un jouisseur des choses matérielles. Elles vous appartiennent, soit, vous en êtes le propriétaire, d'accord, mais profiter demande du temps et ce temps, vous ne vous le donnez pas souvent.

Les femmes

Fascinantes et dangereuses. Elles vous fascinent car vous êtes un homme, un vrai, un macho, peut-être même un misanthrope ou un misogyne qui, sous un aspect rigide, distant, voire ironique ou cassant, cache des émotions intenses, puissantes, une froide passion, un volcan sous la glace. Mais les femmes vous font peur aussi parce que vous êtes un être complexe, voire complexé, un timide qui s'oblige à ne pas l'être et qui, surtout, manque de psychologie. Alors, soit vous rentrez dans votre forteresse, votre tour d'ivoire, vous refoulez vos sentiments qui risquent de fermenter puis de pourrir, soit vous les exprimez. Et cela demande du temps. Déjà adulte dans votre jeune âge, responsable de vous-même, votre maturité sentimentale arrive pourtant tardivement. Avant cela, il vous faut passer par des tribulations affectives, un questionnement sur vous-même, parfois une remise en cause. Ce n'est qu'en pleine confiance, rassuré sur les intentions de votre partenaire quant à l'avenir du couple que vous décidez de vivre ensemble ou, traditionaliste comme vous êtes, de vous marier. Très fidèle, mais toujours très secret, a priori, ensemble, c'est pour la vie.

La famille

Décomposée, recomposée. Une séparation, voulue ou subie avec votre passé, avec vos racines, a eu lieu dans votre jeunesse. Vous avez dû vous séparer physiquement ou moralement de votre milieu familial, de vos parents ou de vos traditions et il a fallu, assez tôt, voler de vos propres ailes, vous débrouiller, ne faire confiance qu'à vous-même. Vous êtes seul dans l'existence et, a priori, il vous est difficile d'imaginer le mariage, la famille. Pourtant, vous voulez vraiment créer une cellule familiale. Cela vous dit d'avoir une épouse, des enfants, de construire un foyer, une lignée. Rien de très original ou de marginal en vous, vous êtes plutôt quelqu'un de conformiste. Au sein de la famille, vous incarnez sans conteste la figure du Père. Sévère, voire autoritaire, mais juste. L'éducation, ça vous connaît. Vous voulez être un modèle pour eux et comme vous détenez la vérité, vous l'impo-sez. Là, deux solutions s'offrent à vos enfants. Vous obéir, baisser la tête et suivre la route que vous leur indiquez... oui papa. Ou la relever, dire non papa, vous échapper et suivre une tout autre route que celle à laquelle vous les destiniez. Savoir cela vous évitera bien des déboires.

SOLEIL ET LUNE, votre dualité

Le Soleil vous a parlé de l'aspect objectif, conscient de votre personnalité. La Lune, quant à elle, représente vos tendances inconscientes, subjectives, rythme de base et aspirations profondes.

Découvrez maintenant page 249 votre signe lunaire, cet autre signe qui vous caractérise. Ensuite, vous lirez le mélange original de Soleil et de Lune dont vous êtes fait, la dualité qui est en vous.

SOLEIL EN CAPRICORNE - LUNE EN BÉLIER

Ambitieux, égoïste, pour vous affirmer, vous avez besoin de tracer votre propre route au mépris du danger. Dans ce mélange de chaud et de froid, pas de tiédeur, de demi-mesure. Vous aspirez à une vie libre, à acquérir une autonomie pleine et entière. Au travail, vous êtes fait pour donner des ordres, motiver, encadrer. Un peu rugueuse, un peu âpre, votre personnalité ne se plie pas, vous ne restez dépendant de personne et, en amour, il vous faut une partenaire au caractère bien trempé.

Votre défi : arrondir les angles.

SOLEIL EN CAPRICORNE - LUNE EN TAUREAU

Terrien jusqu'au bout des sabots, vous ne croyez que ce que vous voyez, touchez, palpez. Au fond, vous êtes un homme sensuel et sentimental qui rêve de vivre bien, confortablement, sans problème, une vie saine et tranquille. Vous êtes aussi un bourreau de travail, capable d'efforts soutenus, d'une persévérance qui peut friser l'obstination. Très classique, traditionaliste, vos espoirs sont concrets, accessibles. Du travail, de l'argent, un couple, une famille, un foyer et vous êtes comblé.

Votre défi : être capable de changer de route.

SOLEIL EN CAPRICORNE - LUNE EN GÉMEAUX

Contraste entre un esprit vieux et sage et une âme de jeune homme, au fond, vous aimeriez vivre sur le mode de l'amusement, communiquer, vous déplacer, aller voir ici et là, jouer le rôle du messager qui ne s'implique pas. Vous voilà tiraillé entre une voie rectiligne et une double vie, l'homme responsable, mature et l'éternel étudiant, le gendarme et le voleur. La technique vous intéresse, la science aussi, tout ce qui permet de savoir, de s'informer pour détenir le pouvoir.

Votre défi : mettre de la chaleur dans tout ça.

SOLEIL EN CAPRICORNE - LUNE EN CANCER

Étonnant mélange de dureté et de mollesse, de rigueur et de fantaisie. Au fond, vous êtes un homme très sensible, doux et vulnérable qui aimerait se réfugier à l'intérieur de son foyer, dans son clan. Protection et famille sont des mots qui sonnent à vos oreilles et à votre cœur. Écartelé entre le monde de l'intime et le monde social, entre chez vous et dehors, vous assumez les responsabilités et vous les fuyez, vous acceptez la solitude mais vous en avez horreur.

Votre défi : équilibrer ces tendances contraires et complémentaires.

SOLEIL EN CAPRICORNE - LUNE EN LION

Sous votre carapace, vous cachez une belle envie de briller, de rayonner, de démontrer votre valeur et votre fougue. Au fond, vous êtes généreux, vous avez besoin d'agir sur les choses, et sur les gens, pour qu'ils suivent vos ordres. Certes, vous pensez beaucoup à vous, peut-être même tout le temps... Il y a de l'égoïsme ici, une soif d'ambition, de pouvoir, de reconnaissance sociale. Par rapport aux autres, vous vous placez au centre ou au-dessus. Pas autre part.

Votre défi : savoir aussi vous abandonner, partager douceur et tendresse.

SOLEIL EN CAPRICORNE - LUNE EN VIERGE

Bien terre à terre, cette combinaison est axée sur le réel, le concret, ce qui est matériel, solide, ce qui se démontre. Vous calculez, suivez une méthode, vous vous donnez des limites. Tradition, rigueur, conformisme. Peut-être n'avez-vous pas confiance en vous, manquez-vous d'ambition ou êtes complexé. Alors, vous travaillez, beaucoup, vous avez besoin de vous rendre utile, d'assumer des responsabilités, de mener votre tâche à bien, dans les temps, comme il faut.

Votre défi : vous relâcher, vous relaxer.

SOLEIL EN CAPRICORNE - LUNE EN BALANCE

La voie est droite mais pour y parvenir, vous prenez des détours. Les détours, ce sont les autres, l'autre en particulier. Au fond, vous ne supportez pas la solitude. Vous avez besoin de partager, d'échanger, de faire correspondre et d'associer les personnes et les idées. Il vous faut vivre avec une partenaire, fonder un couple, sinon une famille et au travail, collaborer, coopérer, vous associer. Esthète, homme de goût aux idées élégantes, nuancées, vous avez le sens de la justice.

Votre défi : vivre, pas seulement avec esprit, mais avec cœur.

SOLEIL EN CAPRICORNE - LUNE EN SCORPION

Quelle force de caractère, quelles folles ambitions ! Au fond, vous désirez vivre intensément, passionnément, connaître les peurs, les drames, les dangers de l'existence et transformer ce qui est en ce qui doit être. Êtes-vous droit ou tortueux, simple ou torturé ? En tout cas, vous ne connaissez pas la faiblesse, la tiédeur, la nuance ou l'hésitation. Ce qui vous motive, c'est détenir le pouvoir, social ou sexuel, sur les autres et sur l'autre.

Votre défi : éviter la possessivité, la jalousie, mater votre instinct de domination.

SOLEIL EN CAPRICORNE - LUNE EN SAGITTAIRE

Voir à long terme, d'accord, mais à condition d'y aller tout de suite ! Au fond, vous êtes un homme pressé, enthousiaste, aux idées larges et généreuses, chaleureux et idéaliste, ce qui contraste avec la route rectiligne et sûre que vous vous êtes donnée. Vous aimeriez avoir de vastes projets, une foi qui vous transporte. Vous avez besoin de vous évader, de bouger, de voyager, de galoper sans entraves mais vous savez réprimer ces élans, vous tenir la bride pour ne pas vous essouffler en route.

Votre défi : parier aussi sur l'amour.

SOLEIL EN CAPRICORNE - LUNE EN CAPRICORNE

Vous enfouissez profondément vos sentiments, vous les cachez. Oui, vous êtes un homme froid et discret, dur et rigoureux, qui ne se dévoile pas. Vous aspirez à une vie d'ascète, d'ermite, qui vous laisse le temps de penser, de réfléchir et d'organiser. Vous vivez à long terme, solitaire ou enfermé dans votre tour d'ivoire. Votre sens des réalités et des responsabilités est très développé, votre travail indispensable et votre autorité indéniable pour vous hisser aux commandes.

Votre défi : ne pas tout miser sur votre travail.

SOLEIL EN CAPRICORNE - LUNE EN VERSEAU

La réalité vous accapare et vous aimeriez tant vous en éloigner... Au fond, vous cherchez à être totalement libre, à vivre de l'air du temps, à adopter un autre rythme, une existence marginale ou tout au moins originale. Vous avez soif d'expériences humaines, de connaissances, vos intérêts intellectuels sont nombreux et variés. Le pouvoir ne vous intéresse pas en lui-même, vous pouvez côtoyer toutes les couches sociales. Il y a aussi de la solitude car vous vous réfugiez en vous, sur vos hauteurs.

Votre défi : rendre vos rapports chaleureux.

SOLEIL EN CAPRICORNE - LUNE EN POISSONS

Seul ou ensemble ? Telle est, pour vous, la question. Au fond, vous êtes un homme hypersensible, traversé d'émotions qui vous débordent et vous tentez d'en endiguer le flot car vous ne savez pas toujours les exprimer. Dans ce mélange d'égoïsme et de générosité, de volonté et de laisser-aller, vous désirez être entouré, aimé, compris, que ce soit au travail ou en famille. Il vous faut une femme, des enfants, des amis pour partager ce que vous ressentez.

Votre défi : suivre les autres ou les mener ? Telle est, pour vous, la question.

SOLEIL ET LUNES, les femmes et vous

Comment vous accordez-vous avec une...

FEMME LUNE EN BÉLIER

Elle vous énerve, vous excite, vous booste ! Elle vous fonce dedans et vous, le vieux roc, vous résistez. Puis elle se lasse, elle n'est pas patiente, et repart vers d'autres aventures : elle a besoin de conquérir. Vous, vous restez là, tout raide, avec vos convictions, vous n'avez rien compris. Parce qu'il n'y a rien à comprendre ! Elle vit dans l'instant, sans réfléchir, vous à long terme, après mûres réflexions. Elle est brûlante puis froide, vous de glace puis torride... vous ne vivez pas forcement au même rythme.

FEMME LUNE EN TAUREAU

Mais oui, c'est elle qu'il vous faut, une femme douce et sensuelle, ayant, comme vous, les pieds sur terre pour construire un foyer bien stable, un couple bien solide, des enfants bien charpentés. Vous avez, tous deux, le sens du devoir, du travail accompli, des économies à faire et du temps qui passe. Ce temps, elle saura en profiter et vous le faire partager, vous faire jouir des plaisirs de l'existence, d'une famille aimante, de la douceur d'un regard et de celle d'une peau. Oui, vous pouvez y aller... les yeux fermés.

FEMME LUNE EN GÉMEAUX

Délurée ? Certes. Intelligente et vive aussi, attirante et légère mais quand même pas très sérieuse... Vous avez besoin d'une partenaire sur qui vous pouvez compter, douce et fidèle, qui vous donne de beaux enfants, qui s'occupe du foyer, tendre, dévouée... stop ! Cette femme n'a que faire d'une vie de maîtresse de maison. Elle peut être votre maîtresse tout court mais ne s'implique jamais à fond dans les situations, dans les sentiments. Pourtant, elle peut craquer pour l'homme mûr, le père qui est en vous...

FEMME LUNE EN CANCER

Bingo ! C'est celle qu'il vous faut, la femme et la maman, qui s'occupe de son mari, couve ses enfants, protège les siens. Elle a besoin de vivre au foyer, en famille, dans son cocon, dans son clan. Vous pouvez alors aller travailler le cœur tranquille, la photo de votre femme et de vos enfants posée sur votre bureau. Couple classique, lui au boulot, elle à la maison, elle sait vous faire la vie douce, partager votre commune sensualité. Elle se sent protégée, sécurisée et tout à fait dépendante de vous. Ça, vous aimez plutôt.

FEMME LUNE EN LION

Vous vous méfiez un peu. Quoi, une femme égale de l'homme ? Capable de prendre des responsabilités, de grimper à l'échelle sociale, de détenir un pouvoir ? Ça vous étonne... Vous, le froid calculateur, vous êtes confronté à une femme enthousiaste, brillante, qui ne se laisse impressionner ni conduire par personne, qui est autonome financièrement et sentimentalement. Vous vous accorderez si vous savez, tous deux, faire des concessions et mesurer votre soif de pouvoir et de domination dans le couple.

FEMME LUNE EN VIERGE

Voilà une union raisonnable ! Mais oui, ça marche très bien avec elle, ça fonctionne comme une machine bien huilée, bien rodée. Vous partagez votre goût de la perfection, de la tâche à accomplir, de la responsabilité à assumer. Vous vous mariez, vous avez des enfants, une maison et économisez pour quand la bise viendra. Pudique en amour, un peu complexée, elle se laisse aller avec confiance dans vos bras, en redemande, vous la satisfaites, la protégez. Habitudes et routine peuvent faire partie de votre vie. N'en abusez pas.

FEMME LUNE EN BALANCE

Elle a besoin de quelqu'un mais peut-être pas de vous... Elle aime la compagnie, les discussions, les relations sociales, pourquoi pas mondaines. Elle charme son auditoire, séduit alentour mais vous, vous avez besoin de plus, d'une femme fidèle, sur qui compter, d'un amour durable et d'un certain isolement vis-à-vis du monde extérieur. Intellectuellement sensible, elle n'est pas sentimentale, se plaît à l'extérieur, moins à l'intérieur. Le foyer, les enfants, la famille ne sont pas ses priorités. Sachez-le.

FEMME LUNE EN SCORPION

Voilà votre alter ego ! Comme vous, elle peut être sérieuse et déterminée, dure, voire inflexible. Comme vous, elle a besoin de sentiments profonds, entiers, authentiques et puissants. Comme vous, elle recherche une certaine forme de pouvoir. Le sien est le sexe. Elle connaît les secrets du plaisir, et de la souffrance, le fait de donner la mort et la jouissance, l'emprise qu'elle peut avoir sur vous. Par elle, la relation est intense, passionnée, par vous, elle est solide, productive. Vous construisez, elle détruit, transforme et ça recommence...

FEMME LUNE EN SAGITTAIRE

Pas sur la même longueur d'onde. Elle, toute en force et en puissance, allant de l'avant, ne réfléchissant pas. Vous, tout en inertie, en structuration, réfléchissant trop. Oui, cette femme a de l'allure, du panache, quelque chose qui la grandit, vers quoi elle va. Elle est moins sentimentale que vous, plus idéaliste, s'enflammant pour des idées, rarement pour quelqu'un. Si vous l'aimez, laissez-la libre de ses pensées, de ses mouvements. Elle bouge, voyage, part et revient. Attendez-la et pendant ce temps, travaillez...

FEMME LUNE EN CAPRICORNE

À moins que vous ne soyez deux ermites vivant côte à côte, cette combinaison est gagnante. Cette femme vous donne du plaisir et des enfants, bâtit votre foyer, vous soutient dans votre carrière. Du travail pour vous, du travail pour elle, vous avez tous deux du pouvoir, elle dans le monde intime, vous dans le monde professionnel. En couple, vous êtes capables de partager ce pouvoir et ensemble, vous avancez, progressez, économisez, construisez. Oui, elle vous est d'un précieux secours, vous guidant parfaitement.

FEMME LUNE EN VERSEAU

Ouh la la, elle est partie, loin celle-là ! Sur une autre planète ! Pour vous, pauvre humain, c'est une extra-terrestre ! Le pouvoir, l'argent, la séduction... elle s'en moque ! Elle est comme elle est : intelligente, très intelligente, libre, très libre, trop libre pour vous, vous ne pouvez peut-être pas la suivre. Son credo : l'indépendance. Femme autonome à l'esprit acéré, émancipée de tout, de tous et de vous, vous ne la rejoindrez qu'en vous détachant du pouvoir, de l'argent et... des sentiments. C'est une amie, une compagne, pas une amante ou une mère.

FEMME LUNE EN POISSONS

Oui, c'est bon ! ! ! Elle vous enrichit, cette femme-là, remplit votre cœur, votre âme, votre existence et la fait même déborder ! Elle est prenante, envahissante, elle s'étale, étale sa richesse : son amour. Amour pour tout, pour tous, pour vous et ses enfants, pour sa famille et ses amis. Elle vous emplit de sensations, d'émotions, de tendresses, de milles caresses... Tout est multiple en elle et comme vous simplifiez, vous réduisez, vous planifiez et vous utilisez, vous irez loin ensemble, et longtemps.

Homme Soleil en Verseau

Vous êtes né entre le 21 janvier et le 18 février lorsque, sur la nature dénudée, passe le souffle de l'hiver. Étendues gelées, vent glacé, pureté de l'air, de la lumière, le Verseau est le signe du vide, des espaces interstellaires, de l'universel.

Qui êtes-vous ?

Un être humain. Pas un seulement un homme mais un habitant de la planète Terre, un individu parmi des milliards. Vous êtes capable de prendre du recul, de voir les choses, les gens et les situations de plus haut, de plus loin, de vous éloigner instantanément des réalités, du concret, du quotidien pour vous réfugier dans les idées, dans l'abstraction. En fait, vous appartenez plus au ciel qu'à la terre, vous êtes une âme naviguant dans le cosmos à la recherche de ses semblables. Lié au spirituel, pas au matériel, votre rôle, dans ce monde, est de le comprendre.

Que voulez-vous ?

Votre liberté. Ce n'est pas plus compliqué que ça. Liberté d'esprit en vivant à votre façon, en décidant de vos horaires, de vos choix.

Liberté de pensée car vous êtes un révolté, un dissident, un non-conformiste, un individualiste forcené... un homme différent des autres. Vous avez pleinement conscience de vous-même, parfois même trop. Vous êtes un pur égoïste, un homme au « moi » exacerbé. Vous ne vous sentez jamais seul, vous êtes avec vous... Et vous êtes plutôt content de vous ! Attention à la paranoïa, au syndrome du génie méconnu...

Vous marchez à quoi ?

À l'amitié. Vous avez besoin de rapports avec les autres terriens, de communiquer, d'échanger des idées et vous êtes parti à la rencontre de personnages, de tranches de vie et d'aventures humaines ! Votre rythme quotidien est rapide, nerveux, électrique. Vous aimez être stressé, vivre dans l'urgence, avoir plein de rendez-vous, plein d'idées à lancer, de perspectives à faire, d'opinions à donner, de théories à échafauder, de desseins, de projets et de plans sur la comète à tirer...

Où allez-vous ?

Partout ! Vous n'avez pas de préjugés. Tout est possible et dans votre existence, vous connaissez des hauts, très hauts, et des bas, très bas. Vous êtes l'homme du pari fou, de l'exploit, des voyages, qu'ils soient sur le plan physique ou mental. Défenseur de la veuve et de l'orphelin, il vous faut une cause, une mission, quelque chose qui dépasse votre égoïsme, qui vous transporte au-delà de la banalité, du triste monde matériel. Vous allez vers

plus de justice, de fraternité, d'amour universel. Vous avez les idées larges et la route que vous empruntez ne l'est pas moins.

Vous avez peur de quoi ?

De rester prisonnier. Le travail implique des horaires, une routine, l'amour oblige à des concessions et la famille demande du temps, des attentions, sinon des sacrifices. Dans tout cela, comment faire pour rester soi-même, intègre, ne pas se laisser étouffer par les autres, garder son autonomie ? Les situations conflictuelles, la jalousie, les rancœurs, les regrets... vous ne connaissez pas. Ni le passé ni le présent ne vous concernent, vous êtes un homme d'avenir !

Vous ne savez pas...

... calmer votre rythme, assumer de lourdes responsabilités, vivre toujours au même endroit, faire toujours la même chose, vous sacrifier pour quelqu'un, perdre votre identité dans un groupe ou une équipe, aimer passionnément, perdre la tête, jouer avec votre corps, jouir des bonnes choses de la vie, profiter des autres, souffrir ou faire souffrir...

Mais vous savez...

... vous intéresser aux autres, en particulier à ceux que vous ne connaissez pas, lire, voyager, vous adapter à la nouveauté, faire fonctionner votre intelligence, travailler seul, vous éloigner de

ceux qui pompent votre énergie, ne pas souffrir, découvrir, inventer, nouer de grandes amitiés, prendre du recul, avoir de l'humour, utiliser le second degré...

Votre ambition

Haut placée car vous avez l'ambition de devenir... un homme ! Il y a une part de philosophie, de sagesse en vous, à moins que ce ne soit un côté ironique voire blasé ? Ce n'est pas d'argent ou de gloire qu'il est question ici mais de la possibilité de vivre à votre guise même si votre mode de vie dénote ou choque l'entourage. Vous êtes comme ça, on ne vous changera pas ! Ce que vous voulez ? Avoir le temps de lire, d'étudier, de savoir, de comprendre, de parler et d'écouter, de discuter et d'argumenter et de vivre des expériences toujours différentes, toujours variées qui puissent enrichir votre intériorité. C'est donc sur le plan intérieur, mental, spirituel que votre ambition est axée, non à l'extérieur, pour parader, montrer votre argent ou votre pouvoir. Vous pouvez vivre de façon tout à fait marginale, en dehors du monde social car vous n'essayez pas de ressembler aux autres, vous n'avez pas l'esprit de compétition et ce que la plupart des hommes recherchent, les possessions, ne vous excite guère. C'est dans l'accomplissement de votre personnalité et des valeurs humaines que vous défendez que réside votre véritable ambition.

Le travail

En indépendant sinon, rien ! Vous supportez mal les horaires, la routine, la bousculade, les obligations et les responsabilités lorsque ce ne sont pas vos propres affaires. Inventif, toujours plein d'idées nouvelles, au courant de ce qui se fait, avant-gardiste ou visionnaire, vous êtes capable d'imaginer le futur, de l'extrapoler car vous saisissez, avant les autres, ce qui se fera. En revanche, vous n'êtes pas fait pour classer, ranger, vous sacrifier pour un travail, obéir aux ordres de vos supérieurs ou en donner à vos employés. Vous êtes libre de tout ça, vous vous moquez du standing, de la position sociale, des cartes de visite et vous êtes à l'aise dans toutes les couches de la société, parmi les individus les plus riches comme les plus pauvres. Incorruptible, peu intéressé par les honneurs, les récompenses et les médailles, vous préférez choisir votre travail et la façon dont vous allez le mener. Votre profession doit comporter une bonne part de relations humaines, de partage des connaissances, d'amitié ou, tout au moins, de rapports d'entente et de sympathie.

L'argent

N'est pas votre truc. L'argent, c'est se prostituer pour en avoir, c'est acheter les choses, les gens, c'est posséder et vous, à part votre esprit et vos idées, vous ne possédez rien... Vous savez, intuitivement, que rien ne vous appartient, qu'il est vain de vouloir devenir riche d'argent si l'on reste pauvre spirituellement. Vous n'épatez pas la galerie, vous n'avez pas de goûts de luxe mais en

revanche, vous savez dépenser pour votre culture, que ce soient des livres ou un bouquet de chaînes de télé. Votre compte en banque ? Vous ne le consultez pas régulièrement, d'ailleurs vous ne faites jamais rien régulièrement et les choses de l'argent, comme l'épargne, les investissements, l'immobilier ou la spéculation boursière ne sont pas de votre ressort. Êtes-vous généreux ? Radin ? Cela n'est pas clair. Vous ne savez pas parler d'argent, vous n'aimez pas en parler car l'argent est, et reste, pour vous plus un mythe, une illusion, des tracasseries et des problèmes qu'autre chose...

Les femmes

Sont des humains comme les autres... Vous qui faites travailler davantage votre mental que votre corps, vous vous méfiez de la passion qui risque de vous bloquer, vous enfermer, vous étouffer et instinctivement, vous vous éloignez des rapports possessifs. Sur le plan sexuel, vous seriez plutôt un ange qu'un démon, un ange, par définition asexué, pour qui les choses du cœur sont moins importantes que celles de l'esprit. Dans une relation sentimentale, vous recherchez les liens d'amitié, une complicité, une compréhension mutuelle, le partage d'une même conception de la vie, le plaisir de sortir et de s'amuser ensemble. Le jeu habituel de la drague et de la séduction ne vous correspond pas, vous n'avez pas beaucoup la notion du couple et pour habitude de fusionner, de mélanger vos vies... Vous suivez votre voie. Si elle croise celle de l'autre, tant mieux, si elle s'en écarte, tant pis. Vous supportez mal les situations stables, prolongées, encore

moins celles qui s'éternisent. Sujet au coup de foudre et aux brusques séparations, vous préférez l'union libre au mariage.

La famille

Accessoire. Vous n'êtes pas un homme d'intérieur mais d'extérieur et un projet professionnel, des idées à développer, des contacts à nouer vous motivent davantage que le confort matériel, la bonne chère ou les habitudes conjugales. Être propriétaire de vos murs, de votre toit, ne vous intéresse pas, vous devez pouvoir partir quand ça vous chante. D'ailleurs, peu importe où vous vivez, avec qui, du moment que vous vous sentiez libre ! La famille, ses liens et ses attaches sont pour vous synonymes d'entraves, de chaînes et dans votre jeunesse, que vous l'ayez voulu ou subi, vous avez dû vous éloigner de vos bases familiales, vous séparer physiquement ou mentalement de vos origines, de vos racines et ainsi, découvrir ce qu'est l'indépendance. Vous avez peu de temps à consacrer au foyer, aux enfants, vous êtes très, sinon trop occupé par votre travail et laissez la plupart des responsabilités familiales à votre partenaire. Vous êtes homme avant d'être père et même si vous êtes fier de vos enfants, ils peuvent représenter un carcan, une diminution de votre liberté, des obligations, une dépendance. Ce qui ne vous pousse pas à fonder une famille nombreuse.

SOLEIL ET LUNE, votre dualité

Le Soleil vous a parlé de l'aspect objectif, conscient de votre personnalité. La Lune, quant à elle, représente vos tendances inconscientes, subjectives, rythme de base et aspirations profondes.

Découvrez maintenant page 249 votre signe lunaire, cet autre signe qui vous caractérise. Ensuite, vous lirez le mélange original de Soleil et de Lune dont vous êtes fait, la dualité qui est en vous.

SOLEIL EN VERSEAU - LUNE EN BÉLIER

Indépendance, voilà le mot d'ordre ! Au fond de vous brûlent le feu de la passion, de l'action, une impulsivité qui vous pousse à choisir votre propre voie, à vivre votre vie. Il y a de l'égoïsme, un côté sauvage, indompté en vous. Dénué de sens pratique, peu fait pour la vie domestique, familiale, ni même pour le couple, vous êtes un être autonome qui lutte pour des idées, un idéaliste pur jus qui a surtout besoin d'être totalement libre de son rythme et de ses choix.

Votre défi : aimer tendrement, longtemps, vous unir et construire.

SOLEIL EN VERSEAU - LUNE EN TAUREAU

Pas si original ou subversif que ça ! Vous avez besoin, pour fonctionner, de sécurité, de repères, d'une certaine routine, d'argent et de confort pour vous rassurer. Sur un rythme à la fois rapide et lent, tranquille et nerveux, vous êtes tiraillé entre le monde matériel et celui des idées, entre rester libre et fonder un couple, une famille. Au fond, vous êtes un jouisseur, un tendre, un homme sain et sensuel, possessif aussi, qui s'attache à ceux qu'il aime.

Votre défi : créer des liens solides mais qui ne vous retiennent pas prisonnier.

SOLEIL EN VERSEAU - LUNE EN GÉMEAUX

Parti aux quatre vents du cosmos, vous êtes un homme léger et virevoltant, un être mental, tout en idées, en projets multiples et variés. Personnage double, ni votre tête ni votre corps ne restent en place. Il vous faut renouveler les expériences, tout connaître, tout savoir. Vous avez besoin de vous amuser, de vous déplacer, de communiquer, de parler et d'argumenter. Vous jouez avec les mots mais aussi... avec les sentiments.

Votre défi : revenir sur terre pour ne pas vous priver d'une vie de couple et de famille.

SOLEIL EN VERSEAU - LUNE EN CANCER

Vous allez vers l'avenir mais ne pouvez vous détacher du passé, toujours présent. Au fond, vous êtes resté le petit garçon qui a besoin de sa maman, d'être entouré, choyé, bercé. Il vous faut une femme qui vous aime et que vous aimiez, des enfants, une vie de famille, féconde et rassurante, un foyer-cocon pour oublier le stress. Autonome sur le plan social, vous êtes dépendant de votre entourage familier, de votre clan.

Votre défi : jouer sur tous les tableaux : l'intime et le social, le proche et le lointain, le mental et le sentimental.

SOLEIL EN VERSEAU - LUNE EN LION

À cheval sur deux mondes, le matériel et le spirituel, vous êtes un homme plein de projets grandioses et idées lumineuses. Vous avez besoin de briller dans le monde social, d'y participer vraiment, de vous y impliquer. Il y a de l'égocentrisme ici, mais aussi de l'ambition, celle d'être connu, reconnu, d'être « plus » que les autres ou de monter votre originalité en épingle. Vous voilà partagé entre égoïsme et altruisme, entre vous intéresser à vous ou aux autres.

Votre défi : répandre votre chaleur sur tous.

SOLEIL EN VERSEAU - LUNE EN VIERGE

C'est avec logique que vous aimeriez avancer dans la vie, avec méthode et prudence. Au fond, vous êtes un homme raisonnable qui recherche une certaine pureté, peut-être même la perfection. Vous fonctionnez surtout sur le mode intellectuel et retenez vos sentiments. Votre esprit est carré, scientifique, vous avez une vue d'ensemble mais discernez aussi les détails. Vous avez besoin de choses concrètes, réelles, de comprendre le monde, de stabilité et de fidélité.

Votre défi : vous donner des limites à... dépasser.

SOLEIL EN VERSEAU - LUNE EN BALANCE

Ce sont les rapports humains qui vous intéressent. Au fond, vous êtes un homme de relations, de séduction. Vous avez besoin de rapports paisibles, harmonieux, agréables, de vous unir à d'autres, à l'autre en particulier. Vous voilà tiraillé entre suivre une route indépendante et vous associer, entre faire des concessions et n'en faire aucune, entre vivre libre et accepter des liens qui vous retiennent, vous maintiennent.

Votre défi : vous qui vivez sur un mode plus mental que sentimental, essayez le contraire !

SOLEIL EN VERSEAU - LUNE EN SCORPION

Il y a un côté subversif, révolutionnaire, en vous. Vous cachez des sentiments possessifs, impulsifs, torturés, violents et destructeurs. Pour vous sentir vivre, il vous faut des drames, des amours orageuses, de la passion et, en même temps, vous n'en voulez pas. Vous bousculez, remettez en cause, aimeriez aller plus loin, faire plus fort, changer ce qui est en ce qui doit être. Vous avez soif de connaissances, de mystères, d'inconnu, d'expériences étranges, déroutantes ou dangereuses.

Votre défi : matérialiser, concrètement, les idées créatrices qui sont en vous.

SOLEIL EN VERSEAU - LUNE EN SAGITTAIRE

Idéaliste, vous recherchez quelque chose, une idée pour laquelle lutter, un objectif élevé à atteindre ou une conquête à faire. Il y a un côté noble et généreux, chevaleresque en vous. Épris de justice et de liberté, prêt à vous élancer, à tenter l'aventure, vous avez besoin de parcourir le monde physiquement et mentalement, de connaître, de rencontrer, de découvrir, de voyager. Vos idées, larges et généreuses, peuvent vous mener loin, à l'étranger ou vers une activité philanthropique.

Votre défi : vous investir, aussi, dans une personne.

SOLEIL EN VERSEAU - LUNE EN CAPRICORNE

Il y a de la froideur en vous, une rigueur qui vous interdit l'insouciance, la facilité et de vous octroyer une totale liberté. À la recherche de quelque chose d'important, d'essentiel, vous êtes un homme ambitieux, à l'humour glacé, caustique, épris de connaissances, d'études et d'approfondissement. Il vous faut de la solitude, un certain isolement pour penser, travailler et vous réfugier sur vos hauteurs d'où vous avez une vue plongeante sur le genre humain.

Votre défi : établir des rapports chaleureux, bons vivants.

SOLEIL EN VERSEAU - LUNE EN VERSEAU

Vous êtes parti très, très loin !... Et dans ce voyage, vous êtes seul. Ici, il n'est question que de vous, de votre existence, sur terre, de votre ego. Il y a en vous un côté génie méconnu, savant fou. Vous vous posez des questions métaphysiques, philosophiques, vous avez soif de connaissance, de vivre des expériences humaines originales, voire marginales, de monter dans votre tour d'ivoire et d'y rester. Vous sentant totalement libre et affranchi, pour vous, tout est possible à chaque instant.

Votre défi : concilier les hauts et les bas de votre existence.

SOLEIL EN VERSEAU - LUNE EN POISSONS

Très éloigné de ce qui est matériel et concret, le monde social, celui du travail, du pouvoir et des responsabilités ne vous attire pas. Idéaliste ou illuminé, un peu perdu dans vos projets et vos espérances, au fond, vous avez besoin de vivre des rapports d'amour et d'amitié avec le monde qui vous entoure : amour d'une femme, ou des femmes, rêves de famille, de foyer, adhésion à un groupe ou à une communauté... Vous donner vous est indispensable.

Votre défi : concrétiser votre rêve d'une vie bien remplie.

SOLEIL ET LUNES, les femmes et vous

Comment vous accordez-vous avec une...

FEMME LUNE EN BÉLIER

Vous êtes copains, très copains et vivez un tas d'aventures ensemble. Elle fonce ? OK, vous la suivez. Vous avez une idée ? Allez, elle y va ! L'entente intellectuelle est excellente, vous partagez le besoin de bousculer les choses, les gens et les idées. Femme au cœur chaud, aux envies soudaines, impulsive et directe, libérée, sans complexe... cela vous plaît. Elle possède le feu intérieur qui vous manque, l'action, l'énergie physique, le moteur. En retour, vous lui donnez la liberté d'être ce qu'elle est, sans rien lui imposer.

FEMME LUNE EN TAUREAU

Vous ne vivez ni au même rythme ni sur le même plan. Elle s'intéresse au concret, au matériel, à ce qui se touche, ce qui se palpe. Votre monde à vous est celui de l'intellect, des idées, des projets. Elle a envie de faire l'amour, vous de voyager, elle a besoin de beaucoup, vous de rien, elle ne vit pas de l'air du temps, vous si. Bien sûr, elle peut vous plaire, elle est la beauté même mais elle a tout ce qui va avec, entre autre la possessivité. Elle vous aime, elle vous a, vous lui appartenez mais vous, vous n'appartenez à personne... rien qu'à vous !

FEMME LUNE EN GÉMEAUX

Voilà un couple dynamique sur le plan mental, plein d'idées, de projets, d'envies diverses et variées, apte à communiquer et à s'adapter aux situations nouvelles. Comme vous, cette femme à l'esprit vif et alerte est curieuse de tout et de tous, aime découvrir, bouger, comprendre le monde qui l'entoure. Comme vous, elle ne s'implique jamais à fond dans une relation affective qui doit rester plus intellectuelle que sentimentale, plus amicale que passionnée et, pour vous deux, c'est le monde extérieur, non la famille qui reste la priorité.

FEMME LUNE EN CANCER

Avant-gardiste et novateur, votre regard est braqué vers l'avenir tandis qu'elle avance à reculons, l'œil rivé au passé, le cœur plein de souvenirs, de nostalgie. Femme enfant, douce, romantique et vulnérable, elle craint les atteintes du monde extérieur et cherche dans le couple, le foyer, les enfants, la possibilité de vivre au chaud, aimée et chouchoutée. Les responsabilités, autres que familiales, lui pèsent, elle manque de confiance pour se prendre en main et évoluer. À vous de la rassurer, de la protéger, de la pousser. En aurez-vous la volonté ?

FEMME LUNE EN LION

Pour vous, cow-boy solitaire, voilà la femme qu'il faut, qui possède tout ce que vous n'avez pas : le sens de l'organisation, la volonté de briller sur la scène sociale, le goût du luxe, le besoin d'être reconnu, sinon connu de tous. Par son enthousiasme et sa motivation, elle vous rend plus ambitieux, plus réaliste, vous permet de concrétiser vos projets, réchauffe vos ardeurs amoureuses et vous propose même de vivre une existence classique, celle d'un couple avec foyer et famille. Profitez-en !

FEMME LUNE EN VIERGE

À vous qui recherchez l'extraordinaire, cette femme propose de l'ordinaire, la simplicité d'une vie de famille et de labeur. Femme pudique en amour, très efficace au travail, elle a besoin d'un cadre, de normes, de routine, de limites... que vous franchissez ! Autant vous êtes un original, un indépendant à l'aise dans l'abstrait, autant la prudence, la raison, le concret sont ses domaines. Entre vous, c'est un partage de connaissances, d'intérêts culturels, littéraires, une amitié qui se transformera en amour si sa possessivité ne vous étouffe pas.

FEMME LUNE EN BALANCE

Tout en elle est beauté, élégance, charme et sophistication et elle vous séduit tout en finesse, en dentelles. Entre vous, c'est moins une séduction charnelle, sexuelle, qu'un accord intellectuel, un échange de points de vue, une certaine conception du monde que vous partagez, tous deux à l'aise dans les relations humaines. Voilà donc un couple branché sur la même longueur d'onde, plus ouvert sur le monde extérieur que sur le foyer, la famille. Une seule remarque : elle ne peut vivre seule, isolée du monde social tandis que vous, si !

FEMME LUNE EN SCORPION

Alliance de deux êtres révoltés, anticonformistes qui veulent dépasser la dose prescrite, bousculer les habitudes et les tabous. Elle vous entraîne dans un monde inconnu de vous, celui des sentiments brutaux, sexuels, passionnés. Mais la passion, ça vous effraie et vous vous en dégagez rapidement pour rester libre. Oui, cette femme est une amante religieuse, jalouse et possessive. Il faut être, et rester, à ses côtés, la rassurer sur elle et sur tout le reste, lui faire des enfants, construire un foyer... En aurez-vous la force, ou même le désir ?

FEMME LUNE EN SAGITTAIRE

Vous êtes partis pour l'aventure ! Plus femme de tête que de cœur, plus intellectuelle que sentimentale, ce qui vous va très bien, elle est plus physique que vous, plus expansive aussi, ressent le besoin de voyager, de parcourir le monde, de s'élancer avec enthousiasme vers un ailleurs plein de promesses. C'est une idéaliste, comme vous, qui vise loin et haut, qui a confiance en elle et foi en ce qu'elle entreprend. Elle vous motive tandis que vous lui offrez votre originalité. Le foyer, la famille... cela passe après.

FEMME LUNE EN CAPRICORNE

Vous ne vivez pas au même rythme, vous ne voyez pas les choses de la même façon. Efficace, déterminée, dure pour les autres et pour elle-même, c'est une femme très responsable, parfois trop, qui a besoin de travailler, de se sentir utile, de bâtir une carrière, de détenir un pouvoir mais surtout, de construire une relation durable, un foyer solide, une famille unie. La liberté ? Elle ne connaît pas. Autant elle est persévérante, prévoyante et attachée aux choses, aux gens, autant vous êtes original, détaché du matériel. Êtes-vous opposés ou complémentaires ?

FEMME LUNE EN VERSEAU

Voilà deux êtres humains, plutôt qu'un homme et une femme, mus par la même recherche de liberté et d'indépendance, partageant des goûts intellectuels, spirituels, l'humour et le détachement vis-à-vis des choses matérielles, de la banalité, du travail routinier. L'amitié, la fraternité vous réunissent plutôt que les liens possessifs, sentimentaux ou sexuels. Branchés sur la même longueur d'onde, ce ne sont pas le mariage, le foyer ou les enfants qui vous rassemblent mais l'envie de vivre, de façon originale, des expériences humaines enrichissantes.

FEMME LUNE EN POISSONS

Concentré sur vous, ne pensant qu'à vous, vous êtes un pur égoïste qui trouve là une femme qui ne pense qu'aux autres, ne peut vivre qu'en communauté, entourée de douces attentions, de ses enfants, nombreux de préférence, de sa famille, de ses amis... La solitude l'effraie, les responsabilités et les obligations aussi. Chatoyante et envahissante, elle vous fait découvrir le monde des sentiments, de la sensualité car elle ressent le besoin d'aimer, immensément. Soit vous craquez pour la sirène, soit votre indépendance reprend le dessus.

Homme Soleil en Poissons

Vous êtes né entre le 19 février et le 20 mars, à la toute fin de l'hiver, lorsque le temps devenu fou provoque les giboulées, mêle soleil et pluie, chaud et froid. À l'époque de la fonte des neiges, des grandes crues, il est le signe de l'immensité océanique.

Qui êtes-vous ?

Un hypersensible. Les impressions vous traversent, les émotions vous transportent et vous ressentez tout avec acuité. Dans ce monde de sensations mêlées, vous n'établissez pas de différences marquées, vous n'imposez pas de limites, vous ne faites pas la part entre vous et autrui car vous cherchez à ne faire qu'un avec votre environnement, à fusionner avec les autres, quitte à vous perdre en eux. Artiste dans l'âme, votre rôle, dans ce monde, est de communier avec lui.

Que voulez-vous ?

Tout. Vous désirez vivre intensément sur tous les plans ; professionnel, sentimental, amical et ces mondes peuvent alors se mélanger dans votre existence. Très réceptif aux choses et aux

êtres, vous êtes un artiste, un poète, un être médiumnique, mystique ou religieux dont l'état d'esprit fluctue selon l'ambiance dans laquelle il baigne. À l'aise dans une certaine confusion, dans une vie pleine, mouvante, riche en événements, vous ne voulez rien réaliser ou posséder pour vous-même. Vous ne connaissez pas d'intérêts personnels.

Vous marchez à quoi ?

Aux sentiments. La vie vous fait tourner la tête et vous êtes accro à l'amour. Celui d'une femme, d'amis, d'enfants, de collègues, de tous ceux qui vous entourent. Incapable de vivre seul, éloigné de vos bases familiales ou affectives, vous voulez vous fondre dans un groupe, dans une équipe, un mouvement, un parti ou une organisation. Vous ne voyez pas l'intérêt de ne travailler que pour vous ou de manière indépendante. Ce qui parle de projets collectifs, de rassemblement, d'union des forces vous motive. Votre cœur est généreux, pétri de bonté, de compassion et vous avez même l'esprit de sacrifice.

Où allez-vous ?

Vous n'en savez rien mais à partir du moment où vous n'êtes pas seul mais tous ensemble, cela vous va très bien ! La route que vous empruntez n'est pas rectiligne, routinière ou balisée. Comme les poissons, vous suivez le mouvement, poussé par les courants, porté par la marée. Vous n'avez pas de certitudes, de but précis ni même de vision claire ou réaliste de l'existence et les rêves,

mirages et miracles en font partie. Le concret, le réel, le matériel vous ennuie et vous préférez suivre votre intuition plutôt que la logique ou la raison.

Vous avez peur de quoi ?

D'avoir des pensées personnelles, égoïstes, qui vous priveraient de la présence des autres, des vôtres qui sont si importants pour vous, peut-être même plus importants que vous ! A priori, vous les aimez, vous leur faites confiance et comptez sur eux pour vous aider, vous encourager et vous soutenir. Ce qui peut vous rendre victime de « parasites » ou dépendant de personnes que vous ne pouvez pas vous résoudre à abandonner à leur sort. Attention à vos fréquentations, à ne pas vous faire tirer vers le bas.

Vous ne savez pas...

... cacher vos émotions, faire semblant, prendre des décisions tranchées, faire du mal, vous éloigner de la souffrance humaine, prendre du recul, faire le point, classifier, ranger dans des petites boîtes étiquetées, calculer, compter, frimer, ne vous occuper que de vous, suivre des règles strictes, vous limiter, mettre en place un projet personnel...

Mais vous savez...

... aimer, aider, écouter les autres, leur faire du bien, les soutenir, les accompagner, être compatissant, vous amuser, faire rire,

faire la fête, réunir, partager, inviter, rassembler, adhérer à un courant, à une idée commune, chanter, peindre ou danser, être bienveillant, prier, croire en Dieu ou en quelque chose, vous donner sans compter, laisser votre cœur ouvert...

Votre ambition

Qu'est-ce que c'est ? Si l'on parle d'un poste de directeur, d'être leader sur le marché ou d'amasser une fortune... vous ne connaissez pas l'ambition. En revanche, s'il est question de faire cause commune, de soulager autrui, d'avancer ensemble vers un avenir meilleur, de partager les joies et les peines, alors l'ambition sert à quelque chose. En fait, vous ne suivez pas de route définie, de but précis, vous nagez ou surnagez, parfois porté par le courant, parfois entre deux eaux et ce sont vos rencontres qui déterminent votre chemin. Votre cœur est large, vos espoirs immenses et vous laissez la porte ouverte à toutes les éventualités que la vie peut offrir. Vous ne calculez pas, ne prévoyez pas. Vous ne cherchez rien et... vous trouvez ! Avec vous, pas de demi-mesure, c'est la pêche miraculeuse ou la panne sèche. En fait, vous êtes un rêveur, un illuminé, un homme aux talents multiples. En vous, c'est un riche chaos, fait d'intense activité et de paresse, d'exaltation et de mollesse duquel il faut extraire, pour vous et pour les autres, le meilleur. Tâche ardue que celle d'exprimer les sensations, les impressions, ce que vous possédez en vous.

Le travail

Vous n'êtes pas fait pour ça. Le travail demande de la méthode, de la régularité, de la discipline, le sens de la hiérarchie et de l'administration... ce n'est pas votre fort. La ponctualité non plus. Le temps passe, vous ne le maîtrisez pas. Il vous submerge, effaçant les limites entre travail et plaisir, monde professionnel et monde intime. Tout se mélange dans votre vie, parfois déborde l'un sur l'autre. Vous, vous voulez vivre dans un rêve, loin des contingences matérielles, des obligations et des charges. Bien sûr, vous faites avec mais pour bien travailler, vous devez vous sentir entouré, sécurisé, faire partie d'une équipe, d'un groupe, d'un ensemble. Vous avez besoin de vous dévouer pour une cause ou pour des personnes, d'aider plus faible que vous, de partager une aventure humaine et professionnelle plutôt que devenir patron ou conquérir la première place. Vous n'avez pas l'esprit de compétition, vous ne cherchez pas à faire votre trou dans la société, les lourdes responsabilités vous écrasent et vous préférez faire confiance et déléguer votre pouvoir à ceux qui en sont capables plutôt que de vous en charger.

L'argent

Un mystère. Le monde implacable des chiffres n'est pas le vôtre et l'argent reste une notion bien vague. Vous n'avez pas pour habitudes de faire des comptes, de voir à long terme, d'épargner ou de spéculer, vous n'y éprouvez pas de plaisir particulier. Vous n'avez pas la bosse du commerce, vous ne savez ni vendre ni

mentir et n'avez aucune envie d'arnaquer quiconque. De toute façon, vous n'agissez pas en pensant à votre propre intérêt et l'argent ne peut être le moteur qui vous fait avancer. Il permet, bien sûr, le confort dont vous êtes amateur, représente une certaine assise sociale, vous rassure à propos de l'avenir de vos proches, de votre famille mais en aucun cas, vous ne prostituerez vos talents pour en gagner davantage. Vous êtes un homme profondément honnête qui préfère gagner moins et aimer plus ce qu'il fait. Alors, l'argent, vous ne pouvez pas forcément compter dessus. Pas de régularité ici, ni de mesure, l'argent peut entrer à flots et sortir à gros bouillons et dans votre vie, vous connaissez, alternativement, les vaches grasses et les vaches maigres.

Les femmes

Un monde en soi. Les femmes sont l'amour et l'amour, vous aimez ça ! Intuitif de nature, réceptif et perméable aux ambiances, vous plaisez aux femmes, c'est indéniable. Vous ne le faites pas exprès, vous êtes ainsi, charmeur, de commerce agréable, empreint de douceur, de tendresse, nounours que l'on a envie de serrer dans ses bras. Certes, vous êtes macho, comme tous les hommes, mais vous savez aussi composer avec votre personnage, avec votre entourage, vous modeler à son image, épouser ses idées ou sa manière de vivre. Il y a du caméléon en vous, le besoin de vous fondre, de vous confondre dans les autres, dans l'autre en particulier. Vous aimez le sexe mais pas seulement. Il vous faut surtout aimer votre partenaire. Vous ressentez le besoin de vous unir, de vous rapprocher sinon de fusionner, voire de

communier avec elle. Vivre seul, en marge, isolé de l'âme sœur ne vous correspond pas. Vous êtes fait pour la vie commune, vous marier, même plusieurs fois et à chaque fois, vous vous engagez totalement, prêt à partager le pire comme le meilleur.

La famille

Indispensable. En effet, le couple seul ne vous suffit pas. Il faut la famille qui va avec, le banc de poissons qui frétille dans l'aquarium commun. La famille est très importante à vos yeux, elle signifie que vous n'êtes pas seul mais entouré d'amour, de chaleur, de présences. Elle vous permet de compter sur une base sûre, sur des relations dénuées de rapports de force. Elle vous fait comprendre la finalité de la vie, le pourquoi de votre travail quotidien. Vos enfants, nombreux de préférence, vous touchent énormément. Vous êtes bienveillant, généreux, parfois laxiste à leur égard. Comme vous-même ne savez pas exactement où vous allez, ce que vous voulez, il vous est difficile de leur imposer une discipline, de leur donner des garde-fous ou des limites, de leur proposer un quelconque plan de vol. Au foyer, certains d'entre vous sont même capables de mettre la main à la pâte, d'aider aux tâches ménagères ou à la cuisine. Oui, vous êtes, au moins autant, un homme d'intérieur que d'extérieur.

SOLEIL ET LUNE, votre dualité

Le Soleil vous a parlé de l'aspect objectif, conscient de votre personnalité. La Lune, quant à elle, représente vos tendances inconscientes, subjectives, rythme de base et aspirations profondes.

Découvrez maintenant page 249 votre signe lunaire, cet autre signe qui vous caractérise. Ensuite, vous lirez le mélange original de Soleil et de Lune dont vous êtes fait, la dualité qui est en vous.

SOLEIL EN POISSONS - LUNE EN BÉLIER

Allez-vous vivre pour les autres ou pour vous-même ? Au fond, vous êtes un fonceur, un homme carré et franc, qui vit dans l'instant, impulsivement, rêvant de conquêtes, de défis, de victoires. Oui, vous avez besoin d'une grande autonomie de pensée et d'action pour suivre votre propre chemin. Vous voilà tiraillé entre démontrer votre individualisme et perdre votre identité au profit du groupe, entre lutter et vous abandonner, agir et espérer.

Votre défi : revenir, de temps à autre, sur terre pour construire.

SOLEIL EN POISSONS - LUNE EN TAUREAU

Sensible, sensuel et sentimental, vous avez besoin de repères, de sécurité financière et conjugale, de bâtir un métier, un foyer, une famille. Artiste dans l'âme, amoureux de la vie et de ses plaisirs, les femmes vous attirent inexorablement. Vous aimez jouir de la bonne chère, de la belle chair, être entouré de personnes aimantes et aimées, de confort, de beauté, vivre une existence paisible, agréable, quitte à vous abandonner, parfois, à la facilité.

Votre défi : ne pas rester dépendant de l'amour des autres.

SOLEIL EN POISSONS - LUNE EN GÉMEAUX

Vous cherchez votre voie. Au fond, vous avez envie de vous amuser, de prendre les choses, les gens et les sentiments à la légère, sans devoir vous impliquer totalement. Vous aimeriez vivre une double vie, faire plusieurs choses en même temps, renouveler sans cesse votre stock d'amis et d'idées. Vous adhérez aux autres et vous vous en séparez, vous abondez dans un sens, puis dans l'autre. Vous êtes un peu diffus, confus, difficile à cerner et à garder. Faites en sorte que l'on puisse compter sur vous.

Votre défi : vous concentrer sur un but.

SOLEIL EN POISSONS - LUNE EN CANCER

Crabe-poisson, vous êtes, au fond, un homme vulnérable et tendre, qui cherche à se protéger des atteintes extérieures. Peu fait pour la solitude et les responsabilités, vous vous réfugiez alors au sein du couple, du foyer, de la famille pour vivre douillettement, bien au chaud. L'ambition, l'argent, la gloire ne vous motivent pas. C'est l'amour que vous donnez, que vous recevez, ce sont les rapports parentaux, familiaux, amicaux et le fait d'appartenir à un groupe ou à un clan qui vous rassurent.

Votre défi : ne pas perdre votre identité dans les autres.

SOLEIL EN POISSONS - LUNE EN LION

Faire partie d'un groupe, en être le centre et briller, voilà ce qu'il vous faut ! Au fond, vous avez grand besoin d'être connu et reconnu sur le plan social mais aussi sentimental. Une chaleur, une générosité se dégage de vous, vous avez des talents artistiques, vous savez mener une équipe, organiser les choses. Partagé entre égoïsme et don de soi, vous avez besoin de vous exprimer, de participer activement au monde qui vous entoure et même d'y inscrire votre marque.

Votre défi : sortir de la masse, ou de la nasse.

SOLEIL EN POISSONS - LUNE EN VIERGE

En vous, le monde immense et chaotique de l'océan coexiste avec un monde limité, raisonné et raisonnable. Au fond, vous êtes un homme simple, précis, méthodique et concis, qui ne supporte pas le désordre, qui ne rêve pas, ne s'illusionne pas. Il vous faut travailler, remplir une tâche avec efficacité, suivre une certaine routine et tout faire pour que l'on puisse compter sur vous, pour vous rendre indispensable. Vous aimeriez savoir où vous allez mais votre route n'est pas rectiligne.

Votre défi : avancer, évoluer sans cesse.

SOLEIL EN POISSONS - LUNE EN BALANCE

Vous êtes un artiste, un esthète, un être difficile à cerner, nuancé et fuyant, doué de finesse et de sensibilité, qui éprouve le besoin de partager, de créer des liens intellectuels, amicaux et sentimentaux avec un partenaire qui vous donne confiance en vous. La solitude vous fait horreur, il faut vous associer, collaborer, adhérer, vous unir. Les autres sont des valeurs sûres, en particulier le couple et la famille, et sur le plan social, vous êtes fait pour la mode, la décoration, la création en général.

Votre défi : rester simple et droit.

SOLEIL EN POISSONS - LUNE EN SCORPION

Voilà un homme tout en sensations, l'émotivité à fleur de peau. Au fond, vous êtes un être torturé qui recherche l'étrange, l'inconnu, le bizarre, les situations troubles. Il y a de l'angoisse, des peurs qui vous obligent à vous transformer, à évoluer, dans la douleur peut-être, mais dans la créativité aussi. Vous êtes un artiste, un homme passionné mais ô combien possessif. À la fois vulnérable et coriace, perdu et déterminé, vous avez besoin de vivre intensément et surtout... ensemble.

Votre défi : vous sécuriser pour pouvoir construire.

SOLEIL EN POISSONS - LUNE EN SAGITTAIRE

Idéaliste, recherchant une idée, un concept qui vous élève spirituellement, vous êtes un homme de foi. Ni l'argent ni la gloire ne vous intéressent, c'est partager une grande idée, une belle idée, lutter pour elle, pour vous et pour tous. Généreux, noble de cœur, vous avez besoin de croire en quelque chose qui vous dépasse, de vous élancer, de vous donner, de vous investir à fond, quitte à vous aveugler, à foncer dans le brouillard, à perdre le sens des réalités, à vous oublier.

Votre défi : défendre une cause.

SOLEIL EN POISSONS - LUNE EN CAPRICORNE

Il y a de la froideur, de la rigueur en vous, une idée qui fait son chemin jusqu'à obtenir satisfaction. Au fond, vous êtes un être ambitieux, très responsable des autres et de vous-même, partagé entre vivre en communauté et vous isoler, entre adhérer au mouvement et le mener, entre suivre le courant et le maîtriser. Il faut vous occuper du bien public, des autres mais aussi poursuivre un but à long terme et tenir les rênes de votre vie pour accéder à un certain pouvoir.

Votre défi : trouver un juste milieu entre foisonnement et austérité.

SOLEIL EN POISSONS - LUNE EN VERSEAU

Voilà un homme qui ne raisonne pas en termes logiques, raisonnés ou particuliers mais en long, en large, parfois en travers, tant sur le plan humain qu'universel. Au fond, vous avez besoin d'une grande indépendance d'esprit, d'une liberté totale de pensée. Vous êtes pourtant partagé entre vos propres talents à exprimer et les possibilités du groupe, de la communauté à mettre en œuvre. Vous vivez à la fois parmi les idées et les sentiments et vibrez lorsqu'il s'agit de défendre la veuve et l'orphelin.

Votre défi : affirmer vos capacités sur le plan social.

SOLEIL EN POISSONS - LUNE EN POISSONS

Qui suis-je ? D'où viens-je ? Où vais-je ? Ces trois questions vous résument... Perdu dans un brouillard de rêves, d'espoirs, parfois d'illusions, vous êtes à la recherche des autres, qui vous sont indispensables. Artiste, vulnérable, traversé de mille sensations, perméable aux ambiances, vous pouvez alors perdre votre intégrité, diluer votre spécificité dans votre entourage et en fin de compte, ne plus savoir qui vous êtes, ce dont vous êtes capable, toucher à la schizophrénie.

Votre défi : vous construire et bâtir une vie de couple et de famille.

SOLEIL ET LUNES, les femmes et vous

Comment vous accordez-vous avec une...

FEMME LUNE EN BÉLIER

Quelle énergie ! Cette femme impressionne par sa détermination, son élan, sa spontanéité. Rien ne l'arrête dans sa marche en avant, même pas vous. Vers quoi va-t-elle ? Elle s'en moque. Vivant par à-coups, sans se soucier des conséquences de ses actes, elle ressent le besoin de lutter, de conquérir, de gagner. Vous allez l'ensorceler, elle vous fera bouger mais attention, sa passion s'allume, puis s'éteint et elle reprend alors sa marche solitaire, vous laissant tout perdu. N'attendez pas d'elle un foyer, des enfants. Elle ne construit pas, elle avance !

FEMME LUNE EN TAUREAU

Elle est faite pour vous ! Sentimentale et sensuelle, douce et caressante, aimant l'amour, vous vous donnez mutuellement du plaisir. Vous pouvez aussi compter sur elle pour compter justement, calculer, économiser, bâtir solidement un foyer, une vie de famille, nombreuse de préférence, et vous soutenir dans votre travail. Son goût artistique est certain, sa fidélité à toute épreuve, elle veut jouir de la vie, de ses joies et de son confort. Mais attention, elle est possessive. Une fois pêché, vous resterez dans ses filets.

FEMME LUNE EN GÉMEAUX

Un peu confuse, cette relation. D'une part, parce que vous-même n'avez pas de pensées précises, d'avis définitif sur les gens et elle non plus. Elle ne s'engage pas totalement en amour, se laisse toujours une porte de sortie... Ça vous chagrine. Peu sentimentale, elle papillonne, s'intéresse à tout, à rien, à vous, aux autres, sa fidélité n'est pas légendaire. Enfin, c'est une intellectuelle dont la priorité n'est pas de construire un couple ou une famille mais de bouger, de communiquer et de changer de voie quand ça lui chante. Vous risquez d'être déboussolé !

FEMME LUNE EN CANCER

L'amour, pour un partenaire, pour un foyer, pour une famille, vous rassemble, le besoin de cocooner, de vous protéger l'un l'autre, de vivre dans un rêve, dans une belle illusion, dans un miracle permanent. Oui, comptez sur elle pour avoir des enfants, vous préparer de bons petits plats et rester avec vous, dépendante de vous. En effet, le monde extérieur, social, celui du travail lui fait peur. Elle a du mal à se prendre en main, à se discipliner, à structurer sa vie. Vous n'êtes pas très fort non plus à ce jeu-là mais vous la rassurez, vous la protégez... Tout ira bien.

FEMME LUNE EN LION

Voilà qui est joli, lumineux, rayonnant ! Cette femme vous donne sa force, ses convictions, son ambition. Elle vous pousse à vous affirmer sur le plan social, à prendre des responsabilités, à devenir ce que vous êtes ! Son esprit adulte, mature, son engagement physique, ses espoirs réalisables... tout cela ne peut vous faire que du bien. Elle vous montre le chemin, vous propose de vous dépasser, d'exprimer votre créativité, de lui construire une vie de couple et de famille, classique, rassurante. Mais elle peut aussi ne pas vous comprendre...

FEMME LUNE EN VIERGE

Voilà votre partenaire, votre complémentaire qui sait faire ce que vous ne savez pas. Perfectionniste, adepte de la méthode, de la discipline, de la tâche remplie, du travail bien fait, elle va organiser votre monde, mettre en ordre le riche chaos qui est en vous, lui donner forme, le rendre concret, utile, bref, elle peut réaliser vos souhaits. En outre, elle vous donne des enfants, s'occupe du foyer, et de tout le reste, tandis que vous lui offrez ce dont elle manque : la fantaisie, l'intuition et ce bouillonnement sentimental et sensuel qui vous habite.

FEMME LUNE EN BALANCE

Ensemble, vous parlez art, culture, beauté, créativité. Oui, vous allez parler, beaucoup, mais ça peut s'arrêter là. Elle qui ne peut vivre seule, comme vous, qui a besoin d'être entourée, séduite, mais aussi de séduire, est une femme plus mentale que sentimentale, plus axée sur le monde social que sur l'intime mais une relation seulement intellectuelle ne peut vous suffire. En vous, la sensualité déborde, vous envahit, l'envahit mais elle ne perd jamais ni pied, ni la tête et refuse la passion. Elle s'engage, recule, revient. Appréciez-vous cette danse ?

FEMME LUNE EN SCORPION

Belle combinaison de sentiments puissants, passionnés, intenses, immenses. Vous êtes tous deux des êtres sensuels et sexuels, ayant besoin d'un grand amour pour survivre. La famille, le foyer, les enfants vous réunissent, ainsi que le partage, le don de soi, parfois même le sacrifice. Mais cette femme, très possessive, détient un pouvoir sexuel sans limite, de quoi rester dépendant, enchaîné. Si vous vous rassurez mutuellement, si l'angoisse de l'un ne rejaillit pas sur les doutes de l'autre, alors tout ira bien, comme dans un rêve.

FEMME LUNE EN SAGITTAIRE

Non, vous ne vous ressemblez pas. Elle, toute en élan physique, en enthousiasme ravageur, vous, tout en souplesse, en tendresse, en attente. Ne cherchez pas ici la femme sentimentale, soumise à l'autorité ou dépendante d'un homme. Elle suit sa route, trace son chemin s'élance vers un but. En amour, elle s'investit jusqu'au moment où elle risque de perdre sa liberté d'action et de mouvement. Alors, elle s'enfuit. Il faut donc la garder car vous ne pouvez la rattraper. Et pour la garder, il faut la laisser libre... Un vrai casse-tête.

FEMME LUNE EN CAPRICORNE

Elle a de l'ambition pour deux, de l'autorité pour quatre et le sens des responsabilités pour tous ! Cette femme, à la fois sentimentale et inflexible, vous met le pied à l'étrier et la tête sur les épaules. Elle concrétise vos rêves, construit des liens à l'épreuve du temps, un foyer solide, une famille nombreuse. Elle assume tout ça très bien, parfois à votre place, vous donne sa force, sa prévoyance, une partie de ses économies et des bases solides pour que vous puissiez travailler et grimper à l'échelle sociale. En retour, vous êtes son prince charmant...

FEMME LUNE EN VERSEAU

Vous aimez vivre en communauté, elle adore son indépendance. Vous avez besoin d'amour, de tendresse, de caresses, elle de sa liberté de penser et d'agir comme elle l'entend. Égoïste à 99 %, peu attirée par la sensualité, la passion, les choses matérielles, concrètes, fuyant les responsabilités maternelles et familiales, c'est une femme émancipée, une intellectuelle qui veut combattre pour des idées, voyager, connaître et vivre toutes sortes d'expériences humaines et humanitaires. Là, vous pouvez vous rejoindre. Ailleurs, c'est plus difficile.

FEMME LUNE EN POISSONS

Les Poissons, là où le zodiaque prend fin, là où tout se rejoint : immensité de l'amour, don de soi, compassion mais aussi confusion, illusions, monde imaginaire, fantastique, fantasmatique. Ensemble, vous vous donnez, entièrement, mutuellement, oubliant même votre identité dans l'autre. Qu'importe, vous vous unissez, vous fusionnez, vous croissez et multipliez. Un foyer acceuillant, des amis présents, des enfants nombreux, du plaisir sensuel et sexuel... Vous baignez, ensemble, dans une communauté, un aquarium de sentiments.

Dans quel signe se trouvait la Lune lors de votre naissance ?

Pour le savoir :

1. Cherchez dans les pages suivantes le tableau qui correspond à votre **ANNÉE** de naissance.

2. Dans ce tableau, à l'intersection de votre **JOUR** et de votre **MOIS** de naissance, se trouve une case.

A. Si cette case est vide

Remontez la colonne d'une case, ou de plusieurs si nécessaire, jusqu'à rencontrer le nom d'un signe, le signe lunaire.

Exemple : né le 28 janvier 1932

1932	janvier		
25	12 h 47 VI		
26			
27	15 h 08 **BA**		
28	→ ↑		
29	17 h 44 SC		

BA : Balance

La Lune est en Balance.

B. Si cette case contient une heure et un signe

Deux possibilités :

- *Vous êtes né **AVANT** cette heure :*

Dans ce cas, remontez la colonne d'une case, ou de plus si nécessaire, jusqu'à rencontrer le nom d'un signe, celui dans lequel se trouvait la Lune.

Exemple : né le 6 janvier 1932 à 12 heures.

1932	janvier		
4	15 h 16 **SA**		
5	↑		
6 →	18 h 38 CP		

SA : Sagittaire

La Lune est en Sagittaire.

- *Vous êtes né **APRÈS** cette heure :*

Le signe indiqué dans la case est votre signe lunaire.

Exemple : né le 6 janvier 1932 à 20 heures.

1932	janvier		
4	15 h 16 SA		
5			
6 →	18 h 38 **CP**		

CP : Capricorne

La Lune est en Capricorne.

NB : si vous êtes né autour de l'heure indiquée : pour plus de précision, vous devez SOUSTRAIRE à votre heure de naissance :

Jusqu'en 1945 : - 1 heure l'hiver

- 2 heures l'été

De 1946 à 1975 : - 1 heure, hiver comme été

Depuis 1976 : - 1 heure l'hiver

- 2 heures l'été

(L'hiver, c'est du dernier dimanche de septembre au dernier dimanche de mars. L'été, du dernier dimanche de mars au dernier dimanche de septembre.)

Signification des abréviations :

BE : Bélier

TA : Taureau

GE : Gémeaux

CN : Cancer

LI : Lion

VI : Vierge

BA : Balance

SC : Scorpion

SA : Sagittaire

CP : Capricorne

VE : Verseau

PO : Poissons

1931

Date et heure d'entrée de la Lune dans les signes

	Janvier	Février	Mars	Avril	Mai	Juin	Juillet	Août	Septembre	Octobre	Novembre	Décembre
1	11 h 35 GE		14 h 25 LI		11 h 26 SC		18 h 56 VE		20 h 59 TA	15 h 03 GE		
2		03 h 25 LI		00 h 49 BA		03 h 07 CP					13 h 40 LI	00 h 16 VI
3	15 h 21 CN		14 h 20 VI		13 h 14 SA			01 h 10 BE				
4		02 h 57 VI		00 h 51 SC		10 h 23 VE	05 h 10 PO		08 h 43 GE	00 h 38 CN	18 h 08 VI	03 h 44 BA
5	16 h 33 LI		13 h 32 BA		17 h 35 CP			14 h 05 TA				
6		02 h 54 BA		02 h 52 SA		21 h 01 PO	17 h 40 BE		17 h 15 CN	06 h 50 LI	20 h 03 BA	05 h 43 SC
7	17 h 07 VI		14 h 02 SC									
8		05 h 04 SC		08 h 21 CP	01 h 36 VE			01 h 01 GE	21 h 48 LI	09 h 35 VI	20 h 21 SC	07 h 04 SA
9	18 h 49 BA		17 h 30 SA			09 h 44 BE	06 h 14 TA					
10		10 h 21 SA		17 h 40 VE	13 h 02 PO			08 h 10 CN	23 h 04 VI	09 h 50 BA	20 h 39 SA	09 h 18 CP
11	22 h 40 SC					21 h 55 TA	16 h 14 GE					
12		18 h 39 CP	00 h 39 CP					11 h 31 LI	22 h 43 BA	09 h 17 SC	22 h 52 CP	14 h 10 VE
13				05 h 49 PO	01 h 56 BE		22 h 30 CN					
14	04 h 50 SA		11 h 04 VE			07 h 22 GE		12 h 25 VI	22 h 41 SC	09 h 51 SA		22 h 51 PO
15		05 h 15 VE		18 h 48 BE	13 h 54 TA						04 h 40 VE	
16	13 h 01 CP		23 h 27 PO			13 h 38 CN	01 h 41 LI	12 h 45 BA		13 h 18 CP		
17		17 h 23 PO			23 h 27 GE				00 h 40 SA		14 h 33 PO	10 h 50 BE
18	23 h 03 VE			06 h 50 TA		17 h 37 LI	03 h 21 VI	14 h 11 SC		20 h 30 VE		
19			12 h 24 BE						05 h 48 CP			23 h 46 TA
20		06 h 21 BE		16 h 56 GE	06 h 26 CN	20 h 33 VI	05 h 06 BA	17 h 47 SA			03 h 09 BE	
21	10 h 55 PO								14 h 18 VE	07 h 32 PO		
22		18 h 54 TA	00 h 44 TA		11 h 28 LI	23 h 23 BA	07 h 56 SC	23 h 59 CP			16 h 00 TA	10 h 59 GE
23	23 h 55 BE			00 h 42 CN						20 h 21 BE		
24			11 h 19 GE		15 h 07 VI		12 h 19 SA		01 h 28 PO			19 h 21 CN
25		05 h 13 GE		06 h 04 LI		02 h 34 SC		08 h 38 VE			03 h 12 GE	
26	12 h 10 TA		19 h 04 CN		17 h 51 BA		18 h 23 CP		14 h 09 BE	09 h 12 TA		
27		11 h 47 CN		09 h 10 VI		06 h 26 SA		19 h 28 PO			12 h 09 CN	01 h 16 LI
28	21 h 19 GE		23 h 29 LI		20 h 08 SC					20 h 48 GE		
29				10 h 35 BA		11 h 35 CP	02 h 25 VE		03 h 07 TA		19 h 06 LI	05 h 40 VI
30					22 h 48 SA			07 h 56 BE				
31	02 h 10 CN		00 h 57 VI				12 h 46 PO			06 h 27 CN		09 h 17 BA

1932

Date et heure d'entrée de la Lune dans les signes

	Janvier	Février	Mars	Avril	Mai	Juin	Juillet	Août	Septembre	Octobre	Novembre	Décembre
1			07 h 06 CP		22 h 47 BE			15 h 57 LI		18 h 44 SC		16 h 46 VE
2	12 h 24 SC			05 h 05 PO					08 h 31 BA		04 h 55 CP	
3		01 h 39 CP	13 h 59 VE			06 h 32 GE	00 h 07 CN	21 h 15 VI		19 h 03 SA		22 h 08 PO
4	15 h 16 SA			16 h 54 BE	11 h 46 TA				10 h 06 SC		08 h 06 VE	
5		07 h 48 VE	23 h 15 PO			17 h 21 CN	08 h 19 LI			21 h 01 CP		
6	18 h 38 CP							00 h 56 BA	11 h 59 SA		15 h 06 PO	07 h 35 BE
7		16 h 15 PO		05 h 44 TA	00 h 20 GE		14 h 34 VI					
8	23 h 44 VE		10 h 35 BE			02 h 15 LI		03 h 49 SC	15 h 12 CP	01 h 44 VE		19 h 41 TA
9				18 h 28 GE	11 h 34 CN		19 h 13 BA				01 h 24 BE	
10		03 h 17 BE	23 h 20 TA			09 h 07 VI		06 h 32 SA	20 h 17 VE	09 h 27 PO		
11	07 h 50 PO				20 h 46 LI		22 h 28 SC				13 h 33 TA	08 h 27 GE
12		16 h 05 TA		05 h 47 CN		13 h 42 BA		09 h 38 CP		19 h 36 BE		
13	19 h 07 BE		12 h 03 GE						03 h 31 PO			20 h 29 CN
14				14 h 22 LI	03 h 13 VI	16 h 00 SC	00 h 38 SA	13 h 54 VE			02 h 13 GE	
15		04 h 28 GE	22 h 47 CN						13 h 02 BE	07 h 24 TA		
16	08 h 02 TA			19 h 21 VI	06 h 32 BA	16 h 46 SA	02 h 35 CP	20 h 14 PO			14 h 32 CN	07 h 13 LI
17		14 h 03 CN								20 h 02 GE		
18	19 h 47 GE		05 h 56 LI	20 h 59 BA	07 h 15 SC	17 h 31 CP	05 h 44 VE		00 h 34 TA			16 h 09 VI
19		19 h 49 LI						05 h 19 BE			01 h 36 LI	
20			09 h 19 VI	20 h 33 SC	06 h 48 SA	20 h 12 VE	11 h 34 PO		13 h 14 GE	08 h 26 CN		22 h 32 BA
21	04 h 22 CN	22 h 25 VI						16 h 56 TA			10 h 09 VI	
22			09 h 56 BA	19 h 57 SA	07 h 13 CP		20 h 52 BE			18 h 57 LI		
23	09 h 40 LI	23 h 22 BA				02 h 25 PO			01 h 13 CN		15 h 09 BA	01 h 53 SC
24			09 h 35 SC	21 h 15 CP	10 h 31 VE			05 h 34 GE				
25	12 h 47 VI					12 h 34 BE	08 h 54 TA		10 h 32 LI	02 h 03 VI	16 h 38 SC	02 h 42 SA
26		00 h 20 SC	10 h 07 SA		17 h 58 PO			16 h 51 CN				
27	15 h 08 BA			02 h 05 VE			21 h 27 GE		16 h 06 VI	05 h 16 BA	15 h 58 SA	02 h 31 CP
28		02 h 39 SA	13 h 08 CP			01 h 08 TA						
29	17 h 44 SC			10 h 56 CP	05 h 09 BE			01 h 03 LI	18 h 22 BA	05 h 31 SC	15 h 16 CP	03 h 23 VE
30			19 h 30 VE			13 h 35 GE	08 h 08 CN					
31	21 h 07 SA				18 h 05 TA			05 h 58 VI		04 h 41 SA		07 h 16 PO

1933

Date et heure d'entrée de la Lune dans les signes

	Janvier	Février	Mars	Avril	Mai	Juin	Juillet	Août	Septembre	Octobre	Novembre	Décembre
1		10 h 40 TA			23 h 07 LI				06 h 59 VE		13 h 53 TA	06 h 44 GE
2	15 h 14 BE			03 h 50 CN		23 h 14 BA	10 h 57 SC	21 h 41 CP		22 h 51 BE		
3		23 h 05 GE	07 h 17 GE						09 h 44 PO			18 h 52 CN
4				15 h 17 LI	08 h 41 VI		12 h 32 SA	22 h 22 VE			00 h 02 GE	
5	02 h 37 TA		19 h 43 CN			02 h 25 SC			14 h 15 BE	06 h 18 TA		
6		11 h 13 CN		23 h 33 VI	14 h 17 BA		12 h 16 CP				12 h 05 CN	07 h 48 LI
7	15 h 20 GE					02 h 32 SA		00 h 11 PO	21 h 35 TA	16 h 19 GE		
8		21 h 16 LI	06 h 18 LI		16 h 07 SC		12 h 06 VE					19 h 59 VI
9				04 h 01 BA		01 h 33 CP		04 h 41 BE			00 h 58 LI	
10	03 h 17 CN		13 h 42 VI		15 h 43 SA		14 h 02 PO		08 h 01 GE	04 h 30 CN		
11		04 h 43 VI		05 h 32 SC		01 h 42 VE		12 h 44 TA			12 h 24 VI	05 h 19 BA
12	13 h 27 LI		18 h 03 BA		15 h 15 CP		19 h 31 BE		20 h 26 CN	17 h 02 LI		
13		09 h 59 BA		05 h 52 SA		04 h 50 PO		23 h 57 GE			20 h 12 BA	10 h 27 SC
14	21 h 41 VI		20 h 28 SC		16 h 46 VE							
15		13 h 46 SC		06 h 54 CP		11 h 51 BE	04 h 49 TA		08 h 31 LI	03 h 24 VI	23 h 52 SC	11 h 49 SA
16			22 h 19 SA		21 h 34 PO			12 h 33 CN				
17	04 h 02 BA	16 h 43 SA		10 h 02 VE		22 h 12 TA	16 h 44 GE		18 h 14 VI	10 h 07 BA		11 h 09 CP
18											00 h 35 SA	
19	08 h 24 SC	19 h 23 CP	00 h 47 CP	15 h 54 PO	05 h 46 BE			00 h 23 LI		13 h 27 SC		10 h 37 VE
20						10 h 26 GE	05 h 24 CN		00 h 51 BA		00 h 24 CP	
21	10 h 54 SA	22 h 29 VE	04 h 39 VE		16 h 27 TA			10 h 08 VI		14 h 54 SA		12 h 15 PO
22				00 h 14 BE		23 h 06 CN	17 h 19 LI		04 h 59 SC		01 h 21 VE	
23	12 h 18 CP		10 h 15 PO					17 h 30 BA		16 h 13 CP		17 h 15 BE
24		02 h 56 PO		10 h 31 TA	04 h 32 GE				07 h 48 SA		04 h 50 PO	
25	13 h 57 VE		17 h 49 BE			11 h 17 LI	03 h 36 VI	22 h 45 SC		18 h 49 VE		
26		09 h 42 BE		22 h 19 GE	17 h 12 CN				10 h 23 CP		11 h 13 BE	01 h 42 TA
27	17 h 31 PO					22 h 01 VI	11 h 45 BA			23 h 18 PO		
28		19 h 20 TA	03 h 31 TA					02 h 21 SA	13 h 27 VE		20 h 03 TA	12 h 43 GE
29				10 h 59 CN	05 h 33 LI		17 h 22 SC					
30	00 h 22 BE		15 h 13 GE			06 h 11 BA		04 h 52 CP	17 h 27 PO	05 h 41 BE		
31					16 h 06 VI		20 h 27 SA					01 h 07 CN

1934

Date et heure d'entrée de la Lune dans les signes

	Janvier	Février	Mars	Avril	Mai	Juin	Juillet	Août	Septembre	Octobre	Novembre	Décembre
1		08 h 01 VI		13 h 35 SC	01 h 02 SA	11 h 55 VE		13 h 26 TA			08 h 36 VI	04 h 39 BA
2	13 h 56 LI								15 h 40 CN	11 h 44 LI		
3		17 h 59 BA	00 h 02 BA	17 h 37 SA	02 h 54 CP	14 h 06 PO	00 h 39 BE	21 h 49 GE			19 h 41 BA	13 h 06 SC
4												
5	02 h 10 VI		06 h 59 SC	20 h 46 CP	05 h 06 VE	18 h 31 BE	06 h 48 TA		04 h 32 LI	00 h 31 VI		17 h 52 SA
6		01 h 31 SC						09 h 13 CN			03 h 32 SC	
7	12 h 21 BA		11 h 58 SA	23 h 43 VE	08 h 26 PO		15 h 56 GE		17 h 16 VI	11 h 21 BA		20 h 09 CP
8		06 h 14 SA				01 h 17 TA		22 h 08 LI			08 h 33 SA	
9	19 h 11 SC		15 h 22 CP		13 h 08 BE					19 h 32 SC		21 h 34 VE
10		08 h 23 CP		02 h 53 PO		10 h 14 GE	03 h 21 CN		04 h 23 BA		11 h 56 CP	
11	22 h 18 SA		17 h 36 VE		19 h 23 TA			10 h 59 VI				23 h 31 PO
12		08 h 57 VE		06 h 40 BE		21 h 14 CN	16 h 07 LI		13 h 20 SC	01 h 32 SA	14 h 52 VE	
13	22 h 37 CP		19 h 26 PO					22 h 33 BA				
14		09 h 27 PO		11 h 56 TA	03 h 38 GE				20 h 04 SA	06 h 04 CP	17 h 56 PO	02 h 52 BE
15	21 h 56 VE		22 h 01 BE			09 h 53 LI	05 h 07 VI					
16		11 h 39 BE		19 h 41 GE	14 h 17 CN			07 h 51 SC		09 h 32 VE	21 h 27 BE	07 h 57 TA
17	22 h 17 PO					22 h 52 VI	16 h 47 BA		00 h 36 CP			
18		17 h 04 TA	02 h 46 TA					14 h 12 SA		12 h 09 PO		14 h 59 GE
19				06 h 26 CN	02 h 55 LI				03 h 07 VE		01 h 47 TA	
20	01 h 27 BE		10 h 52 GE			09 h 59 BA	01 h 31 SC	17 h 27 CP		14 h 28 BE		
21		02 h 17 GE		19 h 10 LI	15 h 36 VI				04 h 14 PO		07 h 48 GE	00 h 11 CN
22	08 h 26 TA		22 h 13 CN			17 h 25 SC	06 h 28 SA	18 h 19 VE		17 h 35 TA		
23		14 h 23 CN							05 h 13 BE		16 h 26 CN	11 h 37 LI
24	18 h 54 GE			07 h 20 VI	01 h 44 BA	20 h 49 SA	08 h 03 CP	18 h 08 PO		22 h 58 GE		
25			11 h 02 LI						07 h 46 TA			
26		03 h 13 LI		16 h 33 BA	07 h 52 SC	21 h 24 CP	07 h 44 VE	18 h 44 BE			03 h 54 LI	00 h 32 VI
27	07 h 25 CN		22 h 44 VI						13 h 33 GE	07 h 47 CN		
28		14 h 46 VI		22 h 07 SC	10 h 29 SA	21 h 02 VE	07 h 21 PO	21 h 55 TA			16 h 52 VI	12 h 59 BA
29	20 h 12 LI								23 h 14 CN	19 h 43 LI		
30			07 h 36 BA		11 h 12 CP	21 h 38 PO	08 h 46 BE					22 h 42 SC
31								04 h 55 GE				

1935

Date et heure d'entrée de la Lune dans les signes

	Janvier	Février	Mars	Avril	Mai	Juin	Juillet	Août	Septembre	Octobre	Novembre	Décembre
1								09 h 07 VI				
2	04 h 27 SA	18 h 26 VE	05 h 16 VE	15 h 32 BE	02 h 10 TA	20 h 43 CN	14 h 13 LI		16 h 22 SC	08 h 41 SA		14 h 03 PO
3								21 h 55 BA			04 h 38 VE	
4	06 h 44 CP	17 h 47 PO	05 h 13 PO	16 h 19 TA	05 h 27 GE					17 h 03 CP		16 h 53 BE
5						06 h 19 LI	02 h 09 VI		02 h 48 SA		08 h 20 PO	
6	07 h 04 VE	17 h 49 BE	04 h 40 BE	19 h 36 GE	11 h 50 CN			09 h 57 SC		22 h 21 VE		19 h 03 TA
7						18 h 26 VI	14 h 53 BA		10 h 08 CP		09 h 54 BE	
8	07 h 18 PO	20 h 22 TA	05 h 43 TA		21 h 55 LI			19 h 25 SA				21 h 37 GE
9				02 h 49 CN					13 h 44 VE	00 h 27 PO	10 h 29 TA	
10	09 h 03 BE		10 h 11 GE			07 h 00 BA	02 h 16 SC					
11		02 h 35 GE		13 h 53 LI	10 h 26 VI			01 h 10 CP	14 h 15 PO	00 h 21 BE	11 h 52 GE	01 h 54 CN
12	13 h 25 TA		18 h 52 CN			17 h 36 SC	10 h 28 SA			23 h 54 TA		
13		12 h 24 CN			22 h 48 BA			03 h 21 VE	13 h 21 BE		15 h 56 CN	09 h 07 LI
14	20 h 43 GE			02 h 47 VI			15 h 03 CP					
15			06 h 49 LI			00 h 58 SA		03 h 19 PO	13 h 11 TA	01 h 17 GE	23 h 51 LI	19 h 33 VI
16		00 h 35 LI		15 h 01 BA	08 h 54 SC		16 h 53 VE					
17	06 h 37 CN		19 h 52 VI			05 h 22 CP		02 h 55 BE	15 h 48 GE	06 h 21 CN		
18		13 h 34 VI			16 h 13 SA		17 h 30 PO				11 h 11 VI	07 h 59 BA
19	18 h 27 LI			01 h 09 SC		07 h 56 VE		04 h 08 TA	22 h 27 CN	15 h 35 LI		
20			08 h 08 BA		21 h 21 CP		18 h 33 BE				23 h 53 BA	20 h 03 SC
21		02 h 03 BA		09 h 06 SA		09 h 56 PO		08 h 26 GE				
22	07 h 20 VI		18 h 44 SC				21 h 21 TA		08 h 50 LI	03 h 44 VI		
23		13 h 05 SC		15 h 13 CP	01 h 09 VE	12 h 21 BE		16 h 17 CN			11 h 37 SC	05 h 44 SA
24	19 h 59 BA								21 h 18 VI	16 h 32 BA		
25		21 h 40 SA	03 h 23 SA	19 h 44 VE	04 h 14 PO	15 h 54 TA	02 h 42 GE				21 h 09 SA	12 h 27 CP
26								03 h 01 LI				
27	06 h 47 SC		09 h 48 CP	22 h 40 PO	06 h 59 BE	21 h 06 GE	10 h 44 CN		10 h 05 BA	04 h 15 SC		16 h 46 VE
28		03 h 05 CP						15 h 21 VI			04 h 28 CP	
29	14 h 11 SA		13 h 42 VE		09 h 59 TA		21 h 04 LI		22 h 06 SC	14 h 18 SA		19 h 42 PO
30				00 h 27 BE		04 h 26 CN					09 h 59 VE	
31	17 h 48 CP		15 h 15 PO		14 h 11 GE			04 h 08 BA		22 h 32 CP		22 h 16 BE

1936

Date et heure d'entrée de la Lune dans les signes

	Janvier	Février	Mars	Avril	Mai	Juin	Juillet	Août	Septembre	Octobre	Novembre	Décembre
1		10 h 39 GE	22 h 25 CN			14 h 11 SC	09 h 27 SA					
2					18 h 43 BA			09 h 26 VE	22 h 43 BE	08 h 26 TA	20 h 00 CN	09 h 43 LI
3	01 h 11 TA	16 h 58 CN		00 h 08 VI			18 h 35 CP					
4			07 h 20 LI			01 h 37 SA		12 h 36 PO	23 h 04 TA	08 h 37 GE		16 h 30 VI
5	05 h 05 GE			12 h 32 BA	07 h 17 SC						00 h 37 LI	
6		01 h 26 LI	18 h 18 VI			11 h 03 CP	00 h 57 VE	14 h 21 BE		11 h 29 CN		
7	10 h 29 CN				18 h 54 SA				00 h 55 GE		08 h 59 VI	02 h 56 BA
8		11 h 48 VI		01 h 06 SC		18 h 18 VE	05 h 11 PO	16 h 11 TA		17 h 46 LI		
9	18 h 02 LI		06 h 26 BA						05 h 16 CN		20 h 15 BA	15 h 28 SC
10		23 h 45 BA		13 h 03 SA	04 h 57 CP	23 h 28 PO	08 h 10 BE	19 h 11 GE				
11			19 h 04 SC						12 h 13 LI	03 h 02 VI		
12	04 h 05 VI			23 h 23 CP	12 h 47 VE		10 h 46 TA	23 h 52 CN			08 h 52 SC	04 h 08 SA
13		12 h 24 SC				02 h 47 BE			21 h 20 VI	14 h 19 BA		
14	16 h 10 BA		07 h 06 SA		17 h 52 PO		13 h 38 GE				21 h 33 SA	15 h 26 CP
15		23 h 56 SA		06 h 49 VE		04 h 49 TA		06 h 20 LI				
16			16 h 52 CP		20 h 14 BE		17 h 27 CN		08 h 13 BA	02 h 46 SC		
17	04 h 38 SC			10 h 38 PO		06 h 30 GE		14 h 45 VI			09 h 21 CP	00 h 43 VE
18		08 h 22 CP	22 h 53 VE		20 h 48 TA		22 h 57 LI		20 h 32 SC	15 h 37 SA		
19	15 h 11 SA			11 h 20 BE		09 h 09 CN					19 h 11 VE	07 h 44 PO
20		12 h 47 VE			21 h 12 GE			01 h 18 BA				
21	22 h 19 CP		00 h 59 PO	10 h 37 TA		14 h 06 LI	06 h 54 VI		09 h 24 SA	03 h 37 CP		12 h 26 BE
22		13 h 56 PO			23 h 20 CN			13 h 37 SC			02 h 05 PO	
23			00 h 31 BE	10 h 38 GE		22 h 15 VI	17 h 31 BA		20 h 53 CP	13 h 00 VE		15 h 05 TA
24	02 h 02 VE	13 h 35 BE	23 h 37 TA								05 h 37 BE	
25				13 h 23 CN	04 h 42 LI			02 h 10 SA		18 h 28 PO		16 h 24 GE
26	03 h 35 PO	13 h 51 TA				09 h 23 BA	05 h 55 SC		04 h 53 VE		06 h 29 TA	
27			00 h 31 GE	20 h 04 LI	13 h 48 VI			12 h 35 CP		20 h 10 BE		17 h 36 CN
28	04 h 37 BE	16 h 30 GE				21 h 53 SC	17 h 56 SA		08 h 39 PO		06 h 12 GE	
29			04 h 52 CN					19 h 12 VE		19 h 35 TA		20 h 14 LI
30	06 h 38 TA			06 h 23 VI	01 h 38 BA				09 h 10 BE		06 h 40 CN	
31			13 h 04 LI				03 h 25 CP	22 h 05 PO		18 h 50 GE		

1937

Date et heure d'entrée de la Lune dans les signes

	Janvier	Février	Mars	Avril	Mai	Juin	Juillet	Août	Septembre	Octobre	Novembre	Décembre
1	01 h 46 VI		15 h 23 SC			08 h 57 PO		09 h 30 GE	21 h 21 LI	08 h 29 VI		
2		07 h 11 SC			18 h 09 VE						07 h 49 SC	02 h 05 SA
3	10 h 56 BA			00 h 17 CP		14 h 22 BE	00 h 35 TA	11 h 34 CN		15 h 32 BA		
4		19 h 59 SA	04 h 08 SA						01 h 34 VI		19 h 46 SA	15 h 07 CP
5	22 h 59 SC			10 h 39 VE	01 h 57 PO	16 h 36 TA	02 h 16 GE	13 h 35 LI				
6			16 h 23 CP						07 h 48 BA	00 h 56 SC		
7		07 h 34 CP		17 h 00 PO	05 h 47 BE	16 h 46 GE	02 h 54 CN	16 h 54 VI			08 h 50 CP	03 h 40 VE
8	11 h 43 SA								16 h 59 SC	12 h 44 SA		
9		15 h 59 VE	01 h 36 VE	19 h 29 BE	06 h 32 TA	16 h 32 CN	03 h 59 LI	22 h 58 BA			21 h 18 VE	14 h 22 PO
10	22 h 54 CP											
11		21 h 10 PO	06 h 50 PO	19 h 40 TA	05 h 56 GE	17 h 45 LI	07 h 16 VI		04 h 59 SA	01 h 47 CP		21 h 55 BE
12								08 h 36 SC			07 h 07 PO	
13	07 h 25 VE		09 h 00 BE	19 h 34 GE	06 h 00 CN	22 h 02 VI	14 h 04 BA		17 h 52 CP	13 h 37 VE		
14		00 h 12 BE						20 h 59 SA			12 h 59 BE	01 h 50 TA
15	13 h 28 PO		09 h 54 TA	21 h 02 CN	08 h 27 LI					22 h 03 PO		
16		02 h 35 TA				06 h 09 BA	00 h 36 SC		04 h 52 VE		15 h 12 TA	02 h 43 GE
17	17 h 48 BE		11 h 19 GE		14 h 19 VI			09 h 38 CP				
18		05 h 23 GE		01 h 11 LI		17 h 31 SC	13 h 20 SA		12 h 19 PO	02 h 32 BE	15 h 10 GE	02 h 03 CN
19	21 h 07 TA		14 h 25 CN		23 h 35 BA			20 h 06 VE				
20		09 h 05 CN		08 h 16 VI					16 h 31 BE	04 h 09 TA	14 h 48 CN	01 h 49 LI
21	23 h 54 GE		19 h 36 LI			06 h 25 SA	01 h 50 CP					
22		13 h 51 LI		17 h 51 BA	11 h 19 SC			03 h 29 PO	18 h 49 TA	04 h 40 GE	15 h 55 LI	03 h 57 VI
23						18 h 58 CP	12 h 20 VE					
24	02 h 39 CN	20 h 05 VI	02 h 44 VI					08 h 24 BE	20 h 46 GE	05 h 47 CN	19 h 56 VI	09 h 53 BA
25				05 h 21 SC	00 h 11 SA		20 h 21 PO					
26	06 h 08 LI		11 h 47 BA			05 h 54 VE		11 h 57 TA	23 h 24 CN	08 h 43 LI		19 h 45 SC
27		04 h 26 BA		18 h 06 SA	12 h 54 CP						03 h 22 BA	
28	11 h 31 VI		22 h 51 SC			14 h 36 PO	02 h 16 BE	15 h 01 GE		14 h 02 VI		
29									03 h 14 LI		13 h 46 SC	08 h 12 SA
30	19 h 50 BA			06 h 57 CP	00 h 13 VE	20 h 50 BE	06 h 32 TA	18 h 03 CN		21 h 48 BA		
31			11 h 33 SA									21 h 17 CP

1938

Date et heure d'entrée de la Lune dans les signes

	Janvier	Février	Mars	Avril	Mai	Juin	Juillet	Août	Septembre	Octobre	Novembre	Décembre
1			09 h 13 PO		15 h 45 GE		12 h 24 VI		00 h 28 SA			
2		01 h 59 PO		04 h 43 TA		02 h 09 LI		06 h 50 SC			05 h 10 PO	00 h 02 BE
3	09 h 32 VE		16 h 16 BE		16 h 51 CN		16 h 09 BA		12 h 29 CP	08 h 58 VE		
4		09 h 55 BE		07 h 34 GE		04 h 21 VI		17 h 02 SA			14 h 35 BE	07 h 01 TA
5	20 h 07 PO		21 h 29 TA		18 h 42 LI		23 h 49 SC			20 h 28 PO		
6		15 h 58 TA		10 h 08 CN		09 h 35 BA			01 h 10 VE		20 h 41 TA	10 h 19 GE
7					22 h 17 VI			05 h 33 CP				
8	04 h 29 BE	20 h 08 GE	01 h 33 GE	13 h 05 LI		18 h 01 SC	10 h 46 SA		12 h 29 PO	05 h 23 BE		11 h 08 CN
9								18 h 15 VE			00 h 03 GE	
10	10 h 06 TA	22 h 26 CN	04 h 46 CN	16 h 52 VI	04 h 06 BA		23 h 22 CP		21 h 41 BE	11 h 43 TA		11 h 18 LI
11						04 h 58 SA					01 h 59 CN	
12	12 h 50 GE	23 h 33 LI	07 h 23 LI	22 h 02 BA	12 h 16 SC			05 h 45 PO		16 h 10 GE		12 h 38 VI
13						17 h 22 CP	12 h 05 VE		04 h 55 TA		03 h 50 LI	
14	13 h 21 CN		10 h 06 VI		22 h 41 SA			15 h 34 BE		19 h 31 CN		16 h 28 BA
15		00 h 57 VI		05 h 21 SC			23 h 55 PO		10 h 23 GE		06 h 38 VI	
16	13 h 09 LI		14 h 09 BA			06 h 08 VE		23 h 26 TA		22 h 19 LI		23 h 14 SC
17		04 h 28 BA		15 h 19 SA	10 h 51 CP				14 h 10 CN		11 h 04 BA	
18	14 h 12 VI		20 h 54 SC			18 h 03 PO	10 h 02 BE					
19		11 h 38 SC			23 h 38 VE			04 h 52 GE	16 h 26 LI	01 h 09 VI	17 h 26 SC	08 h 31 SA
20	18 h 27 BA			03 h 31 CP			17 h 31 TA					
21		22 h 34 SA	07 h 01 SA			03 h 40 BE		07 h 40 CN	18 h 01 VI	04 h 43 BA		19 h 39 CP
22				16 h 11 VE	11 h 09 PO		21 h 43 GE				01 h 57 SA	
23	02 h 55 SC		19 h 32 CP			09 h 50 TA		08 h 27 LI	20 h 19 BA	10 h 00 SC		
24		11 h 29 CP			19 h 36 BE		22 h 55 CN				12 h 38 CP	07 h 59 VE
25	14 h 52 SA			02 h 53 PO		12 h 25 GE		08 h 43 VI		17 h 55 SA		
26		23 h 36 VE	07 h 56 VE				22 h 26 LI		00 h 56 SC			20 h 41 PO
27				10 h 09 BE	00 h 17 TA	12 h 27 CN		10 h 26 BA			00 h 59 VE	
28	03 h 59 CP		17 h 51 PO				22 h 17 VI		09 h 02 SA	04 h 40 CP		
29				14 h 02 TA	01 h 52 GE	11 h 45 LI		15 h 26 SC			13 h 30 PO	08 h 14 BE
30	16 h 01 VE								20 h 20 CP	17 h 09 VE		
31			00 h 33 BE		01 h 53 CN		00 h 35 BA					16 h 48 TA

1939

Date et heure d'entrée de la Lune dans les signes

	Janvier	Février	Mars	Avril	Mai	Juin	Juillet	Août	Septembre	Octobre	Novembre	Décembre
1		09 h 22 CN		04 h 39 VI		07 h 15 SA					13 h 42 CN	
2	21 h 20 GE		19 h 30 LI		17 h 37 SC			04 h 42 PO				
3		09 h 06 LI		05 h 49 BA		15 h 50 CP	09 h 54 VE		10 h 47 TA	01 h 38 GE	18 h 01 LI	02 h 23 VI
4	22 h 21 CN		19 h 16 VI		23 h 11 SA			17 h 22 BE				
5		08 h 02 VI		08 h 22 SC			22 h 18 PO		20 h 02 GE	08 h 17 CN	20 h 57 VI	05 h 22 BA
6	21 h 33 LI		19 h 25 BA			02 h 40 VE						
7		08 h 29 BA		13 h 48 SA	07 h 33 CP			04 h 47 TA		12 h 10 LI	23 h 03 BA	08 h 57 SC
8	21 h 09 VI		21 h 59 SC			15 h 05 PO	10 h 50 BE		01 h 52 CN			
9		12 h 22 SC		22 h 47 CP	18 h 41 VE			13 h 06 GE		13 h 46 VI		13 h 33 SA
10	23 h 11 BA						21 h 27 TA		04 h 12 LI		01 h 14 SC	
11		20 h 24 SA	04 h 24 SA			03 h 11 BE		17 h 21 CN		14 h 16 BA		19 h 52 CP
12				10 h 34 VE	07 h 09 PO				04 h 10 VI		04 h 41 SA	
13	04 h 54 SC		14 h 36 CP			12 h 43 TA	04 h 21 GE	18 h 09 LI		15 h 18 SC		
14		07 h 42 CP		23 h 04 PO	18 h 40 BE				03 h 39 BA		10 h 42 CP	04 h 43 VE
15	14 h 10 SA					18 h 33 GE	07 h 16 CN	17 h 19 VI		18 h 36 SA		
16		20 h 22 VE	03 h 02 VE						04 h 44 SC		20 h 01 VE	16 h 15 PO
17				10 h 13 BE	03 h 28 TA	21 h 07 CN	07 h 30 LI	17 h 04 BA				
18	01 h 43 CP		15 h 32 PO						09 h 02 SA	01 h 22 CP		
19		08 h 52 PO		18 h 56 TA	09 h 07 GE	21 h 58 LI	07 h 07 VI	19 h 20 SC			08 h 01 PO	05 h 03 BE
20	14 h 15 VE								17 h 11 CP	11 h 39 VE		
21		20 h 24 BE	02 h 41 BE		12 h 23 CN	22 h 56 VI	08 h 10 BA				20 h 36 BE	16 h 32 TA
22				01 h 16 GE				01 h 14 SA				
23	02 h 51 PO		11 h 58 TA		14 h 34 LI		12 h 04 SC		04 h 24 VE	00 h 05 PO		
24		06 h 19 TA		05 h 44 CN		01 h 30 BA		10 h 34 CP			07 h 23 TA	00 h 37 GE
25	14 h 42 BE		19 h 14 GE		16 h 51 VI		19 h 10 SA		16 h 59 PO	12 h 29 BE		
26		13 h 47 GE		08 h 55 LI		06 h 25 SC		22 h 09 VE			15 h 09 GE	05 h 03 CN
27					20 h 06 BA					23 h 10 TA		
28	00 h 30 TA	18 h 07 CN	00 h 19 CN	11 h 27 VI		13 h 39 SA	04 h 51 CP		05 h 22 BE		20 h 11 CN	07 h 05 LI
29								10 h 42 PO				
30	06 h 51 GE		03 h 14 LI	14 h 03 BA	00 h 47 SC	22 h 53 CP	16 h 15 VE		16 h 29 TA	07 h 32 GE	23 h 34 LI	08 h 29 VI
31								23 h 14 BE				

1940

Date et heure d'entrée de la Lune dans les signes

	Janvier	Février	Mars	Avril	Mai	Juin	Juillet	Août	Septembre	Octobre	Novembre	Décembre
1	10 h 44 BA			07 h 14 VE	01 h 57 PO				12 h 56 VI		10 h 21 SA	
2		01 h 36 SA	15 h 02 CP			10 h 43 TA	05 h 16 GE			23 h 12 SC		
3	14 h 36 SC			19 h 12 PO	14 h 52 BE			01 h 20 LI	12 h 54 BA		12 h 22 CP	03 h 12 VE
4		09 h 27 CP				20 h 49 GE	12 h 11 CN			23 h 54 SA		
5	20 h 13 SA		01 h 07 VE					02 h 50 VI	13 h 16 SC		18 h 03 VE	11 h 35 PO
6		19 h 21 VE		08 h 11 BE	03 h 12 TA		16 h 13 LI					
7			13 h 07 PO			04 h 02 CN		03 h 49 BA	15 h 36 SA	03 h 29 CP		23 h 26 BE
8	03 h 30 CP			20 h 39 TA	13 h 34 GE		18 h 45 VI				03 h 45 PO	
9		06 h 58 PO				09 h 01 LI		05 h 45 SC	20 h 46 CP	10 h 44 VE		
10	12 h 42 VE		02 h 01 BE		21 h 33 CN		21 h 07 BA				16 h 13 BE	12 h 38 TA
11		19 h 49 BE		07 h 33 GE		12 h 41 VI		09 h 29 SA		21 h 18 PO		
12			14 h 45 TA						04 h 52 VE			
13	00 h 03 PO			16 h 04 CN	03 h 23 LI	15 h 44 BA	00 h 07 SC	15 h 15 CP			05 h 13 TA	00 h 08 GE
14		08 h 36 TA							15 h 26 PO	09 h 50 BE		
15	12 h 55 BE		01 h 53 GE	21 h 44 LI	07 h 18 VI	18 h 32 SC	04 h 04 SA	23 h 07 VE			17 h 01 GE	09 h 20 CN
16		19 h 10 GE								22 h 49 TA		
17			09 h 58 CN		09 h 41 BA	21 h 34 SA	09 h 17 CP		03 h 43 BE			16 h 17 LI
18	01 h 15 TA			00 h 34 VI				09 h 10 PO			02 h 53 CN	
19		01 h 47 CN	14 h 15 LI		11 h 12 SC		16 h 22 VE		16 h 45 TA	10 h 59 GE		21 h 35 VI
20	10 h 32 GE			01 h 23 BA		01 h 44 CP		21 h 15 BE			10 h 39 LI	
21		04 h 20 LI	15 h 20 VI		13 h 00 SA					21 h 18 CN		
22	15 h 35 CN			01 h 33 SC		08 h 15 VE	01 h 58 PO		05 h 05 GE		16 h 11 VI	01 h 37 BA
23		04 h 12 VI	14 h 47 BA		16 h 35 CP			10 h 17 TA				
24	17 h 11 LI			02 h 48 SA		17 h 55 PO	14 h 02 BE		14 h 57 CN	04 h 51 LI	19 h 25 BA	04 h 30 SC
25		03 h 29 BA	14 h 33 SC		23 h 19 VE			22 h 13 GE				
26	17 h 13 VI			06 h 50 CP					21 h 09 LI	09 h 10 VI	20 h 45 SC	06 h 36 SA
27		04 h 14 SC	16 h 31 SA			06 h 13 BE	02 h 57 TA					
28	17 h 43 BA			14 h 39 VE	09 h 39 PO			06 h 54 CN	23 h 42 VI	10 h 37 BA	21 h 18 SA	08 h 58 CP
29		07 h 54 SA	21 h 59 CP			18 h 52 TA	14 h 05 GE					
30	20 h 18 SC				22 h 18 BE			11 h 31 LI	23 h 47 BA	10 h 25 SC	22 h 50 CP	13 h 09 VE
31							21 h 33 CN					

1941

Date et heure d'entrée de la Lune dans les signes

	Janvier	Février	Mars	Avril	Mai	Juin	Juillet	Août	Septembre	Octobre	Novembre	Décembre
1	20 h 35 PO			08 h 07 GE	01 h 57 CN		11 h 17 BA	22 h 50 SA				
2			12 h 23 TA			00 h 38 VI			11 h 39 VE	00 h 18 PO		21 h 59 GE
3		04 h 41 TA		19 h 44 CN	11 h 34 LI		14 h 34 SC				03 h 19 TA	
4	07 h 35 BE					05 h 17 BA		01 h 17 CP	17 h 52 PO	09 h 38 BE		
5		17 h 09 GE	01 h 12 GE		18 h 06 VI		16 h 14 SA				15 h 52 GE	10 h 21 CN
6	20 h 29 TA			04 h 26 LI		07 h 13 SC		04 h 32 VE		20 h 53 TA		
7			12 h 04 CN		21 h 11 BA		17 h 21 CP		02 h 29 BE			21 h 43 LI
8		02 h 57 CN		09 h 22 VI		07 h 24 SA		09 h 51 PO			04 h 25 CN	
9	08 h 27 GE		19 h 19 LI		21 h 33 SC		19 h 36 VE		13 h 33 TA	09 h 23 GE		
10		09 h 07 LI		10 h 55 BA		07 h 32 CP		18 h 13 BE			15 h 49 LI	07 h 13 VI
11	17 h 33 CN		22 h 52 VI		20 h 49 SA					21 h 53 CN		
12		12 h 21 VI		10 h 32 SC		09 h 42 VE	00 h 42 PO		02 h 06 GE			13 h 47 BA
13	23 h 39 LI		23 h 52 BA		21 h 04 CP			05 h 32 TA			00 h 29 VI	
14		14 h 08 BA		10 h 08 SA		15 h 34 PO	09 h 34 BE		14 h 10 CN	08 h 29 LI		16 h 52 SC
15								18 h 10 GE			05 h 22 BA	
16	03 h 45 VI	15 h 53 SC	00 h 03 SC	11 h 38 CP	00 h 15 VE		21 h 29 TA		23 h 36 LI	15 h 36 VI		17 h 10 SA
17						01 h 31 BE					06 h 40 SC	
18	06 h 59 BA	18 h 37 SA	01 h 08 SA	16 h 31 VE	07 h 34 PO			05 h 38 CN		18 h 54 BA		16 h 27 CP
19						14 h 03 TA	10 h 09 GE		05 h 29 VI		05 h 54 SA	
20	10 h 04 SC	22 h 54 CP	04 h 25 CP		18 h 35 BE			14 h 16 LI		19 h 26 SC		16 h 53 VE
21				01 h 07 PO			21 h 15 CN		08 h 17 BA		05 h 12 CP	
22	13 h 17 SA		10 h 34 VE			02 h 44 GE		19 h 53 VI		19 h 01 SA		20 h 32 PO
23		05 h 02 VE		12 h 35 BE	07 h 27 TA				09 h 23 SC		06 h 46 VE	
24	17 h 01 CP		19 h 30 PO			13 h 51 CN	05 h 48 LI	23 h 22 BA		19 h 40 CP		
25		13 h 18 PO			20 h 11 GE				10 h 24 SA		12 h 09 PO	04 h 24 BE
26	22 h 06 VE			01 h 23 TA		22 h 55 LI	12 h 04 VI			23 h 03 VE		
27		23 h 54 BE	06 h 39 BE					01 h 49 SC	12 h 44 CP		21 h 26 BE	15 h 43 TA
28				14 h 12 GE	07 h 37 CN		16 h 41 BA					
29	05 h 35 PO		19 h 14 TA			06 h 03 VI		04 h 13 SA	17 h 17 VE	05 h 52 PO		
30					17 h 15 LI		20 h 10 SC				09 h 18 TA	04 h 27 GE
31	16 h 02 BE							07 h 18 CP		15 h 39 BE		

1942

Date et heure d'entrée de la Lune dans les signes

	Janvier	Février	Mars	Avril	Mai	Juin	Juillet	Août	Septembre	Octobre	Novembre	Décembre
1	16 h 42 CN								20 h 40 GE	17 h 03 CN		
2		18 h 58 VI	03 h 06 VI	19 h 55 SC	06 h 04 SA	15 h 59 VE	03 h 46 PO					18 h 55 BA
3								01 h 48 TA			01 h 19 VI	
4	03 h 33 LI		08 h 23 BA	21 h 05 SA	06 h 05 CP	19 h 14 PO	09 h 11 BE		08 h 59 CN	05 h 36 LI		
5		01 h 18 BA						12 h 54 GE			09 h 21 BA	00 h 06 SC
6	12 h 43 VI		11 h 50 SC	22 h 42 CP	07 h 56 VE		18 h 23 TA		21 h 15 LI	16 h 14 VI		
7		05 h 56 SC				02 h 11 BE					13 h 27 SC	01 h 34 SA
8	19 h 49 BA		14 h 28 SA		12 h 44 PO			01 h 30 CN		23 h 33 BA		
9		09 h 06 SA		01 h 57 VE		12 h 16 TA	06 h 11 GE		07 h 31 VI		14 h 47 SA	01 h 07 CP
10			17 h 09 CP		20 h 31 BE			13 h 39 LI				
11	00 h 24 SC	11 h 19 CP		07 h 20 PO			18 h 52 CN		15 h 06 BA	03 h 46 SC	15 h 18 CP	00 h 57 VE
12			20 h 31 VE			00 h 12 GE						
13	02 h 31 SA	13 h 28 VE		14 h 49 BE	06 h 37 TA			00 h 09 VI	20 h 19 SC	06 h 10 SA	16 h 48 VE	02 h 56 PO
14						12 h 50 CN	07 h 08 LI					
15	03 h 07 CP	16 h 51 PO	01 h 09 PO		18 h 15 GE			08 h 31 BA	23 h 58 SA	08 h 13 CP	20 h 28 PO	08 h 05 BE
16				00 h 18 TA			18 h 08 VI					
17	03 h 52 VE	22 h 47 BE	07 h 41 BE			01 h 20 LI		14 h 38 SC		11 h 01 VE		16 h 17 TA
18				11 h 36 GE	06 h 49 CN				02 h 48 CP		02 h 31 BE	
19	06 h 43 PO		16 h 39 TA			12 h 34 VI	03 h 02 BA	18 h 35 SA		15 h 05 PO		
20		07 h 58 TA			19 h 22 LI				05 h 27 VE		10 h 38 TA	02 h 46 GE
21	13 h 08 BE			00 h 10 CN		21 h 04 BA	09 h 02 SC	20 h 47 CP		20 h 37 BE		
22		19 h 48 GE	04 h 00 GE						08 h 34 PO		20 h 35 GE	14 h 45 CN
23	23 h 19 TA			12 h 22 LI	06 h 08 VI		11 h 58 SA	22 h 08 VE				
24			16 h 33 CN			01 h 50 SC			12 h 57 BE	03 h 52 TA		
25		08 h 16 CN		22 h 03 VI	13 h 22 BA		12 h 38 CP	23 h 55 PO			08 h 17 CN	03 h 35 LI
26	11 h 44 GE					03 h 08 CN			19 h 34 TA	13 h 19 GE		
27		19 h 06 LI	04 h 04 LI		16 h 32 SC		12 h 37 VE				21 h 09 LI	16 h 10 VI
28				03 h 51 BA		02 h 30 CP		03 h 39 BE				
29	00 h 04 CN		12 h 36 VI		16 h 39 SA		13 h 49 PO		05 h 05 GE	01 h 01 CN		
30				05 h 59 SC		02 h 01 VE		10 h 29 TA			09 h 29 VI	02 h 45 BA
31	10 h 37 LI		17 h 37 BA		15 h 44 CP		17 h 56 BE			13 h 49 LI		

1943

Date et heure d'entrée de la Lune dans les signes

	Janvier	Février	Mars	Avril	Mai	Juin	Juillet	Août	Septembre	Octobre	Novembre	Décembre
1	09 h 40 SC	23 h 16 CP	07 h 19 CP	18 h 27 PO	04 h 40 BE		17 h 13 CN		18 h 33 BA	10 h 05 SC		13 h 01 VE
2						00 h 29 GE					03 h 37 CP	
3	12 h 34 SA	23 h 10 VE	08 h 56 VE	21 h 18 BE	09 h 57 TA			00 h 46 VI		17 h 03 SA		15 h 36 PO
4						10 h 45 CN	05 h 40 LI		04 h 20 SC		07 h 10 VE	
5	12 h 35 CP	23 h 07 PO	09 h 54 PO		17 h 16 GE			12 h 51 BA		22 h 12 CP		18 h 59 BE
6				01 h 38 TA		23 h 03 LI	18 h 46 VI		11 h 39 SA		10 h 16 PO	
7	11 h 42 VE		11 h 41 BE					22 h 40 SC				23 h 30 TA
8		00 h 59 BE		08 h 42 GE	03 h 17 CN				16 h 14 CP	01 h 40 VE	13 h 10 BE	
9	12 h 03 PO		15 h 53 TA			12 h 04 VI	06 h 45 BA					
10		06 h 17 TA		19 h 03 CN	15 h 39 LI			05 h 08 SA	18 h 19 VE	03 h 45 PO	16 h 32 TA	05 h 33 GE
11	15 h 21 BE		23 h 39 GE			23 h 23 BA	15 h 41 SC					
12		15 h 25 GE						08 h 09 CP	18 h 47 PO	05 h 12 BE	21 h 31 GE	13 h 47 CN
13	22 h 21 TA			07 h 40 LI	04 h 22 VI		20 h 37 SA					
14			10 h 51 CN			06 h 59 SC		08 h 36 VE	19 h 09 BE	07 h 26 TA		
15		03 h 25 CN		19 h 59 VI	14 h 44 BA		22 h 07 CP				05 h 23 CN	00 h 37 LI
16	08 h 38 GE		23 h 42 LI			10 h 37 SA		08 h 07 PO	21 h 15 TA	12 h 06 GE		
17		16 h 19 LI			21 h 20 SC		21 h 46 VE				16 h 28 LI	13 h 23 VI
18	20 h 53 CN			05 h 41 BA		11 h 30 CP		08 h 33 BE		20 h 28 CN		
19			11 h 43 VI				21 h 30 PO		02 h 42 GE			
20		04 h 21 VI		12 h 04 SC	00 h 34 SA	11 h 34 VE		11 h 40 TA			05 h 22 VI	01 h 55 BA
21	09 h 44 Li		21 h 21 BA				23 h 08 BE		12 h 10 CN	08 h 12 LI		
22		14 h 30 BA		15 h 56 SA	02 h 00 CP	12 h 36 PO		18 h 35 GE			17 h 19 BA	11 h 46 SC
23	22 h 03 VI									21 h 10 VI		
24		22 h 25 SC	04 h 22 SC	18 h 40 CP	03 h 24 VE	15 h 52 BE	03 h 53 TA		00 h 33 LI			17 h 44 SA
25								05 h 07 CN			02 h 10 SC	
26	08 h 48 BA		09 h 23 SA	21 h 22 VE	05 h 58 PO	21 h 52 TA	12 h 04 GE		13 h 30 VI	08 h 38 BA		20 h 24 CP
27		03 h 59 SA						17 h 49 LI			07 h 35 SA	
28	16 h 51 SC		13 h 05 CP		10 h 16 BE		23 h 04 CN			17 h 15 SC		21 h 21 VE
29				00 h 36 PO		06 h 27 GE			00 h 56 BA		10 h 43 CP	
30	21 h 35 SA		15 h 57 VE		16 h 25 TA			06 h 47 VI		23 h 15 SA		22 h 17 PO
31							11 h 44 LI					

1944

Date et heure d'entrée de la Lune dans les signes

	Janvier	Février	Mars	Avril	Mai	Juin	Juillet	Août	Septembre	Octobre	Novembre	Décembre
1			00 h 05 GE		23 h 05 VI			14 h 43 CP		14 h 30 BE		15 h 16 CN
2	00 h 34 BE	17 h 17 GE		02 h 55 LI			23 h 39 SA		04 h 14 PO		01 h 29 GE	
3			08 h 38 CN			06 h 32 SC		17 h 11 VE		13 h 46 TA		21 h 53 LI
4	04 h 59 TA			15 h 50 VI	11 h 40 BA				03 h 27 BE		05 h 04 CN	
5		02 h 40 CN	20 h 19 LI			14 h 28 SA	04 h 43 CP	17 h 35 PO		14 h 59 GE		
6	11 h 45 GE				22 h 18 SC				03 h 29 TA		12 h 44 LI	08 h 04 VI
7		14 h 20 LI		04 h 23 BA		19 h 42 CP	07 h 15 VE	17 h 43 BE		19 h 57 CN		
8	20 h 48 CN		09 h 19 VI						06 h 14 GE		23 h 59 VI	20 h 29 BA
9				15 h 12 SC	06 h 27 SA	23 h 13 VE	08 h 39 PO	19 h 19 TA				
10		03 h 08 VI	21 h 56 BA						12 h 47 CN	05 h 04 LI		
11	07 h 58 LI				12 h 33 CP		10 h 19 BE	23 h 38 GE			12 h 44 BA	08 h 43 SC
12		15 h 54 BA		00 h 03 SA		01 h 59 PO			22 h 51 LI	17 h 05 VI		
13	20 h 38 VI		09 h 13 SC		17 h 10 VE		13 h 16 TA					18 h 51 SA
14				06 h 56 CP		04 h 41 BE		07 h 03 CN			00 h 48 SC	
15		03 h 24 SC	18 h 32 SA		20 h 35 PO		18 h 11 GE		11 h 01 VI	05 h 55 BA		
16	09 h 29 BA			11 h 46 VE		07 h 52 TA		17 h 08 LI			11 h 02 SA	02 h 22 CP
17		12 h 16 SA			23 h 04 BE				23 h 48 BA	18 h 03 SC		
18	20 h 28 SC		01 h 14 CP	14 h 28 PO		01 h 11 GE	02 h 21 CN				19 h 21 CP	07 h 44 VE
19		17 h 34 CP						05 h 01 VI				
20			04 h 56 VE	15 h 36 BE	01 h 16 TA	18 h 28 CN	10 h 51 LI		12 h 11 SC	04 h 50 SA		11 h 39 PO
21	03 h 54 SA	19 h 28 VE						17 h 46 BA			01 h 48 VE	
22			05 h 59 PO	16 h 29 TA	04 h 27 GE		22 h 25 VI		23 h 16 SA	13 h 49 CP		14 h 42 BE
23	07 h 27 CP	19 h 09 PO				03 h 25 LI					06 h 19 PO	
24			05 h 42 BE	18 h 59 GE	10 h 04 CN			06 h 14 SC		20 h 20 VE		17 h 24 TA
25	08 h 10 VE	18 h 31 BE				14 h 58 VI	11 h 08 BA		07 h 55 CP		08 h 57 BE	
26			06 h 01 TA		19 h 05 LI			16 h 52 SA		23 h 54 PO		20 h 26 GE
27	07 h 48 PO	19 h 36 TA		00 h 49 CN			23 h 17 SC		13 h 10 VE		10 h 22 TA	
28			08 h 58 GE			03 h 40 BA						
29	08 h 15 BE			10 h 37 LI	06 h 59 VI			00 h 12 CP	14 h 58 PO	00 h 54 BE	11 h 55 GE	00 h 44 CN
30			15 h 59 CN			15 h 11 SC	08 h 51 SA					
31	11 h 07 TA				19 h 38 BA			03 h 44 VE		00 h 46 TA		07 h 19 LI

1945

Date et heure d'entrée de la Lune dans les signes

	Janvier	Février	Mars	Avril	Mai	Juin	Juillet	Août	Septembre	Octobre	Novembre	Décembre
1		12 h 46 BA			19 h 41 CP						10 h 08 BA	04 h 43 SC
2	16 h 50 VI			03 h 08 SA		15 h 25 PO	00 h 30 BE	11 h 23 GE		17 h 34 VI		
3			08 h 32 SC						03 h 19 LI		22 h 29 SC	17 h 30 SA
4		01 h 23 SC		13 h 52 CP	04 h 06 VE	18 h 51 BE	03 h 05 TA	15 h 23 CN				
5	04 h 45 BA		20 h 45 SA						11 h 36 VI	04 h 17 BA		
6		12 h 57 SA		21 h 29 VE	09 h 21 PO	20 h 23 TA	05 h 20 GE	20 h 52 LI			11 h 18 SA	05 h 24 CP
7	17 h 14 SC								21 h 49 BA	16 h 24 SC		
8		21 h 29 CP	06 h 38 CP		11 h 25 BE	21 h 15 GE	08 h 11 CN				23 h 35 CP	15 h 35 VE
9				01 h 11 PO				04 h 24 VI				
10	03 h 56 SA		12 h 41 VE		11 h 24 TA	23 h 02 CN	12 h 44 LI		09 h 48 SC	05 h 18 SA		23 h 21 PO
11		02 h 12 VE		01 h 38 BE				14 h 21 BA			09 h 59 VE	
12	11 h 28 CP		14 h 51 PO		11 h 12 GE		19 h 58 VI		22 h 38 SA	17 h 33 CP		
13		03 h 53 PO		00 h 40 TA		03 h 21 LI					17 h 05 PO	04 h 16 BE
14	15 h 57 VE		14 h 33 BE		12 h 51 CN			02 h 25 SC				
15		04 h 13 BE		00 h 31 GE		11 h 08 VI	06 h 12 BA		10 h 12 CP	03 h 06 VE	20 h 25 BE	06 h 30 TA
16	18 h 27 PO		13 h 55 TA		17 h 57 LI			14 h 56 SA				
17		05 h 06 TA		03 h 14 CN		22 h 07 BA	18 h 29 SC		18 h 20 VE	08 h 34 PO	20 h 48 TA	07 h 03 GE
18	20 h 21 BE		15 h 05 GE									
19		08 h 02 GE		09 h 52 LI	02 h 57 VI			01 h 31 CP	22 h 19 PO	10 h 09 BE	20 h 03 GE	07 h 27 CN
20	22 h 48 TA		19 h 32 CN			10 h 36 SC	06 h 36 SA					
21		13 h 43 CN		20 h 03 VI	14 h 44 BA			08 h 33 VE	23 h 11 BE	09 h 30 TA	20 h 14 CN	09 h 30 LI
22						22 h 27 SA	16 h 29 CP					
23	02 h 35 GE	21 h 59 LI	03 h 32 LI					12 h 06 PO	22 h 53 TA	08 h 50 GE	23 h 12 LI	14 h 43 VI
24				08 h 15 BA	03 h 21 SC		23 h 17 VE					
25	08 h 06 CN		14 h 11 VI			08 h 14 CP		13 h 30 BE	23 h 31 GE	10 h 11 CN		23 h 45 BA
26		08 h 14 VI		20 h 53 SC	15 h 12 SA						05 h 59 VI	
27	15 h 33 LI					15 h 36 VE	03 h 27 PO	14 h 34 TA		14 h 56 LI		
28		19 h 57 BA	02 h 15 BA						02 h 38 CN		16 h 18 BA	11 h 43 SC
29				08 h 57 SA	01 h 24 CP	20 h 51 PO	06 h 08 BE	16 h 47 GE		23 h 13 VI		
30	01 h 09 VI		14 h 50 SC						08 h 47 LI			
31					09 h 35 VE		08 h 29 TA	20 h 59 CN				00 h 33 SA

1946

Date et heure d'entrée de la Lune dans les signes

	Janvier	Février	Mars	Avril	Mai	Juin	Juillet	Août	Septembre	Octobre	Novembre	Décembre
1		05 h 24 VE		09 h 17 BE		06 h 29 CN		12 h 05 BA			10 h 37 VE	04 h 29 PO
2	12 h 12 CP		20 h 25 PO		20 h 04 GE		20 h 45 VI		17 h 31 SA	14 h 30 CP		
3		11 h 33 PO		09 h 57 TA		07 h 39 LI		21 h 23 SC			20 h 32 PO	12 h 05 BE
4	21 h 39 VE		23 h 23 BE		20 h 23 CN							
5		15 h 38 BE		10 h 26 GE		11 h 57 VI	03 h 21 BA		06 h 24 CP	02 h 28 VE		15 h 49 TA
6					23 h 05 LI			09 h 36 SA			02 h 28 BE	
7	04 h 48 PO	18 h 47 TA	01 h 08 TA	12 h 22 CN		19 h 57 BA	13 h 42 SC		17 h 42 VE	11 h 10 PO		16 h 30 GE
8								22 h 23 CP			04 h 49 TA	
9	09 h 56 BE	21 h 45 GE	03 h 12 GE	16 h 38 LI	04 h 57 VI					16 h 05 BE		15 h 50 CN
10						07 h 05 SC	02 h 21 SA		01 h 46 PO		05 h 07 GE	
11	13 h 25 TA		06 h 29 CN	23 h 20 VI	13 h 53 BA			09 h 24 VE		18 h 21 TA		15 h 47 LI
12		00 h 59 CN				19 h 51 SA	15 h 06 CP		06 h 49 BE		05 h 15 CN	
13	15 h 42 GE		11 h 15 LI					17 h 41 PO		19 h 36 GE		18 h 09 VI
14		04 h 51 LI		08 h 13 BA	01 h 09 SC				10 h 04 TA		06 h 53 LI	
15	17 h 32 CN		17 h 33 VI			08 h 40 CP	02 h 17 VE	23 h 37 BE		21 h 23 CN		
16		10 h 03 VI		19 h 03 SC	13 h 46 SA				12 h 46 GE		11 h 05 VI	00 h 08 BA
17	20 h 03 LI					20 h 16 VE	11 h 15 PO					
18		17 h 37 BA	01 h 41 BA					03 h 59 TA	15 h 42 CN	00 h 35 LI	18 h 13 BA	09 h 44 SC
19				07 h 30 SA	02 h 43 CP		17 h 59 BE					
20	00 h 40 VI		12 h 05 SC			05 h 43 PO		07 h 23 GE	19 h 13 LI	05 h 35 VI		21 h 49 SA
21		04 h 06 SC		20 h 29 CP	14 h 32 VE		22 h 35 TA				03 h 59 SC	
22	08 h 32 BA					12 h 20 BE		10 h 07 CN	23 h 38 VI	12 h 33 BA		
23		16 h 42 SA	00 h 31 SA		23 h 39 PO						15 h 44 SA	10 h 50 CP
24	19 h 41 SC			07 h 57 VE		15 h 56 TA	01 h 19 GE	12 h 38 LI		21 h 41 SC		
25			13 h 18 CP						05 h 40 BA			23 h 29 VE
26		05 h 02 CP		15 h 55 PO	05 h 05 BE	17 h 07 GE	02 h 44 CN	15 h 54 VI			04 h 40 CP	
27	08 h 28 SA		23 h 51 VE						14 h 12 SC	09 h 04 SA		
28		14 h 34 VE		19 h 46 BE	07 h 04 TA	17 h 10 CN	03 h 58 LI	21 h 15 BA			17 h 30 VE	10 h 43 PO
29	20 h 19 CP									22 h 00 CP		
30			06 h 26 PO	20 h 32 TA	06 h 55 GE	17 h 48 LI	06 h 33 VI		01 h 33 SA			19 h 31 BE
31								05 h 49 SC				

1947

Date et heure d'entrée de la Lune dans les signes

	Janvier	Février	Mars	Avril	Mai	Juin	Juillet	Août	Septembre	Octobre	Novembre	Décembre
1			20 h 59 CN		19 h 24 BA			07 h 50 VE				
2	01 h 07 TA	13 h 39 CN		08 h 31 VI		18 h 54 SA	13 h 03 CP		12 h 02 BE	02 h 16 TA	17 h 32 CN	02 h 30 LI
3			22 h 59 LI					19 h 49 PO				
4	03 h 27 GE	14 h 01 LI		12 h 40 BA	02 h 36 SC				20 h 10 TA	07 h 44 GE	20 h 04 LI	04 h 23 VI
5						06 h 52 CP	01 h 50 VE					
6	03 h 28 CN	14 h 42 VI	00 h 47 VI	18 h 57 SC	12 h 09 SA			06 h 20 BE		11 h 48 CN	22 h 55 VI	08 h 14 BA
7						19 h 38 VE	14 h 04 PO		02 h 18 GE			
8	02 h 54 LI	17 h 39 BA	03 h 51 BA		23 h 55 CP			14 h 43 TA		14 h 42 LI		14 h 25 SC
9				04 h 13 SA					06 h 13 CN		02 h 42 BA	
10	03 h 45 VI		09 h 51 SC			07 h 48 PO	00 h 35 BE	20 h 17 GE		16 h 57 VI		22 h 50 SA
11		00 h 28 SC		16 h 09 CP	12 h 41 VE				08 h 04 LI		08 h 02 SC	
12	07 h 54 BA		19 h 35 SA			17 h 35 BE	08 h 12 TA	22 h 50 CN		19 h 32 BA		
13		11 h 16 SA							08 h 51 VI		15 h 34 SA	09 h 15 CP
14	16 h 15 SC			04 h 51 VE	00 h 20 PO	23 h 46 TA	12 h 17 GE	23 h 06 LI		23 h 46 SC		
15			08 h 01 CP						10 h 17 BA			21 h 16 VE
16		00 h 13 CP		15 h 47 PO	08 h 57 BE		13 h 14 CN	22 h 49 VI			01 h 38 CP	
17	04 h 03 SA		20 h 36 VE			02 h 22 GE			14 h 11 SC	06 h 53 SA		
18		12 h 39 VE		23 h 25 BE	13 h 52 TA		12 h 34 LI				13 h 46 VE	09 h 59 PO
19	17 h 11 CP					02 h 33 CN		00 h 04 BA	21 h 50 SA	17 h 14 CP		
20		22 h 58 PO	06 h 58 PO		15 h 52 GE		12 h 19 VI					21 h 37 BE
21				03 h 56 TA		02 h 07 LI		04 h 45 SC			02 h 17 PO	
22	05 h 38 VE		14 h 23 BE		16 h 27 CN		14 h 33 BA		08 h 57 CP	05 h 39 VE		
23		06 h 58 BE		06 h 28 GE		03 h 01 VI		13 h 35 SA			12 h 54 BE	06 h 11 TA
24	16 h 24 PO		19 h 29 TA		17 h 19 LI		20 h 41 SC		21 h 37 VE	17 h 46 PO		
25		13 h 08 TA		08 h 23 CN		06 h 51 BA					20 h 06 TA	10 h 47 GE
26			23 h 16 GE		19 h 50 VI			01 h 31 CP				
27	01 h 11 BE	17 h 47 GE		10 h 45 LI		14 h 17 SC	06 h 41 SA		09 h 25 PO	03 h 32 BE	23 h 55 GE	12 h 03 CN
28								14 h 18 VE				
29	07 h 46 TA		02 h 26 CN	14 h 16 VI	00 h 54 BA		19 h 02 CP		18 h 58 BE	10 h 17 TA		11 h 42 LI
30						00 h 46 SA					01 h 31 CN	
31	11 h 53 GE		05 h 22 LI		08 h 42 SC			02 h 03 PO		14 h 36 GE		11 h 47 VI

1948

Date et heure d'entrée de la Lune dans les signes

	Janvier	Février	Mars	Avril	Mai	Juin	Juillet	Août	Septembre	Octobre	Novembre	Décembre
1		02 h 28 SC	17 h 41 SA			15 h 55 BE	10 h 40 TA					
2	14 h 10 BA			23 h 19 VE	19 h 44 PO			07 h 21 CN	18 h 20 VI	04 h 30 BA	18 h 11 SA	09 h 16 CP
3		10 h 26 SA					17 h 48 GE					
4	19 h 52 SC		03 h 51 CP			01 h 43 TA		08 h 13 LI	17 h 35 BA	04 h 59 SC	23 h 40 CP	17 h 32 VE
5		21 h 30 CP		11 h 57 PO	07 h 28 BE		21 h 07 CN					
6			16 h 14 VE			08 h 06 GE		07 h 32 VI	18 h 34 SC	07 h 56 SA		
7	04 h 41 SA			23 h 29 BE	16 h 48 TA		21 h 54 LI				08 h 41 VE	04 h 46 PO
8		09 h 59 VE				11 h 29 CN		07 h 29 BA	22 h 52 SA	14 h 32 CP		
9	15 h 42 CP		04 h 53 PO		23 h 20 GE		22 h 04 VI				20 h 33 PO	17 h 30 BE
10		22 h 37 PO		08 h 59 TA		13 h 12 LI		09 h 56 SC				
11			16 h 34 BE				23 h 31 BA		06 h 57 CP	00 h 42 VE		
12	03 h 54 VE			16 h 20 GE	03 h 38 CN	14 h 49 VI		15 h 49 SA			09 h 12 BE	05 h 09 TA
13		10 h 37 BE							17 h 59 VE	13 h 03 PO		
14	16 h 35 PO		02 h 41 TA	21 h 41 CN	06 h 39 LI	17 h 34 BA	03 h 28 SC				20 h 25 TA	13 h 45 GE
15		21 h 08 TA						00 h 52 CP				
16			10 h 46 GE		09 h 15 VI	22 h 04 SC	10 h 11 SA		06 h 27 PO	01 h 36 BE		19 h 01 CN
17	04 h 44 BE			01 h 16 LI				12 h 03 VE			05 h 03 GE	
18		04 h 57 GE	16 h 14 CN		12 h 08 BA		19 h 13 CP		19 h 02 BE	12 h 54 TA		22 h 03 LI
19	14 h 42 TA			03 h 30 VI		04 h 29 SA					11 h 12 CN	
20		09 h 10 CN	18 h 58 LI		15 h 56 SC			00 h 24 PO		22 h 15 GE		
21	21 h 02 GE			05 h 16 BA		12 h 51 CP	06 h 02 VE		06 h 45 TA		15 h 33 LI	00 h 19 VI
22		10 h 07 LI	19 h 42 VI		21 h 22 SA			13 h 06 BE				
23	23 h 24 CN			07 h 50 SC		23 h 15 VE	18 h 13 PO		16 h 40 GE	05 h 22 CN	18 h 49 VI	02 h 59 BA
24		09 h 22 VI	20 h 01 BA									
25	23 h 00 LI			12 h 32 SA	05 h 08 CP			01 h 04 TA	23 h 46 CN	10 h 10 LI	21 h 33 BA	06 h 38 SC
26		09 h 05 BA	21 h 49 SC			11 h 23 PO	06 h 58 BE					
27	21 h 57 VI			20 h 22 CP	15 h 31 VE			10 h 40 GE		12 h 54 VI		11 h 29 SA
28		11 h 24 SC				23 h 56 BE	18 h 55 TA		03 h 35 LI		00 h 19 SC	
29	22 h 30 BA		02 h 47 SA					16 h 34 CN		14 h 16 BA		17 h 47 CP
30				07 h 17 VE	03 h 46 PO				04 h 41 VI		03 h 52 SA	
31			11 h 34 CP				03 h 02 GE	18 h 41 LI		15 h 32 SC		

1949

Date et heure d'entrée de la Lune dans les signes

	Janvier	Février	Mars	Avril	Mai	Juin	Juillet	Août	Septembre	Octobre	Novembre	Décembre
1	02 h 08 VE		15 h 35 BE			00 h 36 LI			12 h 05 CP	01 h 14 VE		
2		09 h 04 BE		22 h 03 GE	12 h 44 CN		13 h 22 BA				05 h 35 BE	01 h 22 TA
3	12 h 59 PO					04 h 53 VI		01 h 25 SA	19 h 37 VE	11 h 20 PO		
4		21 h 57 TA	04 h 33 TA		19 h 11 LI		16 h 22 SC				18 h 37 TA	13 h 29 GE
5				07 h 11 CN		07 h 58 BA		06 h 36 CP		23 h 28 BE		
6	01 h 41 BE		16 h 05 GE		23 h 11 VI		19 h 46 SA		05 h 26 PO			23 h 32 CN
7		08 h 40 GE		12 h 59 LI		10 h 14 SC		13 h 34 VE			06 h 55 GE	
8	14 h 03 TA								17 h 14 BE	12 h 27 TA		
9		15 h 22 CN	00 h 22 CN	15 h 32 VI	01 h 07 BA	12 h 24 SA	00 h 03 CP	22 h 45 PO			17 h 35 CN	07 h 28 LI
10	23 h 31 GE											
11		18 h 01 LI	04 h 34 LI	15 h 48 BA	01 h 53 SC	15 h 40 CP	06 h 09 VE		06 h 13 TA	01 h 02 GE		13 h 32 VI
12								10 h 20 BE			02 h 00 LI	
13	04 h 57 CN	18 h 06 VI	05 h 24 VI	15 h 27 SC	02 h 57 SA	21 h 27 VE	15 h 01 PO		18 h 47 GE	11 h 51 CN		17 h 46 BA
14								23 h 18 TA			07 h 43 VI	
15	07 h 07 LI	17 h 44 BA	04 h 40 BA	16 h 23 SA	05 h 57 CP					19 h 35 LI		20 h 14 SC
16						06 h 39 PO	02 h 43 BE		04 h 52 CN		10 h 36 BA	
17	07 h 52 VI	18 h 53 SC	04 h 26 SC	20 h 16 CP	12 h 19 VE			11 h 23 GE		23 h 42 VI		21 h 32 SA
18						18 h 45 BE	15 h 36 TA		11 h 05 LI		11 h 19 SC	
19	09 h 03 BA	22 h 50 SA	06 h 31 SA		22 h 27 PO			20 h 16 CN				23 h 00 CP
20				03 h 59 VE					13 h 34 VI	00 h 48 BA	11 h 16 SA	
21	11 h 59 SC		12 h 05 CP			07 h 30 TA	02 h 57 GE					
22		05 h 51 CP		15 h 08 PO	11 h 03 BE			01 h 08 LI	13 h 41 BA	00 h 19 SC	12 h 20 CP	02 h 24 VE
23	17 h 09 SA		21 h 10 VE			18 h 20 GE	10 h 52 CN					
24		15 h 26 VE			23 h 42 TA			02 h 56 VI	13 h 20 SC	00 h 08 SA	16 h 25 VE	09 h 20 PO
25				04 h 01 BE			15 h 19 LI					
26	00 h 22 CP		08 h 50 PO			02 h 01 CN		03 h 24 BA	14 h 21 SA	02 h 11 CP		20 h 05 BE
27		02 h 54 PO		16 h 42 TA	10 h 27 GE		17 h 36 VI				00 h 35 PO	
28	09 h 27 VE		21 h 41 BE			07 h 01 LI		04 h 19 SC	18 h 07 CP	07 h 51 VE		
29					18 h 39 CN		19 h 20 BA				12 h 18 BE	08 h 58 TA
30	20 h 27 PO			03 h 49 GE		10 h 27 VI		07 h 00 SA		17 h 22 PO		
31			10 h 29 TA				21 h 44 SC					21 h 13 GE

1950

Date et heure d'entrée de la Lune dans les signes

	Janvier	Février	Mars	Avril	Mai	Juin	Juillet	Août	Septembre	Octobre	Novembre	Décembre
1		22 h 34 LI	08 h 30 LI		11 h 38 SC	21 h 27 CP	09 h 20 VE		02 h 19 TA			21 h 53 VI
2				00 h 41 BA				07 h 03 BE			05 h 38 LI	
3	06 h 57 CN		12 h 24 VI		10 h 51 SA	23 h 18 VE	13 h 52 PO		14 h 45 GE	10 h 59 CN		
4		02 h 36 VI		00 h 36 SC				18 h 06 TA			14 h 21 VI	04 h 29 BA
5	13 h 58 LI		13 h 59 BA		11 h 08 CP		22 h 25 BE			21 h 41 LI		
6		05 h 19 BA		00 h 38 SA		04 h 57 PO			02 h 54 CN		19 h 10 BA	07 h 20 SC
7	19 h 06 VI		14 h 55 SC		14 h 22 VE			06 h 44 GE				
8		07 h 50 SC		02 h 30 CP		14 h 44 BE	10 h 14 TA		12 h 35 LI	04 h 54 VI	20 h 29 SC	07 h 17 SA
9	23 h 09 BA		16 h 38 SA		21 h 34 PO			18 h 27 CN				
10		10 h 51 SA		07 h 25 VE			23 h 02 GE		18 h 55 VI	08 h 29 BA	19 h 51 SA	06 h 17 CP
11			20 h 07 CP			03 h 13 TA						
12	02 h 28 SC	14 h 45 CP		15 h 38 PO	08 h 18 BE			03 h 36 LI	22 h 28 BA	09 h 31 SC	19 h 25 CP	06 h 35 VE
13						16 h 06 GE	10 h 34 CN					
14	05 h 16 SA	19 h 58 VE	01 h 53 VE		20 h 59 TA			10 h 03 VI		09 h 44 SA	21 h 15 VE	10 h 11 PO
15				02 h 31 BE			19 h 52 LI		00 h 27 SC			
16	08 h 06 CP		09 h 59 PO			03 h 46 CN		14 h 31 BA		10 h 55 CP		17 h 59 BE
17		03 h 11 PO		14 h 59 TA	09 h 53 GE				02 h 13 SA		02 h 39 PO	
18	12 h 07 VE		20 h 21 BE			13 h 38 LI	03 h 05 VI	17 h 50 SC		14 h 27 VE		
19		13 h 01 BE			21 h 51 CN				04 h 49 CP		11 h 40 BE	05 h 10 TA
20	18 h 41 PO			03 h 54 GE		21 h 32 VI	08 h 34 BA	20 h 36 SA		20 h 53 PO		
21			08 h 32 TA						08 h 59 VE		23 h 08 TA	17 h 49 GE
22		01 h 12 TA		16 h 02 CN	08 h 07 LI		12 h 27 SC	23 h 24 CP				
23	04 h 38 BE		21 h 28 GE			03 h 09 BA			15 h 09 PO	05 h 59 BE		
24		14 h 03 GE			15 h 51 VI		14 h 56 SA				11 h 39 GE	06 h 18 CN
25	17 h 09 TA			01 h 58 LI		06 h 19 SC		02 h 53 VE	23 h 32 BE	17 h 03 TA		
26			09 h 17 CN		20 h 26 BA		16 h 40 CP					17 h 45 LI
27		01 h 03 CN		08 h 31 VI		07 h 26 SA		08 h 02 PO			00 h 13 CN	
28	05 h 44 GE		18 h 04 LI		22 h 01 SC		18 h 56 VE		10 h 08 TA	05 h 23 GE		
29				11 h 26 BA		07 h 48 CP		15 h 45 BE			12 h 02 LI	03 h 41 VI
30	15 h 51 CN		23 h 01 VI		21 h 43 SA		23 h 19 PO		22 h 27 GE	18 h 04 CN		
31												11 h 21 BA

1951

Date et heure d'entrée de la Lune dans les signes

	Janvier	Février	Mars	Avril	Mai	Juin	Juillet	Août	Septembre	Octobre	Novembre	Décembre
1		01 h 17 SA				02 h 33 TA					05 h 20 SA	
2	15 h 59 SC		09 h 29 CP	22 h 45 PO	11 h 27 BE			03 h 08 LI		18 h 24 SC		15 h 45 VE
3		02 h 53 CP				14 h 03 GE	08 h 28 CN		05 h 32 BA		06 h 40 CP	
4	17 h 39 SA		12 h 11 VE		20 h 47 TA			14 h 18 VI		21 h 49 SA		18 h 08 PO
5		04 h 04 VE		05 h 16 BE			21 h 01 LI		11 h 49 SC		08 h 43 VE	
6	17 h 32 CP		15 h 46 PO			02 h 31 CN		23 h 34 BA				23 h 18 BE
7		06 h 29 PO		13 h 53 TA	07 h 51 GE				16 h 11 SA	00 h 31 CP	12 h 23 PO	
8	17 h 36 VE		21 h 16 BE			15 h 12 LI	08 h 37 VI					
9		11 h 43 BE			20 h 13 CN			06 h 24 SC	19 h 07 CP	03 h 20 VE	17 h 53 BE	07 h 05 TA
10	19 h 56 PO			00 h 41 GE			18 h 05 BA					
11		20 h 33 TA	05 h 33 TA			02 h 47 VI		10 h 31 SA	21 h 12 VE	06 h 47 PO		16 h 55 GE
12				13 h 05 CN	08 h 49 LI						01 h 07 TA	
13	02 h 05 BE		16 h 37 GE			11 h 31 BA	00 h 19 SC	12 h 18 CP	23 h 22 PO	11 h 20 BE		
14		08 h 18 GE			19 h 44 VI						10 h 15 GE	04 h 23 CN
15	12 h 10 TA			01 h 18 LI		16 h 17 SC	03 h 03 SA	12 h 53 VE		17 h 37 TA		
16		20 h 52 CN	05 h 07 CN						02 h 48 BR		21 h 28 CN	17 h 05 LI
17				11 h 07 VI	03 h 05 BA	17 h 26 SA	03 h 14 CP	13 h 53 PO				
18	00 h 36 GE		16 h 45 LI						08 h 42 TA	02 h 22 GE		
19		08 h 02 LI		17 h 13 BA	06 h 24 SC	16 h 38 CP	02 h 41 VE	16 h 59 BE			10 h 13 LI	05 h 52 VI
20	13 h 06 CN								17 h 47 GE	13 h 43 CN		
21		16 h 43 VI	01 h 39 VI	19 h 55 SC	06h 44 SA	16 h 04 VE	03 h 29 PO	23 h 27 TA			22 h 36 VI	16 h 41 BA
22												
23	00 h 12 LI	23 h 01 BA	07 h 21 BA	20 h 40 SA	06 h 08 CP	17 h 49 PO	07 h 22 BE		05 h 34 CN	02 h 25 LI		23 h 39 SC
24								09 h 28 GE			08 h 09 BA	
25	09 h 27 VI		10 h 35 SC	21 h 20 CP	06 h 42 VE	23 h 13 BE	15 h 07 TA		18 h 07 LI	14 h 02 VI		
26		03 h 31 SC						21 h 44 CN			13 h 32 SC	02 h 27 SA
27	16 h 47 BA		12 h 40 SA	23 h 33 VE	10 h 05 PO					22 h 26 BA		
28		06 h 49 SA				08 h 17 TA	02 h 08 GE		05 h 06 VI		15 h 20 SA	02 h 24 CP
29	22 h 04 SC		14 h 51 CP		16 h 53 BE			10 h 10 LI				
30				04 h 14 PO		19 h 52 GE	14 h 43 CN		13 h 09 BA	03 h 10 SC	15 h 22 CP	01 h 36 VE
31			18 h 02 VE					20 h 59 VI				

1952

Date et heure d'entrée de la Lune dans les signes

	Janvier	Février	Mars	Avril	Mai	Juin	Juillet	Août	Septembre	Octobre	Novembre	Décembre
1	02 h 10 PO	19 h 51 TA		07 h 39 CN	04 h 13 LI				09 h 03 VE		06 h 59 TA	
2			12 h 36 GE			12 h 26 BA	05 h 26 SC	22 h 28 CP		19 h 35 BE		
3	05 h 42 BE			20 h 11 LI	16 h 58 VI				08 h 59 PO		11 h 02 GE	03 h 08 CN
4		04 h 55 GE	23 h 40 CN			20 h 19 SC	10 h 27 SA	22 h 41 VE		21 h 06 TA		
5	12 h 44 TA								08 h 57 BE		18 h 12 CN	13 h 23 LI
6		16 h 44 CN		08 h 41 VI	03 h 39 BA		12 h 03 CP	22 h 05 PO				
7	22 h 43 GE		12 h 30 LI			00 h 21 SA			10 h 48 TA	01 h 15 GE		
8				18 h 56 BA	10 h 49 SC		11 h 55 VE	22 h 33 BE			04 h 56 GE	01 h 58 VI
9		05 h 36 LI				01 h 47 CP			16 h 07 GE	09 h 16 CN		
10	10 h 34 CN		00 h 52 VI		14 h 50 SA		11 h 59 PO				17 h 47 VI	14 h 36 BA
11		18 h 02 VI		02 h 13 SC		02 h 27 VE		01 h 46 TA		20 h 5O LI		
12	23 h 19 LI		11 h 17 BA		17 h 09 CP		13 h 56 BE		01 h 25 CN			
13				07 h 08 SA		04 h 01 PO		08 h 37 GE			05 h 57 BA	00 h 40 SC
14		05h 00 BA	19 h 21 SC		19 h 14 VE		18 h 45 TA		13 h 39 LI	09 h 51 VI		
15	12 h 00 VI			10 h 41 CP		07 h 29 BE		18 h 53 CN			15 h 19 SC	07 h 00 SA
16		13 h 45 SC			22 h 06 PO					21 h 44 BA		
17	23 h 19 BA		01 h 16 SA	13 h 43 VE		13 h 11 TA	02 h 37 GE		02 h 42 VI		21 h 34 SA	10 h 17 CP
18		19 h 43 SA						07 h 20 LI				
19			05 h 19 CP	16 h 40 PO	02 h 08 BE	21 h 03 GE	13 h 05 CN		14 h 41 BA	07 h 10 SC		12 h 02 VE
20	07 h 44 SC	22 h 50 CP						20 h 23 VI			01 h 41 CP	
21			07 h 55 VE	19 h 57 BE	07 h 30 TA					14 h 12 SA		13 h 46 PO
22	12 h 22 SA	23 h 49 VE				07 h 04 CN	01 h 20 LI		00 h 43 SC		04 h 52 VE	
23			09 h 39 PO		14 h 38 GE			08 h 42 BA		19 h 29 CP		16 h 30 BE
24	13 h 39 CP			00 h 15 TA		19 h 02 LI	14 h 25 VI		08 h 33 SA		07 h 55 PO	
25		00 h 01 PO	11 h 34 BE					19 h 10 SC		23 h 29 VE		20 h 46 TA
26	13 h 07 VE			06 h 41 GE	00 h 06 CN				14 h 06 CP		11 h 09 BE	
27		01 h 12 BE	15 h 05 TA			08 h 06 VI	02 h 55 BA					
28	12 h 46 PO			16 h 06 CN	11 h 59 LI			02 h 53 SA	17 h 24 VE	02 h 24 PO	14 h 54 TA	02 h 48 GE
29		05 h 01 TA	21 h 36 GE			20 h 18 BA	13 h 05 SC					
30	14 h 33 BE							07 h 24 CP	18 h 53 PO	04 h 35 BE	19 h 53 GE	10 h 54 CN
31					00 h 57 VI		19 h 38 SA					

1953

Date et heure d'entrée de la Lune dans les signes

	Janvier	Février	Mars	Avril	Mai	Juin	Juillet	Août	Septembre	Octobre	Novembre	Décembre
1	21 h 18 LI			05 h 20 SC		14 h 25 VE	00 h 09 PO	10 h 57 TA		18 h 54 LI		
2			11 h 41 BA						03 h 30 CN			21 h 30 SC
3		05 h 32 BA		14 h 59 SA	03 h 55 CP	18 h 12 PO	02 h 24 BE	15 h 11 GE			01 h 51 BA	
4	09 h 42 VI		23 h 31 SC						13 h 05 LI	06 h 41 VI		
5		17 h 21 SC		22 h 30 CP	09 h 13 VE	21 h 01 BE	05 h 24 TA	21 h 59 CN			14 h 12 SC	08 h 09 SA
6	22 h 37 BA									19 h 29 BA		
7			09 h 20 SA		12 h 47 PO	23 h 42 TA	09 h 43 GE		00 h 47 VI			16 h 33 CP
8		02 h 20 SA		03h 28 VE				07 h 15 LI			01 h 06 SA	
9	09 h 44 SC		16 h 11 CP		14 h 49 BE		15 h 54 CN		13 h 28 BA	07 h 56 SC		22 h 59 VE
10		07 h 32 CP		05 h 50 PO		03 h 03 GE		18 h 33 VI			10 h 18 CP	
11	17 h 14 SA		19 h 38 VE		16 h 12 TA					19 h 19 SA		
12		09 h 17 VE		06 h 19 BE		08 h 18 CN	00 h 28 LI		02 h 06 SC		17 h 31 VE	03 h 47 PO
13	20 h 55 CP		20 h 18 PO		18 h 27 GE			07 h 08 BA				
14		08 h 58 PO		06 h 31 TA		16 h 28 LI	11 h 28 VI		13 h 32 SA	04 h 51 CP	22 h 18 PO	07 h 07 BE
15	21 h 57 VE		19 h 39 BE		23 h 17 CN			19 h 44 SC				
16		08 h 31 BE		08 h 27 GE					22 h 21 CP	11 h 34 VE		09 h 23 TA
17	22 h 07 PO		19 h 45 TA			03 h 37 VI	00 h 03 BA				00 h 36 BE	
18		09 h 51 TA		13 h 53 CN	07 h 48 LI			06 h 31 SA		14 h 55 PO		11 h 28 GE
19	23 h 09 BE		22 h 35 GE			16 h 17 BA	12 h 17 SC		03 h 30 VE		01 h 16 TA	
20		14 h 28 GE		23 h 27 LI	19 h 32 VI			13 h 54 CP		15 h 27 BE		14 h 40 CN
21							21 h 59 SA		05 h 06 PO		01 h 55 GE	
22	02 h 21 TA	22 h 48 CN	05 h 29 CN			03 h 58 SC		17 h 29 VE		14 h 47 TA		2O h 23 LI
23				11 h 53 VI	08 h 17 BA				04 h 30 BE		04 h 32 CN	
24	08 h 22 GE		16 h 14 LI			12 h 48 SA	04 h 07 CP	18 h 12 PO		15 h 05 GE		
25		10 h 06 LI			19 h 33 SC				03 h 45 TA		10 h 41 LI	05 h 24 VI
26	17 h 07 CN			00 h 41 BA		18 h 29 CP	07 h 03 VE	17 h 46 BE		18 h 24 CN		
27		22 h 51 VI	05 h 04 VI						05 h 01 GE		20 h 41 VI	17 h 11 BA
28				11 h 53 SC	04 h 08 SA	21 h 52 VE	08 h 08 PO	18 h 10 TA				
29	04 h 07 LI		17 h 52 BA						09 h 57 CN	01 h 56 LI		
30				20 h 53 SA	10 h 17 CP		08 h 56 BE	21 h 06 GE			09 h 05 BA	05 h 43 SC
31	16 h 36 VI									13 h 05 VI		

1954

Date et heure d'entrée de la Lune dans les signes

	Janvier	Février	Mars	Avril	Mai	Juin	Juillet	Août	Septembre	Octobre	Novembre	Décembre
1	16 h 40 SA								22 h 48 SC	18 h 42 SA		
2		15 h 38 VE	02 h 07 VE	15 h 41 BE	01 h 43 TA	12 h 46 CN	02 h 17 LI					14 h 38 PO
3								03 h 14 BA			00 h 22 VE	
4	00 h 46 CP	18 h 03 PO	04 h 32 PO	14 h 44 TA	01 h 07 GE	16 h 34 LI	08 h 57 VI		11 h 32 SA	07 h 05 CP		19 h 35 BE
5								15 h 03 SC			07 h 34 PO	
6	06 h 10 VE	19 h 14 BE	04 h 40 BE	14 h 41 GE	02 h 30 CN		18 h 54 BA		23 h 10 CP	16 h 46 VE		21 h 23 TA
7						00 h 06 VI					10 h 42 BE	
8	09 h 44 PO	20 h 47 TA	04 h 33 TA	17 h 29 CN	07 h 29 LI			03 h 32 SA		22 h 17 PO		21 h 17 GE
9						10 h 59 BA	07 h 04 SC		07 h 31 VE		10 h 49 TA	
10	12 h 27 BE	23 h 54 GE	06 h 07 GE		16 h 23 VI			14 h 20 CP		23 h 58 BE		21 h 07 CN
11				00 h 06 LI		23 h 31 SC	19 h 19 SA		11 h 56 PO		09 h 51 GE	
12	15 h 10 TA		10 h 38 CN					21 h 54 VE		23 h 32 TA		22 h 49 LI
13		05 h 10 CN		10 h 03 VI	04 h 04 BA				13 h 23 BE		09 h 59 CN	
14	18 h 29 GE		18 h 18 LI			11 h 38 SA	05 h 40 CP			23 h 10 GE		
15		12 h 36 LI		21 h 58 BA	16 h 42 SC			02 h 17 PO	13 h 45 TA		13 h 03 LI	03 h 54 VI
16	23 h 01 CN					22 h 06 CP	13 h 19 VE					
17		22 h 01 VI	04 h 22 VI					04 h 38 BE	14 h 55 GE	00 h 49 CN	19 h 53 VI	12 h 52 BA
18				10 h 32 SC	04 h 54 SA		18 h 33 PO					
19	05 h 24 LI		15 h 58 BA			06 h 26 VE		06 h 27 TA	18 h 13 CN	05 h 41 LI		
20		09 h 15 BA		22 h 55 SA	15 h 50 CP		22 h 07 BE				06 h 03 BA	00 h 43 SC
21	14 h 14 VI					12 h 37 PO		08 h 57 GE		13 h 45 VI		
22		21 h 44 SC	04 h 26 SC						00 h 04 LI		18 h 14 SC	13 h 35 SA
23				10 h 12 CP	00 h 49 VE	16 h 44 BE	00 h 53 TA	12 h 50 CN				
24	01 h 31 BA		16 h 56 SA						08 h 10 VI	00 h 12 BA		
25		10 h 00 SA		19 h 03 VE	07 h 09 PO	19 h 09 TA	03 h 31 GE	18 h 22 LI			07 h 02 SA	01 h 40 CP
26	14 h 04 SC								18 h 11 BA	12 h 11 SC		
27		19 h 58 CP	03 h 55 CP		10 h 32 BE	20 h 42 GE	06 h 42 CN				19 h 24 CP	12 h 01 VE
28				00 h 22 PO				01 h 44 VI				
29	01 h 43 SA		11 h 38 VE		11 h 34 TA	22 h 36 CN	11 h 11 LI		05 h 52 SC	00 h 59 SA		20 h 10 PO
30				02 h 09 BE				11 h 12 BA			06 h 19 VE	
31	10 h 27 CP		15 h 17 PO		11 h 41 GE		17 h 50 VI			13 h 36 CP		

1955

Date et heure d'entrée de la Lune dans les signes

	Janvier	Février	Mars	Avril	Mai	Juin	Juillet	Août	Septembre	Octobre	Novembre	Décembre
1	01 h 57 BE	14 h 03 GE		08 h 21 LI		20 h 54 SC	15 h 35 SA		15 h 23 PO	05 h 47 BE	19 h 23 GE	05 h 46 CN
2			22 h 40 CN					22 h 52 VE				
3	05 h 25 TA	16 h 36 CN		14 h 32 VI	04 h 26 BA				21 h 24 BE	08 h 52 TA	20 h 11 CN	06 h 07 LI
4						09 h 24 SA	04 h 30 CP					
5	07 h 05 GE	19 h 28 LI	02 h 49 LI	22 h 34 BA	15 h 04 SC			08 h 04 PO		10 h 59 GE	22 h 20 LI	08 h 50 VI
6						22 h 21 CP	16 h 19 VE		01 h 37 TA			
7	08 h 01 CN	23 h 43 VI	08 h 09 VI					14 h 59 BE		13 h 23 CN		14 h 49 BA
8				08 h 39 SC	03 h 19 SA				04 h 59 GE		02 h 36 VI	
9	09 h 41 LI		15 h 20 BA			10 h 30 VE	02 h 09 PO	20 h 03 TA		16 h 42 LI		
10		06 h 33 BA		20 h 42 SA	16 h 19 CP				08 h 01 CN		09 h 15 BA	00 h 00 SC
11	13 h 43 VI					20 h 33 PO	09 h 33 BE	23 h 33 GE		21 h 11 VI		
12		16 h 39 SC	01 h 05 SC						11 h 03 LI		18 h 12 SC	11 h 34 SA
13	21 h 15 BA			09 h 41 CP	04 h 29 VE		14 h 20 TA					
14			13 h 14 SA			03 h 25 BE		01 h 50 CN	14 h 34 VI	03 h 13 BA		
15		05 h 08 SA		21 h 20 VE	13 h 53 PO		16 h 43 GE				05 h 17 SA	00 h 24 CP
16	08 h 14 SC					06 h 51 TA		03 h 34 LI	19 h 36 BA	11 h 23 SC		
17		17 h 35 CP	02 h 02 CP		19 h 21 BE		17 h 30 CN				17 h 59 CP	13 h 20 VE
18	21 h 01 SA			05 h 28 PO		07 h 37 GE		05 h 58 VI		22 h 07 SA		
19			12 h 47 VE		21 h 12 TA		18 h 03 LI		03 h 19 SC			
20		03 h 34 VE		09 h 30 BE		07 h 15 CN		10 h 34 BA			06 h 59 VE	01 h 02 PO
21	09 h 09 CP		19 h 45 PO		20 h 57 GE		20 h 06 VI		14 h 11 SA	10 h 52 CP		
22		10 h 10 PO		10 h 30 TA		07 h 36 LI		18 h 38 SC			18 h 11 PO	10 h 05 BE
23	18 h 59 VE		23 h 09 BE		20 h 33 CN					23 h 33 VE		
24		14 h 06 BE		10 h 24 GE		10 h 26 VI	01 h 16 BA		03 h 01 CP			15 h 33 TA
25					21 h 53 LI			06 h 04 SA			01 h 48 BE	
26	02 h 12 PO	16 h 46 TA	00 h 31 TA	11 h 09 CN		16 h 55 BA	10 h 19 SC		15 h 07 VE	09 h 38 PO		17 h 33 GE
27								18 h 57 CP			05 h 27 TA	
28	07 h 20 BE	19 h 24 GE	01 h 42 GE	14 h 09 LI	02 h 16 VI		22 h 25 SA			15 h 47 BE		17 h 18 CN
29						03 h 05 SC			00 h 13 PO		06 h 11 GE	
30	11 h 07 TA		04 h 05 CN	19 h 58 VI	10 h 08 BA			06 h 35 VE		18 h 30 TA		16 h 36 LI
31							11 h 19 CP					

1956

Date et heure d'entrée de la Lune dans les signes

	Janvier	Février	Mars	Avril	Mai	Juin	Juillet	Août	Septembre	Octobre	Novembre	Décembre
1	17 h 31 VI							11 h 16 GE	23 h 14 LI	08 h 25 VI	22 h 25 SC	12 h 59 SA
2		13 h 33 SC		04 h 38 CP	01 h 28 VE		22 h 26 TA					
3	21 h 45 BA		08 h 09 SA			07 h 05 BE		13 h 32 CN	23 h 20 VI	10 h 02 BA		22 h 36 CP
4				17 h 25 VE	13 h 16 PO						04 h 56 SA	
5		00 h 13 SA	20 h 33 CP			13 h 22 TA	02 h 27 GE	13 h 27 LI		13 h 20 SC		
6	06 h 01 SC				22 h 05 BE				00 h 05 BA		14 h 24 CP	10 h 17 VE
7		13 h 08 CP		04 h 38 PO		16 h 10 GE	03 h 20 CN	12 h 49 VI		19 h 47 SA		
8	17 h 33 SA		09 h 20 VE						03 h 27 SC			22 h 57 PO
9				12 h 47 BE	03 h 24 TA	16 h 43 CN	02 h 43 LI	13 h 50 BA			02 h 19 VE	
10		01 h 52 VE	20 h 12 PO						10 h 47 SA	05 h 48 CP		
11	06 h 34 CP			18 h 03 TA	06 h 00 GE	16 h 46 LI	02 h 35 VI	18 h 20 SC			14 h 51 PO	10 h 38 BE
12		12 h 52 PO							21 h 46 CP	18 h 09 VE		
13	19 h 19 VE		04 h 27 BE	21 h 31 GE	07 h 21 CN	18 h 04 VI	04 h 54 BA					19 h 16 TA
14		21 h 49 BE						03 h 00 SA			01 h 37 BE	
15			10 h 33 TA		08 h 52 LI	21 h 59 BA	10 h 56 SC		10 h 28 VE	06 h 25 PO		
16	06 h 47 PO			00 h 15 CN				14 h 48 CP			09 h 13 TA	00 h 07 GE
17		04 h 49 TA	15 h 12 GE		11 h 40 VI		20 h 38 SA		22 h 34 PO	16 h 35 BE		
18	16 h 17 BE			03 h 00 LI		05 h 03 SC					13 h 46 GE	01 h 52 CN
19		09 h 51 GE	18 h 48 CN		16 h 26 BA			03 h 38 VE				
20	23 h 11 TA			06 h 17 VI		14 h 55 SA	08 h 41 CP		08 h 47 BE	00 h 07 TA	16 h 18 CN	02 h 11 LI
21		12 h 51 CN	21 h 31 LI		23 h 27 SC			15 h 48 PO				
22				10 h 37 BA			21 h 29 VE		17 h 01 TA	05 h 29 GE	18 h 11 LI	02 h 56 VI
23	03 h 06 GE	14 h 11 LI	23 h 53 VI			02 h 43 CP						
24				16 h 45 SC	08 h 47 SA			02 h 30 BE	23 h 25 GE	09 h 24 CN	20 h 32 VI	05 h 39 BA
25	04 h 20 CN	15 h 05 VI				15 h 25 VE	09 h 51 PO					
26			02 h 59 BA		20 h 11 CP			11 h 24 TA		12 h 28 LI		11 h 09 SC
27	04 h 07 LI	17 h 20 BA		01 h 26 SA			20 h 54 BE		03 h 59 CN		00 h 11 BA	
28			08 h 19 SC			03 h 54 PO		17 h 59 GE		15 h 10 VI		19 h 20 SA
29	04 h 18 VI	22 h 45 SC		12 h 45 CP	08 h 52 VE				06 h 49 LI		05 h 34 SC	
30			16 h 56 SA			14 h 43 BE	05 h 41 TA	21 h 51 CN		18 h 10 BA		
31	06 h 56 BA				21 h 09 PO							05 h 37 CP

1957

Date et heure d'entrée de la Lune dans les signes

	Janvier	Février	Mars	Avril	Mai	Juin	Juillet	Août	Septembre	Octobre	Novembre	Décembre
1		12 h 21 PO		23 h 12 TA	13 h 47 GE		13 h 24 VI				09 h 19 PO	05 h 56 BE
2	17 h 25 VE					04 h 45 LI		01 h 01 SC	21 h 05 CP	14 h 05 VE		
3			06 h 31 BE		19 h 09 CN		15 h 17 BA				21 h 59 BE	17 h 48 TA
4		00 h 42 BE		07 h 31 GE		06 h 59 VI		06 h 47 SA				
5	06 h 05 PO		17 h 21 TA		22 h 54 LI		19 h 11 SC		07 h 50 VE	02 h 18 PO		
6		11 h 37 TA		13 h 38 CN		09 h 46 BA		15 h 23 CP			09 h 38 TA	03 h 01 GE
7	18 h 23 BE								20 h 04 PO	14 h 57 BE		
8		19 h 35 GE	02 h 04 GE	17 h 25 LI	01 h 37 VI	13 h 41 SC	01 h 21 SA				19 h 09 GE	09 h 16 CN
9								02 h 01 VE				
10	04 h 27 TA	23 h 39 CN	07 h 46 CN	19 h 13 VI	03 h 57 BA	19 h 10 SA	09 h 35 CP		08 h 45 BE	02 h 48 TA		13 h 24 LI
11								14 h 02 PO			02 h 24 CN	
12	10 h 44 GE		10 h 12 LI	20 h 09 BA	06 h 48 SC		19 h 43 VE		20 h 58 TA	13 h 01 GE		16 h 29 VI
13		00 h 19 LI				02 h 37 CP					07 h 36 LI	
14	13 h 06 CN	23 h 17 VI	10 h 20 VI	21 h 45 SC	11 h 14 SA			02 h 46 BE		20 h 54 CN		19 h 23 BA
15						12 h 24 VE	07 h 32 PO		07 h 27 GE		11 h 07 VI	
16	12 h 50 LI	22 h 50 BA	09 h 59 BA		18 h 14 CP			15 h 01 TA				22 h 36 SC
17				01 h 43 SA			20 h 14 BE		14 h 50 CN	01 h 59 LI	13 h 26 BA	
18	12 h 04 VI		11 h 15 SC			00 h 15 PO						
19		01 h 06 SC		09 h 08 CP	04 h 13 VE			00 h 52 GE	18 h 31 LI	04 h 24 VI	15 h 18 SC	02 h 31 SA
20	12 h 55 BA		15 h 54 SA			12 h 46 BE	07 h 58 TA					
21		07 h 24 SA		19 h 54 VE	16 h 21 PO			06 h 49 CN	19 h 11 VI	05 h 03 BA	17 h 52 SA	07 h 47 CP
22	17 h 03 SC					23 h 38 TA	16 h 34 GE					
23		17 h 27 CP	00 h 34 CP					08 h 51 LI	18 h 32 BA	05 h 31 SC	22 h 30 CP	15 h 18 VE
24				08 h 23 PO	04 h 34 BE		21 h 06 CN					
25	00 h 53 SA		12 h 17 VE			07 h 07 GE		08 h 26 VI	18 h 40 SC	07 h 34 SA		
26		05 h 43 VE		20 h 22 BE	14 h 43 TA		22 h 17 LI				06 h 16 VE	01 h 41 PO
27	11 h 33 CP					11 h 01 CN		07 h 41 BA	21 h 27 SA	12 h 42 CP		
28		18 h 25 PO	00 h 59 PO		21 h 47 GE		21 h 59 VI				17 h 16 PO	14 h 13 BE
29	23 h 43 VE			06 h 18 TA		12 h 31 LI		08 h 45 SC		21 h 33 VE		
30			12 h 55 BE				22 h 20 BA		03 h 59 CP			
31					02 h 06 CN			13 h 07 SA				02 h 38 TA

1958

Date et heure d'entrée de la Lune dans les signes

	Janvier	Février	Mars	Avril	Mai	Juin	Juillet	Août	Septembre	Octobre	Novembre	Décembre
1		04 h 41 CN		06 h 01 VI		02 h 53 SA		12 h 12 PO			08 h 09 CN	
2	12 h 22 GE		18 h 27 LI		16 h 14 SC		19 h 45 VE		19 h 24 TA	14 h 51 GE		
3		07 h 38 LI		05 h 54 BA		05 h 22 CP		23 h 14 BE			17 h 03 LI	05 h 18 VI
4	18 h 22 CN		19 h 15 VI		16 h 43 SA							
5		08 h 11 VI		05 h 17 SC		10 h 33 VE	03 h 57 PO		08 h 07 GE	02 h 01 CN	22 h 46 VI	09 h 31 BA
6	21 h 22 LI		18 h 35 BA		19 h 21 CP			12 h 04 TA				
7		08 h 23 BA		06 h 07 SA		19 h 24 PO	15 h 18 BE		18 h 23 CN	09 h 51 LI		11 h 29 SC
8	22 h 59 VI		18 h 35 SC								01 h 16 BA	
9		10 h 03 SC		10 h 01 CP	01 h 29 VE			00 h 16 GE		13 h 50 VI		12 h 02 SA
10			20 h 57 SA			07 h 21 BE	04 h 09 TA		00 h 42 LI		01 h 30 SC	
11	00 h 52 BA	14 h 11 SA		17 h 42 VE	11 h 27 PO			09 h 25 CN		14 h 44 BA		12 h 47 CP
12						20 h 13 TA	15 h 47 GE		03 h 20 VI		01 h 03 SA	
13	04 h 02 SC	20 h 56 CP	02 h 37 CP		23 h 58 BE			14 h 44 LI		14 h 11 SC		15 h 38 VE
14				09 h 39 PO					03 h 45 BA		01 h 55 CP	
15	08 h 49 SA		11 h 29 VE			07 h 32 GE	00 h 15 CN	17 h 07 VI		14 h 09 SA		22 h 12 PO
16		05 h 52 VE		17 h 23 BE	12 h 50 TA				03 h 50 SC		05 h 53 VE	
17	15 h 13 CP		22 h 42 PO			16 h 04 CN	05 h 31 LI	18 h 17 BA		16 h 22 CP		
18		16 h 40 PO							05 h 16 SA		13 h 57 PO	08 h 46 BE
19	23 h 22 VE			06 h 16 TA	00 h 15 GE	22 h 04 LI	08 h 42 VI	19 h 50 SC		22 h 04 VE		
20			11 h 17 BE						09 h 13 CP			21 h 37 TA
21		05 h 02 BE		18 h 03 GE	09 h 24 CN		11 h 12 BA	22 h 49 SA			01 h 29 BE	
22	09 h 42 PO					02 h 22 VI			16 h 03 VE	07 h 20 PO		
23		18 h 05 TA	00 h 15 TA		16 h 15 LI		13 h 58 SC				14 h 31 TA	10 h 09 GE
24	22 h 04 BE			03 h 47 CN		05 h 42 BA		03 h 39 CP		19 h 11 BE		
25			12 h 19 GE		21 h 00 VI		17 h 26 SA		01 h 33 PO			20 h 33 CN
26		05 h 52 GE		10 h 44 LI		08 h 30 SC		10 h 28 VE			03 h 01 GE	
27	10 h 57 TA		21 h 53 CN		23 h 55 BA		21 h 54 CP		13 h 07 BE	08 h 08 TA		
28		14 h 17 CN		14 h 41 VI		11 h 12 SA		19 h 25 PO			13 h 51 CN	04 h 33 LI
29	21 h 48 GE									20 h 50 GE		
30			03 h 46 LI	16 h 07 BA	01 h 33 SC	14 h 33 CP	03 h 53 VE		01 h 58 TA		22 h 41 LI	10 h 41 VI
31								06 h 35 BE				

1959

Date et heure d'entrée de la Lune dans les signes

	Janvier	Février	Mars	Avril	Mai	Juin	Juillet	Août	Septembre	Octobre	Novembre	Décembre
1	15 h 22 BA		08 h 33 SA	22 h 42 VE	11 h 59 PO			07 h 24 CN		22 h 09 BA		20 h 11 CP
2		03 h 11 SA				16 h 37 TA	12 h 06 GE		08 h 31 VI		10 h 02 SA	
3	18 h 43 SC		12 h 05 CP		22 h 19 BE			17 h 10 LI		23 h 55 SC		20 h 35 VE
4		06 h 29 CP		06 h 24 PO					12 h 57 BA		10 h 05 CP	
5	20 h 56 SA		17 h 16 VE			05 h 35 GE	00 h 04 CN					
6		10 h 40 VE		16 h 33 BE	10 h 39 TA			00 h 30 VI	15 h 53 SC	00 h 55 SA	12 h 14 VE	00 h 16 PO
7	22 h 50 CP					17 h 44 CN	10 h 09 LI					
8		16 h 50 PO	00 h 26 PO		23 h 34 GE			05 h 56 BA	18 h 21 SA	02 h 39 CP	17 h 35 PO	07 h 59 BE
9				04 h 32 TA			18 h 16 VI					
10	01 h 52 VE		09 h 54 BE			04 h 20 LI		09 h 59 SC	21 h 05 CP	06 h 13 VE		18 h 57 TA
11		01 h 55 BE		17 h 25 GE	11 h 57 CN						02 h 10 BE	
12	07 h 40 PO		21 h 37 TA			12 h 51 VI	00 h 27 BA	12 h 58 SA		12 h 06 PO		
13		13 h 48 TA			22 h 41 LI				00 h 44 VE		13 h 04 TA	07 h 25 GE
14	17 h 09 BE			05 h 48 CN		18 h 43 BA	04 h 33 SC	15 h 19 CP		20 h 20 BE		
15			10 h 31 GE						05 h 55 PO			20 h 01 CN
16		02 h 40 GE		15 h 55 LI	06 h 38 VI	21 h 39 SC	06 h 42 SA	17 h 54 VE			01 h 17 GE	
17	05 h 33 TA		22 h 28 CN						13 h 17 BE	06 h 40 TA		
18		13 h 51 CN		22 h 28 VI	11 h 07 BA	22 h 15 SA	07 h 42 CP	22 h 00 PO			13 h 57 CN	07 h 58 LI
19	18 h 16 GE								23 h 13 TA	18 h 40 GE		
20		21 h 39 LI	07 h 23 LI		12 h 25 SC	22 h 01 CP	09 h 05 VE					18 h 30 VI
21				01 h 19 BA				04 h 52 BE			02 h 05 LI	
22	04 h 47 CN		12 h 28 VI		11 h 51 SA	23 h 00 VE	12 h 41 PO		11 h 16 GE	07 h 23 CN		
23		02 h 06 VI		01 h 34 SC				14 h 59 TA			12 h 08 VI	02 h 29 BA
24	12 h 14 LI		14 h 27 BA		11 h 24 CP		19 h 54 BE		23 h 49 CN	19 h 04 LI		
25		04 h 29 BA		00 h 59 SA		03 h 09 PO					18 h 42 BA	07 h 01 SC
26	17 h 14 VI		14 h 54 SC		13 h 10 VE			03 h 19 GE				
27		06 h 15 SC		01 h 33 CP		11 h 28 BE	06 h 44 TA		10 h 36 LI	03 h 49 VI	21 h 22 SC	08 h 16 SA
28	20 h 55 BA		15 h 31 SA		18 h 42 Po			15 h 34 CN				
29			04 h 56 VE			23 h 11 TA	19 h 24 GE		18 h 04 VI	08 h 42 BA	21 h 12 SA	07 h 38 CP
30			17 h 49 CP									
31	00 h 06 SC				04 h 18 BE			01 h 33 LI		10 h 15 SC		07 h 15 VE

1960

Date et heure d'entrée de la Lune dans les signes

	Janvier	Février	Mars	Avril	Mai	Juin	Juillet	Août	Septembre	Octobre	Novembre	Décembre
1		00 h 39 BE	18 h 18 TA			16 h 38 VI	08 h 47 BA			22 h 15 PO		
2	09 h 19 PO				21 h 59 LI			02 h 04 SA	12 h 34 VE		15 h 28 TA	07 h 00 GE
3		09 h 16 TA		01 h 47 CN			15 h 09 SC					
4	15 h 22 BE		05 h 08 GE			01 h 31 BA		03 h 26 CP	13 h 51 PO	01 h 47 BE	23 h 44 GE	17 h 52 CN
5		20 h 58 GE		14 h 02 LI	08 h 59 VI		17 h 43 SA					
6			17 h 37 CN			06 h 20 SC		03 h 21 VE	16 h 26 BE	07 h 10 TA		
7	01 h 23 TA				16 h 30 BA		17 h 35 CP				10 h 26 CN	06 h 21 LI
8		09 h 37 CN		00 h 02 VI		07 h 31 SA		03 h 42 PO	21 h 45 TA	15 h 17 GE		
9	13 h 45 GE		05 h 25 LI		20 h 07 SC		16 h 44 VE				22h 59 LI	19 h 14 VI
10		21 h 08 LI		06 h 36 BA		06 h 48 CP		06 h 21 BE				
11			14 h 48 VI		20 h 55 SA		17 h 19 PO		06 h 32 GE	02 h 18 CN		
12	02 h 23 CN			10 h 01 SC		06 h 24 VE		12 h 36 TA			11 h 24 VI	06 h 11 BA
13		06 h 35 VI	21 h 20 BA		20 h 51 CP		21 h 07 BE		18 h 11 CN	14 h 55 LI		
14	13 h 59 LI			11 h 37 SA		08 h 18 PO		22 h 30 GE			21 h 08 BA	13 h 14 SC
15		13 h 56 BA			21 h 52 VE							
16			01 h 37 SC	13 h 01 CP		13 h 43 BE	04 h 48 TA		06 h 47 LI	02 h 40 VI		16 h 07 SA
17	00 h 03 VI	19 h 24 SC						10 h 44 CN			02 h 54 SC	
18			04 h 38 SA	15 h 32 VE	01 h 24 PO	22 h 33 TA	15 h 40 GE		18 h 07 VI	11 h 32 BA		16 h 16 CP
19	08 h 14 BA	23 h 12 SA						23 h 18 LI			05 h 17 SA	
20			07 h 14 CP	19 h 56 PO	07 h 56 BE					17 h 06 SC		15 h 49 VE
21	13 h 59 SC					09 h 46 GE	04 h 09 CN		02 h 58 BA		06 h 03 CP	
22		01 h 40 CP	10 h 10 VE		17 h 00 TA			10 h 42 VI		20 h 16 SA		16 h 47 PO
23	17 h 03 SA			02 h 23 BE		22 h 09 CN	16 h 46 LI		09 h 18 SC		07 h 05 VE	
24		03 h 33 VE	14 h 02 PO					20 h 10 BA		22 h 29 CP		20 h 34 BE
25	18 h 00 CP			10 h 51 TA	03 h 55 GE				13 h 42 SA		09 h 50 PO	
26		06 h 04 PO	19 h 30 BE			10 h 51 LI	04 h 32 VI					
27	18 h 19 VE			21 h 17 GE	16 h 06 CN			03 h 24 SC	16 h 54 CP	00 h 58 VE	14 h 51 BE	03 h 30 TA
28		10 h 37 BE				22 h 53 VI	14 h 34 BA					
29	19 h 57 PO		03 h 13 TA					08 h 19 SA	19 h 33 VE	04 h 27 PO	21 h 59 TA	13 h 02 GE
30				09 h 23 CN	04 h 50 LI		21 h 55 SC					
31			13 h 32 GE					11 h 09 CP		09 h 12 BE		

1961

Date et heure d'entrée de la Lune dans les signes

	Janvier	Février	Mars	Avril	Mai	Juin	Juillet	Août	Septembre	Octobre	Novembre	Décembre
1	00 h 22 CN		14 h 12 VI						05 h 52 GE			
2		07 h 48 VI		16 h 37 SC	05 h 25 SA	17 h 45 VE	02 h 53 PO	16 h 19 TA			06 h 18 VI	03 h 08 BA
3	12 h 54 LI								15 h 00 CN	09 h 44 LI		
4		19 h 27 BA	01 h 21 BA	22 h 35 SA	08 h 40 CP	19 h 51 PO	05 h 13 BE	23 h 04 GE			18 h 42 BA	13 h 30 SC
5										22 h 46 VI		
6	01 h 49 VI		10 h 24 SC		11 h 24 VE	23 h 24 BE	10 h 02 TA		03 h 01 LI			20 h 25 SA
7		04 h 51 SC		02 h 53 CP				08 h 56 CN			04 h 40 SC	
8	13 h 31 BA		17 h 04 SA		14 h 23 PO		17 h 28 GE		16 h 06 VI	11 h 04 BA		
9		11 h 01 SA		06 h 03 VE		04 h 38 TA		29 h 59 LI			11 h 51 SA	00 h 31 CP
10	22 h 09 SC		21 h 19 CP		17 h 56 BE					21 h 19 SC		
11		13 h 51 CP		08 h 32 PO		11 h 41 GE	03 h 13 CN		04 h 34 BA		16 h 59 CP	03 h 12 VE
12			23 h 30 VE		22 h 25 TA			10 h 00 VI				
13	02 h 41 SA	14 h 15 VE		10 h 56 BE		20 h 50 CN	14 h 56 LI		15 h 24 SC	05 h 21 SA	20 h 59 VE	05 h 42 PO
14								22 h 44 BA				
15	03 h 41 CP	13 h 53 PO	00 h 27 PO	14 h 17 TA	04 h 35 GE				23 h 55 SA	11 h 24 CP		08 h 45 BE
16						08 h 16 LI	03 h 54 VI				00 h 19 PO	
17	02 h 56 VE	14 h 41 BE	01 h 33 BE	19 h 55 GE	13 h 17 CN			09 h 45 SC		15 h 37 VE		12 h 39 TA
18						21 h 12 VI	16 h 38 BA		05 h 42 CP		03 h 11 BE	
19	02 h 32 PO	18 h 22 TA	04 h 26 TA					17 h 44 SA		18 h 10 PO		17 h 48 GE
20				04 h 50 CN	00 h 46 LI				08 h 43 VE		06 h 04 TA	
21	04 h 27 BE		10 h 32 GE			09 h 32 BA	03 h 05 SC	22 h 08 CP		19 h 36 BE		
22		01 h 52 GE		16 h 44 LI	13 h 39 VI				09 h 36 PO		09 h 59 GE	00 h 50 CN
23	09 h 52 TA		20 h 22 CN			18 h 51 SC	09 h 43 SA	23 h 26 VE		21 h 07 TA		
24		12 h 49 CN							09 h 40 BE		16 h 21 CN	10 h 26 LI
25	18 h 51 GE			05 h 32 VI	01 h 18 BA		12 h 29 CP	23 h 03 PO				
26			08 h 48 LI			00 h 06 SA			10 h 42 TA	00 h 25 GE		22 h 30 VIs
27		01 h 34 LI		16 h 35 BA	09 h 35 SC		12 h 42 VE	22 h 49 BE			02 h 01 LI	
28	06 h 23 CN		21 h 30 VI			02 h 00 CP			14 h 32 GE	07 h 04 CN		
29					14 h 11 SA		12 h 14 PO				14 h 25 VI	11 h 27 BA
30	19 h 05 LI			00 h 28 SC		02 h 18 VE		00 h 37 TA	22 h 20 CN	17 h 30 LI		
31			08 h 22 BA		16 h 20 CP		12 h 56 BE					22 h 43 SC

1962

Date et heure d'entrée de la Lune dans les signes

	Janvier	Février	Mars	Avril	Mai	Juin	Juillet	Août	Septembre	Octobre	Novembre	Décembre
1		21 h 10 CP	06 h 38 CP	20 h 43 PO	06 h 13 BE	17 h 40 GE	06 h 19 CN		03 h 01 BA			14 h 26 VE
2								07 h 58 VI			01 h 18 CP	
3	06 h 24 SA	22 h 57 VE	09 h 52 VE	20 h 42 BE	06 h 50 TA	21 h 57 CN	13 h 56 LI		15 h 46 SC	09 h 41 SA		19 h 54 PO
4								20 h 18 BA			09 h 02 VE	
5	10 h 25 CP	22 h 53 PO	10 h 17 PO	20 h 26 TA	08 h 17 GE					19 h 36 CP		23 h 17 BE
6						05 h 23 LI	00 h 23 VI		03 h 26 SA		13 h 52 PO	
7	12 h 01 VE	22 h 51 BE	09 h 32 BE	22 h 00 GE	12 h 28 CN			08 h 56 SC				
8						16 h 13 VI	12 h 48 BA		12 h 20 CP	02 h 22 VE	15 h 45 BE	00 h 59 TA
9	12 h 54 PO		09 h 41 TA		20 h 35 LI			19 h 48 SA				
10		00 h 35 TA		03 h 13 CN					17 h 27 VE	05 h 29 PO	15 h 45 TA	02 h 08 GE
11	14 h 34 BE		12 h 36 GE			04 h 52 BA	01 h 06 SC					
12		05 h 18 GE		12 h 36 LI	08 h 11 VI			03 h 18 CP	19 h 02 PO	05 h 41 BE	15 h 44 GE	04 h 22 CN
13	18 h 01 TA		19 h 26 CN			16 h 46 SC	11 h 01 SA					
14		13 h 20 CN			21 h 03 BA			07 h 08 VE	18 h 33 BE	04 h 43 TA	17 h 49 CN	09 h 21 LI
15	23 h 42 GE			00 h 57 VI			17 h 32 CP					
16			05 h 57 LI			02 h 04 SA		08 h 17 PO	18 h 01 TA	04 h 50 GE	23 h 41 LI	17 h 59 VI
17		00 h 04 LI		13 h 54 BA	08 h 44 SC		21 h 07 VE					
18	07 h 40 CN		18 h 33 VI			08 h 30 CP		08 h 26 BE	19 h 29 GE	08 h 05 CN		
19		12 h 27 VI			18 h 03 SA		23 h 00 PO				09 h 34 VI	05 h 41 BA
20	17 h 50 LI			01 h 37 SC		12 h 49 VE		09 h 21 TA		15 h 31 LI		
21			07 h 28 BA						00 h 26 CN		21 h 58 BA	18 h 18 SC
22		01 h 22 BA		11 h 27 SA	01 h 09 CP	15 h 59 PO	00 h 34 BE	12 h 28 GE				
23	05 h 54 VI		19 h 29 SC						09 h 07 LI	02 h 32 VI		
24		13 h 37 SC		19 h 21 CP	06 h 31 VE	18 h 43 BE	02 h 57 TA	18 h 34 CN			10 h 34 SC	05 h 33 SA
25	18 h 53 BA								20 h 31 VI	15 h 14 BA		
26		23 h 46 SA	05 h 49 SA		10 h 30 PO	21 h 34 TA	06 h 57 GE				21 h 43 SA	14 h 19 CP
27				01 h 09 VE				03 h 30 LI				
28	06 h 55 SC		13 h 46 CP		13 h 15 BE		13 h 01 CN		09 h 08 BA	03 h 49 SC		20 h 43 VE
29				04 h 41 PO		01 h 10 GE		14 h 36 VI			07 h 00 CP	
30	15 h 49 SA		18 h 44 VE		15 h 17 TA		21 h 21 LI		21 h 49 SC	15 h 20 SA		
31												01 h 21 PO

1963

Date et heure d'entrée de la Lune dans les signes

	Janvier	Février	Mars	Avril	Mai	Juin	Juillet	Août	Septembre	Octobre	Novembre	Décembre
1			21 h 39 GE			00 h 09 BA					00 h 43 TA	
2	04 h 49 BE	16 h 03 GE		14 h 46 LI	06 h 13 VI			03 h 13 CP		13 h 49 BE	23 h 49 GE	10 h 45 CN
3						12 h 39 SC	08 h 12 SA		01 h 37 PO			
4	07 h 34 TA	20 h 40 CN	02 h 08 CN		17 h 43 BA			11 h 26 VE		13 h 51 TA		12 h 20 LI
5				00 h 21 VI			19 h 04 CP		03 h 52 BE		00 h 08 CN	
6	10 h 15 GE		09 h 15 LI			01 h 01 SA		16 h 46 PO		13 h 59 GE		17 h 27 VI
7		03 h 06 LI		11 h 50 BA	06 h 16 SC				05 h 02 TA		03 h 24 LI	
8	13 h 42 CN		18 h 34 VI			12 h 07 CP	03 h 37 VE	20 h 06 BE		16 h 01 CN		
9		11 h 36 VI			18 h 42 SA				06 h 46 GE		10 h 14 VI	02 h 22 BA
10	19 h 01 LI			00 h 14 SC		21 h 23 VE	09 h 53 PO	22 h 38 TA		20 h 54 LI		
11		22 h 18 BA	05 h 36 BA						10 h 08 CN		20 h 08 BA	14 h 05 SC
12				12 h 48 SA	06 h 14 CP		14 h 16 BE					
13	03 h 07 VI		17 h 52 SC			04 h 21 PO		01 h 16 GE	15 h 30 LI	04 h 34 VI		
14		10 h 39 SC			15 h 52 VE		17 h 15 TA				07 h 57 SC	02 h 54 SA
15	14 h 04 BA			00 h 27 CP		08 h 47 BE		04 h 40 CN	22 h 48 VI	14 h 24 BA		
16		22 h 58 SA	06 h 28 SA		22 h 33 PO		19 h 27 GE				20 h 40 SA	15 h 22 CP
17				09 h 34 VE		10 h 55 TA		09 h 17 LI				
18	02 h 36 SC		17 h 35 CP				21 h 45 CN		07 h 59 BA	01 h 52 SC		
19		09 h 01 CP		14 h 54 PO	01 h 48 BE	11 h 44 GE		15 h 41 VI			09 h 23 CP	02 h 29 VE
20	14 h 21 SA								19 h 10 SC	14 h 32 SA		
21		15 h 24 VE	01 h 21 VE	16 h 30 BE	02 h 22 TA	12 h 46 CN	01 h 15 LI				20 h 52 VE	11 h 29 PO
22	23 h 24 CP							00 h 26 BA				
23		18 h 18 PO	05 h 05 PO	15 h 51 TA	01 h 54 GE	15 h 44 LI	07 h 07 VI		07 h 50 SA	03 h 21 CP		17 h 41 BE
24								11 h 39 SC			05 h 33 PO	
25	05 h 15 VE	19 h 05 BE	05 h 38 BE	15 h 07 GE	02 h 29 CN	21 h 56 VI	16 h 03 BA		20 h 15 CP	14 h 21 VE		20 h 57 TA
26											10 h 25 BE	
27	08 h 36 PO	19 h 39 TA	04 h 57 TA	16 h 28 CN	05 h 59 LI			00 h 15 SA		21 h 37 PO		21 h 58 GE
28						07 h 41 BA	03 h 39 SC		06 h 03 VE		11 h 49 TA	
29	10 h 44 BE		05 h 13 GE	21 h 26 LI	13 h 22 VI			11 h 57 CP				22 h 07 CN
30						19 h 48 SC	16 h 09 SA		11 h 47 PO	00 h 41 BE	11 h 15 GE	
31	12 h 55 TA		08 h 14 CN					20 h 37 VE				23 h 10 LI

1964

Date et heure d'entrée de la Lune dans les signes

	Janvier	Février	Mars	Avril	Mai	Juin	Juillet	Août	Septembre	Octobre	Novembre	Décembre
1		19 h 25 BA		09 h 42 SA	05 h 43 CP				00 h 13 CN		00 h 25 BA	
2			13 h 54 SC			11 h 01 PO	00 h 53 BE	15 h 28 GE		12 h 43 VI		
3	02 h 48 VI			22 h 37 CP	18 h 07 VE				02 h 37 LI		08 h 25 SC	01 h 24 SA
4		05 h 13 SC				18 h 03 BE	05 h 43 TA	17 h 13 CN		17 h 45 BA		
5	10 h 11 BA		01 h 47 SA						05 h 13 VI		18 h 43 SA	13 h 54 CP
6		17 h 35 SA		10 h 25 VE	03 h 43 PO	21 h 20 TA	07 h 44 GE	18 h 11 LI				
7	21 h 04 SC		14 h 36 CP						09 h 20 BA	00 h 57 SC		
8				18 h 47 PO	09 h 16 BE	21 h 51 GE	07 h 57 VI	19 h 50 VI			07 h 06 CP	02 h 58 VE
9		06 h 11 CP							16 h 21 SC	11 h 03 SA		
10	09 h 49 SA		01 h 36 VE	23 h 09 BE	11 h 09 TA	21 h 17 CN	08 h 01 LI	23 h 52 BA			20 h 08 VE	15 h 00 PO
11		16 h 40 VE								23 h 32 CP		
12	22 h 14 CP		09 h 06 PO		11 h 02 GE	21 h 36 LI	09 h 44 VI		02 h 48 SA			
13				00 h 37 TA				07 h 32 SC			07 h 29 PO	00 h 13 BE
14		00 h 09 PO	13 h 16 BE		10 h 54 CN		14 h 41 BA		15 h 31 CP	12 h 15 VE		
15	08 h 48 VE			01 h 06 GE		00 h 28 VI		18 h 45 SA			15 h 11 BE	05 h 33 TA
16		05 h 11 BE	15 h 31 TA		12 h 32 LI		23 h 32 SC			22 h 33 PO		
17	17 h 04 PO			02 h 24 CN		06 h 54 BA			03 h 48 VE		18 h 58 TA	07 h 22 GE
18		08 h 46 TA	17 h 26 GE		17 h 03 VI			07 h 39 CP				
19	23 h 11 BE			05 h 40 LI		16 h 49 SC	11 h 28 SA		13 h 22 PO	05 h 05 BE	19 h 59 GE	07 h 03 CN
20		11 h 49 GE	20 h 12 CN					19 h 40 VE				
21				11 h 18 VI	00 h 42 BA				19 h 44 BE	08 h 25 TA	20 h 04 CN	06 h 31 LI
22	03 h 24 TA	14 h 50 CN				05 h 03 SA	00 h 27 CP					
23			00 h 15 LI	19 h 09 BA	10 h 59 SC			05 h 14 PO	23 h 46 TA	10 h 04 GE	20 h 59 LI	07 h 41 VI
24	06 h 05 GE	18 h 11 LI				18 h 02 CP	12 h 31 VE					
25			05 h 42 VI		23 h 03 SA			12 h 15 BE		11 h 38 CN		12 h 04 BA
26	07 h 52 CN	22 h 30 VI		05 h 02 SC			22 h 36 PO		02 h 46 GE		00 h 03 VI	
27			12 h 48 BA			06 h 22 VE		17 h 24 TA		14 h 15 LI		20 h 12 SC
28	09 h 46 LI			16 h 47 SA	12 h 00 CP				05 h 40 CN		05 h 54 BA	
29		04 h 46 BA	22 h 04 SC			16 h 56 PO	06 h 26 BE	21 h 16 GE		18 h 26 VI		
30	13 h 09 VI								08 h 53 LI		14 h 31 SC	07 h 21 SA
31					00 h 32 VE		12 h 01 TA					

1965

Date et heure d'entrée de la Lune dans les signes

	Janvier	Février	Mars	Avril	Mai	Juin	Juillet	Août	Septembre	Octobre	Novembre	Décembre
1	20 h 07 CP			02 h 19 BE		07 h 05 CN		03 h 54 BA	23 h 59 SA	18 h 30 CP		
2			09 h 38 PO		20 h 27 GE		17 h 12 VI					23 h 23 BE
3		02 h 56 PO		08 h 29 TA		04 h 47 LI		08 h 20 SC			03 h 23 PO	
4	09 h 05 VE		18 h 45 BE		22 h 39 CN		19 h 43 BA		10 h 51 CP	06 h 49 VE		
5		12 h 43 BE		12 h 56 GE		09 h 33 VI		16 h 49 SA			14 h 22 BE	08 h 12 TA
6	21 h 07 PO								23 h 34 VE	19 h 15 PO		
7		20 h 24 TA	01 h 50 TA	16 h 25 CN	00 h 50 LI	13 h 30 BA	01 h 39 SC				22 h 30 TA	13 h 28 GE
8								04 h 22 CP				
9	07 h 08 BE		07 h 15 GE	19 h 24 LI	03 h 47 VI	20 h 05 SC	10 h 54 SA		11 h 57 PO	05 h 54 BE		15 h 58 CN
10		01 h 36 GE						17 h 09 VE			03 h 54 GE	
11	14 h 11 TA		11 h 04 CN	22 h 15 VI	08 h 04 BA		22 h 29 CP		22 h 50 BE	14 h 17 TA		17 h 09 LI
12		04 h 14 CN				05 h 11 SA					07 h 30 CN	
13	17 h 48 GE		13 h 24 LI		14 h 10 SC			05 h 38 PO		20 h 40 GE		18 h 36 VI
14		04 h 55 LI		01 h 39 BA		16 h 21 CP	11 h 08 VE		07 h 57 TA		10 h 14 LI	
15	18 h 35 CN		14 h 56 VI		22 h 32 SA			16 h 57 BE				21 h 34 BA
16		05 h 06 VI		06 h 42 SC			23 h 44 PO		15 h 07 GE	01 h 27 CN	12 h 55 VI	
17	17 h 57 LI		17 h 05 BA			04 h 52 VE						
18		06 h 46 BA		14 h 31 SA	09 h 21 CP			02 h 28 TA	20 h 01 CN	04 h 51 LI	16 h 11 BA	02 h 40 SC
19	17 h 55 VI		21 h 32 SC			17 h 29 PO	11 h 13 BE					
20		11 h 46 SC			21 h 51 VE			09 h 21 GE	22 h 35 LI	07 h 13 VI	20 h 37 SC	10 h 01 SA
21	20 h 28 BA			01 h 24 CP			20 h 14 TA					
22		20 h 58 SA	05 h 37 SA			04 h 29 BE		13 h 05 CN	23 h 30 VI	09 h 22 BA		19 h 27 CP
23				14 h 05 VE	10 h 15 PO						02 h 57 SA	
24	03 h 02 SC		17 h 07 CP			12 h 16 TA	01 h 49 GE	14 h 01 LI		12 h 32 SC		
25		09 h 17 CP			20 h 19 BE				00 h 16 BA		11 h 46 CP	06 h 44 VE
26	13 h 33 SA			03 h 03 PO		16 h 18 GE	03 h 54 CN	13 h 36 VI		18 h 10 SA		
27		22 h 14 VE	05 h 59 VE						02 h 47 SC		23 h 03 VE	19 h 18 PO
28				11 h 13 BE	02 h 49 TA	17 h 20 CN	03 h 38 LI	13 h 52 BA				
29	02 h 22 CP		17 h 32 PO						08 h 43 SA	03 h 06 CP		
30				17 h 04 TA	05 h 59 GE	16 h 59 LI	02 h 55 VI	16 h 54 SC			11 h 40 PO	07 h 40 BE
31	15 h 18 VE									14 h 50 VE		

1966

Date et heure d'entrée de la Lune dans les signes

	Janvier	Février	Mars	Avril	Mai	Juin	Juillet	Août	Septembre	Octobre	Novembre	Décembre
1	17 h 47 TA		22 h 48 CN		19 h 31 BA		23 h 52 CP		22 h 27 BE	16 h 48 TA		
2		13 h 41 CN		10 h 32 VI		09 h 38 SA					17 h 43 CN	05 h 02 LI
3					21 h 24 SC			03 h 36 PO				
4	00 h 07 GE	14 h 14 LI	00 h 57 LI	10 h 40 BA		16 h 10 CP	09 h 15 VE		10 h 59 TA	03 h 44 GE	23 h 36 LI	08 h 48 VI
5								16 h 14 BE				
6	02 h 41 CN	13 h 11 VI	00 h 37 VI	11 h 31 SC	00 h 52 SA		20 h 40 PO		21 h 53 GE	12 h 13 CN		11 h 43 BA
7			23 h 49 BA			01 h 21 VE					03 h 10 VI	
8	02 h 50 LI	12 h 50 BA		14 h 54 SA	07 h 12 CP			04 h 37 TA		17 h 25 LI		14 h 18 SC
9						12 h 57 PO	09 h 16 BE		05 h 27 CN		04 h 54 BA	
10	02 h 35 VI	15 h 15 SC	00 h 48 SC	22 h 02 CP	16 h 51 VE			14 h 38 GE		19 h 27 VI		17 h 14 SA
11							21 h 04 TA		09 h 01 LI		05 h 53 SC	
12	03 h 53 BA	21 h 34 SA	05 h 19 SA			01 h 27 BE		20 h 42 CN		19 h 29 BA		21 h 31 CP
13				08 h 42 VE	04 h 55 PO				09 h 26 VI		07 h 36 SA	
14	08 h 08 SC		13 h 56 CP			12 h 30 TA	05 h 51 GE	22 h 50 LI		19 h 21 SC		
15		07 h 27 CP		21 h 13 PO	17 h 16 BE				08 h 33 BA		11 h 37 CP	04 h 20 VE
16	15 h 40 SA					20 h 26 GE	10 h 44 CN	22 h 35 VI		20 h 59 SA		
17		19 h 27 VE	01 h 35 VE						08 h 34 SC		19 h 04 VE	14 h 18 PO
18				09 h 27 BE	03 h 50 TA		12 h 27 LI	22 h 06 BA				
19	01 h 45 CP		14 h 19 PO			01 h 05 CN			11 h 21 SA	01 h 56 CP		
20		08 h 06 PO		20 h 01 TA	11 h 41 GE		12 h 47 VI	23 h 24 SC			05 h 54 PO	02 h 39 BE
21	13 h 27 VE					03 h 29 LI			17 h 53 CP	10 h 41 VE		
22		20 h 30 BE	02 h 33 BE		17 h 01 CN		13 h 38 BA				18 h 31 BE	15 h 07 TA
23				04 h 28 GE		05 h 08 VI		03 h 51 SA		22 h 21 PO		
24	01 h 59 PO		13 h 32 TA		20 h 37 LI		16 h 32 SC		03 h 48 VE			
25		07 h 53 TA		10 h 49 CN		07 h 23 BA		11 h 37 CP			06 h 37 TA	01 h 14 GE
26	14 h 34 BE		22 h 41 GE		23 h 22 VI		22 h 05 SA		15 h 49 PO	11 h 04 BE		
27		17 h 03 GE		15 h 10 LI		11 h 04 SC		21 h 56 VE			16 h 31 GE	07 h 58 CN
28										23 h 06 TA		
29	01 h 43 TA		05 h 24 CN	17 h 50 VI	01 h 59 BA	16 h 31 SA	06 h 05 CP		04 h 30 BE		23 h 49 CN	11 h 58 LI
30								09 h 48 PO				
31	09 h 44 GE		09 h 13 LI		05 h 11 SC		16 h 02 VE			09 h 28 GE		14 h 34 VI

1967

Date et heure d'entrée de la Lune dans les signes

	Janvier	Février	Mars	Avril	Mai	Juin	Juillet	Août	Septembre	Octobre	Novembre	Décembre
1		01 h 44 SC		00 h 11 CP		20 h 07 BE	16 h 43 TA		14 h 08 LI	03 h 39 VI	15 h 27 SC	02 h 10 SA
2	17 h 04 BA		11 h 53 SA					22 h 32 CN				
3		05 h 56 SA		07 h 50 VE	00 h 47 PO				17 h 07 VI	04 h 35 BA	14 h 51 SA	02 h 25 CP
4	20 h 17 SC		17 h 35 CP			09 h 04 TA	04 h 39 GE					
5		12 h 10 CP		18 h 30 PO	13 h 10 BE			04 h 26 LI	18 h 03 BA	04 h 15 SC	15 h 44 CP	04 h 57 VE
6						20 h 52 GE	13 h 48 CN					
7	00 h 28 SA	20 h 17 VE	02 h 04 VE					07 h 36 VI	18 h 44 SC	04 h 32 SA	19 h 45 VE	11 h 20 PO
8				06 h 57 BE	02 h 09 TA		19 h 59 LI					
9	05 h 54 CP		12 h 42 PO			06 h 18 CN		09 h 34 BA	20 h 40 SA	07 h 04 CP		21 h 44 BE
10		06 h 19 PO		19 h 56 TA	14 h 08 GE						03 h 43 PO	
11	13 h 06 VE					13 h 20 LI	00 h 08 VI	11 h 44 SC		12 h 45 VE		
12		18 h 17 BE	00 h 54 BE						00 h 43 CP		14 h 59 BE	10 h 32 TA
13	22 h 44 PO			08 h 15 GE	00 h 11 CN	18 h 24 VI	03 h 20 BA	14 h 53 SA		21 h 38 PO		
14			13 h 55 TA						07 h 09 VE			23 h 19 GE
15		07 h 19 TA		18 h 36 CN	07 h 49 LI	21 h 59 BA	06 h 17 SC	19 h 19 CP			03 h 53 TA	
16	10 h 48 BE								15 h 53 PO	08 h 57 BE		
17		19 h 16 GE	02 h 19 GE		12 h 53 VI		09 h 22 SA				16 h 41 GE	10 h 23 CN
18	23 h 40 TA			01 h 54 LI		00 h 25 SC		01 h 18 VE		21 h 41 TA		
19			12 h 10 CN		15 h 32 BA		12 h 59 CP		02 h 46 BE			19 h 21 LI
20		03 h 49 CN		05 h 43 VI		02 h 20 SA		09 h 19 PO			04 h 14 CN	
21	10 h 39 GE		18 h 04 LI		16 h 30 SC		17 h 59 VE		15 h 20 TA	10 h 38 GE		
22		08 h 05 LI		06 h 42 BA		04 h 46 CN		19 h 48 BE			13 h 48 LI	02 h 21 VI
23	17 h 52 CN		20 h 08 VI		17 h 06 SA					22 h 28 CN		
24		09 h 04 VI		06 h 19 SC		09 h 11 VE	01 h 29 PO		04 h 21 GE		20 h 46 VI	07 h 27 BA
25	21 h 21 LI		19 h 50 BA		18 h 58 CP			08 h 22 TA				
26		08 h 44 BA		06 h 28 SA		16 h 49 PO	12 h 01 BE		15 h 45 CN	07 h 41 LI		10 h 36 SC
27	22 h 37 VI		19 h 11 SC		23 h 44 VE			21 h 08 GE			00 h 48 BA	
28		09 h 09 SC		08 h 55 CP					23 h 42 LI	13 h 20 VI		12 h 09 SA
29	23 h 33 BA		20 h 09 SA			03 h 53 BE	00 h 41 TA				02 h 13 SC	
30				14 h 58 VE	08 h 18 PO			07 h 34 CN		15 h 32 BA		13 h 11 CP
31							13 h 01 GE					

1968

Date et heure d'entrée de la Lune dans les signes

	Janvier	Février	Mars	Avril	Mai	Juin	Juillet	Août	Septembre	Octobre	Novembre	Décembre
1	15 h 24 VE							02 h 12 SC	13 h 22 CP		16 h 51 BE	08 h 58 TA
2		14 h 40 BE		06 h 41 GE	01 h 50 CN		16 h 11 BA					
3	20 h 36 PO		10 h 28 TA			03 h 52 VI		05 h 11 SA	16 h 20 VE	03 h 22 PO		21 h 06 GE
4				19 h 13 CN	12 h 54 LI		20 h 21 SC				03 h 01 TA	
5		02 h 15 TA	23 h 17 GE			09 h 50 BA		06 h 57 CP	20 h 28 PO	10 h 36 BE		
6	05 h 46 BE				20 h 58 VI		22 h 05 SA				14 h 48 GE	09 h 44 CN
7		15 h 09 GE		05 h 29 LI		12 h 31 SC		08 h 37 VE		20 h 07 TA		
8	18 h 03 TA		11 h 22 CN				22 h 24 CP		02 h 50 BE			22 h 03 LI
9				12 h 04 VI	01 h 21 BA	12 h 43 SA		11 h 46 PO			03 h 26 CN	
10		02 h 34 CN	20 h 28 LI				23 h 04 VE		12 h 07 TA	07 h 44 GE		
11	06 h 54 GE			15 h 01 BA	02 h 30 SC	12 h 06 CP		17 h 53 BE			15 h 45 LI	09 h 00 VI
12		10 h 50 LI							23 h 55 GE	20 h 23 CN		
13	17 h 54 CN		01 h 52 VI	15 h 32 SC	01 h 54 SA	12 h 47 VE	02 h 03 PO					17 h 09 BA
14		16 h 03 VI						03 h 36 TA			01 h 55 VI	
15			04 h 23 BA	15 h 23 SA	01 h 31 CP	16 h 43 PO	08 h 52 BE		12 h 29 CN	08 h 08 LI		21 h 32 SC
16	02 h 09 LI	19 h 22 BA						15 h 52 GE			08 h 27 BA	
17			05 h 33 SC	16 h 23 CP	03 h 23 VE		19 h 30 TA		23 h 25 LI	16 h 59 VI		22 h 28 SA
18	08 h 11 VI	22 h 00 SC				00 h 50 BE					11 h 07 SC	
19			06 h 54 SA	19 h 57 VE	08 h 54 PO			04 h 16 CN		22 h 05 BA		21 h 33 CP
20	12 h 48 BA					12 h 25 TA	08 h 13 GE		07 h 16 VI		11 h 05 SA	
21		00 h 48 SA	09 h 35 CP		18 h 15 BE			14 h 41 LI				20 h 59 VE
22	16 h 28 SC			02 h 46 PO			20 h 32 CN		11 h 59 BA	00 h 06 SC	10 h 20 CP	
23		04 h 12 CP	14 h 16 VE			01 h 22 GE		22 h 21 VI				23 h 01 PO
24	19 h 24 SA			12 h 33 BE	06 h 16 TA				14 h 39 SC	00 h 33 SA	11 h 02 VE	
25		08 h 37 VE	21 h 15 PO			13 h 43 CN	06 h 56 LI					
26	21 h 58 CP				19 h 12 GE			03 h 45 BA	16 h 31 SA	01 h 14 CP	14 h 52 PO	05 h 02 BE
27		14 h 42 PO		00 h 23 TA			15 h 11 VI					
28			06 h 32 BE			00 h 31 LI		07 h 38 SC	18 h 45 CP	03 h 44 VE	22 h 26 BE	14 h 57 TA
29	01 h 07 VE	23 h 14 BE		13 h 12 GE	07 h 43 CN		21 h 33 BA					
30			17 h 55 TA			09 h 27 VI		10 h 41 SA	22 h 12 VE	08 h 55 PO		
31	06 h 16 PO				18 h 53 LI							03 h 12 GE

1969

Date et heure d'entrée de la Lune dans les signes

	Janvier	Février	Mars	Avril	Mai	Juin	Juillet	Août	Septembre	Octobre	Novembre	Décembre
1		10 h 29 LI		20 h 04 BA	09 h 50 SC	21 h 07 CP	06 h 50 VE	19 h 55 BE			11 h 35 LI	08 h 14 VI
2	15 h 54 CN								19 h 24 GE	14 h 53 CN		
3		20 h 41 VI	04 h 07 VI		11 h 19 SA	21 h 04 VE	07 h 27 PO					19 h 17 BA
4				00 h 23 SC				02 h 02 TA			00 h 00 VI	
5	03 h 55 LI		11 h 34 BA		11 h 57 CP	23 h 14 PO	11 h 17 BE		06 h 57 CN	03 h 26 LI		
6		05 h 00 BA		02 h 58 SA				11 h 49 GE			09 h 59 BA	02 h 31 SC
7	14 h 43 VI		16 h 57 SC		13 h 28 VE		18 h 54 TA		19 h 37 LI	15 h 22 VI		
8		11 h 18 SC		05 h 05 CP		04 h 37 BE		23 h 57 CN			16 h 18 SC	05 h 43 SA
9	23 h 33 BA		20 h 48 SA		17 h 04 PO							
10		15 h 23 SA		07 h 46 VE		13 h 07 TA	05 h 31 GE		07 h 21 VI	00 h 49 BA	19 h 30 SA	06 h 21 CP
11			23 h 41 CP		23 h 09 BE			12 h 38 LI				
12	05 h 32 SC	17 h 29 CP		11 h 41 PO		23 h 49 GE	17 h 47 CN		17 h 02 BA	07 h 19 SC	21 h 09 CP	06 h 28 VE
13												
14	08 h 19 SA	18 h 31 VE	02 h 10 VE	17 h 13 BE	07 h 29 TA			00 h 33 VI		11 h 33 SA	22 h 53 VE	07 h 57 PO
15						11 h 53 CN	06 h 29 LI		00 h 25 SC			
16	08 h 39 CP	20 h 04 PO	05 h 04 PO		17 h 42 GE			10 h 52 BA		14 h 35 CP		11 h 56 BE
17				00 h 43 TA			18 h 42 VI		05 h 42 SA		01 h 53 PO	
18	08 h 17 VE	23 h 49 BE	09 h 27 BE			00 h 35 LI		18 h 55 SC		17 h 21 VE		18 h 35 TA
19				10 h 29 GE	05 h 31 CN				09 h 14 CP		06 h 33 BE	
20	09 h 21 PO		16 h 20 TA			12 h 53 VI	05 h 20 BA			20 h 26 PO		
21		07 h 02 TA		22 h 17 CN	18 h 13 LI			00 h 13 SA	11 h 31 VE		12 h 53 TA	03 h 28 GE
22	13 h 44 BE					23 h 03 BA	13 h 04 SC					
23		17 h 41 GE	02 h 12 GE					02 h 49 CP	13 h 22 PO	00 h 18 BE	20 h 59 GE	14 h 08 CN
24	22 h 14 TA			10 h 52 LI	06 h 07 VI		17 h 11 SA					
25			14 h 19 CN			05 h 31 SC		03 h 36 VE	15 h 56 BE	05 h 33 TA		
26		06 h 11 CN		21 h 57 VI	15 h 07 BA		18 h 10 CP				07 h 10 CN	02 h 21 LI
27	09 h 54 GE					07 h 59 SA		04 h 03 PO	20 h 29 TA	13 h 01 GE		
28		18 h 12 LI	02 h 37 LI		20 h 05 SC		17 h 35 VE				19 h 22 LI	15 h 20 VI
29	22 h 37 CN			05 h 44 BA		07 h 45 CP		05 h 57 BE		23 h 13 CN		
30			12 h 54 VI		21 h 30 SA		17 h 31 PO		04 h 06 GE			
31								10 h 50 TA				03 h 19 BA

1970

Date et heure d'entrée de la Lune dans les signes

	Janvier	Février	Mars	Avril	Mai	Juin	Juillet	Août	Septembre	Octobre	Novembre	Décembre
1		01 h 50 SA						10 h 44 LI			02 h 24 SA	
2	12 h 04 SC		12 h 54 CP		09 h 33 BE		17 h 22 CN		18 h 26 BA	11 h 36 SC		18 h 45 VE
3		04 h 22 CP		00 h 02 PO		02 h 10 GE		23 h 34 VI			08 h 33 CP	
4	16 h 34 SA		14 h 35 VE		13 h 05 TA					20 h 32 SA		21 h 56 PO
5		04 h 19 VE		01 h 33 BE		10 h 26 CN	04 h 27 LI		05 h 55 SC		13 h 11 VE	
6	17 h 30 CP		14 h 49 PO		18 h 17 GE			12 h 32 BA				
7		03 h 37 PO		04 h 03 TA		21 h 17 LI	17 h 12 VI		14 h 59 SA	03 h 11 CP	16 h 33 PO	01 h 04 BE
8	16 h 48 VE		15 h 17 BE					23 h 56 SC				
9		04 h 17 BE		09 h 02 GE	02 h 17 CN				20 h 52 CP	07 h 26 VE	18 h 52 BE	04 h 25 TA
10	16 h 37 PO		17 h 44 TA			10 h 03 VI	06 h 03 BA					
11		07 h 59 TA		17 h 33 CN	13 h 22 LI			08 h 07 SA	23 h 34 VE	09 h 30 PO	20 h 50 TA	08 h 34 GE
12	18 h 48 BE		23 h 37 GE			22 h 29 BA	16 h 41 SC					
13		15 h 29 GE						12 h 25 CP	23 h 57 PO	10 h 12 BE	23 h 49 GE	14 h 33 CN
14				05 h 16 LI	02 h 11 VI		23 h 26 SA					
15	00 h 20 TA		09 h 19 CN			08 h 02 SC		13 h 31 VE	23 h 35 BE	10 h 59 TA		23 h 22 LI
16		02 h 18 CN		18 h 07 VI	14 h 03 BA						05 h 24 CN	
17	09 h 07 GE		21 h 40 LI			13 h 39 SA	02 h 19 CP	13 h 02 PO		13 h 43 GE		
18		14 h 54 LI			22 h 50 SC				00 h 21 TA		14 h 37 LI	11 h 05 VI
19	20 h 14 CN			05 h 35 BA		16 h 05 CP	02 h 45 VE	12 h 51 BE		19 h 59 CN		
20			10 h 30 VI						04 h 02 GE			
21		03 h 42 VI		14 h 16 SC	04 h 12 SA	17 h 01 VE	02 h 37 PO	14 h 47 TA			02 h 50 VI	00 h 01 BA
22	08 h 41 LI		21 h 56 BA						11 h 41 CN	06 h 13 LI		
23		15 h 30 BA		20 h 15 SA	07 h 13 CP	18 h 12 PO	03 h 43 BE	20 h 04 GE			15 h 39 BA	11 h 27 SC
24	21 h 34 VI								22 h 54 LI	18 h 58 VI		
25			07 h 10 SC		09 h 26 VE	20 h 52 BE	07 h 19 TA					19 h 28 SA
26		01 h 23 SC		00 h 27 CP				04 h 58 CN			02 h 25 SC	
27	09 h 43 BA		14 h 07 SA		11 h 59 PO		13 h 54 GE		11 h 54 VI	07 h 38 BA		
28		08 h 38 SA		03 h 44 VE		01 h 35 TA		16 h 38 LI			10 h 02 SA	00 h 02 CP
29	19 h 35 SC		19 h 00 CP		15 h 27 BE		23 h 15 CN			18 h 16 SC		
30				06 h 38 PO		08 h 25 GE			00 h 34 BA		15 h 05 CP	02 h 24 VE
31			22 h 09 VE		20 h 03 TA			05 h 36 VI				

1971

Date et heure d'entrée de la Lune dans les signes

	Janvier	Février	Mars	Avril	Mai	Juin	Juillet	Août	Septembre	Octobre	Novembre	Décembre
1	04 h 08 PO	15 h 49 TA		16 h 51 CN	09 h 35 LI			08 h 50 SA		19 h 37 PO		16 h 25 GE
2						17 h 27 BA	13 h 47 SC		07 h 04 VE		05 h 56 TA	
3	06 h 27 BE	20 h 34 GE	03 h 01 GE		21 h 03 VI			16 h 32 CP		19 h 41 BE		17 h 51 CN
4				02 h 06 LI			23 h 59 SA		08 h 51 PO		05 h 27 GE	
5	10 h 01 TA		09 h 48 CN			05 h 36 SC		20 h 47 VE		18 h 43 TA		22 h 17 LI
6		04 h 07 CN		14 h 17 VI	09 h 59 BA				08 h 44 BE		07 h 15 CN	
7	15 h 09 GE		19 h 56 LI			15 h 29 SA	07 h 04 CP	22 h 34 PO		18 h 54 GE		
8		14 h 06 LI			22 h 03 SC				08 h 38 TA		12 h 56 LI	06 h 41 VI
9	22 h 09 CN			03 h 17 BA		22 h 46 CP	11 h 27 VE	23 h 27 BE		22 h 11 CN		
10			08 h 11 VI						10 h 26 GE		22 h 44 VI	18 h 20 BA
11		01 h 58 VI		15 h 28 SC	08 h 08 SA		14 h 15 PO					
12	07 h 24 LI		21 h 07 BA			04 h 04 VE		00 h 56 TA	15 h 22 CN	05 h 31 LI		
13		14 h 51 BA			16 h 09 CP		16 h 32 BE				11 h 06 BA	07 h 02 SC
14	18 h 57 VI			02 h 03 SA		08 h 02 PO		04 h 11 GE	23 h 38 LI	16 h 16 VI		
15			09 h 32 SC		22 h 20 VE		19 h 10 TA				23 h 50 SC	18 h 38 SA
16		03 h 22 SC		10 h 38 CP		11 h 06 BE		09 h 50 CN				
17	07 h 53 BA		20 h 24 SA				22 h 47 GE		10 h 29 VI	04 h 47 BA		
18		13 h 46 SA		16 h 46 VE	02 h 40 PO	13 h 39 TA		17 h 58 LI			11 h 31 SA	04 h 08 CP
19	20 h 04 SC								22 h 47 BA	17 h 31 SC		
20		20 h 38 CP	04 h 37 CP	20 h 08 PO	05 h 12 BE	16 h 24 GE	03 h 57 CN				21 h 37 CP	11 h 33 VE
21								04 h 19 VI				
22	05 h 16 SA	23 h 43 VE	09 h 29 VE	21 h 09 BE	06 h 32 TA	20 h 30 CN	11 h 17 LI		11 h 33 SC	05 h 32 SA		17 h 10 PO
23								16 h 23 BA			05 h 53 VE	
24	10 h 33 CP		11 h 08 PO	21 h 07 TA	08 h 02 GE		21 h 10 VI		23 h 43 SA	16 h 06 CP		21 h 09 BE
25		00 h 05 PO				03 h 12 LI					11 h 48 PO	
26	12 h 37 VE	23 h 30 BE	10 h 46 BE	21 h 59 GE	11 h 26 CN			05 h 09 SC				23 h 45 TA
27						13 h 06 VI	09 h 12 BA		09 h 53 CP	00 h 12 VE	15 h 04 BE	
28	13 h 02 PO	23 h 54 TA	10 h 16 TA		18 h 16 LI			16 h 57 SA				
29				01 h 44 CN			21 h 51 SC		16 h 39 VE	04 h 57 PO	16 h 08 TA	01 h 39 GE
30	13 h 36 BE		11 h 44 GE			01 h 23 BA						
31					04 h 48 VI			01 h 54 CP		06 h 26 BE		04 h 02 CN

1972

Date et heure d'entrée de la Lune dans les signes

	Janvier	Février	Mars	Avril	Mai	Juin	Juillet	Août	Septembre	Octobre	Novembre	Décembre
1		00 h 56 VI	18 h 59 BA			12 h 15 VE	01 h 19 PO	14 h 58 TA		12 h 26 LI		
2	08 h 23 LI				20 h 29 CP				02 h 11 CN		10 h 27 BA	03 h 42 SC
3		11 h 07 BA		02 h 28 SA		19 h 52 PO	06 h 23 BE	17 h 33 GE		19 h 31 VI		
4	15 h 51 VI		07 h 00 SC						06 h 54 LI		21 h 46 SC	16 h 23 SA
5		23 h 18 SC		14 h 21 CP	06 h 35 VE		09 h 26 TA	20 h 18 CN				
6			19 h 37 SA			00 h 28 BE			13 h 16 VI	04 h 35 BA		
7	02 h 34 BA			23 h 38 VE	13 h 28 PO		11 h 05 GE	23 h 56 LI			10 h 16 SA	05 h 07 CP
8		11 h 38 SA				02 h 15 TA			21 h 37 BA	15 h 27 SC		
9	15 h 04 SC		06 h 50 CP		16 h 35 BE		12 h 30 CN				23 h 11 CP	16 h 54 VE
10		21 h 50 CP		04 h 58 PO		02 h 25 GE		05 h 23 VI				
11			14 h 43 VE		16 h 48 TA		15 h 05 LI		08 h 16 SC	03 h 52 SA		
12	02 h 57 SA			06 h 32 BE		02 h 45 CN		13 h 28 BA			11 h 03 VE	02 h 33 PO
13		04 h 37 VE	18 h 40 PO		15 h 58 GE		20 h 16 VI		20 h 43 SA	16 h 44 CP		
14	12 h 26 CP			05 h 55 TA		05 h 10 LI					19 h 57 PO	08 h 59 BE
15		08 h 12 PO	19 h 37 BE		16 h 17 CN			00 h 20 SC				
16	19 h 04 VE			05 h 17 GE		11 h 04 VI	04 h 49 BA		09 h 08 CP	03 h 51 VE		11 h 59 TA
17		09 h 51 BE	19 h 28 TA		19 h 39 LI			12 h 50 SA			00 h 45 BE	
18	23 h 28 PO			06 h 46 CN		20 h 39 BA	16 h 15 SC		19 h 04 VE	11 h 12 PO		12 h 24 GE
19		11 h 12 TA	20 h 13 GE								01 h 54 TA	
20				11 h 47 LI	02 h 57 VI			00 h 39 CP		14 h 23 BE		11 h 57 CN
21	02 h 36 BE	13 h 36 GE	23 h 26 CN			08 h 43 SC	04 h 47 SA		01 h 09 PO		01 h 06 GE	
22				20 h 25 VI	13 h 37 BA			09 h 44 VE		14 h 38 TA		12 h 34 LI
23	05 h 18 TA	17 h 52 CN				21 h 14 SA	16 h 11 CP		03 h 44 BE		00 h 31 CN	
24			05 h 46 LI					15 h 29 PO		14 h 03 GE		16 h 02 VI
25	08 h 15 GE			07 h 35 BA	02 h 01 SC				04 h 28 TA		02 h 12 LI	
26		00 h 15 LI	14 h 48 VI			08 h 36 CP	01 h 08 VE	18 h 40 BE		14 h 45 CN		23 h 22 BA
27	12 h 02 CN			19 h 57 SC	14 h 33 SA				05 h 15 GE		07 h 24 VI	
28		08 h 39 VI				18 h 03 VE	07 h 29 PO	20 h 43 TA		18 h 15 LI		
29	17 h 22 LI		01 h 42 BA						07 h 39 CN		16 h 15 BA	10 h 11 SC
30				08 h 31 SA	02 h 13 CP		11 h 51 BE	22 h 56 GE				
31			13 h 49 SC							00 h 59 VI		22 h 52 SA

1973

Date et heure d'entrée de la Lune dans les signes

	Janvier	Février	Mars	Avril	Mai	Juin	Juillet	Août	Septembre	Octobre	Novembre	Décembre
1			14 h 22 VE				21 h 56 LI		05 h 18 SC			
2		05 h 55 VE		12 h 49 BE	01 h 02 TA	11 h 21 CN		13 h 12 BA			08 h 58 VE	04 h 32 PO
3	11 h 31 CP		22 h 31 PO				23 h 32 VI		15 h 25 SA	12 h 03 CP		
4		14 h 22 PO		14 h 59 TA	01 h 16 GE	11 h 49 LI		20 h 36 SC			20 h 26 PO	13 h 51 BE
5	22 h 48 VE											
6		20 h 29 BE	03 h 37 BE	16 h 12 GE	01 h 35 CN	14 h 52 VI	04 h 24 BA		04 h 01 CP	00 h 49 VE		19 h 09 TA
7								07 h 37 SA			04 h 19 BE	
8	08 h 03 PO		06 h 51 TA	18 h 05 CN	03 h 36 LI	21 h 16 BA	13 h 06 SC		16 h 31 VE	11 h 24 PO		20 h 59 GE
9		00 h 54 TA						20 h 30 CP			08 h 26 TA	
10	14 h 58 BE		09 h 32 GE	21 h 31 LI	08 h 13 VI					18 h 29 BE		20 h 53 CN
11		04 h 10 GE				06 h 53 SC	00 h 48 SA		02 h 41 PO		09 h 59 GE	
12	19 h 24 TA		12 h 30 CN		15 h 31 BA			08 h 53 VE		22 h 36 TA		20 h 45 LI
13		06 h 45 CN		02 h 47 VI		18 h 44 SA	13 h 45 CP		09 h 56 BE		10 h 47 CN	
14	21 h 41 GE		16 h 08 LI					19 h 14 PO				22 h 21 VI
15		09 h 13 LI		09 h 50 BA	01 h 10 SC				14 h 59 TA	01 h 08 GE	12 h 20 LI	
16	22 h 39 CN		20 h 43 VI			07 h 37 CP	02 h 15 VE					
17		12 h 32 VI		18 h 51 SC	12 h 42 SA			03 h 16 BE	18 h 48 GE	03 h 28 CN	15 h 42 VI	02 h 54 BA
18	23 h 40 LI					20 h 19 VE	13 h 07 PO					
19		17 h 59 BA	02 h 48 BA					09 h 15 TA	22 h 01 CN	06 h 25 LI	21 h 16 BA	10 h 44 SC
20				06 h 02 SA	01 h 31 CP		21 h 44 BE					
21	02 h 24 VI		11 h 15 SC			07 h 29 PO		13 h 27 GE		10 h 19 VI		21 h 20 SA
22		02 h 35 SC		18 h 50 CP	14 h 18 VE				00 h 56 LI		05 h 07 SC	
23	08 h 17 BA		22 h 26 SA			15 h 48 BE	03 h 41 TA	16 h 08 CN		15 h 29 BA		
24		14 h 14 SA							03 h 58 VI		15 h 11 SA	09 h 41 CP
25	17 h 53 SC			07 h 22 VE	01 h 06 PO	20 h 37 TA	06 h 59 GE	17 h 49 LI		22 h 29 SC		
26			11 h 16 CP						08 h 01 BA			22 h 43 VE
27		03 h 04 CP		17 h 10 PO	08 h 15 BE	22 h 18 GE	08 h 11 CN	19 h 33 VI			03 h 13 CP	
28	06 h 11 SA		23 h 13 VE						14 h 19 SC	07 h 58 SA		
29				22 h 54 BE	11 h 28 TA	22 h 09 CN	08 h 30 LI	22 h 52 BA			16 h 17 VE	11 h 10 PO
30	18 h 54 CP								23 h 48 SA	19 h 57 CP		
31			07 h 55 PO		11 h 53 GE		09 h 35 VI					21 h 35 BE

1974

Date et heure d'entrée de la Lune dans les signes

	Janvier	Février	Mars	Avril	Mai	Juin	Juillet	Août	Septembre	Octobre	Novembre	Décembre
1		16 h 54 GE		11 h 41 LI		11 h 10 SC	01 h 21 SA		01 h 29 PO		18 h 23 GE	06 h 22 CN
2					23 h 39 BA			06 h 46 VE				
3	04 h 39 TA	19 h 06 CN	02 h 59 CN	13 h 57 VI		19 h 21 SA	12 h 20 CP		12 h 58 BE	04 h 40 TA	23 h 01 CN	08 h 32 LI
4								19 h 26 PO				
5	08 h 01 GE	19 h 11 LI	04 h 49 LI	16 h 23 BA	04 h 43 SC				22 h 51 TA	12 h 01 GE		10 h 40 VI
6						05 h 49 CP	00 h 42 VE				02 h 30 LI	
7	08 h 29 CN	18 h 52 VI	05 h 34 VI	20 h 25 SC	12 h 05 SA			07 h 15 BE		17 h 30 CN		13 h 43 BA
8						18 h 03 VE	13 h 26 PO		06 h 37 GE		05 h 18 VI	
9	07 h 42 LI	20 h 10 BA	06 h 52 BA		22 h 15 CP			17 h 13 TA		21 h 03 LI		18 h 14 SC
10				03 h 27 SA					11 h 40 CN		07 h 59 BA	
11	07 h 42 VI		10 h 40 SC			06 h 44 PO	01 h 10 BE			22 h 56 VI		
12		00 h 58 SC		13 h 56 CP	10 h 34 VE			00 h 15 GE	13 h 55 LI		11 h 24 SC	00 h 35 SA
13	10 h 21 BA		18 h 21 SA			17 h 53 BE	10 h 21 TA					
14		10 h 02 SA			23 h 04 PO			03 h 49 CN	14 h 12 VI	00 h 11 BA	16 h 39 SA	09 h 04 CP
15	16 h 54 SC			02 h 34 VE			15 h 54 GE					
16		22 h 17 CP	05 h 42 CP			01 h 47 TA		04 h 27 LI	14 h 17 BA	02 h 23 SC		19 h 48 VE
17				14 h 44 PO	09 h 20 BE		17 h 56 CN				00 h 43 CP	
18	03 h 12 SA		18 h 39 VE			05 h 59 GE		03 h 43 VI	16 h 14 SC	07 h 14 SA		
19		11 h 22 VE			16 h 11 TA		17 h 43 LI				11 h 40 VE	08 h 12 PO
20	15 h 48 CP			00 h 20 BE		07 h 21 CN		03 h 45 BA	21 h 46 SA	15 h 44 CP		
21		23 h 16 PO	06 h 33 PO		19 h 55 GE		17 h 10 VI					20 h 35 BE
22				06 h 54 TA		07 h 30 LI		06 h 37 SC			00 h 12 PO	
23	04 h 51 VE		16 h 02 BE		21 h 46 CN		18 h 19 BA		07 h 22 CP	03 h 20 VE		
24		09 h 13 BE		11 h 12 GE		08 h 11 VI		13 h 34 SA			11 h 59 BE	06 h 45 TA
25	17 h 01 PO		23 h 10 TA		23 h 12 LI		22 h 46 SC		19 h 38 VE	15 h 57 PO		
26		17 h 11 TA		14 h 18 CN		10 h 57 BA					21 h 05 TA	13 h 16 GE
27								00 h 15 CP				
28	03 h 33 BE	23 h 10 GE	04 h 33 GE	17 h 04 LI	01 h 25 VI	16 h 40 SC	07 h 00 SA		08 h 15 PO	03 h 14 BE		16 h 16 CN
29								12 h 52 VE			02 h 58 GE	
30	11 h 42 TA		08 h 40 CN	20 h 01 VI	05 h 16 BA		18 h 11 CP		19 h 26 BE	12 h 00 TA		17 h 05 LI
31												

1975

Date et heure d'entrée de la Lune dans les signes

	Janvier	Février	Mars	Avril	Mai	Juin	Juillet	Août	Septembre	Octobre	Novembre	Décembre
1	17 h 33 VI		14 h 34 SC			01 h 32 PO						
2		05 h 53 SC		11 h 09 CP	05 h 34 VE			04 h 02 GE	23 h 08 LI	10 h 04 VI	20 h 08 SC	07 h 33 SA
3	19 h 22 BA		19 h 06 SA			14 h 01 BE	09 h 55 TA					
4		12 h 10 SA		21 h 46 VE	17 h 34 PO			10 h 17 CN	23 h 29 VI	09 h 39 BA	21 h 10 SA	10 h 58 CP
5	23 h 39 SC						18 h 59 GE					
6		21 h 42 CP	03 h 40 CP			01 h 19 TA		12 h 44 LI	22 h 38 BA	09 h 09 SC		17 h 12 VE
7				10 h 17 PO	06 h 02 BE						00 h 45 CP	
8	06 h 39 SA		15 h 10 VE			09 h 50 GE	00 h 24 CN	12 h 53 VI	22 h 46 SC	10 h 36 SA		
9		09 h 17 VE		22 h 44 BE	17 h 03 TA						07 h 59 VE	02 h 52 PO
10	15 h 58 CP					15 h 22 CN	02 h 50 LI	12 h 51 BA		15 h 29 CP		
11		21 h 46 PO	03 h 50 PO						01 h 41 SA		18 h 42 PO	15 h 07 BE
12				09 h 53 TA	01 h 45 GE	18 h 46 LI	03 h 55 VI	14 h 30 SC				
13	03 h 03 VE		16 h 19 BE						08 h 12 CP	00 h 10 VE		
14		10 h 23 BE		19 h 14 GE	08 h 08 CN	21 h 11 VI	05 h 21 BA	18 h 59 SA			07 h 18 BE	03 h 40 TA
15	15 h 23 PO								17 h 51 VE	11 h 40 PO		
16		22 h 10 TA	03 h 53 TA		12 h 39 LI	23 h 41 BA	08 h 23 SC				19 h 38 TA	14 h 13 GE
17				02 h 27 CN				02 h 25 CP				
18	04 h 04 BE		13 h 43 GE		15 h 46 VI		13 h 32 SA		05 h 32 PO	00 h 20 BE		21 h 49 CN
19		07 h 35 GE		07 h 14 LI		02 h 59 SC		12 h 10 VE			06 h 15 GE	
20	15 h 22 TA		20 h 48 CN		18 h 06 BA		20 h 46 CP		18 h 07 BE	12 h 43 TA		
21		13 h 19 CN		09 h 43 VI		07 h 34 SA		23 h 33 PO			14 h 37 CN	02 h 53 LI
22	23 h 24 GE				20 h 26 SC					23 h 52 GE		
23		15 h 13 LI	00 h 31 LI	10 h 42 BA		13 h 56 CP	05 h 56 VE		06 h 43 TA		20 h 48 LI	06 h 28 VI
24					23 h 52 SA			12 h 03 BE				
25	03 h 21 CN	14 h 37 VI	01 h 21 VI	11 h 40 SC		22 h 33 VE	16 h 59 PO		18 h 13 GE	08 h 58 CN		09 h 27 BA
26											01 h 04 VI	
27	04 h 01 LI	13 h 38 BA	00 h 51 BA	14 h 20 SA	05 h 31 CP			00 h 45 TA		15 h 20 LI		12 h 28 SC
28						09 h 33 PO	05 h 28 BE		03 h 07 CN		03 h 48 BA	
29	03 h 14 VI		01 h 08 SC	20 h 09 CP	14 h 09 VE			11 h 53 GE		18 h 47 VI		15 h 53 SA
30						22 h 03 BE	17 h 54 TA		08 h 21 LI		05 h 36 SC	
31	03 h 14 BA		04 h 10 SA					19 h 35 CN		19 h 55 BA		20 h 17 CP

1976

Date et heure d'entrée de la Lune dans les signes

	Janvier	Février	Mars	Avril	Mai	Juin	Juillet	Août	Septembre	Octobre	Novembre	Décembre
1		19 h 47 PO		09 h 35 TA	04 h 05 GE		15 h 47 VI					
2			14 h 22 BE			04 h 38 LI		03 h 55 SC	16 h 29 CP	03 h 50 VE		23 h 41 TA
3	02 h 34 VE			22 h 16 GE	14 h 53 CN		19 h 35 BA				04 h 46 BE	
4		07 h 17 BE				10 h 21 VI		07 h 03 SA	22 h 20 VE	12 h 11 PO		
5	11 h 36 PO		03 h 18 TA		23 h 09 LI		22 h 34 SC				17 h 23 TA	12 h 39 GE
6		20 h 13 TA		09 h 07 CN		14 h 00 BA		10 h 54 CP		22 h 50 BE		
7	23 h 21 BE		15 h 56 GE						06 h 12 PO			
8				16 h 37 LI	04 h 21 VI	15 h 59 SC	01 h 06 SA	15 h 57 VE			06 h 21 GE	00 h 22 CN
9		08 h 16 GE							16 h 19 BE	11 h 11 TA		
10	12 h 10 TA		01 h 59 CN	20 h 16 VI	06 h 39 BA	17 h 07 SA	03 h 49 CP	23 h 01 PO			18 h 28 CN	10 h 13 LI
11		16 h 59 CN										
12	23 h 19 GE		07 h 56 LI	20 h 54 BA	07 h 03 SC	18 h 46 CP	07 h 53 VE		04 h 31 TA	00 h 14 GE		17 h 56 VI
13		21 h 33 LI						08 h 49 BE			04 h 37 LI	
14			09 h 59 VI	20 h 14 SC	07 h 04 SA	22 h 31 VE	14 h 36 PO		17 h 33 GE	12 h 24 CN		23 h 14 BA
15	07 h 00 CN	22 h 59 VI						21 h 06 TA			11 h 47 VI	
16			09 h 45 BA	20 h 15 SA	08 h 32 CP					21 h 50 LI		
17	11 h 15 LI	23 h 15 BA				05 h 43 PO	00 h 40 BE		05 h 07 CN		15 h 35 BA	02 h 02 SC
18			09 h 18 SC	22 h 44 CP	13 h 03 VE			09 h 55 GE				
19	13 h 25 VI					16 h 32 BE	13 h 11 TA		13 h 11 LI	03 h 25 VI	16 h 32 SC	02 h 54 SA
20		00 h 14 SC	10 h 34 SA		21 h 27 PO			20 h 35 CN				
21	15 h 11 BA			04 h 48 VE					17 h 16 VI	05 h 27 BA	16 h 04 SA	03 h 12 CP
22		03 h 19 SA	14 h 48 CP			05 h 21 TA	01 h 41 GE					
23	17 h 49 SC			14 h 29 PO	09 h 07 BE			03 h 31 LI	18 h 28 BA	05 h 17 SC	16 h 04 CP	04 h 48 VE
24		08 h 54 CP	22 h 19 VE			17 h 37 GE	11 h 40 CN					
25	21 h 52 SA				22 h 07 TA			07 h 04 VI	18 h 34 SC	04 h 49 SA	18 h 30 VE	09 h 36 PO
26		16 h 48 VE		02 h 38 BE			18 h 19 LI					
27			08 h 34 PO			03 h 29 CN		08 h 41 BA	19 h 22 SA	05 h 56 CP		18 h 32 BE
28	03 h 25 CP			15 h 38 TA	10 h 22 GE		22 h 24 VI				00 h 47 PO	
29		02 h 41 PO	20 h 37 BE			10 h 40 LI		10 h 05 SC	22 h 14 CP	10 h 06 VE		
30	10 h 34 VE				20 h 39 CN						11 h 01 BE	06 h 44 TA
31							01 h 14 BA	12 h 28 SA		17 h 54 PO		

1977

Date et heure d'entrée de la Lune dans les signes

	Janvier	Février	Mars	Avril	Mai	Juin	Juillet	Août	Septembre	Octobre	Novembre	Décembre
1	19 h 44 GE			01 h 26 VI		02 h 54 SA		01 h 24 PO		20 h 34 GE		
2			09 h 25 LI		16 h 24 SC		12 h 57 VE		00 h 52 TA			23 h 06 VI
3		00 h 12 LI		04 h 40 BA		02 h 07 CP		06 h 54 BE			05 h 03 LI	
4	07 h 13 CN		15 h 19 VI		15 h 59 SA		15 h 32 PO		12 h 27 GE	09 h 10 CN		
5		06 h 17 VI		05 h 40 SC		02 h 44 VE		16 h 18 TA			15 h 17 VI	07 h 18 BA
6	16 h 21 LI		18 h 35 BA		15 h 54 CP		22 h 04 BE			20 h 58 LI		
7		10 h 36 BA		06 h 09 SA		06 h 36 PO			01 h 04 CN		21 h 51 BA	11 h 34 SC
8	23 h 23 Vi		20 h 37 SC		17 h 59 VE			04 h 29 GE				
9		14 h 04 SC		07 h 41 CP		14 h 35 BE	08 h 33 TA		12 h 15 LI	05 h 59 VI		12 h 22 SA
10			22 h 43 SA		23 h 29 PO			17 h 04 CN			00 h 42 SC	
11	04 h 48 BA	17 h 11 SA		11 h 24 VE			21 h 15 GE		20 h 35 VI	11 h 29 BA		11 h 27 CP
12						01 h 57 TA					01 h 04 SA	
13	08 h 44 SC	20 h 14 CP	01 h 40 CP	17 h 49 PO	08 h 30 BE			03 h 57 LI		14 h 11 SC		11 h 00 VE
14						14 h 51 GE	09 h 50 CN		02 h 08 BA		00 h 51 CP	
15	11 h 18 SA	23 h 46 VE	06 h 00 VE		20 h 05 TA			12 h 27 VI		15 h 27 SA		13 h 09 PO
16				02 h 52 BE			20 h 51 LI		05 h 46 SC		02 h 00 VE	
17	13 h 02 CP		12 h 06 PO			03 h 29 CN		18 h 50 BA		16 h 51 CP		19 h 11 BE
18		04 h 46 PO		14 h 03 TA	08 h 51 GE				08 h 28 SA		05 h 59 PO	
19	15 h 12 VE		20 h 23 BE			14 h 53 LI	05 h 59 VI	23 h 36 SC		19 h 36 VE		
20		12 h 23 BE			21 h 36 CN				11 h 04 CP		13 h 14 BE	04 h 54 TA
21	19 h 31 PO			02 h 38 GE			13 h 10 BA					
22		23 h 07 TA	07 h 05 TA			00 h 29 VI		03 h 03 SA	14 h 12 VE	00 h 27 PO	23 h 10 TA	16 h 51 GE
23				15 h 26 CN	09 h 14 LI		18 h 14 SC					
24	03 h 20 BE		19 h 39 GE			07 h 35 BA		05 h 31 CP	18 h 30 PO	07 h 35 BE		
25		11 h 50 GE			18 h 31 VI		21 h 05 SA				10 h 48 GE	05 h 30 CN
26	14 h 42 TA			02 h 44 LI		11 h 42 SC		07 h 41 VE		16 h 54 TA		
27			08 h 17 CN				22 h 15 CP		00 h 41 BE		23 h 20 CN	17 h 52 LI
28		00 h 02 CN		10 h 53 VI	00 h 28 BA	13 h 02 SA		10 h 47 PO				
29	03 h 38 GE		18 h 41 LI				23 h 05 VE		09 h 22 TA	04 h 09 GE		
30				15 h 13 BA	02 h 57 SC	12 h 49 CP		16 h 11 BE			11 h 53 LI	05 h 14 VI
31	15 h 20 CN									16 h 40 CN		

1978

Date et heure d'entrée de la Lune dans les signes

	Janvier	Février	Mars	Avril	Mai	Juin	Juillet	Août	Septembre	Octobre	Novembre	Décembre
1	14 h 32 BA		13 h 02 SA		09 h 00 PO		19 h 38 GE		20 h 46 VI	14 h 18 BA		20 h 44 CP
2		07 h 14 SA		00 h 06 VE		03 h 50 TA					10 h 03 SA	
3	20 h 36 SC		15 h 58 CP		14 h 27 BE			02 h 10 LI		21 h 49 SC		21 h 36 VE
4		08 h 50 CP		03 h 21 PO		13 h 54 GE	07 h 34 CN		07 h 16 BA		12 h 40 CP	
5	23 h 04 SA		17 h 51 VE		21 h 52 TA			14 h 29 VI				23 h 37 PO
6		09 h 04 VE		07 h 52 BE			20 h 13 LI		15 h 39 SC	03 h 07 SA	15 h 04 VE	
7	22 h 55 CP		19 h 46 PO			01 h 31 CN						
8		09 h 48 PO		14 h 22 TA	07 h 18 GE			01 h 30 BA	21 h 40 SA	06 h 53 CP	18 h 06 PO	03 h 40 BE
9	22 h 05 VE		23 h 09 BE			14 h 08 LI	08 h 45 VI					
10		12 h 57 BE		23 h 28 GE	18 h 42 CN			10 h 11 SC		09 h 43 VE	22 h 12 BE	09 h 51 TA
11	22 h 50 PO						19 h 48 BA		01 h 20 CP			
12		19 h 51 TA	05 h 19 TA			02 h 36 VI		15 h 43 SA		12 h 12 PO		17 h 55 GE
13				10 h 59 CN	07 h 17 LI				03 h 09 VE		03 h 35 TA	
14	03 h 05 BE		14 h 49 GE			12 h 56 BA	03 h 47 SC	18 h 03 CP		15 h 06 BE		
15		06 h 25 GE		23 h 30 LI	19 h 16 VI				04 h 10 PO		10 h 45 GE	03 h 50 CN
16	11 h 30 TA					19 h 29 SC	07 h 50 SA	18 h 15 VE		19 h 22 TA		
17		18 h 57 CN	02 h 49 CN						05 h 50 BE		20 h 17 CN	15 h 37 LI
18	23 h 07 GE			10 h 44 VI	04 h 25 BA	22 h 01 SA	08 h 33 CP	18 h 05 PO				
19			15 h 12 LI						09 h 43 TA	02 h 06 GE		
20		07 h 10 LI		18 h 53 BA	09 h 40 SC	21 h 52 CP	07 h 42 VE	19 h 30 BE			08 h 10 LI	04 h 34 VI
21	11 h 51 CN								16 h 56 GE	11 h 53 CN		
22		17 h 40 VI	01 h 49 VI	23 h 40 SC	11 h 32 SA	21 h 08 VE	07 h 27 PO				20 h 58 VI	16 h 40 BA
23								00 h 06 TA				
24	00 h 03 LI		09 h 41 BA		11 h 42 CP	21 h 57 PO	09 h 47 BE		03 h 31 CN	00 h 05 LI		
25		02 h 03 BA		02 h 01 SA				08 h 31 GE			08 h 07 BA	01 h 32 SC
26	10 h 57 VI		15 h 01 SC		12 h 10 VE		15 h 51 TA		16 h 02 LI	12 h 33 VI		
27		08 h 28 SC		03 h 28 CP		01 h 53 BE		19 h 59 CN			15 h 39 SC	06 h 08 SA
28	20 h 08 BA		18 h 38 SA		14 h 37 PO					22 h 51 BA		
29				05 h 29 VE		09 h 21 TA	01 h 31 GE		04 h 12 VI		19 h 23 SA	07 h 16 CP
30			21 h 24 CP		19 h 52 BE			08 h 40 LI				
31	03 h 04 SC						13 h 29 CN			05 h 53 SC		06 h 54 VE

1979

Date et heure d'entrée de la Lune dans les signes

	Janvier	Février	Mars	Avril	Mai	Juin	Juillet	Août	Septembre	Octobre	Novembre	Décembre
1						22 h 41 VI	19 h 09 BA		11 h 34 CP		10 h 09 BE	
2	07 h 09 PO	22 h 03 TA	07 h 09 TA					22 h 06 SA				23 h 02 GE
3				06 h 24 CN	01 h 57 LI				13 h 59 VE	00 h 24 PO	11 h 16 TA	
4	09 h 42 BE		12 h 58 GE			11 h 12 BA	05 h 58 SC					
5		05 h 33 GE		17 h 58 LI	14 h 41 VI			02 h 23 CP	14 h 03 PO	00 h 29 BE	13 h 25 GE	04 h 02 CN
6	15 h 18 TA		22 h 35 CN			21 h 05 SC	12 h 56 SA					
7		16 h 06 CN						03 h 28 VE	13 h 29 BE	00 h 45 TA	18 h 24 CN	12 h 10 LI
8	23 h 43 GE			06 h 52 VI	02 h 47 BA		16 h 08 CP					
9			10 h 48 LI			03 h 15 SA		03 h 06 PO	14 h 13 TA	03 h 07 GE		23 h 34 VI
10		04 h 26 LI		18 h 45 BA	12 h 10 SC		16 h 59 VE				03 h 15 LI	
11	10 h 14 CN		23 h 43 VI			06 h 24 CP		03 h 10 BE	17 h 55 GE	09 h 09 CN		
12		17 h 18 VI			18 h 25 SA		17 h 23 PO				15 h 21 VI	12 h 30 BA
13	22 h 16 LI			04 h 16 SC		08 h 07 VE		05 h 22 TA		19 h 12 LI		
14			11 h 42 BA		22 h 26 CP		18 h 57 BE		01 h 28 CN			
15		05 h 38 BA		11 h 18 SA		09 h 57 PO		10 h 42 GE			04 h 17 BA	00 h 09 SC
16	11 h 10 VI		21 h 49 SC				22 h 43 TA		12 h 26 LI	07 h 51 VI		
17		16 h 13 SC		16 h 23 CP	01 h 26 VE	12 h 53 BE		19 h 18 CN			15 h 30 SC	08 h 37 SA
18	23 h 41 BA									20 h 45 BA		
19		23 h 52 SA	05 h 38 SA	20 h 02 VE	04 h 19 PO	17 h 18 TA	04 h 59 GE		01 h 15 VI		23 h 57 SA	13 h 55 CP
20								06 h 29 LI				
21	09 h 51 SC		10 h 56 CP	22 h 42 PO	07 h 31 BE	23 h 22 GE	13 h 41 CN		14 h 11 BA	08 h 03 SC		17 h 12 VE
22		04 h 01 CP						19 h 12 VI			06 h 02 CP	
23	16 h 09 SA		13 h 52 VE		11 h 21 TA					17 h 10 SA		19 h 50 PO
24		05 h 12 VE		00 h 52 BE		07 h 24 CN	00 h 31 LI		01 h 54 SC		10 h 37 VE	
25	18 h 28 CP		15 h 05 PO		16 h 28 GE			08 h 14 BA				22 h 40 BE
26		04 h 52 PO		03 h 28 TA		17 h 47 LI	13 h 02 VI		11 h 36 SA	00 h 12 CP	14 h 17 PO	
27	18 h 13 VE		15 h 48 BE		23 h 51 CN			20 h 12 SC				
28		04 h 54 BE		07 h 49 GE					18 h 40 CP	05 h 17 VE	17 h 17 BE	02 h 08 TA
29	17 h 26 PO		17 h 37 TA			06 h 14 VI	02 h 07 BA					
30				15 h 12 CN	10 h 08 LI			05 h 39 SA	22 h 49 VE	08 h 29 PO	19 h 55 TA	06 h 33 GE
31	18 h 11 BE		22 h 09 GE				13 h 47 SC					

1980

Date et heure d'entrée de la Lune dans les signes

	Janvier	Février	Mars	Avril	Mai	Juin	Juillet	Août	Septembre	Octobre	Novembre	Décembre
1	12 h 30 CN				22 h 22 SA				01 h 50 GE		12 h 19 VI	07 h 13 BA
2		15 h 21 VI		05 h 22 SC		19 h 30 VE	05 h 49 PO	16 h 55 TA		19 h 58 LI		
3	20 h 48 LI		10 h 40 BA						06 h 40 CN			20 h 01 SC
4				16 h 35 SA	07 h 14 CP		08 h 47 BE	20 h 10 GE			00 h 31 BA	
5		04 h 04 BA	23 h 23 SC			00 h 10 PO			14 h 23 LI	06 h 20 VI		
6	07 h 49 VI				14 h 04 VE		11 h 31 TA				13 h 19 SC	07 h 58 SA
7		16 h 46 SC		01 h 43 CP		03 h 24 BE		01 h 12 CN		18 h 31 BA		
8	20 h 38 BA		10 h 39 SA		18 h 34 PO		14 h 34 GE		00 h 32 VI			18 h 13 CP
9				08 h 00 VE		05 h 30 TA		08 h 23 LI			01 h 26 SA	
10		03 h 20 SA	19 h 03 CP		20 h 45 BE		18 h 45 CN		12 h 23 BA	07 h 15 SC		
11	08 h 55 SC			11 h 07 PO		07 h 23 GE		17 h 55 VI			12 h 16 CP	02 h 37 VE
12		10 h 13 CP	23 h 46 VE		21 h 25 TA					19 h 37 SA		
13	18 h 17 SA			11 h 40 BE		10 h 30 CN	01 h 03 LI		01 h 07 SC		21 h 11 VE	09 h 04 PO
14		13 h 20 VE			22 h 08 GE			05 h 33 BA				
15	23 h 51 CP		01 h 11 PO	11 h 11 TA		16 h 22 LI	10 h 11 VI		13 h 28 SA	06 h 37 CP		13 h 22 BE
16		13 h 55 PO						18 h 16 SC			03 h 22 PO	
17			00 h 41 BE	11 h 41 GE	00 h 53 CN		21 h 55 BA		23 h 45 CP	14 h 54 VE		15 h 36 TA
18	02 h 25 VE	13 h 43 BE				01 h 47 VI					06 h 22 BE	
19			00 h 13 TA	15 h 12 CN	07 h 15 LI			06 h 09 SA		19 h 32 PO		16 h 39 GE
20	03 h 33 PO	14 h 35 TA				13 h 55 BA	10 h 34 SC		06 h 30 VE		06 h 51 TA	
21			01 h 47 GE	22 h 53 LI	17 h 33 VI			15 h 12 CP		20 h 43 BE		18 h 03 CN
22	04 h 52 BE	17 h 58 GE					21 h 43 SA		09 h 27 PO		06 h 28 GE	
23			06 h 55 CN			02 h 27 SC		20 h 33 VE		19 h 56 TA		21 h 34 LI
24	07 h 32 TA			10 h 13 VI	06 h 12 BA				09 h 37 BE		07 h 19 CN	
25		00 h 35 CN	15 h 59 LI			13 h 02 SA	05 h 46 CP	22 h 43 PO		19 h 18 GE		
26	12 h 12 GE			23 h 10 BA	18 h 37 SC				08 h 54 TA		11 h 23 LI	04 h 33 VI
27		10 h 10 LI				20 h 47 CP	10 h 36 VE	23 h 11 BE		21 h 00 CN		
28	19 h 03 CN		03 h 52 VI						09 h 21 GE		19 h 37 VI	15 h 05 BA
29		21 h 53 VI		11 h 35 SC	05 h 05 SA		13 h 11 PO	23 h 41 TA				
30			16 h 50 BA			02 h 04 VE			12 h 47 VA	02 h 39 LI		
31	04 h 09 LI				13 h 15 CP		14 h 54 BE					03 h 37 SC

1981

Date et heure d'entrée de la Lune dans les signes

	Janvier	Février	Mars	Avril	Mai	Juin	Juillet	Août	Septembre	Octobre	Novembre	Décembre
1		10 h 37 CP		18 h 42 PO	06 h 58 BE	16 h 49 GE	02 h 58 CN	18 h 55 VI			12 h 46 CP	07 h 09 VE
2	15 h 43 SA								21 h 11 SC	17 h 00 SA		
3		17 h 55 VE	03 h 51 VE	20 h 26 BE	06 h 59 TA	16 h 39 CN	04 h 48 LI					17 h 16 PO
4								02 h 24 BA			00 h 50 VE	
5	01 h 42 CP	22 h 21 PO	08 h 13 PO	20 h 05 TA	06 h 01 GE	18 h 43 LI	09 h 27 VI		09 h 24 SA	05 h 50 CP		23 h 49 BE
6								12 h 58 SC			09 h 52 PO	
7	09 h 13 VE		09 h 49 BE	19 h 48 GE	06 h 18 CN		17 h 43 BA		21 h 49 CP	17 h 01 VE		
8		01 h 02 BE				00 h 26 VI					14 h 39 BE	02 h 32 TA
9	14 h 42 PO		10 h 23 TA	21 h 34 CN	09 h 40 LI			01 h 23 SA				
10		03 h 11 TA				09 h 56 BA	05 h 02 SC		07 h 59 VE	00 h 33 PO	15 h 45 TA	02 h 31 GE
11	18 h 44 BE		11 h 43 GE		16 h 56 VI			13 h 21 CP				
12		05 h 52 GE		02 h 37 LI		21 h 55 SC	17 h 35 SA		14 h 35 PO	04 h 01 BE	15 h 00 GE	01 h 41 CN
13	21 h 45 TA		15 h 06 CN					22 h 57 VE				
14		09 h 43 CN		10 h 56 VI	03 h 25 BA				17 h 56 BE	04 h 43 TA	14 h 37 CN	02 h 09 LI
15			21 h 03 LI			10 h 32 SA	05 h 19 CP					
16	00 h 17 GE	15 h 11 LI		21 h 38 BA	15 h 38 SC			05 h 35 PO	19 h 30 TA	04 h 41 GE	16 h 33 LI	05 h 38 VI
17						22 h 21 CP	15 h 02 VE					
18	03 h 08 CN	22 h 35 VI	05 h 20 VI					09 h 50 BE	20 h 59 GE	05 h 53 CN	21 h 54 VI	12 h 58 BA
19				09 h 39 SC	04 h 15 SA		22 h 26 PO					
20	07 h 21 LI		15 h 31 BA			08 h 36 VE		12 h 44 TA	23 h 39 CN	09 h 35 LI		23 h 39 SC
21		08 h 13 BA		22 h 16 SA	16 h 21 CP						06 h 34 BA	
22	14 h 03 VI					16 h 44 PO	03 h 44 BE	15 h 19 GE		16 h 05 VI		
23		19 h 55 SC	03 h 14 SC						04 h 08 LI		17 h 37 SC	12 h 11 SA
24	23 h 46 BA			10 h 32 CP	03 h 01 VE	22 h 18 BE	07 h 19 TA	18 h 17 CN				
25			15 h 51 SA						10 h 29 VI	00 h 57 BA		
26		08 h 29 SA		20 h 58 VE	11 h 06 PO		09 h 42 GE	22 h 10 LI			06 h 00 SA	00 h 59 CP
27	11 h 49 SC					01 h 17 TA			18 h 41 BA	11 h 39 SC		
28		19 h 46 CP	03 h 53 CP		15 h 44 BE		11 h 41 CN				18 h 52 CP	12 h 54 VE
29				03 h 57 PO		02 h 22 GE		03 h 31 VI		23 h 49 SA		
30	00 h 12 SA		13 h 16 VE		17 h 10 TA		14 h 21 LI		04 h 54 SC			23 h 02 PO
31								11 h 03 BA				

1982

Date et heure d'entrée de la Lune dans les signes

	Janvier	Février	Mars	Avril	Mai	Juin	Juillet	Août	Septembre	Octobre	Novembre	Décembre
1					23 h 45 VI			09 h 36 CP				
2	06 h 34 BE	20 h 20 GE	01 h 50 GE	13 h 37 LI		21 h 12 SC	14 h 26 SA		16 h 11 PO	08 h 06 BE		10 h 58 CN
3								22 h 17 VE			00 h 22 GE	
4	11 h 03 TA	22 h 18 CN	04 h 49 CN	18 h 19 VI	06 h 33 BA					13 h 09 TA		11 h 27 LI
5						08 h 32 SA	03 h 16 CP		00 h 24 BE		01 h 59 CN	
6	12 h 49 GE	23 h 50 LI	07 h 51 LI		15 h 24 SC			09 h 23 PO		16 h 39 GE		13 h 33 VI
7				00 h 27 BA		21 h 13 CP	16 h 03 VE		06 h 27 TA		04 h 10 LI	
8	13 h 01 CN		11 h 28 VI					18 h 20 BE		19 h 40 CN		18 h 11 BA
9		02 h 15 VI		08 h 33 SC	02 h 17 SA				10 h 58 GE		07 h 40 VI	
10	13 h 21 LI		16 h 35 BA			10 h 09 VE	03 h 35 PO			22 h 44 LI		
11		07 h 02 BA		19 h 07 SA	14 h 50 CP			01 h 00 TA	14 h 19 CN		12 h 46 BA	01 h 35 SC
12	15 h 37 VI					21 h 45 PO	12 h 49 BE					
13		15 h 16 SC	00 h 17 SC					05 h 22 GE	16 h 46 LI	02 h 09 VI	19 h 43 SC	11 h 27 SA
14	21 h 17 BA			07 h 41 CP	03 h 45 VE		18 h 59 TA					
15			11 h 04 SA			06 h 21 BE		07 h 41 CN	18 h 58 VI	06 h 23 BA		23 h 16 CP
16		02 h 46 SA		20 h 18 VE	14 h 47 PO		22 h 03 GE				04 h 52 SA	
17	06 h 46 SC		23 h 47 CP			11 h 07 TA		08 h 41 LI	22 h 03 BA	12 h 21 SC		
18		15 h 37 CP			22 h 05 BE		22 h 46 CN				16 h 22 CP	12 h 12 VE
19	19 h 01 SA			06 h 20 PO		12 h 34 GE		09 h 40 VI		21 h 03 SA		
20			11 h 53 VE				22 h 36 LI		03 h 32 SC			
21		03 h 15 VE		12 h 24 BE	01 h 23 TA	12 h 13 CN		12 h 22 BA			05 h 21 VE	00 h 56 PO
22	07 h 51 CP		21 h 01 PO				23 h 20 VI		12 h 30 SA	08 h 39 CP		
23		12 h 09 PO		14 h 59 TA	01 h 55 GE	11 h 57 LI		18 h 21 SC			17 h 43 PO	11 h 34 BE
24	19 h 26 VE									21 h 36 VE		
25		18 h 17 BE	02 h 37 BE	15 h 49 GE	01 h 39 CN	13 h 36 VI	02 h 46 BA		00 h 31 CP			18 h 37 TA
26								04 h 11 SA			03 h 07 BE	
27	04 h 50 PO	22 h 32 TA	05 h 40 TA	16 h 44 CN	02 h 27 LI	18 h 31 BA	09 h 59 SC		13 h 22 VE	09 h 13 PO		21 h 49 GE
28								16 h 41 CP			08 h 32 TA	
29	11 h 59 BE		07 h 44 GE	19 h 10 LI	05 h 43 VI		20 h 48 SA			17 h 26 BE		22 h 13 CN
30						03 h 02 SC			00 h 19 PO		10 h 36 GE	
31	17 h 04 TA		10 h 10 CN		12 h 02 BA			05 h 23 VE		22 h 04 TA		21 h 34 LI

1983

Date et heure d'entrée de la Lune dans les signes

	Janvier	Février	Mars	Avril	Mai	Juin	Juillet	Août	Septembre	Octobre	Novembre	Décembre
1		09 h 47 BA		16 h 21 SA	11 h 02 CP			07 h 37 TA		12 h 55 LI	23 h 31 BA	09 h 41 SC
2	21 h 50 VI		23 h 51 SC			19 h 42 PO	14 h 48 BE		02 h 53 CN			
3		14 h 32 SC			23 h 09 VE			14 h 43 GE		14 h 16 VI		14 h 56 SA
4				02 h 31 CP					04 h 47 LI		01 h 53 SC	
5	00 h 45 BA	23 h 29 SA	07 h 15 SA			06 h 59 BE	00 h 06 TA	18 h 09 CN		14 h 42 BA		22 h 29 CP
6				15 h 07 VE	11 h 43 PO				04 h 36 VI		06 h 09 SA	
7	07 h 17 SC		18 h 30 CP			15 h 05 TA	05 h 42 GE	18 h 37 LI		16 h 06 SC		
8		11 h 34 CP			22 h 16 BE				04 h 14 BA		13 h 31 CP	08 h 40 VE
9	17 h 14 SA			03 h 31 PO		19 h 38 GE	07 h 51 CN	17 h 49 VI		20 h 21 SA		
10			07 h 31 VE						05 h 50 SC			20 h 54 PO
11		00 h 41 VE		13 h 37 BE	05 h 36 TA	21 h 33 CN	07 h 54 LI	17 h 52 BA			00 h 11 VE	
12	05 h 26 CP		19 h 48 PO						11 h 08 SA	04 h 30 CP		
13		13 h 03 PO		20 h 59 TA	10 h 04 GE	22 h 22 LI	07 h 43 VI	20 h 44 SC			12 h 41 PO	09 h 17 BE
14	18 h 26 VE								20 h 34 CP	15 h 59 VE		
15		23 h 47 BE	06 h 01 BE		12 h 49 CN	23 h 38 VI	09 h 10 BA					19 h 33 TA
16				02 h 15 GE				03 h 34 SA			00 h 37 BE	
17	07 h 02 PO		14 h 05 TA		15 h 02 LI		13 h 38 SC		08 h 46 VE	04 h 41 PO		
18		08 h 31 TA		06 h 14 CN		02 h 37 BA		14 h 00 CP			10 h 07 TA	02 h 24 GE
19	18 h 08 BE		20 h 20 GE		17 h 37 VI		21 h 32 SA		21 h 30 PO	16 h 19 BE		
20		14 h 52 GE		09 h 27 LI		07 h 59 SC					16 h 46 GE	06 h 02 CN
21					21 h 12 BA			02 h 26 VE				
22	02 h 37 TA	18 h 32 CN	00 h 52 CN	12 h 12 VI		15 h 55 SA	08 h 11 CP		09 h 10 BE	01 h 48 TA	21 h 11 CN	07 h 44 LI
23								15 h 10 PO				
24	07 h 41 GE	19 h 47 LI	03 h 43 LI	15 h 05 BA	02 h 18 SC		20 h 27 VE		19 h 13 TA	09 h 11 GE		09 h 02 VI
25						02 h 08 CP					00 h 20 LI	
26	09 h 29 CN	19 h 49 VI	05 h 18 VI	19 h 05 SC	09 h 28 SA			03 h 08 BE		14 h 48 CN		11 h 19 BA
27						14 h 07 VE	09 h 12 PO		03 h 25 GE		03 h 02 VI	
28	09 h 10 LI	20 h 30 BA	06 h 49 BA		19 h 07 CP			13 h 38 TA		18 h 51 LI		15 h 27 SC
29				01 h 29 SA			21 h 21 BE		09 h 25 CN		05 h 57 BA	
30	08 h 35 VI		09 h 57 SC			02 h 52 PO		21 h 49 GE		21 h 33 VI		21 h 44 SA
31					06 h 59 VE							

1984

Date et heure d'entrée de la Lune dans les signes

	Janvier	Février	Mars	Avril	Mai	Juin	Juillet	Août	Septembre	Octobre	Novembre	Décembre
1			17 h 29 PO			05 h 54 CN		04 h 03 BA	16 h 30 SA	05 h 29 CP		
2	06 h 08 CP			23 h 56 TA	16 h 02 GE		19 h 28 VI				07 h 50 PO	03 h 42 BE
3		11 h 22 PO				10 h 19 LI		06 h 04 SC	22 h 55 CP	14 h 04 VE		
4	16 h 31 VE		06 h 07 BE		23 h 26 CN		21 h 27 BA				20 h 20 BE	16 h 21 TA
5				10 h 05 GE		13 h 28 VI		10 h 29 SA				
6		00 h 03 BE	18 h 09 TA						08 h 12 VE	01 h 20 PO		
7	04 h 35 PO			17 h 59 CN	04 h 43 LI	16 h 04 BA	00 h 29 SC	17 h 24 CP			08 h 53 TA	03 h 25 GE
8		12 h 05 TA							19 h 25 PO	13 h 51 BE		
9	17 h 15 BE		04 h 30 GE	23 h 02 LI	08 h 02 VI	18 h 49 SC	05 h 03 SA				20 h 11 GE	11 h 57 CN
10		21 h 40 GE						02 h 25 VE				
11			11 h 49 CN		09 h 54 BA	22 h 27 SA	11 h 23 CP		07 h 47 BE	02 h 28 TA		18 h 09 LI
12	04 h 36 TA			01 h 11 VI				13 h 13 PO			05 h 32 CN	
13		03 h 21 CN	15 h 22 LI		11 h 22 SC		19 h 41 VE		20 h 33 TA	14 h 14 GE		22 h 36 VI
14	12 h 40 GE			01 h 29 BA		03 h 48 CP					12 h 34 LI	
15		05 h 10 LI	15 h 47 VI		13 h 50 SA			01 h 29 BE				
16	16 h 48 CN			01 h 41 SC		11 h 41 VE	06 h 10 PO		08 h 26 GE	00 h 00 CN	17 h 08 VI	01 h 52 BA
17		04 h 32 VI	14 h 52 BA		18 h 44 CP			14 h 14 TA				
18	17 h 50 LI			03 h 44 SA		22 h 18 PO	18 h 26 BE		17 h 36 CN	06 h 41 LI	19 h 30 BA	04 h 27 SC
19		03 h 40 BA	14 h 49 SC									
20	17 h 36 VI			09 h 11 CP	02 h 56 VE			01 h 32 GE	22 h 49 LI	09 h 56 VI	20 h 31 SC	06 h 58 SA
21		04 h 45 SC	17 h 41 SA			10 h 40 BE	06 h 53 TA					
22	18 h 08 BA			18 h 28 VE	14 h 09 PO			09 h 21 CN		10 h 32 BA	21 h 34 SA	10 h 21 CP
23		09 h 23 SA				22 h 38 TA	17 h 11 GE		00 h 19 VI			
24	21 h 05 SC		00 h 36 CP					13 h 00 LI	23 h 41 BA	10 h 08 SC		15 h 47 VE
25		17 h 50 CP		06 h 27 PO	02 h 40 BE		23 h 45 CN				00 h 17 CP	
26			11 h 09 VE			08 h 04 GE		13 h 32 VI	23 h 04 SC	10 h 44 SA		
27	03 h 13 SA			19 h 03 BE	14 h 13 TA						06 h 06 VE	00 h 19 PO
28		05 h 02 VE	23 h 38 PO			14 h 10 CN	02 h 42 LI	12 h 57 BA		14 h 05 CP		
29	12 h 13 CP				23 h 23 GE				00 h 32 SA		15 h 33 PO	11 h 50 BE
30				06 h 31 TA		17 h 31 LI	03 h 30 VI	13 h 23 SC		21 h 14 VE		
31	23 h 11 VE		12 h 15 BE									

1985

Date et heure d'entrée de la Lune dans les signes

	Janvier	Février	Mars	Avril	Mai	Juin	Juillet	Août	Septembre	Octobre	Novembre	Décembre
1	00 h 37 TA		15 h 24 CN		21 h 22 BA		18 h 23 CP		05 h 42 BE	00 h 36 TA		
2		05 h 59 CN		10 h 26 VI		07 h 33 SA		12 h 33 PO			08 h 31 CN	00 h 59 LI
3	12 h 01 GE		21 h 28 LI		21 h 17 SC		21 h 36 VE		17 h 28 TA	13 h 37 GE		
4		11 h 02 LI		10 h 54 BA		08 h 34 CP		21 h 42 BE			19 h 04 LI	09 h 15 VI
5	20 h 18 CN		23 h 43 VI		20 h 56 SA							
6		13 h 09 VI		10 h 11 SC		11 h 52 VE	03 h 41 PO		06 h 28 GE	01 h 59 CN		14 h 34 BA
7			23 h 48 BA		22 h 11 CP			09 h 41 TA			02 h 18 VI	
8	01 h 28 LI	14 h 11 BA		10 h 18 SA		18 h 47 PO	13 h 21 BE		18 h 11 CN	11 h 34 LI		16 h 57 SC
9			23 h 48 SC					22 h 31 GE			05 h 52 BA	
10	04 h 40 VI	15 h 49 SC		12 h 57 CP	02 h 38 VE					17 h 10 VI		17 h 14 SA
11						05 h 25 BE	01 h 44 TA		02 h 28 LI		06 h 31 SC	
12	07 h 13 BA	19 h 09 SA	01 h 30 SA	19 h 04 VE	10 h 56 PO			09 h 29 CN		19 h 12 BA		17 h 00 CP
13						18 h 12 TA	14 h 23 GE		06 h 53 VI		05 h 53 SA	
14	10 h 07 SC		05 h 55 CP		22 h 26 BE			16 h 58 LI		19 h 13 SC		18 h 15 VE
15		00 h 28 CP		04 h 31 PO					08 h 34 BA		05 h 54 CP	
16	13 h 48 SA		13 h 11 VE			06 h 45 GE	00 h 54 CN	21 h 16 VI		19 h 05 SA		22 h 50 PO
17		07 h 37 VE		16 h 18 BE	11 h 24 TA				09 h 17 SC		08 h 26 VE	
18	18 h 29 CP		22 h 50 PO			17 h 22 CN	08 h 25 LI	23 h 44 BA		20 h 35 CP		
19		16 h 38 PO							10 h 40 SA		14 h 43 PO	07 h 36 BE
20				05 h 13 TA	00 h 02 GE		13 h 30 VI					
21	00 h 39 VE		10 h 20 BE			01 h 32 LI		01 h 52 SC	13 h 49 CP	00 h 55 VE		19 h 40 TA
22		03 h 43 BE		18 h 01 GE	11 h 05 CN		17 h 11 BA				00 h 43 BE	
23	09 h 03 PO		23 h 06 TA			07 h 33 VI		04 h 36 SA	19 h 12 VE	08 h 28 PO		
24		16 h 27 TA			19 h 54 LI		20 h 17 SC				13 h 07 TA	08 h 45 GE
25	20 h 06 BE			05 h 27 CN		11 h 48 BA		08 h 24 CP		18 h 48 BE		
26			12 h 02 GE				23 h 13 SA		02 h 51 PO			20 h 45 CN
27		05 h 11 GE		14 h 11 LI	02 h 06 VI	14 h 37 SC		13 h 31 VE			02 h 08 GE	
28	08 h 54 TA		23 h 14 CN						12 h 43 BE	06 h 59 TA		
29				19 h 25 VI	05 h 40 BA	16 h 31 SA	02 h 22 CP	20 h 25 PO			14 h 23 CN	06 h 45 LI
30	21 h 01 GE									19 h 59 GE		
31			06 h 52 LI		07 h 07 SC		06 h 26 VE					14 h 44 VI

1986

Date et heure d'entrée de la Lune dans les signes

	Janvier	Février	Mars	Avril	Mai	Juin	Juillet	Août	Septembre	Octobre	Novembre	Décembre
1		06 h 19 SC				04 h 43 BE			01 h 09 LI		14 h 20 SC	02 h 08 SA
2	20 h 46 BA		14 h 52 SA		14 h 30 PO			06 h 04 CN				
3		09 h 31 SA		03 h 12 VE		15 h 45 TA	10 h 33 GE		10 h 06 VI	01 h 03 BA	15 h 19 SA	01 h 29 CP
4			17 h 56 CP		23 h 01 BE			17 h 26 LI				
5	00 h 45 SC	12 h 02 CP		09 h 04 PO			23 h 20 CN		16 h 34 BA	04 h 36 SC	15 h 49 CP	01 h 23 VE
6			21 h 43 VE			04 h 27 GE						
7	02 h 47 SA	14 h 35 VE		17 h 12 BE	09 h 59 TA			02 h 44 VI	21 h 12 SC	06 h 48 SA	17 h 29 VE	03 h 49 PO
8						17 h 17 CN	10 h 56 LI					
9	03 h 42 CP	18 h 33 PO	02 h 49 PO		22 h 26 GE			10 h 05 BA		08 h 53 CP	21 h 30 PO	09 h 50 BE
10				03 h 36 TA			20 h 50 VI		00 h 41 SA			
11	05 h 01 VE		10 h 04 BE			05 h 12 LI		15 h 36 SC		11 h 45 VE		19 h 11 TA
12		01 h 21 BE		15 h 51 GE	11 h 18 CN				03 h 29 CP		04 h 15 BE	
13	08 h 39 PO		20 h 05 TA			15 h 19 VI	04 h 40 BA	19 h 18 SA		16 h 03 PO		
14		11 h 39 TA			23 h 16 LI				06 h 07 VE		13 h 25 TA	06 h 42 GE
15	16 h 03 BE			04 h 42 CN		22 h 38 BA	09 h 58 SC	21 h 23 CP		22 h 13 BE		
16			08 h 23 GE						09 h 27 PO			19 h 09 CN
17		00 h 18 GE		16 h 10 LI	08 h 46 VI		12 h 34 SA	22 h 45 VE			00 h 27 GE	
18	03 h 14 TA		21 h 05 CN			02 h 36 SC			14 h 33 BE	06 h 35 TA		
19		12 h 40 CN			14 h 42 BA		13 h 10 CP				12 h 46 CN	07 h 44 LI
20	16 h 13 GE			00 h 24 VI		03 h 35 SA		00 h 53 PO	22 h 26 TA	17 h 16 GE		
21		22 h 25 LI	07 h 38 LI		17 h 03 SC		13 h 18 VE					19 h 30 VI
22				04 h 51 BA		02 h 59 CP		05 h 28 BE			01 h 26 LI	
23	04 h 15 CN		14 h 40 VI		16 h 57 SA		14 h 59 PO		09 h 14 GE	05 h 38 CN		
24		04 h 58 VI		06 h 16 SC		02 h 50 VE		13 h 37 TA			12 h 46 VI	05 h 05 BA
25	13 h 48 LI		18 h 23 BA		16 h 15 CP		20 h 03 BE		21 h 45 CN	18 h 03 LI		
26		09 h 07 BA		06 h 17 SA		05 h 13 PO					20 h 59 BA	11 h 07 SC
27	20 h 52 VI		20 h 06 SC		16 h 59 VE			00 h 59 GE				
28		12 h 06 SC		06 h 42 CP		11 h 35 BE	05 h 12 TA		09 h 40 LI	04 h 21 VI		13 h 20 SA
29			21 h 21 SA		20 h 54 PO			13 h 40 CN			01 h 13 SC	
30	02 h 10 BA			09 h 06 VE		21 h 55 TA	17 h 19 GE		18 h 58 VI	11 h 05 BA		12 h 55 CP
31			23 h 26 CP									

1987

Date et heure d'entrée de la Lune dans les signes

	Janvier	Février	Mars	Avril	Mai	Juin	Juillet	Août	Septembre	Octobre	Novembre	Décembre
1	11 h 54 VE		12 h 37 BE			03 h 25 LI						
2		02 h 09 BE		12 h 17 GE	07 h 39 CN			01 h 09 SC	17 h 04 CP	01 h 52 VE	13 h 40 BE	01 h 06 TA
3	12 h 36 PO		18 h 12 TA			15 h 56 VI	09 h 55 BA					
4		08 h 53 TA		23 h 34 CN	20 h 07 LI			06 h 47 SA	18 h 22 VE	03 h 40 PO	18 h 02 TA	08 h 14 GE
5	16 h 51 BE						18 h 03 SC					
6		19 h 23 GE	03 h 27 GE			02 h 25 BA		08 h 51 CP	18 h 37 PO	05 h 35 BE		17 h 21 CN
7				12 h 04 LI	08 h 07 VI		22 h 05 SA				00 h 16 GE	
8	01 h 13 TA		15 h 25 CN			09 h 07 SC		08 h 37 VE	19 h 35 BE	08 h 58 TA		
9		07 h 55 CN		23 h 28 VI	17 h 29 BA		22 h 43 CP				09 h 10 CN	04 h 41 LI
10	12 h 39 GE					11 h 54 SA		08 h 01 PO	22 h 58 TA	15 h 04 GE		
11		20 h 22 LI	03 h 55 LI		23 h 09 SC		21 h 49 VE				20 h 45 LI	17 h 31 VI
12				08 h 05 BA		12 h 05 CP		09 h 10 BE				
13	01 h 18 CN		14 h 56 VI				21 h 36 PO		05 h 55 GE	00 h 31 CN		
14		07 h 27 VI		13 h 40 SC	01 h 41 SA	11 h 45 VE		13 h 39 TA			09 h 30 VI	05 h 40 BA
15	13 h 45 LI		23 h 34 BA						16 h 22 CN	12 h 34 LI		
16		16 h 45 BA		17 h 01 SA	02 h 37 CP	12 h 55 PO	00 h 00 BE	21 h 59 GE			20 h 49 BA	14 h 41 SC
17												
18	01 h 15 VI		05 h 57 SC	19 h 21 CP	03 h 43 VE	16 h 56 BE	06 h 04 TA		04 h 50 LI	01 h 06 VI		19 h 33 SA
19		00 h 05 SC						09 h 20 CN			04 h 47 SC	
20	11 h 10 BA		10 h 32 SA	21 h 46 VE	06 h 25 PO		15 h 33 GE		17 h 13 VI	11 h 50 BA		21 h 08 CP
21		05 h 09 SA				00 h 09 TA		21 h 58 LI			09 h 17 SA	
22	18 h 31 SC		13 h 48 CP		11 h 23 BE					19 h 42 SC		21 h 20 VE
23		07 h 57 CP		01 h 02 PO		09 h 54 GE	03 h 14 CN		03 h 58 BA		11 h 32 CP	
24	22 h 36 SA		16 h 18 VE		18 h 39 TA			10 h 23 VI				22 h 10 PO
25		09 h 08 VE		05 h 41 BE		21 h 22 CN	15 h 50 LI		12 h 30 SC	00 h 58 SA	13 h 13 VE	
26	23 h 43 CP		18 h 46 PO					21 h 36 BA				
27		10 h 07 PO		12 h 07 TA	03 h 55 GE				18 h 49 SA	04 h 34 CP	15 h 40 PO	01 h 06 BE
28	23 h 17 VE		22 h 13 BE			09 h 52 LI	04 h 26 VI					
29				20 h 43 GE	14 h 59 CN			06 h 49 SC	23 h 09 CP	07 h 27 VE	19 h 36 BE	06 h 37 TA
30	23 h 24 PO					22 h 35 VI	15 h 59 BA					
31			03 h 47 TA					13 h 24 SA		10 h 20 PO		14 h 29 GE

1988

Date et heure d'entrée de la Lune dans les signes

	Janvier	Février	Mars	Avril	Mai	Juin	Juillet	Août	Septembre	Octobre	Novembre	Décembre
1		18 h 06 LI		08 h 06 BA	01 h 39 SC	20 h 59 CP	07 h 30 VE	17 h 53 BE		22 h 39 CN		
2			13 h 06 VI						08 h 12 GE			
3	00 h 17 CN			18 h 26 SC	08 h 52 SA	23 h 34 VE	08 h 34 PO	20 h 24 TA			04 h 01 VI	00 h 56 BA
4		06 h 54 VI							15 h 38 CN	08 h 32 LI		
5	11 h 48 LI		01 h 32 BA		13 h 54 CP		10 h 38 BE				17 h 04 BA	12 h 52 SC
6		19 h 36 BA		02 h 29 SA		02 h 01 PO		01 h 43 GE		21 h 02 VI		
7			12 h 28 SC		17 h 37 VE		14 h 27 TA		02 h 15 LI			21 h 56 SA
8	00 h 35 VI			08 h 20 CP		05 h 05 BE		09 h 52 CN			04 h 46 SC	
9		06 h 42 SC	20 h 59 SA		20 h 39 PO		20 h 16 GE		14 h 48 VI	10 h 04 BA		
10	13 h 17 BA			12 h 10 VE		09 h 03 TA		20 h 27 LI			14 h 06 SA	04 h 07 CP
11		14 h 36 SA			23 h 24 BE					21 h 58 SC		
12	23 h 39 SC		02 h 32 CP	14 h 24 PO		14 h 15 GE	04 h 08 CN		03 h 52 BA		21 h 13 CP	08 h 26 VE
13		18 h 37 CP						08 h 46 VI				
14			05 h 08 VE	15 h 47 BE	02 h 23 TA	21 h 19 CN	14 h 11 LI		16 h 07 SC	07 h 58 SA		11 h 53 PO
15	05 h 58 SA	19 h 26 VE						21 h 52 BA			02 h 37 VE	
16			05 h 42 PO	17 h 31 TA	06 h 32 GE					15 h 45 CP		15 h 03 BE
17	08 h 15 CP	18 h 44 PO				06 h 57 LI	02 h 17 VI		02 h 25 SA		06 h 34 PO	
18			05 h 45 BE	21 h 10 GE	13 h 06 CN			10 h 12 SC		21 h 05 VE		18 h 11 TA
19	08 h 02 VE	18 h 35 BE				19 h 03 VI	15 h 22 BA		09 h 45 CP		09 h 13 BE	
20			07 h 05 TA		22 h 52 LI			19 h 55 SA		23 h 59 PO		21 h 43 GE
21	07 h 27 PO	20 h 51 TA		04 h 05 CN					13 h 43 VE		11 h 02 TA	
22			11 h 21 GE			07 h 57 BA	03 h 14 SC					
23	08 h 31 BE			14 h 35 LI	11 h 13 VI			01 h 49 CP	14 h 51 PO	00 h 59 BE	13 h 12 GE	02 h 35 CN
24		02 h 42 GE	19 h 27 CN			18 h 59 SC	11 h 43 SA					
25	12 h 37 TA				23 h 49 BA			04 h 05 VE	14 h 30 BE	01 h 23 TA	17 h 19 CN	09 h 58 LI
26		12 h 12 CN		03 h 17 VI			16 h 08 CP					
27	20 h 03 GE		06 h 54 LI			02 h 18 SA		04 h 01 PO	14 h 29 TA	02 h 56 GE		20 h 28 VI
28				15 h 38 BA	10 h 06 SC		17 h 25 VE				00 h 52 LI	
29		00 h 12 Li	19 h 49 VI			06 h 00 CP		03 h 29 BE	16 h 43 GE	07 h 28 CN		
30	06 h 12 CN				16 h 57 SA		17 h 23 PO				11 h 59 VI	09 h 10 BA
31								04 h 22 TA		16 h 03 LI		

1989

Date et heure d'entrée de la Lune dans les signes

	Janvier	Février	Mars	Avril	Mai	Juin	Juillet	Août	Septembre	Octobre	Novembre	Décembre
1	21 h 35 SC									20 h 54 SC		
2		23 h 30 CP	08 h 58 CP		11 h 51 BE	22 h 03 GE	09 h 19 CN		01 h 48 BA			17 h 42 VE
3				01 h 38 PO				07 h 19 VI			02 h 46 CP	
4	07 h 12 SA		13 h 37 VE		11 h 55 TA		14 h 38 LI		14 h 24 SC	09 h 30 SA		
5		02 h 51 VE		01 h 52 BE		00 h 18 CN		18 h 28 BA			12 h 09 VE	00 h 48 PO
6	13 h 14 CP		14 h 59 PO		12 h 03 GE		23 h 05 VI			20 h 45 CP		
7		03 h 52 PO		01 h 08 TA		05 h 29 LI			02 h 51 SA		18 h 25 PO	05 h 12 BE
8	16 h 31 VE		14 h 37 BE		14 h 20 CN			07 h 05 SC				
9		04 h 18 BE		01 h 31 GE		14 h 30 VI	10 h 30 BA		13 h 14 CP	05 h 06 VE	21 h 08 BE	06 h 59 TA
10	18 h 31 PO		14 h 26 TA		20 h 23 LI			19 h 03 SA				
11		05 h 45 TA		04 h 58 CN			23 h 09 SC		20 h 02 VE	09 h 37 PO	21 h 10 TA	07 h 16 GE
12	20 h 36 BE		16 h 17 GE			02 h 32 BA						
13		09 h 23 GE		12 h 31 LI	06 h 31 VI			04 h 17 CP	23 h 08 PO	10 h 41 BE	20 h 19 GE	07 h 50 CN
14	23 h 36 TA		21 h 28 CN			15 h 12 SC	10 h 31 SA					
15		15 h 41 CN		23 h 39 VI	19 h 08 BA			09 h 59 VE	23 h 38 BE	09 h 53 TA	20 h 52 CN	10 h 41 LI
16							19 h 01 CP					
17	03 h 57 GE		06 h 13 LI			02 h 13 SA		12 h 46 PO	23 h 23 TA	09 h 19 GE		17 h 19 VI
18		00 h 33 LI		12 h 32 BA	07 h 48 SC						00 h 46 LI	
19	09 h 57 CN		17 h 39 VI			10 h 41 CP	00 h 36 VE	13 h 59 BE		11 h 09 CN		
20		11 h 35 VI			18 h 52 SA				00 h 16 GE		08 h 55 VI	03 h 45 BA
21	18 h 03 LI			01 h 14 SC		16 h 57 VE	04 h 07 PO	15 h 11 TA		16 h 48 LI		
22			06 h 24 BA						03 h 50 CN		20 h 25 BA	16 h 18 SC
23		00 h 05 BA		12 h 39 SA	03 h 54 CP	21 h 36 PO	06 h 41 BE	17 h 39 GE				
24	04 h 33 VI		19 h 10 SC						10 h 44 LI	02 h 16 VI		
25		12 h 57 SC		22 h 16 CP	11 h 01 VE		09 h 11 TA	22 h 13 CN			09 h 13 SC	04 h 37 SA
26	17 h 02 LI					01 h 06 BE			20 h 33 VI	14 h 12 BA		
27			06 h 54 SA		16 h 13 PO		12 h 15 GE				21 h 30 SA	15 h 11 CP
28		00 h 29 SA		05 h 34 VE		03 h 46 TA		05 h 11 LI				
29	05 h 49 SC		16 h 26 CP		19 h 26 BE		16 h 32 CN		08 h 16 BA	02 h 56 SC		23 h 38 VE
30				10 h 04 PO		06 h 09 GE		14 h 29 VI			08 h 26 CP	
31	16 h 30 SA		22 h 46 VE		20 h 59 TA		22 h 41 LI			15 h 23 SA		

1990

Date et heure d'entrée de la Lune dans les signes

	Janvier	Février	Mars	Avril	Mai	Juin	Juillet	Août	Septembre	Octobre	Novembre	Décembre
1	06 h 11 PO	19 h 27 TA	01 h 43 TA	12 h 50 CN	00 h 09 Li	23 h 31 BA	18 h 02 SC		20 h 51 VE	13 h 43 PO		16 h 23 GE
2											05 h 32 TA	
3	10 h 57 BE	22 h 12 GE	03 h 38 GE	17 h 51 LI	07 h 18 VI			02 h 08 CP		17 h 42 BE		15 h 28 CN
4						11 h 22 SC	06 h 36 SA		04 h 06 PO		05 h 06 GE	
5	14 h 04 TA		07 h 03 CN		17 h 28 BA			12 h 19 VE		19 h 06 TA		16 h 00 LI
6		01 h 27 CN		01 h 42 VI			18 h 40 CP		08 h 23 BE		05 h 07 CN	
7	16 h 02 GE		12 h 25 LI			00 h 00 SA		19 h 54 PO		19 h 47 GE		19 h 39 VI
8		05 h 52 LI		11 h 45 BA	05 h 22 SC				10 h 56 TA		07 h 24 LI	
9	17 h 52 CN		19 h 48 VI			12 h 12 CP	05 h 07 VE			21 h 29 CN		
10		12 h 13 VI		23 h 18 SC	17 h 56 SA			01 h 13 BE	13 h 05 GE		12 h 48 VI	03 h 01 BA
11	21 h 02 LI					23 h 10 VE	13 h 29 PO					
12		21 h 10 BA	05 h 10 BA					04 h 55 TA	15 h 53 CN	01 h 16 LI	21 h 09 BA	13 h 28 SC
13				11 h 48 SA	06 h 21 CP		19 h 36 BE					
14	02 h 57 VI		16 h 25 SC			08 h 00 PO		07 h 42 GE	19 h 52 LI	07 h 20 VI		
15		08 h 35 SC			17 h 31 VE		23 h 29 TA				07 h 40 SC	01 h 44 SA
16	12 h 18 BA			00 h 15 CP		13 h 55 BE		10 h 13 CN		15 h 26 BA		
17		21 h 08 SA	04 h 56 SA						01 h 18 VI		19 h 40 SA	14 h 35 CP
18				10 h 53 VE	01 h 55 PO	16 h 43 TA	01 h 32 GE	13 h 12 LI				
19	00 h 16 SC		17 h 01 CP						08 h 34 BA	01 h 24 SC		
20		08 h 30 CP		17 h 57 PO	06 h 32 BE	17 h 14 GE	02 h 44 CN	17 h 33 VI			08 h 32 CP	02 h 59 VE
21	12 h 44 SA								18 h 06 SC	13 h 10 SA		
22		16 h 52 VE	02 h 31 VE	20 h 59 BE	07 h 43 TA	17 h 09 CN	04 h 29 LI				21 h 07 VE	13 h 48 PO
23	23 h 28 CP							00 h 17 BA				
24		21 h 50 PO	08 h 09 PO	21 h 04 TA	07 h 00 GE	18 h 25 LI	08 h 18 VI		05 h 52 SA	02 h 03 CP		21 h 45 BE
25								09 h 56 SC			07 h 32 PO	
26	07 h 26 VE		10 h 16 BE	20 h 13 GE	06 h 34 CN	22 h 42 VI	15 h 19 BA		18 h 37 CP	14 h 14 VE		
27		00 h 16 BE						21 h 57 SA			14 h 06 BE	02 h 09 TA
28	12 h 51 PO		10 h 27 TA	20 h 40 CN	08 h 29 LI					23 h 22 PO		
29						06 h 47 BA	01 h 39 SC		05 h 54 VE		16 h 37 TA	03 h 26 GE
30	16 h 34 BE		10 h 43 GE		14 h 08 VI			10 h 23 CP				
31							14 h 00 SA			04 h 14 BE		03 h 03 CN

1991

Date et heure d'entrée de la Lune dans les signes

	Janvier	Février	Mars	Avril	Mai	Juin	Juillet	Août	Septembre	Octobre	Novembre	Décembre
1						23 h 42 VE	17 h 51 PO		03 h 02 GE			
2	02 h 55 LI	20 h 02 BA	06 h 03 BA					16 h 32 TA		14 h 59 LI		16 h 33 SC
3				07 h 59 SA	03 h 55 CP				06 h 20 CN		04 h 12 BA	
4	04 h 57 VI		13 h 08 SC			11 h 37 PO	03 h 34 BE	20 h 54 GE		17 h 45 VI		
5		04 h 01 SC		20 h 20 CP	16 h 51 VE				08 h 13 LI		10 h 08 SC	01 h 33 SA
6	10 h 33 BA		23 h 36 SA			20 h 26 BE	09 h 52 TA	22 h 47 CN		21 h 01 BA		
7		15 h 23 SA							09 h 36 VI		18 h 21 SA	12 h 41 CP
8	19 h 59 SC			08 h 59 VE	04 h 04 PO		12 h 42 GE	23 h 09 LI				
9			12 h 14 CP			01 h 13 TA			11 h 52 BA	01 h 59 SC		
10		04 h 16 CP		19 h 17 PO	11 h 35 BE		13 h 03 CN	23 h 35 VI			05 h 16 CP	01 h 27 VE
11	08 h 06 SA					02 h 37 GE			16 h 43 SC	09 h 58 SA		
12		16 h 17 VE	00 h 31 VE		15 h 08 TA		12 h 35 LI				18 h 07 VE	14 h 20 PO
13	21 h 00 CP			01 h 49 BE		02 h 17 CN		01 h 52 BA		21 h 10 CP		
14			10 h 11 PO		16 h 03 GE		13 h 11 VI		01 h 15 SA			
15		01 h 59 PO		05 h 06 TA		02 h 11 LI		07 h 34 SC			06 h 34 PO	01 h 07 BE
16	09 h 05 VE		16 h 38 BE		16 h 15 CN		16 h 34 BA		13 h 03 CP	10 h 04 VE		
17		09 h 12 BE		06 h 41 GE		04 h 03 VI		17 h 11 SA			16 h 08 BE	08 h 10 TA
18	19 h 24 PO		20 h 40 TA		17 h 31 LI		23 h 41 SC			21 h 53 PO		
19		14 h 25 TA		08 h 18 CN		09 h 01 BA			01 h 57 VE		21 h 50 TA	11 h 21 GE
20			23 h 37 GE		21 h 01 VI			05 h 35 CP				
21	03 h 28 BE	18 h 11 GE		11 h 05 LI		17 h 18 SC	10 h 17 SA		13 h 20 PO	06 h 34 BE		11 h 55 CN
22								18 h 27 VE			00 h 23 GE	
23	09 h 01 TA	20 h 56 CN	02 h 27 CN	15 h 30 VI	03 h 08 BA		22 h 56 CP		21 h 55 BE	11 h 56 TA		11 h 38 LI
24						04 h 16 SA					01 h 25 CN	
25	12 h 07 GE	23 h 13 LI	05 h 44 LI	21 h 37 BA	11 h 42 SC			05 h 51 PO		15 h 09 GE		12 h 24 VI
26						16 h 50 CP	11 h 50 VE		03 h 59 TA		02 h 37 LI	
27	13 h 23 CN		09 h 41 VI		22 h 21 SA			15 h 01 BE		17 h 37 CN		15 h 38 BA
28		01 h 50 VI		05 h 35 SC			23 h 35 PO		08 h 26 GE		05 h 12 VI	
29	14 h 04 LI		14 h 50 BA			05 h 48 VE		21 h 59 TA		20 h 21 LI		22 h 04 SC
30				15 h 42 SA	10 h 40 CP				11 h 59 CN		09 h 47 BA	
31	15 h 44 VI		22 h 02 SC				09 h 20 BE			23 h 47 VI		

1992

Date et heure d'entrée de la Lune dans les signes

	Janvier	Février	Mars	Avril	Mai	Juin	Juillet	Août	Septembre	Octobre	Novembre	Décembre
1	07 h 31 SA				19 h09 TA		22 h 16 LI				12 h 43 VE	09 h 23 PO
2		14 h 09 VE		03 h 05 BE		11 h 58 CN		08 h 17 BA		17 h 30 CP		
3	19 h 10 CP		09 h 11 PO				22 h 38 VI		00 h 50 SA			21 h 49 BE
4				11 h 19 TA	00 h 28 GE	13 h 35 LI		11 h 16 SC			01 h 12 PO	
5		02 h 50 PO	20 h 07 BE						10 h 07 CP	04 h 53 VE		
6	07 h 59 VE			17 h 33 GE	04 h 10 CN	15 h 28 VI	00 h 28 BA	17 h 57 SA			13 h 19 BE	08 h 17 TA
7		14 h 15 BE							22 h 09 VE	17 h 38 PO		
8	20 h 52 PO		05 h 06 TA	22 h 18 CN	07 h 07 LI	18 h 34 BA	04 h 54 SC				23 h 19 TA	15 h 37 GE
9		23 h 36 TA						04 h 00 CP				
10			12 h 04 GE		09 h 56 VI	23 h 27 SC	12 h 17 SA		10 h 57 PO	05 h 36 BE		20 h 06 CN
11	08 h 22 BE			01 h 46 LI				16 h 07 VE			06 h 50 GE	
12		06 h 09 GE	16 h 50 CN		13 h 06 BA		22 h 15 CP		23 h 02 BE	15 h 48 TA		22 h 47 LI
13	17 h 00 TA			04 h 09 VI		06 h 29 SA					12 h 20 CN	
14		09 h 32 CN	19 h 21 LI		17 h 16 SC			04 h 51 PO				
15	21 h 55 GE			06 h 11 BA		15 h 50 CP	10 h 03 VE		09 h 47 TA	00 h 08 GE	16 h 24 LI	00 h 56 VI
16		10 h 16 LI	20 h 13 VI		23 h 22 SA			17 h 12 BE				
17	23 h 26 CN			09 h 10 SC			22 h 44 PO		18 h 40 GE	06 h 36 CN	19 h 29 VI	03 h 33 BA
18		09 h 47 VI	20 h 55 BA			03 h 19 VE						
19	22 h 57 LI			14 h 41 SA	08 h 13 CP			04 h 10 TA		11 h 01 LI	22 h 03 BA	07 h 19 SC
20		10 h 05 BA	23 h 20 SC			15 h 59 PO	11 h 08 BE		00 h 59 CN			
21	22 h 22 VI			23 h 41 CP	19 h 44 VE			12 h 37 GE		13 h 28 VI		12 h 42 SA
22		13 h 11 SC					21 h 37 TA		04 h 19 LI		00 h 52 SC	
23	23 h 43 BA		05 h 13 SA			04 h 03 BE		17 h 37 CN		14 h 40 BA		20 h 04 CP
24		20 h 26 SA		11 h 39 VE	08 h 25 PO				05 h 08 VI		05 h 01 SA	
25			15 h 09 CP			13 h 29 TA	04 h 45 GE	19 h 15 LI		16 h 05 SC		
26	04 h 33 SC				19 h 52 BE				04 h 56 BA		11 h 38 CP	05 h 43 VE
27		07 h 33 CP		00 h 20 PO		19 h 14 GE	08 h 09 CN	18 h 46 VI		19 h 29 SA		
28	13 h 20 SA		03 h 45 VE						05 h 44 SC		21 h 19 VE	17 h 29 PO
29		20 h 34 VE		11 h 14 BE	04 h 16 TA	21 h 43 CN	08 h 40 LI	18 h 10 BA				
30			16 h 24 PO						09 h 34 SA	02 h 18 CP		
31	01 h 08 CP				09 h 19 GE		08 h 01 VI	19 h 38 SC				06 h 08 BE

1993

Date et heure d'entrée de la Lune dans les signes

	Janvier	Février	Mars	Avril	Mai	Juin	Juillet	Août	Septembre	Octobre	Novembre	Décembre
1		11 h 15 GE		14 h 22 LI	00 h 00 VI	10 h 23 SC		16 h 36 VE			10 h 13 GE	02 h 17 CN
2	17 h 31 TA								21 h 21 BE	16 h 14 TA		
3		16 h 57 CN	02 h 17 CN	16 h 11 VI	01 h 20 BA	13 h 01 SA	01 h 49 CP				20 h 24 CN	09 h 33 LI
4								02 h 43 PO				
5	01 h 42 GE	18 h 51 LI	05 h 41 LI	15 h 55 BA	01 h 57 SC	17 h 26 CP	09 h 14 VE		10 h 10 TA	04 h 27 GE		14 h 44 VI
6								14 h 39 BE			04 h 06 LI	
7	06 h 11 CN	18 h 29 VI	05 h 53 VI	15 h 32 SC	03 h 34 SA		19 h 10 PO		22 h 17 GE	14 h 42 CN		18 h 04 BA
8						00 h 40 VE					08 h 47 VI	
9	07 h 49 LI	17 h 59 BA	04 h 47 BA	17 h 10 SA	07 h 51 CP			03 h 22 TA		21 h 34 LI		20 h 05 SC
10						10 h 57 PO	07 h 11 BE		07 h 37 CN		10 h 42 BA	
11	08 h 20 VI	19 h 24 SC	04 h 40 SC	22 h 24 CP	15 h 44 VE			14 h 47 GE				21 h 40 SA
12						23 h 14 BE	19 h 37 TA		12 h 52 LI	00 h 36 VI	10 h 59 SC	
13	09 h 30 BA		07 h 34 SA					22 h 47 CN				
14		00 h 08 SA		07 h 36 VE	02 h 51 PO				14 h 20 VI	00 h 47 BA	11 h 21 SA	00 h 06 CP
15	12 h 42 SC		14 h 28 CP			11 h 19 TA	06 h 06 GE					
16		08 h 21 CP		19 h 33 PO	15 h 25 BE			02 h 44 LI	13 h 44 BA	00 h 01 SC	13 h 34 CP	04 h 51 VE
17	18 h 31 SA					21 h 12 GE	13 h 08 CN					
18		19 h 06 VE	00 h 52 VE					03 h 41 VI	13 h 14 SC	00 h 23 SA	19 h 08 VE	12 h 58 PO
19				08 h 15 BE	03 h 17 TA		16 h 48 LI					
20	02 h 47 CP		13 h 11 PO			04 h 05 CN		03 h 36 BA	14 h 53 SA	03 h 42 CP		
21		07 h 12 PO		20 h 08 TA	13 h 08 GE		18 h 24 VI				04 h 28 PO	00 h 18 BE
22	13 h 01 VE					08 h 26 LI		04 h 27 SC	19 h 54 CP	10 h 50 VE		
23		19 h 50 BE	01 h 51 BE		20 h 38 CN		19 h 40 BA				16 h 30 BE	13 h 04 TA
24				06 h 28 GE		11 h 18 VI		07 h 45 SA		21 h 18 PO		
25	00 h 48 PO		13 h 59 TA				22 h 01 SC		04 h 19 VE			
26		08 h 11 TA		14 h 46 CN	02 h 03 LI	13 h 46 BA		13 h 58 CP			05 h 14 TA	00 h 46 GE
27	13 h 28 BE								15 h 13 PO	09 h 39 BE		
28		18 h 52 GE	00 h 48 GE	20 h 40 LI	05 h 46 VI	16 h 38 SC	02 h 13 SA	22 h 41 VE			16 h 47 GE	09 h 47 CN
29										22 h 20 TA		
30	01 h 37 TA		09 h 15 CN		08 h 18 BA	20 h 29 SA	08 h 27 CP		03 h 29 BE			15 h 59 LI
31								09 h 18 PO				

1994

Date et heure d'entrée de la Lune dans les signes

	Janvier	Février	Mars	Avril	Mai	Juin	Juillet	Août	Septembre	Octobre	Novembre	Décembre
1	20 h 15 VI		14 h 43 SC		16 h 35 VE			11 h 05 GE				
2		07 h 49 SC		03 h 38 CP		18 h 31 BE	14 h 24 TA		15 h 37 LI	06 h 40 VI	20 h 19 SC	07 h 13 SA
3	23 h 31 BA		16 h 54 SA					22 h 22 CN				
4		11 h 14 SA		09 h 46 VE	00 h 47 PO				20 h 34 VI	08 h 57 BA	19 h 46 SA	06 h 43 CP
5			21 h 25 CP			07 h 14 TA	03 h 13 GE					
6	02 h 29 SC	16 h 02 CP		18 h 51 PO	12 h 01 BE			06 h 31 LI	22 h 57 BA	09 h 22 SC	20 h 01 CP	07 h 52 VE
7						20 h 04 GE	14 h 18 CN					
8	05 h 34 SA	22 h 17 VE	04 h 15 VE					11 h 42 VI		09 h 47 SA	22 h 48 VE	12 h 25 PO
9				06 h 09 BE	00 h 50 TA		22 h 43 LI		00 h 26 SC			
10	09 h 16 CP		13 h 10 PO			07 h 23 CN		15 h 07 BA		11 h 44 CP		21 h 04 BE
11		06 h 23 PO		18 h 47 TA	13 h 44 GE				02 h 26 SA		05 h 04 PO	
12	14 h 25 VE		23 h 59 BE			16 h 29 LI	04 h 48 VI	17 h 56 SC		16 h 09 VE		
13		16 h 50 BE							05 h 45 CP		14 h 44 BE	08 h 56 TA
14	22 h 03 PO			07 h 48 GE	01 h 28 CN	23 h 17 VI	09 h 15 BA	20 h 54 SA		23 h 18 PO		
15			12 h 28 TA						10 h 42 VE			21 h 59 GE
16		05 h 20 TA		19 h 41 CN	10 h 59 LI		12 h 35 SC				02 h 45 TA	
17	08 h 42 BE					03 h 48 BA		00 h 18 CP	17 h 31 PO	08 h 56 BE		
18		18 h 06 GE	01 h 29 GE		17 h 32 VI		15 h 09 SA				15 h 42 GE	10 h 25 CN
19	21 h 22 TA			04 h 45 LI		06 h 20 SC		04 h 34 VE		20 h 35 TA		
20			12 h 54 CN		20 h 55 BA		17 h 31 CP		02 h 29 BE			21 h 13 LI
21		04 h 28 CN		09 h 59 VI		07 h 32 SA		10 h 28 PO			04 h 21 CN	
22	09 h 35 GE		20 h 39 LI		21 h 51 SC		20 h 39 VE		13 h 47 TA	09 h 28 GE		
23		10 h 48 LI		11 h 41 BA		08 h 37 CP		18 h 55 BE			15 h 33 LI	06 h 01 VI
24	18 h 56 CN				21 h 43 SA					22 h 16 CN		
25		13 h 27 VI	00 h 14 VI	11 h 19 SC		11 h 10 VE	01 h 57 PO		02 h 41 GE			12 h 28 BA
26					22 h 17 CP			06 h 13 TA			00 h 09 VI	
27	00 h 39 LI	14 h 06 BA	00 h 47 BA	10 h 49 SA		16 h 45 PO	10 h 31 BE		15 h 12 CN	09 h 05 LI		16 h 18 SC
28								19 h 07 GE			05 h 22 BA	
29	03 h 39 VI		00 h 15 SC	12 h 05 CP	01 h 19 VE		22 h 13 TA			16 h 22 VI		17 h 46 SA
30						02 h 07 BE			00 h 56 LI		07 h 22 SC	
31	05 h 34 BA		00 h 42 SA		08 h 03 PO			06 h 59 CN		19 h 46 BA		17 h 58 CP

1995

Date et heure d'entrée de la Lune dans les signes

	Janvier	Février	Mars	Avril	Mai	Juin	Juillet	Août	Septembre	Octobre	Novembre	Décembre
1		08 h 05 PO		16 h 59 TA	11 h 53 GE			01 h 24 BA	16 h 57 SA	01 h 11 CP	13 h 18 PO	00 h 51 BE
2	18 h 39 VE		23 h 30 BE			19 h 17 LI	11 h 36 VI					
3		14 h 12 BE						07 h 29 SC	19 h 45 CP	04 h 00 VE	19 h 21 BE	09 h 40 TA
4	21 h 49 PO			04 h 50 GE	00 h 45 CN		19 h 56 BA					
5			08 h 51 TA			05 h 47 VI		11 h 14 SA	21 h 48 VE	07 h 36 PO		20 h 35 GE
6		00 h 08 TA		17 h 40 CN	12 h 55 LI						03 h 35 TA	
7	04 h 57 BE		20 h 56 GE			13 h 14 BA	01 h 19 SC	12 h 52 CP		12 h 45 BE		
8		12 h 44 GE			22 h 33 VI				00 h 09 PO		13 h 55 GE	08 h 45 CN
9	15 h 58 TA			05 h 16 LI		17 h 04 SC	03 h 38 SA	13 h 28 VE		20 h 05 TA		
10			09 h 41 CN						04 h 15 BE			21 h 25 LI
11		01 h 17 CN		13 h 39 VI	04 h 30 BA	17 h 50 SA	03 h 43 CP	14 h 46 PO			01 h 57 CN	
12	04 h 57 GE		20 h 29 LI						11 h 22 TA	06 h 10 GE		
13		11 h 32 LI		18 h 20 BA	06 h 54 SC	17 h 05 CP	03 h 21 VE	18 h 41 BE			14 h 38 LI	09 h 27 VI
14	17 h 20 CN								21 h 48 GE	18 h 20 CN		
15		18 h 52 VI	03 h 55 VI	20 h 13 SC	06 h 59 SA	16 h 52 VE	04 h 37 PO					19 h 09 BA
16								02 h 26 TA			02 h 03 VI	
17	03 h 37 LI		08 h 18 BA	20 h 52 SA	06 h 36 CP	19 h 13 PO	09 h 23 BE		10 h 16 CN	06 h 47 LI		
18		00 h 01 BA						13 h 40 GE			10 h 18 BA	01 h 07 SC
19	11 h 40 VI		10 h 52 SC	21 h 54 CP	07 h 40 VE		18 h 21 TA		22 h 19 LI	17 h 12 VI		
20		03 h 55 SC				01 h 29 BE					14 h 41 SC	03 h 13 SA
21	17 h 54 BA		12 h 57 SA		11 h 40 PO			02 h 24 CN				
22		07 h 13 SA		00 h 38 VE		11 h 35 TA	06 h 24 GE		08 h 01 VI	00 h 16 BA	15 h 57 SA	02 h 46 CP
23	22 h 33 SC		15 h 31 CP		19 h 13 BE			14 h 13 LI				
24		10 h 10 CP		05 h 51 PO			19 h 17 CN		14 h 50 BA	04 h 07 SC	15 h 48 CP	01 h 52 VE
25			19 h 10 VE			00 h 02 GE		23 h 50 VI				
26	01 h 37 SA	13 h 14 VE		13 h 42 BE	05 h 46 TA				19 h 20 SC	05 h 57 SA	16 h 15 VE	02 h 45 PO
27						12 h 57 CN	07 h 07 LI					
28	03 h 27 CP	17 h 16 PO	00 h 18 PO	23 h 53 TA	18 h 07 GE			07 h 15 BA	22 h 31 SA	07 h 15 CP	18 h 59 PO	07 h 06 BE
29							17 h 13 VI					
30	05 h 03 VE		07 h 26 BE			01 h 02 LI		12 h 51 SC		09 h 24 VE		15 h 22 TA
31					06 h 59 CN							

1996

Date et heure d'entrée de la Lune dans les signes

	Janvier	Février	Mars	Avril	Mai	Juin	Juillet	Août	Septembre	Octobre	Novembre	Décembre
1			16 h 47 LI			01 h 43 SA			12 h 20 TA	04 h 02 GE		
2	02 h 30 GE			21 h 27 BA	12 h 43 SC		12 h 06 VE	23 h 05 BE			09 h 16 LI	06 h 11 VI
3		09 h 46 LI				02 h 29 CP			19 h 09 GE	13 h 15 CN		
4	14 h 56 CN		04 h 13 VI		16 h 04 SA		12 h 07 PO				21 h 57 VI	18 h 24 BA
5		21 h 22 VI		03 h 57 SC		02 h 45 VE		03 h 33 TA				
6			13 h 41 BA		17 h 54 CP		14 h 42 BE		05 h 30 CN	01 h 12 LI		
7	03 h 31 LI			08 h 21 SA		04 h 20 PO		11 h 49 GE			09 h 29 BA	03 h 39 SC
8		07 h 30 BA	21 h 06 SC		19 h 39 VE		20 h 43 TA		17 h 55 LI	13 h 49 VI		
9	15 h 29 VI			11 h 30 CP		08 h 24 BE		22 h 58 CN			18 h 02 SC	08 h 59 SA
10		15 h 35 SC			22 h 29 PO							
11			02 h 33 SA	14 h 09 VE		15 h 11 TA	05 h 52 GE		06 h 29 VI	01 h 00 BA	23 h 27 SA	11 h 15 CP
12	01 h 55 BA	20 h 59 SA						11 h 29 LI				
13			06 h 08 CP	16 h 59 PO	03 h 01 BE		17 h 08 CN		17 h 51 BA	09 h 46 SC		12 h 14 VE
14	09 h 30 SC	23 h 30 CP				00 h 16 GE					02 h 44 CP	
15			08 h 15 VE	20 h 43 BE	09 h 25 TA			00 h 08 VI		16 h 07 SA		13 h 44 PO
16	13 h 25 SA					11 h 08 CN	05 h 31 LI		03 h 20 SC		05 h 15 VE	
17		00 h 00 VE	09 h 50 PO		17 h 48 GE			11 h 56 BA		20 h 38 CP		16 h 55 BE
18	14 h 07 CP			02 h 06 TA		23 h 21 LI	18 h 17 VI		10 h 30 SA		08 h 00 PO	
19		00 h 10 PO	12 h 15 BE					21 h 51 SC		23 h 52 VE		22 h 09 TA
20	13 h 15 VE			09 h 55 GE	04 h 17 CN				15 h 12 CP		11 h 34 BE	
21		01 h 58 BE	16 h 58 TA			12 h 07 VI	06 h 14 BA					
22	13 h 02 PO			20 h 25 CN	16 h 28 LI			04 h 48 SA	17 h 39 VE	02 h 23 PO	16 h 12 TA	05 h 17 GE
23		07 h 08 TA				23 h 38 BA	15 h 43 SC					
24	15 h 37 BE		00 h 59 GE					08 h 22 CP	18 h 43 PO	04 h 51 BE	22 h 19 GE	14 h 14 CN
25		16 h 14 GE		08 h 45 LI	04 h 59 VI		21 h 24 SA					
26	22 h 17 TA		12 h 06 CN			07 h 54 SC		09 h 10 VE	19 h 46 BE	08 h 12 TA		
27				20 h 49 VI	15 h 33 BA		23 h 18 CP				06 h 37 CN	01 h 09 LI
28		04 h 10 CN				12 h 02 SA		08 h 49 PO	22 h 24 TA	13 h 35 GE		
29	08 h 43 GE		00 h 38 LI		22 h 30 SC		22 h 48 VE				17 h 30 LI	13 h 46 VI
30				06 h 27 BA		12 h 48 CP		09 h 15 BE		21 h 57 CN		
31	21 h 11 CN		12 h 15 VI				22 h 01 PO					

1997

Date et heure d'entrée de la Lune dans les signes

	Janvier	Février	Mars	Avril	Mai	Juin	Juillet	Août	Septembre	Octobre	Novembre	Décembre
1	02 h 33 BA		12 h 01 SA		12 h 50 PO		11 h 36 GE		04 h 27 VI			18 h 38 CP
2		04 h 51 SA		03 h 59 VE		00 h 39 TA		10 h 27 LI			04 h 27 SA	
3	13 h 02 SC		17 h 39 CP		14 h 59 BE		18 h 33 CN		17 h 30 BA	11 h 58 SC		23 h 58 VE
4		08 h 44 CP		05 h 43 PO		04 h 55 GE		22 h 15 VI			12 h 31 CP	
5	19 h 28 SA		19 h 55 VE		17 h 04 TA					22 h 43 SA		
6		09 h 21 VE		06 h 20 BE		11 h 03 CN	03 h 45 LI		06 h 10 SC		18 h 33 VE	04 h 08 PO
7	21 h 55 CP		19 h 57 PO		20 h 21 GE			11 h 17 BA				
8		08 h 34 PO		07 h 21 TA		19 h 59 LI	15 h 22 VI		16 h 55 SA	07 h 04 CP	22 h 35 PO	07 h 25 BE
9	21 h 59 VE		19 h 33 BE					23 h 50 SC				
10		08 h 30 BE		10 h 28 GE	02 h 13 CN					12 h 29 VE		10 h 01 TA
11	21 h 51 PO		20 h 38 TA			07 h 44 VI	04 h 21 BA		00 h 24 CP		00 h 44 BE	
12		10 h 57 TA		17 h 03 CN	11 h 33 LI			09 h 46 SA		14 h 59 PO		12 h 36 GE
13	23 h 21 BE					20 h 36 BA	16 h 20 SC		04 h 10 VE		01 h 46 TA	
14		16 h 54 GE	00 h 49 GE		23 h 44 VI			15 h 43 CP		15 h 25 BE		16 h 25 CN
15				03 h 22 LI					04 h 59 PO		03 h 05 GE	
16	03 h 40 TA		08 h 51 CN			07 h 51 SC	01 h 03 SA	17 h 59 VE		15 h 16 TA		22 h 58 LI
17		02 h 13 CN		16 h 00 VI	12 h 28 BA				04 h 25 BE		06 h 33 CN	
18	10 h 53 GE		20 h 08 LI			15 h 39 SA	05 h 46 CP	18 h 02 PO		16 h 27 GE		
19		13 h 53 LI			23 h 12 SC				04 h 21 TA		13 h 38 LI	08 h 59 VI
20	20 h 29 CN			04 h 37 BA		20 h 02 CP	07 h 29 VE	17 h 45 BE		20 h 46 CN		
21			08 h 59 VI						06 h 38 GE			21 h 35 BA
22		02 h 38 VI		15 h 20 SC	06 h 51 SA	22 h 21 VE	08 h 00 PO	18 h 57 TA			00 h 33 VI	
23	07 h 51 LI		21 h 35 BA						12 h 33 CN	05 h 11 LI		
24		15 h 23 BA		23 h 33 SA	11 h 51 CP		09 h 04 BE	22 h 56 GE			13 h 29 BA	10 h 07 SC
25	20 h 27 VI					00 h 09 PO			22 h 13 LI	17 h 00 VI		
26			08 h 42 SC		15 h 20 VE		11 h 54 TA					20 h 08 SA
27		02 h 56 SC		05 h 33 CP		02 h 39 BE		06 h 10 CN			01 h 43 SC	
28	09 h 22 BA		17 h 40 SA		18 h 18 PO		17 h 04 GE		10 h 28 VI	06 h 05 BA		
29				09 h 51 VE		06 h 24 TA		16 h 19 LI			11 h 28 SA	02 h 49 CP
30	20 h 48 SC				21 h 18 BE				23 h 33 BA	18 h 16 SC		
31			00 h 07 CP				00 h 38 CN					06 h 59 VE

1998

Date et heure d'entrée de la Lune dans les signes

	Janvier	Février	Mars	Avril	Mai	Juin	Juillet	Août	Septembre	Octobre	Novembre	Décembre
1						03 h 21 VI			02 h 23 CP		11 h 27 BE	
2	09 h 56 PO	21 h 25 TA	05 h 01 TA	19 h 10 CN	09 h 49 LI			07 h 48 SA		23 h 24 PO		21 h 30 GE
3						15 h 17 BA	11 h 46 SC		09 h 21 VE		11 h 12 TA	
4	12 h 44 BE		07 h 15 GE		19 h 47 VI			17 h 18 CP				21 h 28 CN
5		01 h 09 GE		02 h 36 LI			23 h 24 SA		12 h 48 PO	00 h 32 BE	10 h 11 GE	
6	15 h 53 TA		12 h 27 CN			04 h 06 SC		23 h 31 VE		23 h 58 TA		23 h 56 LI
7		06 h 58 CN		13 h 26 VI	08 h 19 BA				13 h 53 BE		10 h 39 CN	
8	19 h 42 GE		20 h 46 LI			15 h 35 SA	08 h 28 CP			23 h 44 GE		
9		14 h 57 LI			21 h 10 SC			03 h 04 PO	14 h 17 TA		14 h 33 LI	06 h 22 VI
10				02 h 05 BA			14 h 52 VE					
11	00 h 43 CN		07 h 36 VI			00 h 51 CP		05 h 11 BE	15 h 41 GE	01 h 48 CN	22 h 38 VI	16 h 44 BA
12		01 h 10 VI		14 h 55 SC	08 h 48 SA		19 h 22 PO					
13	07 h 45 LI		19 h 59 BA			08 h 03 VE		07 h 05 TA	19 h 20 CN	07 h 25 LI		
14		13 h 18 BA			18 h 40 CP		22 h 45 BE				09 h 58 BA	05 h 17 SC
15	17 h 31 VI			02 h 52 SA		13 h 32 PO		09 h 46 GE		16 h 32 VI		
16			08 h 51 SC						01 h 48 LI		22 h 42 SC	17 h 47 SA
17		02 h 14 SC		13 h 05 CP	02 h 31 VE	17 h 23 BE	01 h 33 TA	13 h 56 CN				
18	05 h 45 BA		20 h 56 SA						10 h 51 VI	04 h 02 BA		
19		13 h 56 SA		20 h 42 VE	08 h 04 PO	19 h 47 TA	04 h 18 GE	20 h 01 LI			11 h 13 SA	04 h 55 CP
20	18 h 35 SC								21 h 57 BA	16 h 37 SC		
21		22 h 30 CP	06 h 43 CP		11 h 06 BE	21 h 26 GE	07 h 43 CN				22 h 46 CP	14 h 17 VE
22				01 h 07 PO				04 h 22 VI				
23	05 h 26 SA		13 h 02 VE		12 h 06 TA	23 h 39 CN	12 h 49 LI		10 h 22 SC	05 h 17 SA		21 h 45 PO
24		03 h 10 VE		02 h 31 BE				15 h 02 BA			08 h 43 VE	
25	12 h 40 CP		15 h 43 PO		12 h 25 GE		20 h 34 VI		23 h 05 SA	17 h 05 CP		
26		04 h 42 PO		02 h 09 TA		04 h 04 LI					16 h 14 PO	03 h 04 BE
27	16 h 27 VE		15 h 49 BE		13 h 58 CN			03 h 25 SC				
28		04 h 42 BE		01 h 56 GE		11 h 55 VI	07 h 15 BA		10 h 31 CP	02 h 45 VE	20 h 34 BE	06 h 05 TA
29	18 h 09 PO		15 h 07 TA		18 h 38 LI			15 h 55 SA				
30				03 h 57 CN		23 h 06 BA	19 h 45 SC		18 h 54 VE	08 h 58 PO	21 h 52 TA	07 h 22 GE
31	19 h 21 BE		15 h 38 GE									

1999

Date et heure d'entrée de la Lune dans les signes

	Janvier	Février	Mars	Avril	Mai	Juin	Juillet	Août	Septembre	Octobre	Novembre	Décembre
1	08 h 16 CN		10 h 05 VI			02 h 06 CP		16 h 47 BE		13 h 32 CN		17 h 29 BA
2		01 h 37 VI		12 h 49 SC	07 h 36 SA				05 h 25 GE		04 h 07 VI	
3	10 h 31 LI		18 h 34 BA			13 h 37 VE	04 h 35 PO	21 h 08 TA		17 h 14 LI		
4		09 h 55 BA			20 h 12 CP				08 h 10 CN		11 h 56 BA	03 h 36 SC
5	15 h 49 VI			01 h 08 SA		23 h 01 PO	11 h 22 BE	23 h 57 GE		22 h 40 VI		
6		21 h 06 SC	05 h 23 SC						11 h 29 LI		21 h 45 SC	15 h 28 SA
7				13 h 39 CP	07 h 40 VE		15 h 22 TA					
8	00 h 53 BA		17 h 47 SA			05 h 09 BE		01 h 52 CN	15 h 57 VI	05 h 52 BA		
9		09 h 38 SA			16 h 16 PO		16 h 59 GE				09 h 15 SA	04 h 14 CP
10	12 h 48 SC			00 h 24 VE		07 h 44 TA		03 h 55 LI	22 h 16 BA	15 h 01 SC		
11		21 h 10 CP	05 h 54 CP		20 h 54 BE		17 h 27 CN				22 h 00 CP	16 h 59 VE
12				07 h 35 PO		07 h 49 GE		07 h 22 VI				
13	01 h 23 SA		15 h 32 VE		21 h 57 TA		18 h 25 LI		07 h 09 SC	02 h 18 SA		
14		05 h 57 VE		10 h 46 BE		07 h 14 CN		13 h 25 BA			10 h 46 VE	04 h 18 PO
15	12 h 29 CP		21 h 31 PO		21 h 08 GE		21 h 39 VI		18 h 35 SA	15 h 03 CP		
16		11 h 40 PO		11 h 07 TA		08 h 07 LI		22 h 41 SC			21 h 21 PO	12 h 30 BE
17	21 h 12 VE				20 h 40 CN							
18		15 h 07 BE	00 h 13 BE	10 h 39 GE		12 h 12 VI	04 h 19 BA		07 h 13 CP	03 h 17 VE		16 h 45 TA
19					22 h 38 LI			10 h 32 SA			03 h 58 BE	
20	03 h 41 PO	17 h 29 TA	01 h 09 TA	11 h 28 CN		20 h 10 BA	14 h 30 SC		18 h 38 VE	12 h 33 PO		17 h 39 GE
21								22 h 59 CP			06 h 26 TA	
22	08 h 26 BE	19 h 54 GE	02 h 05 GE	15 h 06 LI	04 h 16 VI					17 h 42 BE		16 h 52 CN
23						07 h 18 SC	02 h 49 SA		02 h 51 PO		06 h 14 GE	
24	11 h 53 TA	23 h 09 CN	04 h 33 CN	22 h 05 VI	13 h 29 BA			09 h 49 VE		19 h 26 TA		16 h 32 LI
25						19 h 51 SA	15 h 09 CP		07 h 34 BE		05 h 29 CN	
26	14 h 30 GE		09 h 22 LI					17 h 49 PO		19 h 34 GE		18 h 34 VI
27		03 h 44 LI		07 h 47 BA	01 h 05 SC				09 h 51 TA		06 h 18 LI	
28	16 h 57 CN		16 h 35 VI			08 h 12 CP	01 h 55 VE	23 h 09 BE		20 h 09 CN		
29				19 h 13 SC	13 h 37 SA				11 h 21 GE		10 h 11 VI	00 h 15 BA
30	20 h 16 LI					19 h 20 VE	10 h 27 PO			22 h 47 LI		
31			01 h 50 BA					02 h 40 TA				09 h 27 SC

2000

Date et heure d’entrée de la Lune dans les signes

	Janvier	Février	Mars	Avril	Mai	Juin	Juillet	Août	Septembre	Octobre	Novembre	Décembre
1		17 h 10 CP		08 h 13 PO	00 h 55 BE	16 h 35 GE	03 h 11 CN	13 h 27 VI		22 h 51 SA		
2	21 h 33 SA		13 h 14 VE						05 h 56 SC			
3				15 h 23 BE	04 h 54 TA	16 h 31 CN	02 h 39 LI	15 h 32 BA			06 h 41 VE	03 h 24 PO
4		05 h 31 VE	23 h 31 PO						14 h 10 SA	09 h 44 CP		
5	10 h 24 CP			19 h 30 TA	06 h 24 GE	16 h 47 LI	03 h 20 VI	21 h 05 SC			19 h 13 PO	14 h 19 BE
6		16 h 02 PO								22 h 34 VE		
7	22 h 53 VE		06 h 55 BE	21 h 59 GE	07 h 14 CN	18 h 58 VI	06 h 47 BA		01 h 48 CP			21 h 28 TA
8								06 h 31 SA			05 h 03 BE	
9		00 h 18 BE	12 h 02 TA		09 h 02 LI	23 h 59 BA	13 h 49 SC		14 h 46 VE	10 h 37 PO		
10	09 h 59 PO			00 h 16 CN				18 h 45 CP			11 h 13 TA	00 h 52 GE
11		06 h 21 TA	15 h 46 GE		12 h 42 VI					19 h 52 BE		
12	18 h 48 BE			03 h 16 LI		07 h 56 SC	00 h 06 SA		02 h 35 PO		14 h 28 GE	01 h 50 CN
13		10 h 23 GE	18 h 52 CN		18 h 28 BA			07 h 44 VE				
14				07 h 19 VI		18 h 19 SA	12 h 28 CP		12 h 01 BE	02 h 06 TA	16 h 22 CN	02 h 10 LI
15	00 h 38 TA	12 h 46 CN	21 h 44 LI					19 h 42 PO				
16				12 h 36 BA	02 h 18 SC				19 h 05 TA	06 h 19 GE	18 h 20 LI	03 h 31 VI
17	03 h 25 GE	14 h 12 LI				06 h 27 CP	01 h 27 VE					
18			00 h 49 VI	19 h 36 SC	12 h 10 SA			05 h 45 BE		09 h 38 CN	21 h 16 VI	07 h 02 BA
19	04 h 01 CN	15 h 54 VI				19 h 26 VE	13 h 45 PO		00 h 22 GE			
20			04 h 57 BA					13 h 32 TA		12 h 43 LI		13 h 12 SC
21	03 h 59 LI	19 h 22 BA		04 h 59 SA	00 h 02 CP				04 h 16 CN		01 h 36 BA	
22			11 h 17 SC			07 h 52 PO	00 h 10 BE	18 h 55 GE		15 h 54 VI		21 h 58 SA
23	05 h 08 VI			16 h 48 CP	13 h 01 VE				07 h 01 LI		07 h 34 SC	
24		01 h 58 SC	20 h 43 SA			17 h 56 BE	07 h 45 TA	21 h 59 CN		19 h 31 BA		
25	09 h 10 BA								09 h 03 VI		15 h 33 SA	08 h 55 CP
26		12 h 10 SA		05 h 43 VE	01 h 08 PO		12 h 03 GE	23 h 17 LI				
27	17 h 02 SC		08 h 52 CP			00 h 20 TA			11 h 23 BA	00 h 25 SC		21 h 27 VE
28				17 h 06 PO	10 h 08 BE		13 h 30 CN	23 h 55 VI			01 h 58 CP	
29		00 h 45 CP	21 h 35 VE			03 h 00 GE			15 h 31 SC	07 h 41 SA		
30	04 h 18 SA				15 h 02 TA		13 h 24 LI				14 h 27 VE	10 h 28 PO
31								01 h 33 BA		18 h 02 CP		

2001

Date et heure d'entrée de la Lune dans les signes

	Janvier	Février	Mars	Avril	Mai	Juin	Juillet	Août	Septembre	Octobre	Novembre	Décembre
1	22 h 15 BE									19 h 10 BE		
2		21 h 00 GE	03 h 40 GE	17 h 55 LI	02 h 15 VI	15 h 00 SC	03 h 15 SA		00 h 30 PO		21 h 15 GE	10 h 30 CN
3								05 h 50 VE				
4	07 h 00 TA		08 h 25 CN	19 h 50 VI	04 h 50 BA	21 h 00 SA	12 h 20 CP		13 h 00 BE	06 h 00 TA		14 h 15 LI
5		00 h 00 CN						18 h 30 PO			03 h 45 CN	
6	11 h 45 GE		10 h 30 LI	21 h 00 BA	08 h 00 SC		23 h 35 VE			15 h 15 GE		17 h 10 VI
7		00 h 22 LI				05 h 25 CP			00 h 20 TA		08 h 35 LI	
8	13 h 10 CN	23 h 35 VI	10 h 45 VI	23 h 00 SC	13 h 05 SA			07 h 05 BE		22 h 20 CN		20 h 00 BA
9						16 h 20 VE	12 h 05 PO		09 h 40 GE		11 h 50 VI	
10	12 h 45 LI	23 h 45 BA	10 h 50 BA		21 h 10 CP			18 h 25 TA				23 h 10 SC
11				03 h 50 SA					16 h 10 CN	03 h 00 LI	13 h 55 BA	
12	12 h 30 VI		12 h 45 SC			04 h 55 PO	00 h 35 BE					
13		00 h 50 SC		12 h 20 CP	08 h 20 VE			03 h 00 GE	19 h 15 LI	05 h 00 VI	15 h 45 SC	03 h 30 SA
14	16 h 05 BA		18 h 20 SA			17 h 05 BE	11 h 15 TA					
15		10 h 00 SA			21 h 00 PO			08 h 00 CN	19 h 40 VI	05 h 30 BA	18 h 50 SA	09 h 50 CP
16	19 h 00 SC			00 h 15 VE			18 h 30 GE					
17		21 h 00 CP	04 h 00 CP			02 h 40 TA		09 h 25 LI	19 h 00 BA	06 h 00 SC		18 h 45 VE
18				13 h 00 PO	08 h 40 BE		22 h 00 CN				00 h 40 CP	
19	03 h 40 SA		16 h 35 VE			08 h 45 GE		08 h 55 VI	19 h 30 SC	08 h 50 SA		
20		10 h 00 VE			17 h 30 TA		22 h 45 LI				10 h 00 VE	06 h 10 PO
21	15 h 00 CP			00 h 20 BE		11 h 40 CN		08 h 20 BA	23 h 00 SA	15 h 10 CP		
22		22 h 45 PO	05 h 30 PO		23 h 15 GE		22 h 30 VI				21 h 50 PO	18 h 45 BE
23				09 h 00 TA		13 h 00 LI		09 h 50 SC				
24	03 h 45 VE		16 h 45 BE				23 h 10 BA		06 h 50 CP	01 h 30 VE		
25		10 h 20 BE		15 h 15 GE	02 h 45 CN	14 h 00 VI		15 h 00 SA			10 h 20 BE	06 h 15 TA
26	16 h 40 PO								18 h 05 VE	14 h 00 PO		
27		20 h 10 TA	01 h 50 TA	19 h 50 CN	05 h 15 LI	16 h 10 BA	00 h 20 SC				21 h 05 TA	14 h 40 GE
28								00 h 00 CP				
29	04 h 35 BE		09 h 00 GE	23 h 25 LI	07 h 40 VI	20 h 30 SC	08 h 45 SA		06 h 50 PO	02 h 15 BE		19 h 40 CN
30								11 h 50 VE			05 h 05 GE	
31	14 h 20 TA		14 h 25 CN		10 h 40 BA		18 h 15 CP			12 h 50 TA		22 h 10 LI

2002

Date et heure d'entrée de la Lune dans les signes

	Janvier	Février	Mars	Avril	Mai	Juin	Juillet	Août	Septembre	Octobre	Novembre	Décembre
1		08 h 40 BA		06 h 50 SA		23 h 30 PO	19 h 50 BE		21 h 15 CN	12 h 00 LI		11 h 10 SC
2	23 h 30 VI		18 h 50 SC								01 h 30 BA	
3		10 h 30 SC		12 h 00 CP	04 h 40 VE			03 h 50 GE		14 h 50 VI		12 h 00 SA
4			22 h 00 SA			11 h 50 BE	08 h 15 TA		02 h 40 LI		01 h 10 SC	
5	01 h 20 BA	15 h 20 SA		21 h 10 VE	15 h 40 PO			12 h 00 CN		14 h 50 BA		13 h 40 CP
6							19 h 00 GE		04 h 15 VI		01 h 00 SA	
7	04 h 40 SC	23 h 10 CP	04 h 50 CP			00 h 10 TA		16 h 30 LI		14 h 00 SC		18 h 00 VE
8				09 h 00 PO	04 h 20 BE				04 h 00 BA		03 h 00 CP	
9	10 h 00 SA		15 h 00 VE			10 h 30 GE	02 h 40 CN	18 h 00 VI		14 h 20 SA		
10		09 h 10 VE		21 h 40 BE	16 h 30 TA				03 h 50 SC		08 h 30 VE	01 h 50 PO
11	17 h 20 CP					18 h 15 CN	07 h 10 LI	18 h 40 BA		17 h 50 CP		
12		20 h 50 PO	03 h 00 PO						05 h 45 SA		17 h 40 PO	13 h 00 BE
13				10 h 00 TA	03 h 00 GE	23 h 40 LI	09 h 40 VI	20 h 00 SC				
14	02 h 40 VE		15 h 30 BE						10 h 50 CP	00 h 50 VE		
15		09 h 30 BE		21 h 00 GE	11 h 30 CN		11 h 40 BA	23 h 30 SA			05 h 40 BE	01 h 45 TA
16	14 h 00 PO					03 h 20 VI			19 h 00 VE	11 h 10 PO		
17		22 h 00 TA	04 h 00 TA		18 h 00 LI		14 h 15 SC				18 h 30 TA	13 h 45 GE
18				06 h 00 CN		06 h 10 BA		05 h 15 CP		23 h 15 BE		
19	02 h 40 BE		15 h 20 GE		22 h 00 VI		18 h 00 SA		05 h 20 PO			23 h 30 CN
20		08 h 50 GE		12 h 20 LI		08 h 40 SC		13 h 20 VE			06 h 30 GE	
21	14 h 50 TA						23 h 20 CP		17 h 10 BE	12 h 00 TA		
22		16 h 10 CN	00 h 05 CN	15 h 30 VI	00 h 20 BA	11 h 40 SA		23 h 10 PO			16 h 50 CN	06 h 50 LI
23												
24	00 h 30 GE	19 h 30 LI	05 h 10 LI	16 h 20 BA	01 h 40 SC	16 h 00 CP	06 h 40 VE		06 h 00 TA	00 h 20 GE		12 h 05 VI
25								10 h 50 BE			01 h 00 LI	
26	06 h 20 CN	19 h 50 VI	06 h 40 VI	16 h 15 SC	03 h 20 SA	22 h 30 VE	16 h 05 PO		18 h 30 GE	11 h 10 CN		15 h 50 BA
27								23 h 30 TA			06 h 40 VI	
28	08 h 30 LI	18 h 50 BA	06 h 05 BA	17 h 15 SA	07 h 00 CP					19 h 20 LI		18 h 40 SC
29						08 h 00 PO	03 h 40 BE		05 h 00 CN		10 h 00 BA	
30	08 h 40 VI		05 h 20 SC	21 h 00 CP	13 h 30 VE			11 h 50 GE				21 h 00 SA
31							16 h 20 TA			00 h 00 VI		

2003

Date et heure d'entrée de la Lune dans les signes

	Janvier	Février	Mars	Avril	Mai	Juin	Juillet	Août	Septembre	Octobre	Novembre	Décembre
1	23 h 40 CP					21 h 30 CN	13 h 10 LI					
2		20 h 00 PO	03 h 30 PO					06 h 50 BA	18 h 30 SA	03 h 20 CP	19 h 50 PO	11 h 00 BE
3				08 h 20 TA	03 h 30 GE		20 h 20 VI					
4	04 h 00 VE		13 h 30 BE			07 h 30 LI		10 h 10 SC	21 h 50 CP	07 h 50 VE		22 h 30 TA
5		05 h 40 BE		21 h 30 GE	15 h 40 CN						05 h 00 BE	
6	11 h 00 PO					14 h 50 VI	01 h 20 BA	13 h 10 SA		14 h 20 PO		
7		18 h 00 TA	01 h 40 TA						02 h 10 VE		16 h 30 TA	11 h 30 GE
8	21 h 10 BE			09 h 40 CN	01 h 50 LI	19 h 30 BA	04 h 40 SC	16 h 00 CP		23 h 10 BE		
9			14 h 40 GE						08 h 10 PO			
10		06 h 50 GE		19 h 00 LI	08 h 30 VI	21 h 40 SC	06 h 50 SA	19 h 20 VE			05 h 10 GE	00 h 10 CN
11	09 h 50 TA								16 h 10 BE	10 h 05 TA		
12		17 h 20 CN	02 h 10 CN		11 h 40 BA	22 h 10 SA	08 h 20 CP				18 h 10 CN	11 h 40 LI
13	22 h 10 GE			00 h 10 VI				00 h 20 PO		22 h 50 GE		
14			10 h 00 LI		12 h 10 SC	22 h 40 CP	10 h 40 VE		02 h 50 TA			21 h 10 VI
15		00 h 00 LI		01 h 40 BA				08 h 00 BE			05 h 50 LI	
16	08 h 00 CN		14 h 00 VI		11 h 40 SA		15 h 10 PO		16 h 30 GE	11 h 40 CN		
17		03 h 20 VI		01 h 20 SC		00 h 40 VE		19 h 00 TA			14 h 40 VI	03 h 50 BA
18	14 h 30 LI		14 h 40 BA		12 h 00 CP		23 h 20 BE			22 h 40 LI		
19		04 h 50 BA		00 h 50 SA		06 h 00 PO			04 h 10 CN		19 h 40 BA	07 h 20 SC
20	18 h 30 VI		14 h 40 SC		15 h 00 VE			07 h 40 GE				
21		06 h 10 SC		02 h 20 CP		15 h 00 BE	10 h 50 TA		14 h 00 LI	06 h 00 VI	21 h 20 SC	08 h 20 SA
22	21 h 20 BA		15 h 30 SA		21 h 40 PO			19 h 40 CN				
23		08 h 50 SA		07 h 00 VE			23 h 40 GE		20 h 00 VI	09 h 30 BA	21 h 00 SA	08 h 00 CP
24			18 h 50 CP			03 h 10 TA						
25	00 h 10 SC	13 h 10 CP		15 h 00 PO	08 h 00 BE			04 h 50 LI	22 h 50 BA	10 h 10 SC	20 h 30 CP	08 h 10 VE
26						16 h 10 GE	11 h 20 CN					
27	03 h 30 SA	19 h 30 VE	00 h 50 VE		20 h 30 TA			10 h 30 VI	23 h 50 SC	10 h 00 SA	21 h 50 VE	11 h 10 PO
28				02 h 00 BE			20 h 20 LI					
29	07 h 30 CP		09 h 30 PO			04 h 00 CN		13 h 40 BA		10 h 40 CP		18 h 10 BE
30				14 h 30 TA	09 h 30 GE				01 h 00 SA		02 h 30 PO	
31	12 h 40 VE		20 h 00 BE				02 h 30 VI	16 h 00 SC		13 h 40 VE		

2004

Date et heure d'entrée de la Lune dans les signes

	Janvier	Février	Mars	Avril	Mai	Juin	Juillet	Août	Septembre	Octobre	Novembre	Décembre
1	05 h 00 TA				18 h 00 BA		08 h 00 CP				14 h 50 CN	10 h 50 LI
2		14 h 00 CN		02 h 50 VI		07 h 50 SA		04 h 30 PO		19 h 00 GE		
3	18 h 00 GE		09 h 20 LI		20 h 40 SC		17 h 20 VE		00 h 20 TA			23 h 00 VI
4				07 h 50 BA		07 h 10 CP		08 h 00 BE			03 h 30 LI	
5		00 h 50 LI	17 h 20 VI		21 h 10 SA		18 h 30 PO		10 h 30 GE	07 h 00 CN		
6	06 h 40 CN			10 h 30 SC		07 h 10 VE		15 h 30 TA			15 h 00 VI	08 h 50 BA
7		09 h 00 VI	22 h 30 BA		21 h 20 CP		23 h 00 BE		22 h 50 CN	19 h 30 LI		
8	17 h 40 LI			11 h 50 SA		09 h 40 PO					23 h 20 BA	14 h 40 SC
9		15 h 10 BA			22 h 50 VE			02 h 30 GE				
10			02 h 00 SC	13 h 30 CP		15 h 50 BE	07 h 50 TA		11 h 10 LI	06 h 00 VI		16 h 50 SA
11	02 h 40 VI	20 h 00 SC						15 h 20 CN			04 h 00 SC	
12			05 h 00 SA	16 h 30 VE	02 h 50 PO		19 h 50 GE		21 h 10 VI	13 h 30 BA		16 h 40 CP
13	09 h 40 BA	23 h 30 SA				01 h 40 TA					06 h 00 SA	
14			08 h 00 CP	21 h 30 PO	10 h 00 BE			03 h 30 LI		18 h 10 SC		16 h 10 VE
15	14 h 40 SC					13 h 40 GE	08 h 40 CN		04 h 50 BA		06 h 30 CP	
16		02 h 10 CP	11 h 10 VE		20 h 00 TA			13 h 50 VI		21 h 00 SA		17 h 20 PO
17	17 h 20 SA			04 h 30 BE			21 h 00 LI		10 h 30 SC		07 h 40 VE	
18		04 h 30 VE	15 h 30 PO			02 h 40 CN		22 h 10 BA		23 h 00 CP		21 h 50 BE
19	18 h 20 CP			13 h 40 TA	07 h 50 GE				14 h 30 SA		10 h 40 PO	
20		07 h 30 PO	21 h 30 BE			15 h 00 LI	07 h 40 VI					
21	19 h 10 VE				20 h 40 CN			04 h 40 SC	17 h 30 CP	01 h 40 VE	16 h 10 BE	05 h 50 TA
22		12 h 50 BE		01 h 10 GE			16 h 40 BA					
23	21 h 30 PO		06 h 10 TA			02 h 10 VI		09 h 10 SA	20 h 10 VE	05 h 10 PO		16 h 30 GE
24		21 h 30 TA		14 h 00 CN	09 h 10 LI		23 h 10 SC				00 h 20 TA	
25			17 h 30 GE			10 h 50 BA		11 h 50 CP	23 h 00 PO	10 h 30 BE		
26	03 h 10 BE				20 h 00 VI						10 h 30 GE	04 h 40 CN
27		09 h 20 GE		02 h 10 LI		16 h 10 SC	02 h 50 SA	13 h 10 VE		17 h 40 TA		
28	12 h 50 TA		06 h 20 CN						03 h 00 BE		22 h 10 CN	17 h 10 LI
29		22 h 10 CN		12 h 00 VI	03 h 20 BA	18 h 20 SA	04 h 00 CP	14 h 30 PO				
30			18 h 10 LI						09 h 30 TA	03 h 10 GE		
31	01 h 20 GE				07 h 10 SC		04 h 00 VE	17 h 50 BE				05 h 30 VI